CD2枚付

「聞こえる耳」をつくる
リスニング解説が充実！

2021 | 年度用
2022 |

世界一わかりやすい

英検®2級

スタディサプリ講師
関 正生
竹内 健

に合格する 過去問題集

JN039842

KADOKAWA

この本は以下の人に特に向いています。

1

英検を機に
「英語力そのもの」を上げたい人

2

「量」より「質」の対策をしたい人

3

「単語は丸暗記」
「リスニングは慣れ」
という対策に
嫌気がさしている人

はじめに

「過去問」を使った対策というと、漫然と、ただひたすら問題を解き、答え合わせをしながら「できた」「できない」と一喜一憂し、その後にどんな対策をすればいいかわからないまま、場合によっては用意したすべての過去問を解ききることなく試験日を迎える……これが多くの人の現状のようです。

　これまでの過去問集というと、実際に何が出たかという資料的な価値は高いものの、解説は軽視され、最後の実力チェックとしての役割ばかりを担ってきたような印象を受けます。
　そこで本書では、「実力をつけるための過去問集」というコンセプトのもと、単に答え合わせをして終わりにするのではなく、「どこに目をつけて解けばよいのか」「わからない単語がある場合はどう対処すればよいのか」「合格するためには何を覚えておかなければならないのか」など、受験者目線で解説を書き、紙面の許す限り、合格に必要な実力をつけてもらうための工夫を随所に施しました。

① これまでにない詳しい解説！

　単なる「答えの根拠はここ」という解説ではなく、「なぜそこが根拠なのか」という視点で解説を書き、単語問題にもきちんと解説をつけました。

② 音声に関する充実した解説！

　従来は答えの根拠を示すだけでしたが、本書には「音声」に関する解説をつけました。合格のためにはリスニングも軽視できません。「正しく勉強すればリスニング力も劇的に上がる」という、我々の気持ちを解説に込めました。

③ ３回分なので最後までやりきれる！

　「せっかくたくさん過去問があるのに全部やりきれなかった」ということがないように３回分に絞り、そのぶん、解説と重要表現の紹介に紙面を割きました。「充実した納得感のある解説」で実力を上げ、「やりきったという達成感」によって、過去問を通して自信をつけることを可能にしました。

　我々著者が理想とする、過去問を使った授業を余すことなくこの本に込めました。
　それでは始めましょう。

　　　　　　　　　　　　　　　　　　　　　　　　関 正生・竹内 健

本書の特長

●「準備編」で、解く前にポイントを知る！

　いきなり時間を測って「よーいドン」で解き始めることが一般的には多いと思いますが、「その前にやるべきこと」を、本書では「準備編」にまとめました。

① まずは相手（試験問題）を知る

　問題形式も知らずに解き始めてしまっては、攻略法がわからない相手に戦いを挑んでいるようなものです。まずは、試験の全体像（大問の数・形式）をつかんでください。

② ポイントを確認！

　大問ごとに、学習や解法のポイントを確認してください。「接続表現」「因果表現」のような問題を解くために必要な知識、「リスニングでは選択肢を先読みしてから解く」といった効率の良い解法の手順などを示しています。

●「詳しい解説」を読み込んで復習は徹底的に！

　本書の解説は、単なる答えの根拠の指摘ではなく、受験者目線でどのように考えればいいのかを示しています。また、本書を通して実力と英検合格のためのテクニックを身につけてもらうための工夫をこらしました。

① 💡では英単語や熟語といった、英語そのものの解説をしました。覚えるために役立つ情報なので、ぜひ活用してください。

② 👍では英検でのテクニックについて紹介しています。「英検ではこう考える」といった、得点につながる情報が満載です。

③ ▽CHECK!では、「今後狙われる可能性が高い」、または「解法のポイントになる知識」をまとめました。試験本番ではこのリストから出題されると思って覚えてください。

④語句の注釈の中でも「特に英検で重要な語句」には☆をつけて、学習がしやすいものにしました。

●リスニングは「音」の解説も！

　従来の過去問集にはなかった「音」の解説もつけました。よく「速くて聞き取れない」という悩みを相談されますが、実は「速くて聞き取れない」のではなく、「期待している音声と異なるから聞き取れない」のです。「実際の音声ではこのように聞こえるよ」というのをキッチリ示したことで、「速くて聞き取れない」という悩みを解決します。

●面接も万全の対策を！

　従来の過去問集では模範解答が示されるだけのものが多い中、本書では、模範解答を豊富に示し、どんなところがポイントなのか、どのような表現が面接で役立つのかという解説をつけました。二次試験に向けても十分な対策が可能です。

本書の取り組み方

「準備編」
➡ **ポイントを確認！**

実際の過去問に取り組む前に、「どんな問題か」「時間配分」「解くためのポイントは何か」を確認してください。前提となる知識を大問ごとにチェックしておきます。

1つ目の過去問
（2020年度第3回）

➡ **大問別に解く！**

大問ごとに準備編の内容を踏まえて過去問に取り組みます。1問当たりの時間配分も短時間で高い集中力をもって意識するからこそ、身につけることができるわけです。もちろん、解き終わったら、答え合わせ、解説を読み込んで復習するのを徹底してください。
たとえばリスニング以外は次のような時間配分となります。この時間内に解ききることができれば、実際の本番では見直しの時間などが十分にとれる計算です。

大問1：10分（1問30秒で解きます）
大問2：12分（1問2分で解きます）
大問3：40分かけたいところです（全12問）
大問4：20分

2つ目の過去問
（2020年度第2回）

➡ **予行練習！**

試験本番の「予行練習」のつもりで、時間を計りながら全体を通して解きます。解き終わったら、1つ目（第3回）と同様にしっかりと解説を読み込んで復習してください。回を重ねるごとに成長している自分を感じながら進めていけるはずです。もちろん、「準備編」に戻ってポイントを確認するのも◎です。

3つ目の過去問
（2020年度第1回）

➡ **本番のつもりで！**

最後はこの試験を本当に会場で受けているつもりでチャレンジしてみましょう。図書館やカフェなど、場所を変えて取り組んでみてもいいかもしれません。

目 次
CONTENTS

準備編

大問別 傾向と対策のポイント …………………………… 9

▶一次試験／筆記 ……………………………………… 9

1. 単語・熟語・文法問題 ／ **2.** 長文問題（空所補充）

3. 長文問題（内容一致） ／ **4.** ライティング問題

▶一次試験／リスニング ……………………………… 16

第 1 部 ／ 第 2 部

▶二次試験／面接 ……………………………………… 20

解答・解説編

本文デザイン／浦郷和美

英検 2 級について

●試験日程

試験は年に 3 回行われます。下記は大まかな実施時期です。

	一次試験（筆記）	二次試験（面接）
第 1 回	5～6 月	6～7 月
第 2 回	10 月	11 月
第 3 回	1～2 月	2～3 月

●一次試験(筆記)の内容

2 級の試験は大きく以下の大問別に構成されています。

リーディング			
大問 1	空所補充問題	短文の空所に、適切な語を補う。	20 問
大問 2	長文問題（空所補充）	長文中の空所に入るのに最も適切な語句を選ぶ。	6 問
大問 3	長文問題（内容一致）	長文の内容についての質問に対する答えを選ぶ。	12 問
ライティング			
大問 4	英作文問題	指定されたトピックについての英作文を書く。	1 問
リスニング			
第 1 部	会話に関する質問	会話の内容に関する質問の答えを選ぶ。	15 問
第 2 部	英文に関する質問	英文の内容に関する質問の答えを選ぶ。	15 問

●二次試験(面接)の内容

二次試験では、以下の流れで面接形式のスピーキングテストが行われます。

音読	問題カードの音読	60 語前後の英文を音読する。
No.1	英文に関する質問	音読した英文の内容についての質問に答える。
No.2	イラストに関する質問	問題カードにある 3 コマのイラストの展開を説明する。
No.3	トピックに関する意見	問題カードに関連した事象・意見について自分の意見を述べる。
No.4	受験者に関する意見	問題カードに関係ないことも含め、日常生活の身近な事項について自分の意見を述べる。

※上記は 2021 年 9 月現在の情報です。最新情報は、日本英語検定協会のウェブサイト（https://www.eiken.or.jp/）でご確認ください。

付属 CD について

●リスニング問題演習＆耳慣らしにも！

付属 CD には、リスニングテスト用の音声と、面接の質問文、解答例の音声を収録しています。演習が終わった後も、直前まで耳慣らしとして活用してください。

CD に収録している箇所は **CD1** マークで示しています。

＜収録内容＞

🔊)) リスニング

2020 年度　第 3 回	⇒	**CD1 1** ～ **CD1 32**
2020 年度　第 2 回	⇒	**CD1 51** ～ **CD1 82**
2020 年度　第 1 回	⇒	**CD2 19** ～ **CD2 50**

👤 面接

2020 年度　第 3 回	⇒	**CD1 33** ～ **CD1 50**
2020 年度　第 2 回	⇒	**CD2 1** ～ **CD2 18**
2020 年度　第 1 回	⇒	**CD2 51** ～ **CD2 68**

＜収録時間＞　CD 1＝約 57 分、CD 2＝約 40 分

※日本語によるリスニングテストの説明音声は、一部割愛しています。

※ CD は、CD プレーヤーでのご使用を推奨します。パソコンで使用すると、不具合が生じる可能性がございます。

解説ページにある問題のレベル(難易度)は、以下の基準で示しています。

レベル ☆☆☆ ・・・ 合格するために確実に取りたい問題
レベル ☆☆☆ ・・・ このレベルの問題を取れるかどうかが合否を分ける問題
レベル ☆☆☆ ・・・ 落としても仕方ない少し難しめ、もしくは難問、1 つ上の級を目指す人は取りたい問題

レベル ☆☆☆ レベルの問題が取れる実力を目指してください。
解説中の記号：S＝主語、V＝述語(動詞)、O＝目的語、C＝補語

一次試験〉筆記

1 単語・熟語・文法問題

どんな問題?

● **問題数**：20 問　1 問 30 秒が目安です。
● **形式**：短文または 1 往復の対話形式で英文中の空所を埋める問題です。
● **出題内容**

単語問題 (1)〜(10)	動詞（4 問）、名詞（4 問）、形容詞・副詞（2 問）がオーソドックスな構成です。

＋

熟語問題 (11)〜(17)	2 語程度の熟語のカタマリが選択肢に並ぶ場合のほか、前置詞の使い分けなど熟語の一部が空所で狙われるパターンがあります。

＋

文法問題 (18)〜(20)	「仮定法」「比較」「分詞構文」「不定詞」「動名詞」「関係詞」がよく狙われます。

対策

● **単語・熟語**

英検では、過去に問われた単語・熟語が、再び選択肢に並んだり、答えになったりすることがよくあります。まずは、本書で扱っている選択肢の単語・熟語を繰り返し確認してください。単語や熟語の解説を読み込み、☑ **CHECK!** にまとめられた語句をマスターしておきましょう。

● **頻出文法**

関係詞（関係詞の使い分けの問題・複合関係詞の使い分けの問題）、比較（"no 比較級 than 〜"など、比較級を使った熟語表現）、分詞構文（現在分詞と過去分詞の使い分けの問題）、不定詞・動名詞（不定詞をとるか動名詞をとるか、一般動詞の後ろの形が問われます）、仮定法（仮定法の基本公式や仮定法を使った表現）が頻出です。「不定詞をとる動詞」などは解説で詳しく紹介しているので（124 ページ）、ここではまず「後ろに動名詞をとる動詞」と「仮定法の公式」を確認しておきましょう。

POINT 1 ▶ 後ろに動名詞をとる動詞

動名詞のイメージは「反復」「中断」「逃避」です。不定詞の to は「前向き」なのに対して、「動名詞」は「後ろ向き」なんです。

① 反復

- ☐ practice -ing「〜する練習をする」
- ☐ mind -ing「〜するのを気にする」
- ☐ imagine -ing「〜するのを想像する」
- ☐ enjoy -ing「〜するのを楽しむ」
- ☐ consider -ing「〜するのを考える」
- ☐ suggest -ing「〜することを提案する」

② 中断

- ☐ stop -ing「〜するのをやめる」
- ☐ give up -ing「〜するのをあきらめる」
- ☐ quit -ing「〜するのをやめる」
- ☐ finish -ing「〜するのを終える」

③ 逃避

- ☐ miss -ing「〜しそこなう」
- ☐ escape -ing「〜するのを避ける」
- ☐ postpone -ing「〜するのを延期する」
- ☐ deny -ing「〜するのを否定する」
- ☐ avoid -ing「〜するのを避ける」
- ☐ put off -ing「〜するのを延期する」
- ☐ delay -ing「〜するのを延期する」
- ☐ resist -ing「〜することに抵抗する」

POINT 2 ▶ 仮定法の公式

仮定法とは「仮定の話＝妄想」を語るときに使うものです。そして「妄想だよ」ということを明示するために「仮定法の公式」があり、その目印として would などの「助動詞の過去形」が使われます。英検2級では、この公式をしっかりと押さえておくことが重要です（仮定法を使った表現は170ページ）。

① **仮定法過去**…現在の妄想　☆過去形を使う／訳すときは「現在」

If s 過去形 , S would 原形 　　　　「もし〜ならば…だろうに」

※ would 以外に could/might/should でも可。

② **仮定法過去完了**…過去に対する妄想　☆過去完了形を使う／訳すときは「過去」

If s had p.p., S would have p.p. 　　　　「もし〜だったら…だったろうに」

※ would 以外に could/might/should でも可。p.p.= 過去分詞形

③ **混合文**…「あのとき〜だったら、今頃は…だろうに」のパターン

仮 定 法 過 去　　~~If s 過去形 , S would 原形~~

仮定法過去完了　　**If s had p.p.,** ~~S would have p.p.~~

➡ **If s had p.p., S would 原形**

「もし（あのとき）〜だったら、（今は）…だろうに」

　　　　仮定法過去完了　　　　　　仮定法過去

2 長文問題（空所補充）

どんな問題？

● **問題数**：全部で6問（長文は2つ）1問2分で解きます（合計12分）。
● **形式**：長文中の空所に入れるのに適切な語句を選ぶ問題です。選択肢には、2語以上の語句、接続表現が並びます。2つの長文はそれぞれ3段落構成で、各段落に1つずつ空所があります。

● **出題内容**

(21)〜(26)	社会的な内容のほか、科学的な内容の長文も出題されます。

接続表現や指示語などをヒントにしながら解く「文脈問題」のほか、in contrast「それに対して」や for instance「たとえば」などの「接続表現」自体が空所で狙われる問題もあります。長文1題に対して1問の割合で「接続表現」が空所になっています。

対策

単純な文脈問題もありますが、接続表現を使うと効率的に、しかも正確に解くことができます。2級レベルになると、空所の前後を読んだだけでは解けない問題もあるので、しっかり英文の流れを把握しながら解くことが重要です。

POINT ▶ ヒントになる「接続表現」（抜粋）

(1) 反対系　　　A ⇔ B
　□ however「しかしながら」　　　　□ on the other hand「一方で」
　□ in[by] contrast「それに対して」　□ nevertheless「にもかかわらず」

(2) イコール系　　A = B
　in other words「言い換えると」などの副詞句の他、前後でイコール関係を表す動詞もチェックしておきましょう。
　□ be動詞「〜だ」　　　　□ mean「意味する」　　　□ represent「表す」
　□ show「示す」　　　　　□ include「含む」　　　　□ refer to 〜「〜を表す」
　※ include は「含む」ですが、「イコール関係をつくる動詞」と覚えておくと、読解で役立ちます。

(3) 順接系　　　A → B　〔だから〕
　□ ..., so 〜「…、だから〜」　　　　□ therefore「したがって」

(4) その他「解答のカギ」になる副詞
　□ actually「実際に」　　　　　　　□ luckily「幸いにも」
　□ fortunately「幸運にも・幸い」　　□ unfortunately「不運にも」
　※ 上記以外にも「因果表現」（13ページ）、「具体例を述べるときに便利な表現」（15ページ）も合わせて確認しておきましょう。

3　長文問題（内容一致）

● 問題数：全部で12問（長文は3つ）／内容一致問題　　40分確保できるのが理想
● 形式・出題内容

A …Eメール　設問数：3
「お店とのやりとり」「会社から従業員へ」のメールなどがよく出ます。友人同士や親戚同士などのやりとりよりも、ややかたい内容のメールの読解問題です。

B …説明文　設問数：4

C …説明文　設問数：5
環境に関する内容の長文が多く、やや理系トピックが多いのが特徴です。

対策

POINT 1 ▶ 内容一致問題のポイント

(1) 設問先読み

本文を読む前に設問文をチェックして、どんな情報を読み取ればいいのか見当をつけます。

設問文からのキーワード「『時』を表す副詞句などの数字が入った表現」や「固有名詞」は、本文の該当箇所を絞り込むときの重要な手がかりになります。

(2)「設問の順番」と「本文の順番」は一致！

原則、設問の順番は、本文に出てくる順番と同じです。段落ごとに設問が1問あるイメージです。つまり、最初の設問は第1段落に、2つ目の設問は第2段落にという感じです。ただしCの最後の設問 (38) は、各選択肢の根拠が文章全体に散らばっているので選択肢からキーワードを拾って絞り込んでいく必要があります。

(3) 選択肢は「本文の言い換え」が狙われる

正解の選択肢は本文の表現が「別の表現に言い換えられる」ことが多いです。逆に不正解の選択肢には、本文で使われている単語や語句がふんだんに使われます。同じ単語を使うことで、「本文にこの語句があったから正解かも」とひっかけようとするんです。

POINT 2 ▶ 頻出の設問パターンを整理

事前に把握しておくことでスムーズに問題に取り組めるパターンがあります。

・What is true about 〜？「〜についてあてはまるものはどれですか？」
・What is one thing 〜？「〜の1つのことは何ですか？」

これらの質問は、「本文の内容に合うものはどれか？」と理解しておくといいでしょう。

POINT 3 ▸ メール文の読解ポイント

(1) 2級のメール問題のパターン
　　① お店 ⇔ 客
　　　「客からの問い合わせ」「店からの案内」「何かトラブル」などが出題されます。
　　② 会社や学校など→不特定多数（従業員や学生）
　　　会社から従業員に向けた一斉メールでは「会社の建物の一部を工事する」
　　　「移転する」「あるプロジェクトについて」といった内容が出ます。
　　※「家族」や「友人同士」などのプライベートな関係でのやりとりはほとんど出ないと思って
　　ください。

(2) Eメールの目的を読み取る！
　　必ずEメールを送る「目的」があるわけで、そこが設問で狙われます。「目的」
　　は「お知らせ」「案内」「何かの依頼」などが多く、これらに絡めた内容が問われ
　　ることがあります。

(3)「誰→誰」のメールかを整理！
　　「お店→客」なのか「客→お店」なのかなどによって内容は大きく異なるので、
　　まずは「誰→誰」をしっかりチェックします。

POINT 4 ▸ 説明文では「因果表現」がポイントになる！

Why? で聞かれる設問がよく出ます。必ずしも「因果表現」が根拠になるわけで
はありませんが、あれば高い確率で解答の根拠になるので、次の表現が出てきた
ら要チェックです。

(1) 前置詞で因果を表すもの
　その1 「〜が原因で」
　　□ because of 原因　　　　□ due to 原因　　　　□ owing to 原因
　その2 「〜のおかげで」
　　□ thanks to 原因

(2) 接続詞で因果を表すもの「sv なので」
　　□ because sv　　　　□ since sv　　　　□ as sv

(3) 文単位で因果を表すもの
　　□ 原因 , so 結果 「原因 、だから 結果 だ」
　　□ 原因 . This is why 結果 . 「原因 だ。こういうわけで 結果 だ」
　　□ 結果 . This is because 原因 . 「結果 だ。これは 原因 だからだ」

(4) 動詞で因果を表すもの
　その1 「原因のせいで結果になる」
　　□ 原因 cause 結果　　　□ 原因 lead to 結果　　　□ 原因 result in 結果

その2 「結果は原因のせいだ」
　　□ 結果 come from 原因　　　　　　　　□ 結果 result from 原因

(5) 副詞的用法の不定詞

その他、因果表現ではありませんが、「～するために」という「目的」を表す不定詞も解答の根拠になります。

4　ライティング問題

どんな問題?

●問題数：1問　15分～20分で解答を作成します。
●出題内容

TOPIC に対して、自分の「意見」と「その理由」を条件にしたがって英語で書く問題です。語数の目安は 80 語～ 100 語です。

対策

POINT 1 ▶ 解答の構成を決めておく！

2 級のライティング問題では、次のような構成を考えておくとスムーズです。ただし、必ずしも 6 文構成でなくても OK です。
第 1 文…TOPIC に対する「意見」
第 2 文・第 3 文…理由① ＋ 理由①をサポートする文
第 4 文・第 5 文…理由② ＋ 理由②をサポートする文
　※ 理由のあとに「具体例」を書くことで説得力が増します。また、具体例は「自分の体験」を書いても OK です。
第 6 文…まとめ
　※ 最後にまとめの文を入れると伝わりやすい文章になります。

問題に示された POINTS（観点）は、「この観点なら書けそうだ」という内容を選ぶと良いでしょう（もちろん自分で考えた観点を使っても OK です）。そのときに自分自身の意見は柔軟に変更して OK です。「正しい英語で意見を書く」ということが大事です。

POINT 2 ▶ ライティング問題で役立つ表現

(1)「意見」を述べるときに便利な表現

　□ I think {that} sv.「私は sv すると思います」
　□ I do not think {that} sv.「私は sv すると思いません」
　　※ 接続詞 that は省略できます。

- ☐ It is a good idea {for 人} to 〜.「{人が}〜するのは良い考えです」
- ☐ It is necessary {for 人} to 〜.「{人が}〜する必要があります」
- ☐ It is important {for 人} to 〜.「{人が}〜するのは重要です」
- ☐ in my opinion「私の意見としては」
- ☐ in my view「私の意見としては」
- ☐ I agree with this opinion.「私はこの意見に賛成です」
- ☐ I disagree with this opinion.「私はこの意見に反対です」
- ☐ should 原形「〜するべきだ・〜した方がよい」
- ☐ have[has] to 原形「〜しなければならない・〜する必要がある」
- ☐ must 原形「〜しなければならない」

(2) 「理由」を述べるとき、「列挙」をするときに便利な表現

- ☐ I have two reasons why I think sv.「私が sv すると思う理由は 2 つあります」
- ☐ I have two reasons to support this opinion.
  「私はこの意見を裏付ける理由が 2 つあります」
- ☐ There are two reasons for this.「これに対する理由が 2 つあります」
- ☐ The first[second] reason is that sv.「最初の [2 つ目の] 理由は sv することです」
- ☐ First, 〜「最初に〜」／ Second, 〜「第 2 に〜」　※ Firstly や Secondly も OK。
- ☐ first of all「まず最初に」
- ☐ to begin[start] with「まず最初に」
- ☐ in addition「加えて・さらに」
- ☐ besides「その上」
- ☐ moreover「その上」
- ☐ next「次に」
- ☐ finally「最後に・最終的に」
- ☐ also「また」
- ☐ furthermore「さらに」
- ☐ what is more「その上」

(3) 「具体例」を述べるときに便利な表現

- ☐ for example「たとえば」
- ☐ for instance「たとえば」
- ☐ A, B, C, and so on「A, B, C など」
- ☐ 名詞 such as 〜「(たとえば)〜のような名詞」
- ☐ including 〜「〜を含めて」
  ※「〜を含めて」が直訳ですが、"〜" には具体例がくるので「〜のように」と考えてください。
- ☐ like 〜「〜のように[な]」
- ☐ If sv, SV.「もし sv するなら、SV する」※「たとえばもし」というニュアンスです。
- ☐ When sv, SV.「sv するとき、SV する」
  ※ 状況を「sv するとき」と限定することで、より具体的な内容になるんです。
- ☐ especially「特に」
- ☐ in particular「特に」
- ☐ actually「実際に」
- ☐ particularly「特に」
- ☐ in fact「実際に」

(4) 「まとめの文」で便利な表現

- ☐ ..., so 〜「…、だから〜」
- ☐ therefore「したがって」
- ☐ in closing「結論として」
- ☐ That's why sv.「そういうわけで sv する」
- ☐ thus「したがって」
- ☐ in conclusion「結論として」
- ☐ for these reasons「これらの理由から」

□ more and more ～「ますます多くの～」
□ by –ing「～することによって」　　□ without –ing「～せずに」
□ in the future「将来」　　　　　　□ on the whole「全体として」

一次試験 〉リスニング

●弱形をマスターする

弱形とは「普段の発音」と考えてください。たとえば at は「アット」という発音で覚えている人が多いと思いますが（これは特に強調するときなどに使われる「強形」という発音です）、実際の会話（普段の発音）では「ァト」や「アッ」のように発音されるんです。難しく思えるかもしれませんが、弱形に注意が必要なのはすべて中学レベルの単語であり、この発音を知っておくことでリスニングの力が劇的に向上しますよ。

POINT ▶ 重要な弱形の例（強形→弱形の順で記載しています）

（1）前置詞

□ of　「オヴ」→「ァヴ」「ァ」「ヴ」　□ to　「トゥー」→「タ」
□ for　「フォー」→「ファ」「フ」　　□ from　「フロム」→「フム」
□ at　「アット」→「ァト」「アッ」　　□ with　「ウイズ」→「ウィズ」「ワズ」
□ in　「イン」→「ァン」　　　　　　□ on　「オン」→「ァン」

（2）代名詞

□ you　「ユー」→「ユ」「ヤ」　　　　□ your　「ユア」→「ヤー」
□ his　「ヒズ」→「イズ」　　　　　　□ him　「ヒム」→「イム」
□ her　「ハー」→「ァー」　　　　　　□ their　「ゼア」→「ザ」
□ them　「ゼム」→「ァム」　　　　　□ our　「アウア」→「ァー」

（3）助動詞

□ can　「キャン」→「クン」　　　　　□ could　「クッド」→「クド」
□ will　「ウィル」→「ゥル」　　　　□ would　「ウッド」→「ァド」
□ have　「ハヴ」→「ァヴ」「ヴ」

（4）be 動詞

□ be　「ビー」→「ビ」　　　　　　　□ been　「ビーン」→「ビン」「ベン」
□ is　「イズ」→「ズ」　　　　　　　□ am　「アム」→「ム」
□ are　「アー」→「ァ」

（5）その他

□ some　「サム」→「スム」　　　　　□ any　「エニィ」→「ァニ」

どんな問題?

● 問題数：15 問（放送回数は 1 回）
● 形式：対話と質問が英語で読まれ、問題冊子に印刷されている選択肢から、対話に
　　　　合うものを選びます。
● 出題内容

「知り合い」との会話の他、「店員」との会話、「ホテルのスタッフ・従業員」との会話な
どが出ます。英検では「携帯電話」だけでなく「固定電話」を使った場面での会話が出る
こともあります（電話での会話の場合、冒頭で電話の呼び出し音が鳴ることが多いです）。

対策

問題冊子には選択肢が印刷されているので、まずは「選択肢の先読み」をします。「先読み」
とは問題冊子に書かれている選択肢を、音声を聞く前に読んで、「何に注意して聞けば
いいのか」「どんな Question なのか」を予想しておくことです。英検 2 級のリスニング
では音声が 1 度しか流れないので、この「先読み」が大活躍します。この「先読み」は第
1 部だけでなく第 2 部でも同様に有効です。

また、典型的な Question を知っていれば、初めて聞いたら難しく感じるものも、余
裕をもって対応することができます。

POINT 1 ▶「これからのこと」が問われるときに注意すべき表現

選択肢がすべて「動詞の原形」で始まっているときは「未来の予定・行動」がポイ
ントになることがよくあります。次のような表現が出てきたら該当箇所になるこ
とが多いのでチェックしておきましょう。

・will や be going to を使った表現　　・decide to 原形「〜すると決める」
・plan to 原形「〜する計画だ」　　　　・offer to 原形「〜しようと申し出る」

この他に「勧誘」や「依頼」の表現がポイントになることもあります。

・Will[Can] you 〜?「〜してくれませんか?」
・Would[Could] you 〜?「〜してくださいませんか?」
・Would you mind –ing?「〜してくださいませんか?」
　　※ mind は「気にする」の意味で、「あなたは〜するのを気にしますか?」→「気にしな
　　いなら〜してくれませんか?」ということです。
・Why don't we 〜?「(一緒に)〜するのはどうですか?」
・Shall we 〜?「(一緒に)〜しましょうか?」
・Let's 〜.「(一緒に)〜しましょう」

POINT 2 ▶ 状況を把握するために役立つ表現

会話の状況（どんな相手同士の会話かなど）を把握するために役立つ表現を押さえておくことで、聞き取りがスムーズになります。

・Dad・Mom ➡ このような呼びかけで始まれば「親子」の会話とわかる

・May I help you? ➡ 「お店」関係！

　　「お店」関係なら「店員と客」の会話だとわかりますし、「ホテル」ということもあります。また、店の名前を名乗ることがあるので、「レストラン」や「書店」など、何のお店かを把握することもできます。固有名詞が使われることが多いですが、仮に聞き取れなくても慌てずに「あぁ、そういう名前なんだな」という感じで OK です。

・Honey. ➡ 「夫婦」

　　呼びかけの honey「おまえ・あなた」は「恋人・夫婦」の間でよく使われますが、英検の世界では「夫婦」と考えて OK です。ちなみに、男性から女性だけでなく、女性から男性に対して使うこともできます。

POINT 3 ▶ 典型的な Question

・What do we learn[know] about ～？「～について私たちは何がわかるか？」

　　➡ 内容に合うものはどれか？

・What is one thing ～？「～なことの一つは何か？」

　　➡ 内容に合うものはどれか？

・What's the S's problem?「S の問題は何か？」

・What problem did S have?「S にはどんな問題があったか？」

　　➡ 「困ったこと」「想定外のできごと」が正解になる！
　　「時間に間に合わない」「忘れ物をした」「注文したものが届かない」などの内容がよく出ます。

第 2 部

どんな問題？

●**問題数**：15 問（放送回数は 1 回）

●**形式**：英文（ナレーション）を聞き、問題冊子に印刷されている選択肢から、内容に合うものを選ぶ問題です。

●**出題内容**

「ある人物についての説明」「動物や物、祭りなどの文化的習慣といった人以外についての説明」がよく出ます。「アナウンス問題」は第 2 部で特徴的な問題です。

選択肢の先読みは第2部でも同様に取り組んでください。さらに、どんなナレーションのパターンがあるのか、そしてそれらの特徴を押さえておくことが重要です。

POINT ▶ 頻出パターン

(1)「人」についてのナレーション

「人物の行動」が問われることが多いです（What did you do last ～?「この前の～にSは何をしましたか?」など）。選択肢先読みで「時制」をチェックしておきましょう。

また、「感情表現」はよく狙われるので、happy、disappointed など感情形容詞が出てきたらチェックしておきましょう。次の表現が出てきたらその原因・理由に反応することが重要です。

感情の原因を表す主な表現

☐ 感情形容詞 to 原形 「～して感情だ」　※ to 原形 が原因になる
☐ 感情形容詞 that sv 「sv して感情だ」　※ that sv が原因になる
☐ S make OC 「SによってOはCになる」　※ Cに感情形容詞がきて、Sが原因になる
☐ when sv　※ when sv が感情の原因になることがある

(2)「人以外（動物など）」についてのナレーション

第3部では「動物」や「物」について説明されることがあります。特に冒頭で、これまで聞いたことがない単語が流れることがよくありますが、その後で必ず説明されるので、そこをしっかり聞き取れば大丈夫です。また、「内容に合うものはどれか?」というパターンの Question が多いので、情報をしっかり整理しておくことが重要です。「動物」であれば外見の説明に使われる、large や small といった形容詞がポイントになることが多いです。

(3) アナウンス問題

次のような表現で始まったらアナウンス問題だと思ってください。また、ナレーターのテンションが少し高めで、スピードも速くなります。

アナウンスの冒頭でよく使われる表現

☐ Welcome to ～「～へようこそ」
☐ Attention, shoppers「ご来店の皆様にお知らせです」
☐ Thank you for ～ .「～していただいてありがとうございます」
☐ 呼びかけ　Ladies and gentlemen ／ Class ／ Students など
☐ あいさつ　Good morning. ／ Good afternoon. など

また、アナウンス問題では、「最初に何が起こりますか?」「最初に何をしますか?」という質問がよく出ます。「工場見学」や「ツアー」などでガイドが参加者に説明している場面のアナウンスでよく狙われます。first「まず最初に」、before ～「～の前に」といった表現がポイントになります。また、What is one thing ～?「内容に合うものはどれか?」のパターンは定番です。

二次試験 〉面接

どんな問題?

次のような流れを把握しておきましょう。

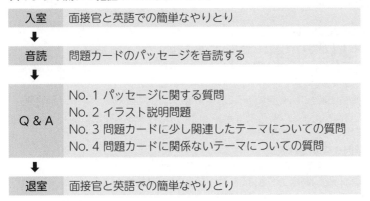

入室	面接官と英語での簡単なやりとり

↓

音読	問題カードのパッセージを音読する

↓

Q & A	No. 1 パッセージに関する質問 No. 2 イラスト説明問題 No. 3 問題カードに少し関連したテーマについての質問 No. 4 問題カードに関係ないテーマについての質問

↓

退室	面接官と英語での簡単なやりとり

試験時間は約 7 分です。

対策

● 面接官とのやりとり

入室時・退室時のやりとりは決まり事として覚えておきましょう。また、相手の顔を見て会話をすることを意識してください。アティチュード (積極的にコミュニケーションをとろうとする態度など) も評価のポイントです。

【入室時】

受験者 — May I come in? 「入ってもいいですか?」

Please come in. Hello.
「どうぞ入ってください。こんにちは」 — 面接官

受験者 — Hello. 「こんにちは」

Can I have your card, please?
「あなたの受験票をいただけますか?」 — 面接官

受験者 — Yes. Here you are. 「はい。どうぞ」

Thank you. Please sit down.
「ありがとうございます。どうぞおかけください」 — 面接官

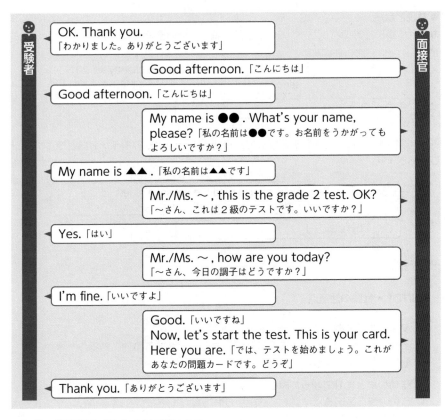

受験者

OK. Thank you.
「わかりました。ありがとうございます」

Good afternoon. 「こんにちは」

Good afternoon. 「こんにちは」

My name is ●●. What's your name, please? 「私の名前は●●です。お名前をうかがってもよろしいですか?」

My name is ▲▲. 「私の名前は▲▲です」

Mr./Ms. 〜, this is the grade 2 test. OK? 「〜さん、これは2級のテストです。いいですか?」

Yes. 「はい」

Mr./Ms. 〜, how are you today? 「〜さん、今日の調子はどうですか?」

I'm fine. 「いいですよ」

Good. 「いいですね」
Now, let's start the test. This is your card. Here you are. 「では、テストを始めましょう。これがあなたの問題カードです。どうぞ」

Thank you. 「ありがとうございます」

面接官

この後、「音読」と「Q & A」に移ります。

【退室時】

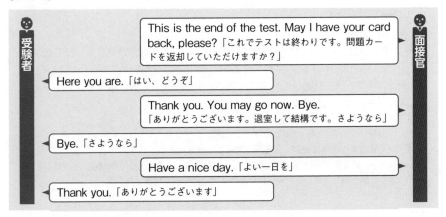

受験者

This is the end of the test. May I have your card back, please? 「これでテストは終わりです。問題カードを返却していただけますか?」

Here you are. 「はい、どうぞ」

Thank you. You may go now. Bye. 「ありがとうございます。退室して結構です。さようなら」

Bye. 「さようなら」

Have a nice day. 「よい一日を」

Thank you. 「ありがとうございます」

面接官

● 黙読と音読

カードに書いてあるパッセージを 20 秒間黙読し、その後音読します。

20 秒間黙読し、ここで内容を確認して、音読の際の区切りのポイントなどをイメージしておきます。

実際に音読します。

POINT 1 ▶ 音読の注意点

(1) タイトルを読む

緊張しているとタイトルを飛ばしてしまうことがあるので、黙読のときから注意しておきましょう。

(2) 語句のまとまりで切って読む

音読の際に区切るポイントを確認しておきましょう。

- □ 接続詞 (and、when、because など) の前
- □ 前置詞 (at, on, for など) の前
- □ 長い主語の後ろ
- □ 分詞句 (分詞＋語句) のカタマリの前
- □ 接続表現の前後

(3) 強弱をつける

日本語の場合「抑揚」をつけると言われるのですが、英語で抑揚をつけるのは簡単なことではありませんよね。そこで、英語では「強く発音する」単語と「軽く発音する」単語を意識して読んでください (もちろん単語自体のアクセントも意識して発音してください)。

- □ 強く発音する語➡名詞・動詞・形容詞・副詞
  単語自体に内容(意味)があるので、「内容語」と呼ばれます。
- □ 軽く発音する語➡接続詞・前置詞・関係詞・代名詞など
  接続詞・前置詞・関係詞は文や語句などをつなぐ働きがあるので「機能語」と呼ばれます。また、繰り返しを避けるために用いられる代名詞も軽く発音されます。

(4) 無言にならない

発音がわからない単語が出てきても、予想して思い切って声に出しましょう。絶対に黙ってしまってはいけません。多少発音が違っても、一生懸命読もうとする姿勢を伝えることが大切です。

● Q & A の攻略

Q & A にもパターンがあります。合計 4 題です。それぞれどのような点に注意して答えればよいのかここで確認しましょう。

POINT 2 ▶ No. 1「パッセージに関する質問」

(1) 質問は Why 〜？か How 〜？がほとんど
(2) パッセージの英文中から答えになる部分を特定
　　・Why 〜？
　　➡「原因・理由」を答える質問なので「因果表現」をチェック！
　　　※ ただし、明確な「因果表現」が使われない場合もあるので、そのときは文脈で判断します。
　　・How 〜？
　　➡「手段・方法」を答える質問なので "by 〜" などの表現をチェック！
(3) 答えになる英文中で「指示語」などが使われているときは、具体的な表現に置き換える

POINT 3 ▶ No. 2「イラスト説明問題」

(1) 指定された英文で始める

1 文目は指定された英文となります。2 文目以降は、1 文目に続く内容を考える必要があります。

(2) 構成を準備しておく

説明するポイントをあらかじめ確認しておくとスムーズです。
〈一般的な構成〉
　　1 文目…指定された英文
　　2 文目…吹き出しの発話があれば引用 or 状況の説明
　　3 文目・4 文目…2 コマ目の状況の説明や吹き出しの内容（登場人物の心情）
　　　　　　　　　を説明
　　5 文目・6 文目…3 コマ目の状況の説明や吹き出しの内容（登場人物の心情）
　　　　　　　　　を説明
必ずしも 6 文にしなければならないわけではなく、2 文目以降は流動的に考えてください。合計で 5 文でも 7 文でももちろん大丈夫です。

(3) イラストの矢印の中にある「時間」や「場所」を表す表現を使う

イラストの矢印の中にある表現を入れることで2コマ目、3コマ目の説明に入ることを明確に伝えることができます。

(4) イラスト内の吹き出し

発話内容は「人 said to 人, "〜"」の形（直接話法）を使って説明します。間接話法を使ってもよいのですが、時制や代名詞の置き換えなどミスが起こりやすくなるので、直接話法を使うほうが無難です。

POINT 4 ▶ No. 3「問題カードに少し関連したテーマについての質問」

(1) 問題カードに少し関連した質問
(2) I agree. か I disagree. で始める
(3) 理由を2〜3文でまとめる
「理由」は「自分の体験談」や「具体例」を伝えられればOKと考えてください。具体例を導く表現などを確認しておきましょう（15ページ）。

POINT 5 ▶ No. 4「問題カードに関係ないテーマについての質問」

基本的な考え方はNo.3と同じです。
(1) カードやNo.3とは全く関係のない質問
(2) きちんとYes. かNo. を伝える
(3) 理由を2〜3文でまとめる
No. 3と同様に「自分の体験談」や「具体例」を伝えられるようにしましょう。

2020-3
Grade 2

2級

解答・解説編

一次試験

2020年度　第3回検定（2021年1月24日実施）

解答一覧

筆記

1　(1) 2　(2) 3　(3) 1　(4) 1　(5) 4　(6) 3　(7) 3　(8) 1　(9) 2　(10) 2

(11) 3　(12) 3　(13) 2　(14) 3　(15) 2　(16) 4　(17) 1　(18) 4　(19) 1　(20) 4

2 A　(21) 3　(22) 1　(23) 4　**2 B**　(24) 2　(25) 1　(26) 1

3 A　(27) 4　(28) 3　(29) 2　**3 B**　(30) 2　(31) 4　(32) 3　(33) 1

3 C　(34) 4　(35) 2　(36) 4　(37) 1　(38) 2

4　解答例は p.66 参照

リスニング

第1部　No. 1 4　No. 2 1　No. 3 4　No. 4 2　No. 5 2　No. 6 3　No. 7 1　No. 8 3　No. 9 1　No. 10 2

No. 11 2　No. 12 3　No. 13 3　No. 14 4　No. 15 4

第2部　No. 16 3　No. 17 1　No. 18 4　No. 19 3　No. 20 2　No. 21 4　No. 22 1　No. 23 3　No. 24 2　No. 25 3

No. 26 4　No. 27 3　No. 28 4　No. 29 3　No. 30 2

(1) ▶「アミューズメント・パーク」は「楽しませる (amusing) 場所」 レベル ★★★

解答 **2**

> look like sv「sv するように見える」　　see O -ing「O が〜しているのを見る」

A: It looked like you were enjoying the party, Don. I saw you laughing a lot.

> パーティを楽しんでいるように見えた　　とても笑っているのを見た

B: Yeah. Rachel was telling some really (　) stories about her father.

解説 *A* の「パーティーを楽しんでいるようだった」、「あなたがとても笑っているのを見た」をヒントに、**2** の amusing「楽しませるような」を選べば OK です。「レイチェルがお父さんについて本当におもしろい話をしてくれていたんだ」となります。

> 🔅 **see は知覚動詞**
> 2 文目の saw you laughing の saw は知覚動詞 (原形 see) で、"see O -ing"「O が〜しているのを見る」の形で使われています。

和訳 *A:* パーティーを楽しんでいるようだったね、ドン。あなたがすごく笑っているのを見たよ。
B: まあね。レイチェルがお父さんについて本当におもしろい話をしてくれていたんだ。

選択肢の和訳
1 海の
2 おもしろい・楽しい
3 その土地本来の・生まれつきの
4 静かな・沈黙した

語句 ☆ look like sv 〜するように見える　　☆ see O -ing O が〜しているのを見る
□ laugh 笑う

単語解説
□ marine「海の」…「マリンスポーツ」とは海でやるスポーツのことですね。
□ amusing「おもしろい・楽しい」…動詞 amuse「楽しませる・おもしろがらせる」が -ing になって、「楽しませるような・(人を)おもしろがらせるような」→「おもしろい・楽しい」となりました。
□ native「その土地本来の・生まれつきの」…「英語のネイティブスピーカー」というのは、「生まれつき英語を話す人」ということです。
□ silent「静かな・沈黙した」…silent はスマホなどの「サイレントモード」で使いますね。

(2) ▶ currently は「まさに現在」のイメージ！ レベル ★★★

解答 **3**

> work が現在形→現在の従業員数を尋ねている

A: How many people work at your company, Mr. Seward?

B: We (　) have 30 employees, but we plan to hire 5 more at the end of the

> しかし　　年末にはさらに 5 人雇う計画

year.

解説 「現在の従業員の数」を答える英文を完成させます。**3** の currently「現在は」を選び、「現在 30 名の従業員がいますが、今年の終わりにはさらに 5 名採用する計画です」とします。「現在はこうだけど今後はこういう予定だよ」と現在と未来が対比されているわけです。

和訳 *A:* あなたの会社では何人の人が働いていますか、スワードさん？
B: 現在は 30 名の従業員がいますが、今年の終わりにはさらに 5 名採用する計画です。

選択肢の和訳
1 まじめに・本気で **2** すぐに **3** 現在のところ **4** 特に

語句 □company 会社 ☑employee 従業員 ☑hire 雇う

単語解説
□ seriously「まじめに・本気で」…「深刻に」のイメージが強いかもしれませんが、「(性格が)深刻」→「まじめ・本気」と考えてください。
□ instantly「すぐに」…「インスタント食品」とは、短時間で「すぐに食べられる食品」のことですね。
□ currently「現在のところ」…「まさに現在」という意味で、「未来」との対比構造の目印になることもあり、長文問題やリスニングでも重要な単語です。「あくまで現在は」→「今後は変わるかも」ということを示唆するわけです。
□ especially「特に」…especially には special「特別な」が入っているので、ここから「特に」と覚えてください。後ろには具体的な内容がくることがよくあるので、長文でも重要です。

(3) ▶ utilize = use のイメージで覚える！　レベル ★★★

解答 **1**

should be 過去分詞「～されるべきだ」

The computers in the library should be (　) for school projects or homework.

allow 人 to ～「人 が～するのを許す」

Students are not allowed to use them for playing games or watching videos on the Internet. ゲームをしたりインターネットの動画を見るのに使うのは許されていない

解説 2 文目の「生徒たちはゲームをしたりインターネットで動画を見たりするのに、それら(＝コンピューター)を使うのを許されていない」をヒントに、「図書室のコンピューターは学校の課題や宿題のために利用されるべきだ」と考えます。**1** の utilized が正解です。

💡 project は「(授業の)プロジェクト」→「課題」
project は、「企画・(事業の)プロジェクト」の印象が強いと思いますが、「(授業の)プロジェクト」→「課題」の意味があり、英検では「課題」の意味でよく出てきます。

図書室のコンピューターは学校の課題や宿題のために使われるべきである。生徒たちはゲームをしたりインターネットで動画を見たりするためにそれらを使うのを許されていない。

選択肢の和訳

1 utilize「利用する・活用する」の過去分詞
2 satisfy「満足させる」の過去分詞
3 flavor「味つけする」の過去分詞
4 reflect「反射する・よく考える」の過去分詞

語句 □ should be 過去分詞 〜されるべきだ　　□ project　課題・プロジェクト
🔘 be allowed to 原形　〜するのを許されている

単語解説

□ **utilize「利用する・活用する」**…uti には「役立つ」という意味があり、そこから「利用する・活用する」となりました。use と同じイメージで使える単語ですが、utilize を使うと少し洗練された印象を与えます。

□ **satisfy「満足させる」**…受動態 be satisfied with 〜「〜に満足している」の形が重要です。

□ **flavor「味つけする」**…アイスクリームの「フレーバー」とは「味」のことですね。もともとはフランス語で「香り」という意味で、名詞の他に動詞の使い方があります。

□ **reflect「反射する・よく考える」**…「もとの方法へ (re) 曲げる (flect)」→「反射する・反映する」となりました。「よく考える」というときは reflect on 〜(on は「意識の接触（〜について）」) の形で使います。

---

(4) ▶ conserve「保存する」の名詞形が conservation　　レベル ★★★

解答　1

> 大きな懸念
>
> In Franklin City, water (　　) has become a big concern. The city is asking people to use as little water as possible.
>
> 人々にできるだけ水を使わないようにお願いしている

解説 a big concern から「何が大きな懸念なのか？」を考えます。2 文目の「市は人々にできるだけ使う水を少なくするようにお願いしている」をヒントに、**1** の conservation「保存」を選ぶと water conservation「節水」となり、文脈に合います。

和訳 フランクリン市では、節水が大きな懸念になっている。市は人々にできるだけ水を使わないようにお願いしている。

選択肢の和訳

1　保存　**2**　発表・出版　**3**　革命　**4**　野心・野望

語句 🔘 concern　懸念・関心事　　□ ask 人 to 原形　　人 に〜するように頼む
🔘 as 〜 as possible　できるだけ〜

単語解説

□ **conservation「保存」**…動詞 conserve は「一緒に (con) 保つ (serve)」→「保存する」で、その名詞形が conservation です。「自然保護 (the conservation of nature)」など、

長文でもよく出てきます。ちなみに -tion で終わる語の多くは名詞になります。

- □ publication「発表・出版」…publish「出版する」の名詞形が publication です。
- □ revolution「革命」…本来 revolve「回転する」で、名詞形が revolution です。「世の中の支配体制が回転してひっくり返る」→「革命」となりました。
- □ ambition「野心・野望」…Boys, be ambitious!「少年よ、大志を抱け」（札幌農学校で教えたクラーク博士の言葉）が有名です。ambitious「野心的な・野望を持った」の名詞形が ambition です。

☑ CHECK! 英検2級で狙われる -tion で終わる名詞

英検でよく狙われる -tion で終わる名詞をまとめました。動詞とセットで覚えてください。

動　詞	名　詞
□ attract「魅了する」	□ attraction「呼び物・魅力」
□ cooperate「協力する」	□ cooperation「協力」
□ destroy「破壊する」	□ destruction「破壊・滅亡」
□ elect「（投票で）選ぶ」	□ election「選挙」
□ indicate「指し示す」	□ indication「指示・暗示」
□ institute「設立する」	□ institution「機関・設立」
□ operate「操作する・手術する」	□ operation「操作・手術」
□ produce「生産する」	□ production「生産・製品」
□ select「選ぶ」	□ selection「選択・品揃え」
□ separate「分離する」	□ separation「分離」
□ solve「解決する」	□ solution「解決策」

(5) 「元素記号」は the symbol of an element　レベル ★★★

解答 4

主格の関係代名詞

In science class, students learn the names of the ( ) that can be found in nature. They have to know that CO_2 is made of carbon and oxygen.

CO_2 は炭素と酸素からなるのを知らなければならない

解説 空所直後の関係代名詞節の内容から「自然界に見られる何の名前？」と考えます。また、2文目の「彼らは CO_2（二酸化炭素）が炭素と酸素でできていることを知らなければならない」もヒントに、**4** の elements「要素・元素」を選び、「理科の授業で生徒たちは自然界に見られる元素の名前を学ぶ」とすれば OK です。

和訳 理科の授業で、生徒たちは自然界に見られる元素の名前を学ぶ。彼らは CO_2（二酸化炭素）は炭素と酸素でできていることを知らなければならない。

選択肢の和訳
1 義務 2 ナレーション
3 目撃者 4 要素・元素

29

□nature　自然　　□CO$_2$　二酸化炭素　　□be made of 〜　〜で作られている
　　　□carbon　炭素　　☆oxygen　酸素

単語解説

- □duty「**義務**」…「仕事の義務」→「職務」などいろいろな意味、訳し方があります。on duty「勤務中」の形も英検では重要です。
- □narration「**ナレーション**」…日本語でも「テレビのナレーション」などで使われています。「語り」のことです。ちなみに「語る人」を「ナレーター (narrator)」といいますね。
- □witness「**目撃者**」…wit は本来「知る」という意味です (そこから「ユーモアを知る」→「機知・頭の回転の速さ」を「ウィット」というようになりました)。witness は本来「目撃して知る (wit)」で、そこから「目撃者」となりました。
- □element「**要素・元素**」…フィギュアスケートのフリースタイル競技で「エレメンツ (elements)」と使われます。採点する際の「要素 (ジャンプ・スピンなど)」を表しています。

---

(6) ▶ basis は base「土台」のイメージで「基礎・基準」　レベル ★★★

解答 **3**

> (結婚後、) 同じ会社で働くことを選んだ

After Susan got married, she chose to keep working at the same company, but on a part-time (　).

> しかし

解説 「結婚後、同じ会社で働くことを選んだ」→「しかし」→「パートタイム」という流れです。空所の前に on があり、これとセットで使えるのは **3** の basis「基礎・基準」です。on 〜 basis で「〜基準で・〜に基づいて」という意味です。今回は「パートタイム (という制度) に基づいて」→「パートタイムで」です。

和訳 スーザンは結婚した後、同じ会社で働き続けることを選んだが、パートタイム (を基準) にした。

選択肢の和訳
1 評価・重要度　**2** 感覚　**3** 基礎・基準　**4** 料金・責任

語句 ☆get married　結婚する　　□chose　choose「選ぶ」の過去形
　　□keep -ing　〜し続ける　　☆company　会社　　☆part-time　パートタイムの

単語解説

- □rating「**評価・重要度**」…rate は「評価する」という意味で、-ing がついた rating はその名詞形です。
- □sense「**感覚**」…日本語でも「音楽のセンスがよい」のように使います。「感覚的なもので表現の仕方に出てくるもの」を指します。
- □basis「**基礎・基準**」…base「土台」と関連があり、そこから「基礎・基準」と覚えてください。
- □charge「**料金・責任**」…「プレッシャーをかける」というイメージで、「金銭的なプレッシャー」→「料金」、「やらねばならないプレッシャー」→「責任」となります。

(7) ▸ 「感動・感嘆したときに言うほめ言葉」をまとめて compliment レベル ★★★

解答 3

美術展に来た人はあなたの絵を気に入ってくれた？

A: Did people at the art show like your paintings?

B: Yes. I got a lot of ( ). One person said they were the most beautiful paintings he had seen in a long time.

久しぶりに最高に美しい絵を見たと言ってくれた

解説 *B* の「ある人は、久しぶりに最高に美しい絵を見たと言ってくれた」がヒントです。**3** の compliments を選ぶと I got a lot of compliments「たくさんの<u>おほめの言葉</u>をもらった」となり会話の流れに合います。

和訳 *A:* 美術展に来た人たちはあなたの絵を気に入ってくれたかな？

B: そうだね。たくさんのおほめの言葉をもらったよ。ある人は、久しぶりに最高に美しい絵（長い間の中で一番美しい絵）を見た言ってくれたんだ。

選択肢の和訳

1 mystery「謎・秘密」の複数形　　**2** detective「探偵」の複数形
3 compliment「ほめ言葉」の複数形　**4** structure「構造」の複数形

語句 □art show　美術展　　□painting　絵画　　□in a long time　久しぶりに

単語解説

□ mystery「謎・秘密」…日本語でも「謎」のことを「ミステリー」といいますね。

□ detective「探偵」…detective「探偵」は「真相を見つけ出す人」です。動詞 detect は「見抜く・見つける・発見する・気づく」と訳されますが、すべて名探偵のイメージですね。

□ compliment「ほめ言葉」…compliment は「一緒に (com) 補う (pliment)」という意味で、「感動した気持ちと一緒に添える言葉」→「ほめ言葉」となりました。

□ structure「構造・建物」…construct「建設する」と関連がある単語です。「構造」と覚えることが多いですが、たとえば日本のことを紹介するときなどは「建物」の意味も重要です。

(8) ▸ variety の動詞形が vary「変化する」 レベル ★★★

解答 1

ドバイへの旅行にはいくらかかりますか？

A: How much does it cost to travel to Dubai?

B: Well, the prices ( ). They are high over the new year holidays but much lower at other times of the year.

年末年始の休暇の間は高いが他の時期は安い

解説 *B* の「年末年始の休暇の間は高いですが、1 年の他の時期はだいぶ安いですよ」から、「（時期によって）料金は変わる」と考えます。**1** の vary が正解です。

和訳 **A:** ドバイへ旅行するのにいくらかかりますか？

B: そうですね、料金は変動しますね。年末年始の休暇の間は高いですが、1 年の他の時期はだいぶ安いですよ。

選択肢の和訳

1 変化する・異なる　　**2** 誘導する・操縦する　　**3** 休止する　　**4** もがく

語句 ☆ cost　費用がかかる　　☐ Dubai　ドバイ

単語解説

☐ **vary「変化する・異なる」**…variety「多様性・変化」の動詞形が vary「変化する・異なる」です。形容詞 various「さまざまな」もセットでおさえておきましょう。

☐ **navigate「誘導する・操縦する」**…「カーナビ」の「ナビ」は「ナビゲーション」のことです。目的地に行くまでの道のりを「指示してくれるもの」が navigation で、動詞形が navigate です。

☐ **pause「休止する」**…ゲームのコントローラーにある「ポーズボタン」とは「一時停止するボタン」のことです。

☐ **struggle「もがく」**…「ストラグル」という発音が、ジタバタともがくような落ち着かない響きです。struggle to 原形 は「もがきながら～しようとする」という意味で、struggle が空所で狙われることもあります。

(9) ▶ di も vide も両方とも「分ける」の意味！　　レベル ★★★

解答 **2**

> 銀行で働くのと子どもの世話に時間をどうする？

Karen ( ) her time between working at a bank and taking care of her children.
She would like to spend more time at home, but she also needs to make money.

解説 空所の後ろにある between A and B の形に続く動詞を考え、**2** の divides「分ける・分割する」を選びます。「カレンは銀行で働くのと子どもの世話をするのに時間を割り振っている」という意味です。

和訳 カレンは銀行で働くのと子どもの世話をするのに時間を割り振っている。彼女はもっと家で過ごしたいと思っているが、お金を稼ぐ必要もある。

選択肢の和訳

1 出版する　　**2** 分割する・割り当てる　　**3** ひっかく　　**4** 添付する

語句 ☐ bank　銀行　　☆ would like to 原形　～したい　　☆ make money　お金を稼ぐ

単語解説

☐ **publish「出版する」**…「公に (public) 出す」→「出版する・公表する」となりました。

☐ **divide「分割する・割り当てる」**…今回のように divide ～ between A and B「～を A と B に割り当てる」という使い方の他、divide A into B「A を B に分ける」の形でよく使われます。

☐ **scratch「ひっかく」**…「スクラッチカード」は「銀色の部分をコインでガリガリひっかく」、DJ の「スクラッチ」は本来「レコードをガリガリひっかく」という意味です。

☐ **attach「添付する」**…touch「触れる」とは関係ないのですが、似た意味なので、

attach・touch とセットで覚えてください。

---

(10) ▶ confirm の firm は「固い」→「固める」→「確認する」！ レベル ★★★

解答 **2**

> 目的「〜するために」
>
> *A:* Kevin, did you call the hotel to (　) my reservation for tomorrow?
> *B:* Yes, Ms. Harris. They said you can check in anytime after two o'clock.
>
> 2時以降ならいつでもチェックイン可能

解説 *B* が「2時以降ならいつでもチェックインできます」と答えていることから、「明日の予約をどうするためにホテルに電話したのか？」を考えます。**2** の confirm「確認する」が正解です。

和訳 *A:* ケビン、明日の予約を確認するためにホテルに電話した？
　　　B: はい、ハリスさん。2時以降ならいつでもチェックインできるそうです。

選択肢の和訳
　1 見分ける・区別する　　**2** 確認する　　**3** 促進する・昇進させる　　**4** 統治する

語句 ☑reservation 予約　　□check in チェックインする　　☑anytime いつでも

単語解説
- □ **distinguish**「見分ける・区別する」…dis は「分離させる」という意味で、「(頭の中で) 分離する」→「区別する」となりました。distinguish A from B「A を B と区別する」の形が重要です。
- □ **confirm**「確認する」…confirm は firm「固い」から「(理解を) 固める」→「確認する」となりました (con は単なる強調です)。未確認のことを確認して確証を得るイメージで使います。
- □ **promote**「促進する・昇進させる」…本来は「前へ (pro) 動かす (mote=motor・move)」でそこから「促進する・昇進させる」となりました。
- □ **govern**「統治する」…本来は「かじをとる」で「国のかじとりをする」→「統治する・治める」です。ちなみに「(国を統治する) 政府」は government です。

---

(11) ▶ at one's best は「ベストな一点で」→「最高の状態で」 レベル ★★★

解答 **3**

> 京都へ行こうと思っている
>
> *A:* I'm thinking of visiting Kyoto in August.
> *B:* Really? You should wait until [November]. Kyoto is (　) [then]. The weather
>
> 11月まで待った方がいい
>
> is cool and the autumn leaves are beautiful colors.
>
> 涼しいし、紅葉がきれい

解説 「8 月に京都へ行こうと思っている」 → 「11 月まで待ったほうがよい」 → 「京都はそのとき (11 月) が (　) だ」 → 「涼しいし紅葉もきれい」 という流れです。**3** の at its best を選び、「京都はそのとき (11 月) が一番いい」 とすれば流れに合います。

和訳 *A:* 8 月に京都を訪れようと思っているんだ。
B: 本当に？　11 月まで待ったほうがいいよ。京都はその時期が一番いいんだ。涼しいし、紅葉がとても美しい色になっているよ。

選択肢の和訳
　　1　隠れてこそこそと　　**2**　意志に反して　　**3**　最高の状態で　　**4**　その意見としては

語句 □ think of -ing　〜について考える　　🔲 until　〜まで　　□ autumn leaves　紅葉

熟語解説
　　□ **behind one's back「隠れてこそこそ」**…直訳「〜の背後で」という意味もありますが、比喩的に「〜の (one's) 背中の (back) 後ろの見えないところで (behind)」→「隠れてこそこそと」という意味が重要です。この表現が設問で狙われることもあります。
　　□ **against one's will「意志に反して」**…will には名詞で「意志」という意味があります。「〜の意志 (one's will) に反して (against)」という意味です。
　　□ **at one's best「最高の状態で」**…「〜の最もよい (one's best) 状態の一点で (at)」→「最高の状態で」です。
　　□ **in one's opinion「〜の意見としては」**…「〜の意見 (one's opinion) の中では (in)」→「〜の意見としては」です。「自分個人の考えだよ」と示したいときに使います。in my opinion「私の意見としては」はライティングでも便利です。

---

(12)・ any の「どんな〜でも」から覚える熟語　　　レベル ★★★

解答 **3**

スティーヴンおじさんはいつ到着するの？

A: When is Uncle Steven going to arrive?
B: He could be here (　), so please go and change your clothes.

原因・理由, so 結果　　　　着がえてきて

解説 「おじさんはいつ到着するの？」→「(　) ここにいる可能性がある」→「だから (so)」→「服を着がえてきて」という流れです。空所直後の「着がえてきて」から「今にも到着する」と考え、**3** の at any moment を選びます。

和訳 *A:* スティーヴンおじさんはいつ到着するの？
B: 彼はいつ着いてもおかしくないから着がえてきて。

選択肢の和訳
　　1　シリーズで　　**2**　生活のために　　**3**　いつでも・今にも　　**4**　ある程度

語句 🔲 could　〜かもしれない　　□ change　変える　　□ clothes　服

熟語解説
　　□ **in a series「シリーズで」**…series は「連続」の意味で、日本語の「シリーズ」のイメージで OK です。a series of 〜「一連の〜」という表現も大事です。

□ **for a living「生活のために」**…直訳の通り「生活のために」という意味で、What do you do for a living?「生活のために何をしていますか？」→「ご職業は何ですか？」はお決まりの表現です。

□ **at any moment「いつでも・今にも」**…any は「どんな〜でも」という意味です。「どんな (any) 瞬間 (moment) の一点でも (at)」→「いつでも・今にも」です。

□ **to some extent「ある程度」**…extent は「範囲・程度」の意味で、「いくらかの (some) 程度 (extent) まで (to)」→「ある程度」となりました。

☑ CHECK! 読解にも役立つ「因果表現」

英検の大問 1 では「因果表現」が答えを出す手がかりになることがよくあります。また、当然、読解問題でも大事なので、よく出るものをここでまとめて確認してください。

□ because sv 「sv するので」

□ because of 〜 「〜のために」　　□ due to 〜 「〜のために」

□ thanks to 〜 「〜のおかげで」

□ This is why sv. 「こういうわけで sv する」

□ That is why sv. 「そういうわけで sv する」

□ That is because sv. 「それは sv するからである」

□ The reason is that sv. 「理由は sv するからだ」

□ …, so 〜 「…、だから〜」　　　　□ … cause 〜 「…によって〜になる」

□ … lead to 〜 「…のせいで〜になる」 □ … result in 〜 「…によって〜になる」

---

(13) ▸ come to an end は直訳から覚える！　　　レベル ★★★

解答 2

Sarah spent the summer traveling in Europe with her friends. It was a lot of fun, so she was very sad when it (　) an end.　　とても楽しかった

原因・理由, so 結果

解説 「ヨーロッパ旅行はとても楽しかった」→「だから (so)」→「どうしたときに悲しかった？」と考えます。**2** の came to を入れて、come to an end「終わる」という表現を完成させれば OK です。

和訳 サラは友人と一緒にヨーロッパを旅行して夏を過ごした。とても楽しかったので、それが終わると彼女はとても悲しかった。

選択肢の和訳
1 dig up 〜 「〜を発掘する」の過去形　　**2** come to an end「終わる」の過去形
3 take over 〜 「〜を引き継ぐ」の過去形　**4** fall on 〜 「〜に落ちる」の過去形

語句 ☆ spend 時間 -ing 　〜して 時間 を過ごす　　□ a lot of fun 　とても楽しい

□ dig up ～「～を発掘する」…「(埋まっているものを) 上に (up) 掘り出す (dig)」→「～を発掘する」です。

□ come to an end「終わる」…「終わり (an end) に (to) やってくる (come)」→「終わる」です。

□ take over ～「～を引き継ぐ」…「向こうからやってきた (over) 仕事をとる (take)」→「引き継ぐ」となりました。over は「何かを越えてわざわざやってくる」イメージです。

□ fall on ～「～に落ちる」…「落ちて (fall) ～に接触する (on)」から「(視線が) ～に注がれる」などさまざまな使い方があります。

---

(14)▸ decideの後ろに名詞が来たらonを使う！　レベル ★★★

解答 **3**

仮主語 ── 真主語

It is difficult for many students to decide (　) a university to enter after high school.

形容詞的用法の不定詞

解説 decide の使い方がポイントです。空所の後に a university と名詞がきているので、**3** の on を選びます。後ろに不定詞がくる decide to 原形「～するのを決める」は有名ですが、decide の後ろに名詞がくるときは decide on ～「～を決める」(on は「～について (関連)」)、decide against ～「～しないことを決める」の形にします。

和訳 多くの生徒にとって高校卒業後に入る大学を決めるのは難しい。

選択肢の和訳
　　1　～の下に　　**2**　～の中で　　**3**　～に関して　　**4**　～の向こうに

語句 □university　大学　　□enter　入る・入学する

---

(15)▸ now and then ≒ sometimes　レベル ★★★

解答 **2**

「時」─ 毎日バレエをやっていた ─ 最近は

When Wakako was a young girl, she used to do ballet every day. These days, she only does it (　) because she is very busy.

とても忙しいので

解説「時」を表す When ～と These days「最近」に注目です (「過去」と「現在」が対比されています)。昔は「毎日バレエをやった」、最近は「とても忙しいので…？」と考えます。**2** の now and then「ときどき」が正解です。

和訳 ワカコが若かった時は、毎日バレエをやっていたものだ。最近は、とても忙しいのでバレ

エはときどきしかしていない。

選択肢の和訳

1 行ったり来たり　　**2** ときどき　　**3** ずっと・はるばる　　**4** まったく〜ない

語句 ☑used to 原形　よく〜したものだ　□ballet　バレエ　☆these days　最近は

熟語解説

□up and down「行ったり来たり」…もともと「上へ (up) 下へ (down)」ですが、そこから「あっちへ行ったりこっちに来たり」というイメージで「行ったり来たり」と使われるようになりました。

□now and then「ときどき」…sometimes よりも少しカジュアルなイメージです。every がついても同じ意味で every now and then の形でよく使われます。

□all the way「ずっと・はるばる」…直訳「すべての (all) 道で (the way)」→「(道中) すべてにおいて」→「ずっと」となりました。

□not at all「まったく〜ない」…not 〜 at all であれば「まったく〜ない」と強調する意味となり、会話表現として Not at all. と使われるときは、No problem.「問題ありませんよ」と同じ意味で使えます。

☑ CHECK!　「過去 vs. 現在」の対比を作る表現

今回は used to 〜と these days がポイントになりました。このような表現を見たら「昔はこうだったけど今はちがう」という内容を予想してください。現在と過去の対比はよく起こり、設問でも狙われやすいので、目印になる表現をチェックしておきましょう。長文読解でも役立ちます。

過去を表す表現	現在を表す表現
□〜 ago「〜前に」 □in the past「昔は」 □traditionally「昔から・従来は」 □originally「もとは・初めは」 □used to 原形「かつて〜したものだった」	□now「今は」 □today「今日は」 □these days「最近は」

---

(16) ▸ on the go は名詞 go「元気・活気」の意味から考える！　レベル ★★★

解答 **4**

Victor likes his new job because he is always (　　). He uses taxis, trains, and airplanes every day to visit clients all around the country.

　　　　　　　　　国中の顧客を訪問するために、毎日タクシー、列車、飛行機を使う

解説 2文目「彼は毎日、タクシー、列車、飛行機を使って国中の顧客を訪れる」から、「ビクターはいつも忙しい」とわかります。空所には **4** の on the go「あちこち動き回って」を入れて、Victor likes his new job because he is always on the go.「ビクターはいつもあちこち動き回っているので新しい仕事を気に入っている」とすれば OK です。

和訳 ビクターはいつもあちこち動き回っているので新しい仕事を気に入っている。彼は毎日、

タクシー、列車、飛行機を使って国中の顧客を訪れる。

選択肢の和訳
　　1　何よりも　　**2**　場違いで　　**3**　離れて・遠くから　　**4**　あちこち動き回って

語句　🈪client　顧客

熟語解説
　□ **above all else「何よりも」**…直訳「他の (else) すべてのもの (all) より上に (above)」
　　→「何よりも」となりました。
　□ **out of place「場違いで」**…直訳「(いるべき) 場所 (place) から外へ (out of)」→「場
　　違いで」となりました。
　□ **at a distance「離れて・遠くから」**…distance は「距離」の他「隔たり・遠い場所」
　　という意味があり、「離れた場所 (a distance) の一点で (at)」→「離れて・遠くから」
　　となりました。
　□ **on the go「あちこち動き回って」**…go には名詞で「元気・活気」という意味があり、「活
　　気がある状態で」→「あちこち動き回って」と考えてください。

---

(17) ▶ やってはいけないことをしてしまったときの「恥ずかしい」がbe ashamed　レベル ★ ★ ★

解答　**1**

　　　　　　　　テストの点数が低い　　　　　　　　　原因・理由, so　結果

Becky was (　) her low test scores, so she did not want to speak to any of
her friends at college on Friday.　　　　　　　友だちの誰とも話したくない

解説　「テストの点数が低いことを (　)」→「だから (so)」→「誰とも話したくなかった」
という流れです。**1** の ashamed of を選び、「テストの点が低いことを恥ずかしく思っ
ていたから、友だちと話したくなかった」とします。

和訳　ベッキーはテストの点数が低いことを恥ずかしく思っていたので、金曜日は大学の友だち
の誰とも話をしたくなかった。

選択肢の和訳
　　1　be ashamed of ～で「～を恥じている」
　　2　get rid of ～で「～を取り除く・処分する」
　　3　be accustomed to ～で「～に慣れている」
　　4　be familiar to 人 で「人 になじみ深い」

語句　🈪low　低い　　□score　得点　　□college　大学

熟語解説
　□ **be ashamed of ～「～を恥じている」**…ashamed は「恥じている」という形容詞で、
　　of は「関連 (～について)」です。やってはいけないことをしてしまって「恥ずかしい」
　　というイメージです。
　□ **get rid of ～「～を取り除く・処分する」**…rid 人 of 物「人 から 物 を取り除く」が
　　基本形で、受動態 人 is rid of 物 は「人 は 物 を取り除かれる」です。さらに be が get
　　になって get rid of ～となりました。

□ **be accustomed to ～**「～に慣れている」…accustom は本来「慣れさせる」という意味の動詞で、受動態 be accustomed で「慣れさせられている」→「慣れている」となりました。to は前置詞で後ろには名詞や動名詞(-ing)がきます。

□ **be familiar to 人**「人になじみ深い」…物 is familiar to 人、人 is familiar with 物で「人は物についてよく知っている・なじみ深い」という使い方をします。

(18) ▸ 選択肢が動詞の変化形のときは「主語」との関係をチェック！ レベル ★★★

解答 **4**

> breakfast
>
> Breakfast ( ) to be the most important meal of the day. Experts say that it gives people the energy they need to get through the day.
>
> 朝食は1日を過ごすのに必要なエネルギーを与えてくれる

解説 Breakfast が主語で、「朝食は～と言われている」と受動態にするのが自然なので、**4** の is said が正解です。S is said to 原形 で「S は～と言われている」という意味です。2文目の「朝食によって、人々はその日を過ごすのに必要なエネルギーを得ていると専門家は言う」にも内容的にうまくつながります。

和訳 朝食はその日の最も重要な食事だと言われている。朝食によって、人々はその日を過ごすのに必要なエネルギーを得ていると専門家は言う。

選択肢の和訳
1 say の現在完了形 (has+過去分詞)　　2 say の3人称・単数・現在形
3 say の現在進行形 (be 動詞 +現在分詞)　4 say の受動態 (be 動詞 +過去分詞)

語句 □meal 食事　☑expert 専門家　☑energy エネルギー　□get through 乗り切る

(19) ▸ It is 副詞 that …は「強調構文」！ レベル ★★★

解答 **1**

> It is because the Bluestreet Girls sing and dance so well ( ) they are so popular with teenagers.

解説 正解は **1** の that で、It is 副詞 that … 「…するのは (実は) 副詞 だ」という強調構文になります。副詞の部分は副詞句や副詞節も含みます (今回は because sv の副詞節)。「実は」や「なんと」などを入れて訳せば OK です。今回の英文は仮主語・真主語の構文と思った人もいるかもしれませんが、訳が通りません。以下の ☑CHECK! で強調構文のパターンを確認しておきましょう。

和訳 ブルーストリート・ガールズが10代の間でとても人気があるのは、実は彼女たちはとて

39

も上手に歌い、踊るからなのである。

語句 □popular　人気のある　　□teenager　10 代

☑CHECK! It is 〜 that …の識別法

It is 〜 that …の形はさまざまな構文で使われます。It is と that の間に「副詞」の働きをするものが来たら「強調構文」と判断してください。仮主語構文と形が似ているので、正確に判断できるようにしておきましょう。

□It is 副詞 that …　➡ 強調構文

　※ 副詞 には副詞句・副詞節も含まれる

□It is 形容詞 that …　➡ 仮主語・真主語構文 (that 以下が真主語)

□It is 過去分詞 that …　➡ 仮主語・真主語構文 (that 以下が真主語)

□It is 名詞 that …

　※ that 以下が完全文 (文の要素が欠けていない文) ➡ 仮主語・真主語構文

　※ that 以下が不完全文 (文の要素が何か欠けている文) ➡ 強調構文

---

(20) ▶ 動詞の原形に続けられるものは？　レベル ★★★

解答 **4**

動詞の原形

A: This project is going to be very difficult and expensive, Mr. Ford. (　) cancel it?

B: No. It will make a lot of money for the company later.

解説 正解は **4** の Why not です。Why not は後ろに動詞の原形を続けて「〜するのはどう？」と相手に提案するときに使えます (Why don't you 〜? と同じイメージです)。空所の後ろに動詞の原形 cancel「取り消す」がきているので **1** や **2** は×です (前置詞の後ろに動詞はきません)。また **3** の How come は、後ろに文が続くときは How come sv?「どうして sv するのか？」のように使うので×です。

和訳 *A:* このプロジェクトはとても難しく費用が高くつきます、フォードさん。中止するのはどうですか？

B: いいや。後で会社はかなり儲かるだろう。

選択肢の和訳
1 What about 〜? で「〜はどうですか？」
2 What for? で「どうして？」
3 How come sv? で「どうして sv するのか？」
4 Why not 原形 〜? で「〜するのはどうですか？」

語句 □project　プロジェクト・課題　　□expensive　高価な　　⊠cancel　中止する

☆make money　儲かる・お金を稼ぐ　　□company　会社　　☆later　後に

熟語解説

□ **What about ～？「～はどうですか？」**…How about ～？と同様に使える表現で、前置詞 about の後ろは名詞または動名詞 (-ing) がきます。

□ **What for?「どうして？」**…「何の (what) ために (for)」→「どうして？・何のために？」と理由や目的を尋ねるときに使う会話表現です。

□ **How come sv?「どうして sv するの？」**…本来 How did it come that sv?「どのように that 以下のことがやってきたの？」(it が仮主語、that ～ が真主語) で、そこから「どうして sv なの？」となりました。もとの形では疑問文 (did it come) の語順になっていますが、that 以下の sv が残り、How come sv? となりました。

□ **Why not 原形 ～?「～するのはどうですか？」**…直訳「なぜ (Why) そうしないの？(not)」→「もちろんするよね？」という反語的な表現です。

A 全文訳

変化をもたらす自転車

　自転車は効率的な移動手段である。19世紀に発明され、それ以来、何度も改良されてきた。最近、電動自転車、つまり「eバイク」は広く使われるようになった。ふつうの自転車とは異なり、eバイクには乗る人が坂を簡単に上れるようにしてくれるモーターがついている。自転車好きの中には、モーターがついている自転車を使うのはずるいことだと考える人たちもいる。それにもかかわらず、eバイクは急速に人気を博すようになっている。実際、ある調査によると、2018年のアメリカでのeバイクの売上は、2014年の8倍だった。

　研究者たちは、これはよいこと（ニュース）だと言う。彼らはeバイクは人々の健康や、環境によい影響があるかもしれないと主張している。eバイクの主なメリットの1つは年配の人や普段運動をしない人が自転車に乗ることができるということだ。これにより、彼らが自転車で通勤することが容易になり、それは車で移動するよりも環境によいのだ。さらに、eバイクによって多くの人が趣味として自転車に乗ることが可能になる。たとえば、荒れた道を行ったり、山に登ったりすることができなかった人たちが、今ではそれをすることができる。

　しかし自転車の専門家の中には、eバイクの利用者が増えることに関して問題があると指摘する人もいる。1つは、eバイクに乗る人が事故に巻き込まれやすいということだ。それに応じて、制限速度を引き下げたり、自転車専用道路のような安全性を高める措置をとってほしいという人々がいる。最も重要なことには、専門家はeバイクに乗る人とふつうの自転車に乗る人の両方が注意するべきだと言う。自転車にモーターがあるかどうかは重要ではないのだ。重要なことは、安全性を維持しながらサイクリングを楽しむことである。

語句 第1段落

- ☑ efficient　効率的な　　☑ means　手段・方法　　☑ transportation　移動手段・輸送
- ☑ invent　発明する　　☑ improve　改良する　　☑ recently　最近
- ☐ electric　電動の・電気の　　☐ widely　広く　　☐ unlike　～とは異なり
- ☐ regular　ふつうの　　☐ motor　モーター
- ☑ allow 人 to 原形 人　が～するのを許す　　☐ hill　坂・丘　　☐ cheating　いかさま
- ☑ nevertheless　それにもかかわらず　　☐ quickly　急速に　　☑ in fact　実際に
- ☐ sales　売上　　☑ according to ～　～によると　　☐ survey　調査

第2段落

- ☐ researcher　研究者　　☑ claim　主張する　　☐ may　～かもしれない
- ☐ positive　肯定的な　　☑ effect　影響　　☑ environment　環境　　☑ major　主な
- ☐ advantage　利点・メリット　　☐ exercise　運動する　　☑ regularly　定期的に
- ☐ cycle　自転車に乗る　　☑ commute　通勤する　　☐ along ～　～に沿って
- ☐ rough　荒れた　　☐ road　道路

第3段落

- ☐ expert　専門家　　☐ point out ～　～を指摘する　　☐ increased　増加した
- ☐ be likely to 原形　～しそうである　　☐ involve　巻き込む
- ☑ in response　それに応じて　　☐ limit　制限　　☐ lower　引き下げる
- ☑ measure　措置　　☐ safety　安全　　☑ such as ～　～のような
- ☐ path　通り道　　☑ importantly　重要なことには　　☑ matter　重要である

(21) ▸ nevertheless に注目！

解答 **3**

解説

> モーターつき自転車は「ずるい」と考える人もいる
>
> Some cycling fans think that it is "cheating" to use a bike with a motor. Nevertheless, e-bikes are quickly (**21**). In fact, e-bike sales in the United
>
> それにもかかわらず　　　　　実際
>
> States were eight times greater in 2018 than in 2014 according to one survey.
>
> e バイクの売上が上がっている

空所を含む文は Nevertheless「それにもかかわらず」があるので、その前と反対の内容がくると予想します。第 1 段落 5 文目に「モーターつき自転車は『ずるい』と考える人もいる」というマイナス内容があり、「それにもかかわらず (Nevertheless)、e バイクは急速にどうした？」という流れです。空所直後の「実際、ある調査によると、2018 年のアメリカでの e バイクの売上は、2014 年の 8 倍だった」は空所を含む文の具体的内容になっていると考え、**3** の growing in popularity「人気を博すようになっている」が正解となります。

> 💡 **固有名詞・数字が出てきたら具体例！**
> 空所直後の文には the United States という国名、年号や「売上が 8 倍」という数字が出てきます。このように固有名詞や数字が出てきたら何かの具体例と考えてください。

選択肢の和訳
1 電気の使用（量）を減らしている　　**2** 新しい問題を引き起こしている
3 人気を博すようになっている　　　　**4** 環境を改善してきている

(22) ▸ 接続表現の問題は前後をしっかりチェック！

解答 **1**

解説

選択肢の種類から接続表現を入れる問題だとわかります。

> e-bike のよいニュース
>
> Researchers say this is good news. They claim that e-bikes may have a positive effect on people's health and the environment. One major advantage of e-bikes is that older people and those who do not exercise regularly can cycle. This makes it easier for them to commute to work by bike, which is
>
> 具体例①

better for the environment than traveling by car. (**22**), e-bikes allow more people to cycle as a hobby. People who could not ride along rough roads or up mountains, for example, can now do so. 具体例②

第 2 段落の 1 文目に good news「よいニュース」とあり、その後に何がよいのか具体的に述べられています。2 つの具体例の間に空所があるので、**1** の What is more「さらに」を選べば OK です。

【具体例①】
年配の人や普段運動をしない人が自転車に乗ることで、彼らが自転車で通勤することが容易になり、それは車で移動するよりも環境によい。

| What is more 「さらに」（追加） |

【具体例②】
多くの人が趣味として自転車に乗ることが可能になる。荒れた道を行ったり、山に登ったりすることができなかった人たちが、今ではそれをすることができる。

選択肢の和訳
1 さらに　　**2** したがって　　**3** 対照的に　　**4** これにもかかわらず

---

(23) ▶ 段落全体の流れを踏まえて解く　　レベル ★★★

解答　**4**

解説

第 3 段落では e バイクの問題が述べられています。空所は段落の最後にあるのでそこまでの流れをしっかり把握することが大事です。

| 2 文目 |
e バイクに乗る人は事故に巻き込まれやすい
↓
| 3 文目 |
速度制限を引き下げたり、自転車専用道路のような安全性を高める措置をとってほしい
↓
| 4 文目 |
最も重要なことは e バイクに乗る人とふつうの自転車に乗る人の両方が注意することだ
↓
| 5 文目 |
自転車にモーターがあるかどうかは重要ではない

ここまで「安全性」について述べられてきたことを踏まえ、最終文「重要なことはどうすることか？」と考えます。**4** の while staying safe を選び、The important thing is to enjoy cycling while staying safe.「重要なことは、安全性を維持しながらサイクリングを楽しむことである」とすれば流れに合います。

matter は「中身が詰まったもの」

5 文目に出てくる matter は動詞で「重要である」という意味です。matter は本来「中身が詰まったもの」で、そこから名詞「物体・事柄・問題」となり、動詞では「中身が詰まっている」→「重要である」となりました。It does not matter if sv で「～かどうかは重要ではない」となります。

選択肢の和訳

1 暖かい時期の間	**2** 友人と一緒に
3 健康を保つために	**4** 安全性を維持しながら

空間を節約するよい方法

　近年、多くの国の農業従事者は世の中のすべての人々に十分な食料を行き渡らせることがますます難しくなっていると感じている。この理由の1つは地球温暖化による気候パターンの変化である。世界的に気温が上昇するにつれて、多くの場所が、高温や干ばつのために農業に使えなくなってきているのだ。同時に太陽光のような再生可能エネルギーを生み出さなければならない圧力が増している。しかし、太陽光発電に関する問題は、ソーラーパネルがかなりのスペースをとってしまうことだ。これら両方の問題を同時に解決するために、研究者たちは最近、太陽光発電と農作物の生産を結びつける方法を思いついた。

　農業におけるよくある課題の1つは、直射日光が多いと作物を傷めてしまうことである。葉を茶色くし枯らしてしまう恐れがあるだけでなく、太陽光の熱によっても急速に土地の水分が干上がってしまうのだ。これはつまり、植物が生き残るために十分な水を得ることができないということである。研究者たちは、地上から約2.5メートルのところにソーラーパネルを設置することにした。これらは植物に日陰のある空間を作り出し、乾燥してしまう水分の量を減らすことになり、それが農作物の増産に一役買っているのだ。

　ソーラパネルもまた、農作物から受けるよい点もある。ソーラーパネルは高温ではうまく機能しない。しかし、レタスやケールなどの作物が、冷却効果を生み出し、それがソーラーパネルのオーバーヒートを防ぎ、より効率的に機能させてくれるというわけである。この研究の結果は、より多くの食べ物を生産し、スペースを節約し、そして太陽光発電による利益を享受することが可能であることを示している。

語句 第1段落

- ☆ in recent years　近年　　☆ find O C　O が C であるとわかる
- □ more and more difficult　ますます難しい　　☆ produce　生み出す
- □ feed　食べ物を与える　　□ reason　理由　　☆ cause　引き起こす
- ☆ global warming　地球温暖化　　□ as ～　～につれて　　□ global　世界的な
- □ temperature　気温　　☆ increase　上昇する・増加する　　□ dry　乾燥した
- □ agriculture　農業　　□ pressure　圧力・プレッシャー
- ☆ renewable energy　再生可能エネルギー　　☆ such as ～　～のような
- ☆ solar power　太陽光発電　　☆ though　しかし（副詞）　　□ panel　パネル
- □ take up a lot of space　たくさんの場所をとる　　☆ solve　解決する
- ☆ at once　一度に　　□ researcher　研究者　　☆ recently　最近
- ☆ come up with ～　～を思いつく　　☆ combine A and B　A と B を結びつける
- □ crop　農作物　　□ production　生産

第2段落

- ☆ common　共通の・よくある　　□ challenge　課題　　□ farming　農業
- □ direct sunlight　直射日光　　☆ not only A but {also} B　A だけでなく B も
- □ leaf　葉（複数形 leaves）　　□ turn　～に変わる　　□ heat　熱
- □ quickly　急速に　　□ dry up　干上がる・干上がらせる　　☆ mean　意味する
- □ plant　植物　　☆ survive　生き残る　　☆ decide to 原形　～する決心をする
- □ set up ～　～を設置する　　□ above　～の上に　　☆ create　作り出す
- □ space　空間・スペース　　□ shade　陰　　☆ reduce　減少させる
- □ amount　量　　□ help　役に立つ

第3段落

- □ be able to 原形　～することができる　　☆ benefit　利益を得る

☒perform 機能する ☐lettuce レタス ☐kale ケール ☒effect 影響
☒stop ～ from -ing ～に…させない ☐overheat オーバーヒートする
☒allow ～ to 原形 ～が…するのを許す ☒efficiently 効率的に ☒result 結果
☐research 調査 ☒save 節約する ☒enjoy 享受する

(24) ▶ "these+名詞"に注目！ レベル ★★★

解答 2

解説

〜につれて　　　気温上昇につれて農地として使えない場所が増加

As global temperatures increase, many places have become too hot and
dry to be used for agriculture. (**24**), there is increasing pressure to

再生可能エネルギーを生み出さなければならない圧力の増加・ソーラーパネルは場所をとる

produce renewable energy, such as solar power. The problem with solar
power, though, is that solar panels take up a lot of space. To solve both
these problems at once, 〜.　　これらの問題を同時に解決するために

前の内容を "these+名詞" でまとめている

第1段落6文目は To solve both these problems at once「これらの問題を両方同
時に解決するために」と、1〜5文目までの内容をまとめています。この these
problems から1文目〜5文目の内容は「問題なんだな」とわかります。さらに both
「両方」と at once「同時に」に注目し、それと似た内容が空所に入ると考え、**2** の
At the same time「同時に」を選べば OK です。

> 💡 **比例（〜につれて）の as**
> 空所直前の文で「比例」の as が使われています。接続詞 as にはさまざまな意味がありますが、"As
> sv, SV." の中に以下の単語があるときは「比例」の as を考えてみてください。
> ①比較級
> ②変化動詞「〜になる・変わる」
> 　become・grow・turn・get・change・vary など
> ③移動動詞
> 　go・pass・increase・rise・climb・appear など

> 💡 **まとめ表現**
> 英文中に "this+名詞" が出てきたら、その直前の内容を「まとめる」働きがあります。何かを
> 説明した後に、そこまでの内容を整理する目的で "this+名詞"「この〇〇」とまとめるわけです。
> 少しわかりにくい内容が続いたときも、"this+名詞" があれば、大まかに内容をつかむことが可
> 能になります。また、今回のように複数形になった "these+名詞" も同じ働きがあります。

選択肢の和訳
1 これなしで **2** 同時に **3** しばらくした後 **4** たしかに

47

(25) ▶ 直後の文に注目して解く！

解答 **1**

解説

> One common challenge in farming is that a lot of direct sunlight (**25**). Not only can <u>it</u> cause the leaves to turn brown and dry, but the heat from the sunlight also quickly dries up the water in the ground. This means
>
> 葉を茶色くし枯らしてしまう・土地の水分が干上がってしまう
>
> that the plants do not get enough water to survive.
>
> 生き残るために十分な水を得られない

第2段落2文目に「葉を茶色く変化させ枯らしてしまう」、「太陽光の熱によって急速に土地の水分が干上がってしまう」とあり、この時点で **1** の「作物を傷める」と **4** の「野菜の味を悪くさせる」に絞れます。さらに3文目は This means that ～「that以下ということだ」を使って2文目の内容を言い換えています (mean は「意味する」ですが、前後でイコールの関係を作ります。11ページ)。「植物が生き残るために十分な水を得ることができない」という内容、そして空所直前の a lot of direct sunlight にも注目して、「多くの直射日光がどうする？」と考え、**1** の damages crops「作物を傷める」を選びます。

> 💡 **強制倒置**
> 今回、根拠となる英文は「倒置」が起きています。否定語や only などが文頭にくる場合、強制的に倒置 (語順が入れ替わる) が起こります。今回は、Not only A but also B「A だけでなく B も」が使われており、not only が文頭にくることで、直後の it can cause ～に倒置が起こって can it cause ～の語順になっているわけです。

☑ CHECK! ▶ 強制倒置のパターン

文頭に否定語がきたら倒置 (疑問文の語順) になることを「強制倒置」といいます。「文頭の否定語」を見たら「倒置」を予想してください。

① 否定語
☐ Not   ☐ Never

② 準否定語
☐ Hardly「ほとんど～ない」   ☐ Rarely「めったに～ない」

③ 要注意の否定語
☐ Only   ※「～しかない」から「否定語」と考えてください。

選択肢の和訳
  1 作物を傷める   **2** 見つけるのが困難である
  3 より多くの虫をひき寄せる   **4** 野菜の味を悪くさせる

(26) ▶ 直後の However に注目！

レベル ★ ★ ★

解答 **1**

解説

> うまく機能しない
>
> The solar panels were also able to benefit from the crops. Solar panels do not perform well (26). However, crops like lettuce and kale create a cooling
>
> しかしながら　冷却効果を生み出す・オーバーヒートを防ぐ
>
> effect, which stops the solar panels from overheating and allows them to work more efficiently.

空所直後の however「しかしながら」に注目します。「レタスやケールなどの作物が、冷却効果を生み出し、それがソーラーパネルのオーバーヒートを防ぎ、より効率的に機能させてくれるというわけである」とあるので、空所を含む文は反対の内容になると考えます。空所の直前は「うまく機能しない」とあるので「どうなるとうまく機能しないのか？」と考え、**1** の at high temperatures「高温で」を選べば OK です。

選択肢の和訳

1 高温で　　**2** 冷水の近くで　　**3** 大きな木の下で　　**4** 曇りの日は

A 全文訳

差出人：マーク・タッカー〈mtucker@berktonmiddle.edu〉
宛先：マーガレット・ローソン〈margaret-lawson8@umail.com〉
日付：1月24日
件名：シルビアの数学の成績

ローソンさん、
バークトン中学校であなたの娘さんの数学の教師をしているマーク・タッカーです。シルビアの数学の成績について少しお伝えしたいと思います。(27) シルビアは数週間前にひどい風邪のため、何回か授業に出られなかったことは知っております。あいにく、その週に生徒たちはとても重要なことをいくつか学びました。

私はシルビアが欠席している間、宿題を送りましたが、三角形に関して、授業中の重要な説明をいくつか聞きそびれてしまっています。彼女はその項目を理解していると言っておりましたが、昨日のテストの点がとても悪かったのです。これは彼女の責任ではないとわかっております。(28) しかしながら、彼女がこの項目を学ぶことはとても重要です。その概念は次の章でも使うので、もし学習しなければ今後苦労することになります。

(29) 学校の勉強に苦労している生徒たちを手助けするために、学校が始まる前の30分間、私は手を空けています。また、ウェスト・ブリッジビル大学の数学科の学生たちが、毎週水曜日の放課後に無料で個別に教えるために学校の図書室へやってきます。シルビアは、お母さまが毎日送り迎えをしてくれていると言っております。どちらがご都合よろしいでしょうか？　早く連れてきていただくのがよいか、それとも水曜日に遅く迎えに来ていただくのがよいか、メールを送って私に教えてください。

敬具
マーク・タッカー

語句 第1段落
- □ daughter　娘　　□ Middle School　中等学校　　□ talk to 人　人 に話しかける
- □ a little　少し　　◨ grade　成績　　□ have a cold　風邪をひいている
- □ a couple of ～　2, 3の～　　□ miss　逃す・欠席する
- ◨ a few ～　2, 3の～・いくつかの～　　◨ unfortunately　あいにく・残念ながら
- ◨ learn　学ぶ　　□ important　重要な

第2段落
- □ send　送る　　◨ be absent from ～　～を欠席する　　◨ explanation　説明
- □ triangle　三角形　　□ topic　項目・テーマ　　□ poorly　悪く・不完全に
- □ fault　責任・誤り　　◨ have trouble {with ～ }　（～に）苦労する　　□ concept　概念
- □ again　再び　　□ chapter　章

第3段落
- ◨ available　手が空いている　　□ schoolwork　（学校での）勉強　　□ also　～もまた
- □ college　大学　　□ tutor　個別に教える　　◨ pick 人 up　（車で）人 を迎えに行く
- ◨ convenient　便利な・都合のよい　　◨ let 人 原形　人 に～させる
- □ bring in　連れてくる　　□ if　～かどうか　　□ you'd　you would の短縮形
- □ would like to 原形　～したい

〈「誰➡誰」のメールかをチェック！〉

> Mark Tucker ➡ Ms. Lawson
> タイトルの Sylvia's math grades「シルビアの数学の成績」を見ると、学校関係の人（教員）からのメールだとわかります。
> ※ Ms. Lawson は Ms. がついていることからも、生徒の「保護者」と予想できますが、細かいところまで決めつけてしまうと、予想と異なる場合に混乱するだけなので、なんとなく「こうかな？」くらいで設問の先読みに進んでください。

〈設問先読み〉

> **(27)** A couple of weeks ago, Sylvia
> 　「数週間前に、シルビアは」
> ➡ A couple of weeks ago「数週間前に」がキーワード！
> ※今回は3文目に出てくるので、この前後でシルビアについて書かれている箇所をチェックします。
> ※「時の表現」はキーワードになりやすいので要チェックです。
> ※ 英検の長文問題では、原則、本文の順序と設問の順序が一致します。
> **(28)** What is it <u>important</u> for Sylvia to do?
> 　「シルビアは何をすることが重要ですか？」
> ➡ important に注目！
> ※ シルビアにとって重要なことが書かれている箇所をチェックします。
> **(29)** What does Mark Tucker want Sylvia to do?
> 　「マーク・タッカーはシルビアに何をしてもらいたいと思っていますか？」
> ➡「何をしてもらいたいと思っているか？」なので、「提案」「依頼」などの表現が出てきたら要チェックです。

(27) ▸「時の表現」を手掛かりに解く！　　　レベル ★★★

解答 **4**

解説

> 　　　　　　　　　　　　　　キーワード
> I know Sylvia had a bad cold a couple of weeks ago, so she missed a few
> classes.　　ひどい風邪だった　　　　　　　　　授業を欠席した

第1段落3文目にキーワードの a couple of weeks ago「数週間前」が出てきます。「ひどい風邪で授業を欠席した」という内容に合う、**4** の was not well enough to attend classes「授業に出席できるほど十分に体調がよくなかった」が正解です。本文の miss を選択肢では not well enough to attend と言い換えています。

数週間前に、シルビアは
1 バークトン中学校へ通い始めた。
2 数学の授業で悪い成績を取った。
3 学校で数学の先生が新しくなった。
4 授業に出席できるほど十分に体調がよくなかった。

(28) ▸ 逆接の後は要チェック！

レベル ★★★

解答 3

解説

| Howeverの後ろは要チェック | ── | 彼女がこの項目を学ぶことはとても重要だ |

[However], it is very important for her to learn this topic.

第2段落4文目のHoweverに注目です（howeverやbutの後ろは重要な情報がきて、答えのヒントになることが多いので要チェックです）。「彼女がこの項目を学ぶことはとても重要です」とあるので、この内容に一致する**3**のUnderstand a topic from math class.「数学の授業の項目を理解する」が正解です。4文目のthis topicは2文目に出てくるsome important explanations about trianglesのことです。ちなみに1文目にもimportantが出てきますが、she missed some important explanations about triangles during the class「彼女は三角形に関して、授業中の重要な説明をいくつか聞きそびれてしまっています」という意味で、質問の内容とは関係ありません（質問に対する内容としてOKかどうかもしっかりチェックしてください）。

シルビアは何をすることが重要ですか？
1 クラスに三角形について説明する。
2 将来のテストに向けて一生懸命勉強する。
3 数学の授業の項目を理解する。
4 次の章を注意深く読む。

(29) ▸ 「提案」「依頼」の表現が出てきたらチェック！

レベル ★★★

解答 2

解説

①I am available for half an hour before school begins to help students who are having trouble with their schoolwork. Also, ②math students from West Bridgeville College come to the school library to give free tutoring every Wednesday after school.

第 2 段落後半の「大事な概念が抜けてしまっている」という内容を踏まえ、第 3 段落で、以下の 2 つを提案しています。

① 勉強に苦労している生徒たちを手助けするために、学校が始まる前の 30 分間、自分の手を空けている

② ウェスト・ブリッジビル大学の数学科の学生たちが、毎週水曜日の放課後に無料で個別に教えるために学校の図書室へやってくる

さらにこの後、Which would be more convenient for you? と送迎に関してどちらが都合がよいかを Ms. Lawson に尋ねている流れです。それ次第で①②のどちらの補習にするか選んでもらうというわけです。**2** の Get some extra help with her math studies.「数学の勉強の補習を受けてもらう」を選びます。

設問と選択肢の和訳

マーク・タッカーはシルビアに何をしてもらいたいと思っていますか？

1 学校の図書室で何冊か本を読む。

2 数学の勉強の補習を受けてもらう。

3 お母さんに宿題を手伝うように頼む。

4 特別授業を受けにウエスト・ブリッジビル大学へ行く。

ヌタウナギ

　海にはたくさんの奇妙で不思議な生き物がいる。1つの例はヌタウナギである。ヌタウナギはヘビやウナギのように見えるが、その口は特別な形状をしていて、舌には歯がある。海の深いところに生息しており、死んでしまった海底に沈んだ魚の身体を食べる。ヌタウナギの化石は3億3000万年前のものが見つかっている。(30)進化を研究している科学者たちは、ヌタウナギは人類を含む脊椎のあるすべての生き物の祖先であると考えている。

　たいていの国において、ヌタウナギについて聞いたことがある人はほとんどいない。しかし、韓国ではヌタウナギが、人気の料理に使われている。その肉は油で調理され、それから塩と一緒に出される。特に、年配の韓国人男性はお酒を飲みながらヌタウナギを食べるのを楽しむ。(31)これによりアジアでは乱獲につながった。結果として、アメリカなどの他の国々が、自分たちの海でヌタウナギを捕獲し、韓国にそれらを輸出し始めた。ヌタウナギの皮はまた、バッグやブーツなどの製品を作るのに使われる。

　ヌタウナギは、サメのような自分たちを攻撃してくる動物から身を守るための特別な方法を持っている。ヌタウナギは細い繊維質でいっぱいのドロドロした液体を作り出す。(32)ヌタウナギが攻撃されると、体の側面にある小さな穴からこの液体を噴射する。その液体が海水と混ざると、急速に広がり、ゼリーのようなものに変化する。このゼリーによって攻撃してくる魚の呼吸が困難になることでヌタウナギが守られるのである。

　ダグラス・ファッジとカナダのゲルフにある大学の科学者のグループは、このヌタウナギの液体の可能性を秘めた使い方を見つけた。彼らはその液体の中にある繊維はとても丈夫なシルクのようなものであると言う。これらはナイロンのような合成繊維、それらは石油から作られるのであるが、代用品として使うことができる可能性があると彼らは考えている。(33)ヌタウナギの繊維ははるかに環境に優しいだろう。この科学者たちは現在、似たようなかなりの強度と軽さの両方を兼ね備えた新しい繊維を研究室で作り出そうとしている。服飾関連の製造業者はそのような高品質の繊維を商品に使うことに興味を持つだろう。

語句 第1段落

- [ ] ocean　海・大洋
- [☆] contain　含む
- [ ] strange　奇妙な
- [ ] mysterious　不思議な
- [ ] creature　生物
- [ ] hagfish　ヌタウナギ
- [☆] look like ～　～のように見える
- [ ] eel　ウナギ
- [☆] special　特別な
- [ ] shape　形
- [ ] teeth　歯
- [ ] tongue　舌
- [ ] sink　沈む
- [☆] fossil　化石
- [☆] evolution　進化
- [☆] ancestor　祖先
- [ ] backbone　脊椎・背骨
- [☆] including　～を含む
- [☆] human being　人類

第2段落

- [ ] few ～　ほとんど～ない
- [☆] hear of ～　～を聞く
- [ ] dish　料理
- [☆] serve　出す
- [ ] salt　塩
- [☆] in particular　特に・とりわけ
- [ ] Korean　韓国の
- [☆] while　～している間
- [ ] alcohol　アルコール
- [☆] lead to ～　～をもたらす
- [ ] overfish　(魚を)乱獲する
- [☆] as a result　結果として
- [☆] such as ～　～のような
- [☆] export　輸出する
- [ ] skin　皮・皮膚
- [ ] product　製品

第3段落

- [☆] protect A from B　AをBから保護する
- [ ] attack　攻撃する
- [ ] shark　サメ
- [☆] produce　生み出す
- [☆] thick　濃い・厚い
- [ ] liquid　液体
- [ ] be full of ～　～でいっぱいだ
- [☆] thin　薄い
- [ ] fiber　繊維
- [ ] shoot out　勢いよく噴射する
- [ ] hole　穴
- [☆] mix with ～　～と混ざる

□seawater　海水　　☆rapidly　素早く　　☆expand　広がる
□turn into 〜　〜に変わる　　□a kind of 〜　一種の〜　　□jelly　ゼリー
☆breathe　呼吸する

第4段落
□scientist　研究者　　☆possible　可能な　　□use　使い道・使用法（名詞）
□silk　シルク　　☆replace　取り換える　　□artificial　人工の
□nylon　ナイロン　　☆fossil fuel　石油　　☆environmentally friendly　環境に優しい
□create　創り出す　　☆similar　似ている　　□laboratory　研究室
☆in order to 原形 　〜するために　　□fabric　布地
☆both A and B　AとBの両方とも　　□light　軽い　　□manufacturer　製造業者
□be interested in -ing　〜することに興味がある　　□high-quality　高品質の

〈設問先読み〉

> (30) Which of the following is true about hagfish?
> 　「ヌタウナギについて当てはまるものは次のうちどれですか？」
> ➡ 第1段落を中心に hagfish「ヌタウナギ」について説明されている箇所をチェック！
>
> (31) People in the United States have started catching hagfish because
> 　「アメリカの人々がヌタウナギを捕獲し始めたのは、」
> ➡ the United States がキーワード！
> ※ 固有名詞はキーワードになりやすいのでチェックしましょう。
> ➡ because があることから「ヌタウナギを捕獲し始めた原因・理由」が問われている
> ➡ 「因果表現」が出てきたらチェック！
>
> (32) How do hagfish protect themselves from other fish?
> 　「ヌタウナギは他の魚からどのように自分自身を守りますか？」
> ➡ 「ヌタウナギが攻撃される」ことが書かれている箇所をチェック！
>
> (33) What benefit might hagfish provide in the future?
> 　「ヌタウナギは将来、どんな恩恵をもたらしてくれるかもしれませんか？」
> ➡ benefit「恩恵・利益」からプラス内容が書かれている箇所をチェック！

(30) ▸ evolution・ancestors などのキーワードの言い換えを見抜く！　レベル ★★★

解答 2

解説

　The oceans contain many strange and mysterious creatures. One example is the hagfish. ①Hagfish look like snakes or eels, but their mouths are a special shape, and they have teeth on their tongues. ②They live deep in the ocean and eat the bodies of fish that have died and sunk to the ocean floor. ③A hagfish fossil has been found that is 330 million years old.

> ④ Scientists who study evolution think hagfish are the ancestors of all creatures with backbones, including human beings.

ヌタウナギについて書かれている箇所を整理すると次のようになります。

① ヘビやウナギのように見えるが、その口は特別な形状をしていて、舌には歯がある
② 海の深いところに生息しており、死んでしまった海底に沈んだ魚の身体を食べる
③ ヌタウナギの化石は 3 億 3000 万年前のものが見つかっている
④ 進化を研究している科学者たちは、ヌタウナギは人類を含む脊椎のあるすべての生き物の祖先であると考えている

2 の People and many other animals may actually have evolved from them.「人々や他の動物の多くは実は、ヌタウナギから進化したのかもしれない」が④の内容に一致します。本文の hagfish are the ancestors of all creatures with backbones, including human beings「ヌタウナギは人類を含む脊椎のあるすべての生き物の祖先である」を、選択肢では「人々や他の多くの動物はヌタウナギから進化した」と言い換えているわけです。

設問と選択肢の和訳

ヌタウナギについて当てはまるものは次のうちどれですか?
1 ヌタウナギを捕まえるために、他の魚は海底のエリアに向かって泳ぐ。
2 人々や他の多くの動物は、実はヌタウナギから進化したのかもしれない。
3 ヌタウナギは、脊椎がない現代の魚のすべての祖先である。
4 ヌタウナギは歯や舌を持たないヘビの一種である。

(31) ▸ 固有名詞はキーワードになる！　　　レベル ★★★

解答 **4**

解説

第 2 段落にキーワードの the United States が出てきます。「アメリカの人々がヌタウナギを捕獲し始めた理由」が問われているので、「因果表現」があればそこに注目します。第 2 段落 5 文目に led to（"原因・理由 lead to 結果"）、6 文目に As a result「結果として」の 2 つが見つかります。内容を整理すると次のようになります。

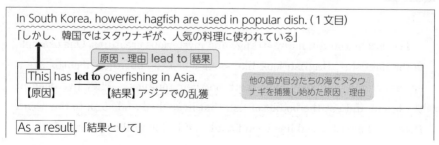

In South Korea, however, hagfish are used in popular dish. (1 文目)
「しかし、韓国ではヌタウナギが、人気の料理に使われている」

原因・理由 lead to 結果

This has **led to** overfishing in Asia.
【原因】　　　【結果】アジアでの乱獲

他の国が自分たちの海でヌタウナギを捕獲し始めた原因・理由

As a result, 「結果として」

other countries, such as the United States, have begun catching hagfish in their seas and exporting them to Korea.

【結果】アメリカなどの他の国々が、自分たちの海でヌタウナギを捕獲し、韓国にそれらを輸出し始めた。

アメリカなどがヌタウナギを捕獲し始めた理由は overfishing in Asia「アジアにおける乱獲」だとわかります。「乱獲」→「個体数の減少」と考え、**4** の their numbers in Asia have declined since too many were caught.「アジアにおけるそれらの数は、あまりに多くが捕獲されたため減少しているからである」が正解となります。

設問と選択肢の和訳

アメリカの人々がヌタウナギを捕獲し始めたのは、

1 その肉がアメリカ人の間でますます人気になったからである。

2 健康な商品を作るために、韓国人はヌタウナギからとった油を使うからである。

3 他の種類のより人気のある魚はすでに乱獲されているからである。

4 アジアにおけるそれらの数は、あまりに多くが捕獲されたため減少しているからである。

---

(32) ▶ 説明をまとめたものが正解になる問題　　レベル ★★★

解答 3

解説

第3段落冒頭に Hagfish have a special way of protecting themselves from animals that attack them.「ヌタウナギは、自分たちを攻撃してくる動物から身を守るための特別な方法を持っている」とあるので、この段落からヌタウナギがどうやって自分自身を守るのかを読み取ります。

①Hagfish produce a thick liquid which is full of thin fibers. ②When hagfish are attacked, they shoot out this liquid from small holes in the sides of their bodies. ③When the liquid mixes with seawater, it rapidly expands, turning into a kind of jelly. ④This jelly protects the hagfish by making it difficult for the fish that is attacking it to breathe.

① 細い繊維質でいっぱいのドロドロした液体を作り出す

② 攻撃されると、体の側面にある小さな穴からこの液体を噴射する

③ その液体が海水と混ざると、急速に広がり、ゼリーのようなものに変化する

④ このゼリーが、攻撃してくる魚が呼吸するのを難しくすることで自分を守る

この一連の説明の中の②・③の内容に **3** の By releasing a liquid from their bodies that changes in seawater.「海水の中で変化する液体を体から放出することによって」が一致します。

設問と選択肢の和訳
ヌタウナギは他の魚からどのように自分自身を守りますか？
1 はるかに大きく見せるために自分の体を広げることによって。
2 他の魚の身体に穴をあける細い繊維を噴射することによって。
3 海水の中で変化する液体を体から放出することによって。
4 見えにくくするゼリーで他の魚を覆うことによって。

(33) ▸ benefit「恩恵」からプラス内容を読み取る！ レベル ★★★

解答 1

解説

ヌタウナギがもたらす恩恵 (benefit) については最終段落に書かれています。

> They believe that these could be used to replace artificial fabrics, such as nylon, which are made from fossil fuels. The hagfish fibers would be much more environmentally friendly .

　　　　　　　　　　　　　環境に優しい= benefit

最終段落 4 文目の environmentally friendly「環境に優しい」に注目します。これを「ヌタウナギがもたらす恩恵 (benefit)」と考え、**1** の They could be used to develop a material that is better for the environment.「ヌタウナギは環境に優しい素材を開発するのに使うことができるかもしれない」を選びます。

設問と選択肢の和訳
ヌタウナギは将来、どんな恩恵をもたらしてくれるかもしれませんか？
1 ヌタウナギは環境に優しい素材を開発するのに使うことができるかもしれない。
2 ヌタウナギは海を汚染するナイロン繊維を分解することができるかもしれない。
3 ヌタウナギは研究室にこぼれた石油をきれいにするのに役立つ可能性がある。
4 ヌタウナギはファッション業界のためにとても丈夫なシルクを生み出すように簡単に変化させることができるかもしれない。

C 全文訳

古いアイディアの再利用

　今日、人々はものがゴミ処理場に捨てられるのを防ぐために、ものをよくリサイクル（再生利用）する。特に、金属は自然の岩から採掘する際、多くの有害なものを発生させるため、それをリサイクルすることが重要である。(34)地面から資源を取り出すときに、土地が傷められるだけでなく、多くの毒物が自然環境に放出されもする。さらに、大量の電力が使われる。これらの理由から、人々は代わりに金属をリサイクルする方法を探している。

　金属を再利用することは実は長い歴史がある。(35)金属を作り出すよりも、金属を再利用する方がいつの時代もはるかに簡単なのである。鉄や銅、錫のような金属は一般的だが、それらを含む岩石から分離するのは難しい。こういうわけで、古代の時代において、ローマ軍は、戦争後に他の国々から金属製の像を奪い取って、新しい武器を作るためにその像を溶かした。18世紀に至っても、アメリカ人はジョージ・ワシントンの軍のために、再利用のために鉄製品の寄付を奨励された。(38)19世紀には、金属の高まる需要を満たすためにリサイクルに特化した大会社が設立された。しかし20世紀には、金属を作り出すのが速く、効率的になった。この時代に、製品を作るメーカーの多くが利益を増やすための方法を変更し始めた。従来通り生産費用を減らす代わりに、「計画的陳腐化」と呼ばれる手法を使い始めた。(36)これはつまり、短い期間で壊れたり、使えなくなるように設計されている製品を作ることで、結果として客はより頻繁に製品を買わなければならないということである。

　最近では、そのようなものの中にはスマートフォンなどの機器が含まれており、それらは数年ごとに取り換えなければならない。それらはまた、多くのレアメタル（希少金属）を含んでいる。実際に、アメリカ人は、使い終わったスマートフォンを捨てるだけで、毎年、約6,000万ドル相当の金や銀をゴミ処理場に持ち込んでいることになるのだ。(37)多くの人々が冷蔵庫や洗濯機のような大きな家具をリサイクルする重要性をすでに理解しているが、なぜ小さな電子機器がリサイクルされるべきなのかを理解していない人たちもいる。世界の金属の量は限られているので、世界での供給量を守るために古い考えから学ぶのはよいかもしれない。

語句 第1段落

- ☆recycle　再生利用する・リサイクルする　　□item　もの
- ☆throw away ～　～を捨てる　　□landfill　埋立地・ゴミ処理場　　□metal　金属
- ☆in particular　特に・とりわけ　　☆produce　生み出す　　□natural　自然の
- □rock　岩　　☆harm　害　　☆cause　引き起こす
- ☆not only A but also B　AだけでなくBも　　☆damage　害を与える
- □take ～ out of …　…から～を取り出す　　☆resource　資源　　□poison　毒
- ☆release　開放する・放出する　　☆environment　環境　　☆furthermore　さらに
- □large amounts of ～　大量の～　　□electricity　電気　　□reason　理由
- ☆instead　代わりに

第2段落

- ☆actually　実際に　　☆reuse　再利用する　　□like ～　～のような　　□iron　鉄
- □copper　銅　　□tin　錫　　☆common　一般的な・ありふれた
- ☆separate　分離する　　☆This is why sv.　こういうわけで sv する。
- ☆ancient　古代の　　□Roman　ローマの　　□army　軍隊　　□statue　像
- □war　戦争　　□melt ～ down　～を溶かす　　□weapon　武器・兵器
- □even　～でさえ　　☆encourage 人 to 原形　人 に～するよう奨励する
- ☆donate　寄付する

第3段落
- □ company　会社・企業　　☒ specialize in 〜　〜を専門に扱う
- ☒ establish　設立する　　☒ meet　満たす　　☒ demand　需要
- ☒ efficient　効率的な　　☒ change　変化させる　　☒ increase　増加する
- ☒ profit　利益・収益　　☒ instead of 〜　〜の代わりに　　☒ reduce　減少させる
- □ production cost　生産費用　　□ as usual　いつものように
- □ approach　方法　　□ obsolescence　陳腐化・老朽化　　☒ mean　意味する
- □ design　設計する　　□ break　壊れる　　□ unusable　使用できない
- □ period　期間　　□ customer　客　　☒ frequently　頻繁に

第4段落
- ☒ these days　最近　　☒ include　〜を含む　　☒ device　機器
- □ smartphone　スマートフォン　　☒ replace　交換する　　□ every 〜　〜ごとに
- ☒ contain　含む　　□ rare metal　レアメタル　　☒ in fact　実際に
- □ 〜 worth of …　〜相当の…　　☒ although　〜だけれども　　□ already　すでに
- □ importance　重要性　　□ appliance　機器　　□ refrigerator　冷蔵庫
- □ washing machine　洗濯機　　□ electronics　電子機器　　□ amount　量
- □ limit　制限する　　☒ may　〜かもしれない　　☒ preserve　保存する・保護する
- □ supply　供給

〈設問先読み〉

(34) What is one way producing metals damages the environment?
「金属を生み出すことが環境に害を及ぼすことにつながる1つは何ですか？」
➡ 今回は「金属の生産が環境を傷める」という内容から該当箇所を絞り込んでください。

(35) Why did people melt down metal items in the past?
「過去に、どうして人々は金属のものを溶かしたのですか？」
➡「金属を溶かした理由」が問われているので「因果表現」が出てきたらチェック！

(36) During the 20th century,
「20世紀の間、」
➡ During the 20th century がキーワード！
※「時の表現」は手がかりになりやすいので要注意です。

(37) How can people preserve the supply of rare metals?
「人々はどうやってレアメタルの供給を守ることができますか？」
➡ rare metal がキーワード。最終段落に出てきます。

(38) Which of the following statements is true?
「次のうち正しいものはどれですか？」
➡「内容に合うものはどれか？」のパターンです。2級の問題では「文章全体から読み取れる正しいものはどれか？」ということが問われ、必ずしも最後の段落に設問の根拠があるとは限りません。

(34) ▸ damage は環境への「被害」の意味！ レベル ★★★

解答 4

解説

資源を取り出すときに土地はダメージを負う

Not only is land damaged when taking resources out of the ground, but also many poisons are released into the environment.

多くの有毒物質が自然環境に放出される

第1段落3文目に注目すると、「環境に対する影響」について書かれた英文が見つかります。英文後半の「多くの毒物が自然環境に放出されもする」に一致する、**4** の The process leads to the release of dangerous substances.「その過程によって、危険な物質が放出される」が正解となります。

> 💡 **倒置を見抜く**
> 該当箇所の英文は倒置が起こっています。否定語や only などが文頭に来る場合、強制的に倒置（語順が入れ替わる）が起こるのでしたね。今回は not only A but also B「A だけでなく B も」が使われており、文頭に not only がきていることで倒置が起こっているわけです。
> **Not only** <u>land is</u> damaged when 〜 . → **Not only** <u>is land</u> damaged when 〜 .
>   S   V   V   S
> 強制倒置の文は2級ではよく出るので、パターンを確認しておいてください（48 ページ）。

設問と選択肢の和訳
金属を生み出すことが環境に害を及ぼすことにつながる1つは何ですか？
1 多くの生き物が生き残るために、地面からの金属を必要としている。
2 その過程で使用される多くの電力が火災を引き起こす。
3 金属の大部分が捨てられて、ゴミ処理場のスペースをとる。
4 その過程によって、危険な物質が放出される。

(35) ► This is why に注目！　　　　　　　　　　　　レベル ★★★

解答 **2**

解説

設問は Why「なぜ」で問われており、その「金属を溶かした理由」は第 2 段落に書かれています。

【原因・理由】（第 2 段落 2 文目・3 文目）

It has always been much easier to reuse metals than to produce them.
➡金属を作り出すよりも、金属を再利用する方がいつの時代もはるかに簡単
Metals like iron, copper, and tin are common, but they are difficult to separate from the rocks in which they are found.
➡鉄や銅、錫のような金属は、それらを含む岩石から分離するのが難しい

⬇ This is why ,「こういうわけで」
【結果】（第 2 段落 4 文目）

Roman armies took metal statues from other countries after wars and melted the statues down to make new weapons.
➡ローマ軍は、戦争後に他の国々から金属製の像をとって、武器を作るためにその像を溶かした

第 2 段落 4 文目に This is why「こういうわけで」が使われています（"原因・理由. This is why 結果."の関係になります）。This is why の前の内容に一致する、**2** の Because it was easier than separating new metals from rock.「岩から新しい金属を分離させるよりも簡単だったので」が正解です。

設問と選択肢の和訳

過去に、どうして人々は金属のものを溶かしたのですか？
1 アメリカとの戦争のために武器が必要とされたので。
2 岩から新しい金属を分離させるよりも簡単だったので。
3 強度を上げるために金属と岩を混ぜるため。
4 戦争の英雄の新しい像を作るためにそれらを再利用するため。

---

(36) ► mean は前後で「イコール」の関係！　　　　　　レベル ★★★

解答 **4**

解説

第 3 段落 2 文目にキーワードの in the 20th century が出てきます。

> キーワード
>
> However, in the 20th century, producing metals became faster and more efficient. Around this time, many product makers began to change the way they increased their profit. Instead of reducing production costs as usual, they started
>
> 増収のための方法を変え始めた　　　　　前後でイコールの関係
>
> using an approach called "planned obsolescence." This means making products that are designed to break or become unusable after a short period of time, so customers have to buy products more frequently.
>
> 短期間で使えなくなるよう設計されることで頻繁に買い替えが必要になる

3文目に「多くの製品メーカーが利益を増やすための方法を変更し始めた」とあり、4文目で"planned obsolescence"が出てきます。これを次の文（5文目）で具体的に「短い期間で壊れたり、使えなくなるように設計されている製品を作ることで、結果として客はより頻繁に製品を買わなければならない」と言い換えています。この内容に一致する **4** の businesses began to make goods that quickly became useless.「会社はすぐに使えなくなる商品を作り始めた」が正解となります。

💡 **mean は「イコール表現」**

　5文目に動詞 mean が出てきました。「意味する」という意味を習うと思いますが、「前後でイコールの関係を作る」と覚えてください。S means O. で「S は O を意味する」ということは「S＝O」ということですよね。今回は"planned obsolescence"「計画的陳腐化」を説明するために This means 〜. を使っているわけです。長文の内容を把握するためにこのような「イコール表現」は大事なので、次の ☑CHECK! で確認しておいてください。

☑CHECK! イコール表現

今回の **mean** のように、前後でイコールの関係になる動詞は読解ではとても重要です。まとめてチェックし、出てきたときに反応できるようにしておきましょう。

☐be動詞「〜である」　　　　☐mean「意味する」　　　　☐involve「巻き込む」
☐include「含む」　　　　　　☐show「示す」　　　　　　☐represent「表す」
☐refer to 〜「〜を表す」

設問と選択肢の和訳

　20世紀の間、
　1 人々はリサイクルに特化した会社を作り始めた。
　2 金属を使って貨幣を製造することがより速く効率的になった。
　3 製品メーカーは生産コストを減らすことで、より多くのお金を稼いだ。
　4 会社はすぐに使えなくなる商品を作り始めた。

(37) ▸ キーワード rare metal から絞り込む！　　レベル ★★★

解答 1

解説

最終段落2文目にキーワードの rare metal が出てくるのでこの段階の内容に注目します。

> Although many people already see the importance of recycling large appliances
>
> なぜ小さな電子機器をリサイクルすべきか理解していない人がいる
>
> such as refrigerators and washing machines, some do not understand why
>
> smaller electronics should be recycled. The amount of metal in the world is
>
> limited, so it may be better to learn from old ideas to preserve the world's
>
> supply.　　供給量を守るために古い考え方から学ぶのはよいかもしれない

最終段落後ろから2文目「多くの人々が冷蔵庫や洗濯機のような大きな家具をリサイクルする重要性をすでに理解しているけれども、なぜ小さな電子機器がリサイクルされるべきなのか理解していない人たちもいる」、最終文「世界の金属の量は限られているので、世界の供給量を守るために古い考えから学ぶのはよいかもしれない」とあります。「古い考えから学ぶ」というのは、それまでに述べられてきた「再利用するという考え方」のことだとわかるので、**1** の By trying to recycle small electronics instead of throwing them away.「小さな機器を捨てる代わりにリサイクルしようとすることによって」が正解となります。

設問と選択肢の和訳

人々はどうやってレアメタルの供給量を守ることができますか？
1 小さな電子機器を捨てずにリサイクルしようとすることによって。
2 古い携帯電話をより効率的なものに交換することによって。
3 リサイクルに使われる大きな家電の数を増やすことによって。
4 金や銀を含む機器をゴミ処理場に置いておくことによって。

(38) ▸ 比較級 higher に注目！　　レベル ★★★

解答 2

解説

「内容に合うものはどれか？」パターンの設問は必ずしも最後の段落に根拠があるとは限りません。選択肢の中のキーワードをもとに該当箇所を絞り込み、内容を確認していきます。選択肢を整理すると次のようになります。

1 George Washington introduced the idea of recycling iron to the United States.

George Washington → 第 2 段落をチェック！

➡ 第 2 段 落 最 終 文 に Even as late as the 18th century, Americans were encouraged to donate iron items to be recycled for George Washington's army. 「18 世紀に至っても、アメリカ人はジョージ・ワシントンの軍のために、再利用のために鉄製品の寄付を奨励された」とあり、「ジョージ・ワシントンが鉄をリサイクルする考えを導入した」とは書かれていないので×です。

2 There was an increase in the need for metals during the 19th century.

during the 19th century → 第 3 段落をチェック！

➡ During the 19th century, large companies specializing in recycling were established to meet a <u>higher</u> demand for metals. 「19 世紀の間、金属の高まる需要を満たすためにリサイクルに特化した大会社が設立された」とあります。a <u>higher</u> demand と比較級が使われていることから「金属の需要が増した」と考えられるので、これが正解となります。

3 Metals can reduce the amount of poisons released by electricity production.

poison や electricity などのキーワードから第 1 段落をチェック！

➡ 第 1 段落 4 文目に Furthermore, large amounts of electricity are used. 「さらに、大量の電力が使われる」とはありますが、「電気を生み出すことで放出される毒物の量を減らせる」とは書かれていないので×です。

4 Companies spend about $60 million each year on gold for new smartphones.

about $60 million → 最終段落をチェック！

➡ 最終段落に In fact, Americans put around $60 million worth of gold and silver into landfills each year just by throwing away used phones. 「実際に、アメリカ人は、使い終わったスマートフォンを捨てるだけで、毎年、約 6,000万ドル相当の金や銀をゴミ処理場に持ち込んでいることになるのだ」とあり、「企業が新しいスマートフォンに使うための金に毎年 6,000 万ドル費やす」わけではないので×です。

> **設問と選択肢の和訳**
>
> 次のうち正しいものはどれですか？
> **1** ジョージ・ワシントンは鉄をリサイクルする考えをアメリカに導入した。
> **2** 19 世紀の間、金属の需要が増した。
> **3** 金属は電気を生み出すことによって放出される毒物の量を減らすことができる。
> **4** 企業は、新しいスマートフォンに使う金に毎年約 6,000 万ドル費やしている。

I think more apartment buildings should allow pets such as dogs and cats. First, nowadays, the demand for apartment buildings that allow pets is increasing. This is because more and more people believe that owning a pet is a good way to reduce stress. Second, when pet owners are unable to find an apartment that allows pets, it can lead to problems. For example, there could be an increase in the number of abandoned dogs and cats. For these two reasons, I agree with this opinion. (86 語)

解説

▶TOPICの確認

POINTS に示された観点を踏まえ、自分の立場・構成・内容を考える！

Some people say that more apartment buildings should allow pets such as dogs and cats. Do you agree with this opinion?

「もっと多くの集合住宅でイヌやネコのようなペットを認めるべきだと言う人がいます。あなたはこの意見に賛成ですか?」

➡ **TOPIC** に関して「賛成」か「反対」か、自分の立場を決めて内容を考えます。また、**POINTS** に示された観点の内容を確認し、書きやすいものがあれば採用し、条件を踏まえ、次のような構成にあてはめて解答を作るとよいでしょう。

〈構成の例〉

第1文…**TOPIC** に対する自分の立場を明確にする文（賛成・反対など）
第2文・第3文…理由①＋理由①をサポートする文（具体例など）
第4文・第5文…理由②＋理由②をサポートする文（具体例など）
第6文…まとめ（英文の数は条件に含まれませんので語数次第ではなくても OK です）

まずは、第1文で「自分の立場」を明確にした文を書き、2文目以降で「その理由を2つ」まとめていきます。

👉 **POINTS** に示された観点は必ずしも使う必要はないので、自分で思いついた観点で書いても OK です。あくまでも自分が解答しやすい（書きやすい）内容かどうかで判断するとよいでしょう。

👉 ライティング問題ではあらかじめ解答の「型」を準備しておくとスムーズです。14 ページの表現をしっかりと確認して使えるようにしておきましょう。

▶ 実際に英文を作る

1文目は、「**TOPIC** について自分の立場を明らかにする」方向で考えます。I think {that} 〜 . や I do not think {that} 〜 . などを使って自分の立場を明確にします。解答例は I think {that} 〜 . を使っています。

> I think more apartment buildings should allow pets such as dogs and cats.
>
> 「私はもっと多くの集合住宅がイヌやネコのようなペットを認めるべきだと思います」

2文目で1つ目の理由、3文目でその理由をサポートする文を作っています。

1つ目の理由を述べる合図

> **First**, nowadays, the demand for apartment buildings that allow pets is increasing. This is because more and more people believe that owning a pet is a good way to reduce stress.
>
> 「まず、今日ではペットを認める集合住宅の需要が高まってきています。これは、ペットを飼育することはストレスを軽減する良い方法だと考える人が増えているからです」

First「まず」を使い、1つ目の理由として the demand for apartment buildings that allow pets is increasing「今日ではペットを認める集合住宅の需要が高まってきています」と、それを望む人が増えているという社会的背景を挙げています。さらに3文目で This is because 〜「これは〜だからだ」を使い、more and more people believe that owning a pet is a good way to reduce stress「ペットを飼育することはストレスを軽減する良い方法だと信じている人が増えているからだ」と需要が高まっている理由を深く掘り下げているわけです。

この2つの文は **POINTS** に提示されている "**Lifestyles（生活様式）**" の観点です。

4文目に2つ目の理由、5文目にその具体例を持ってきています。

2つ目の理由を述べる合図

> **Second**, when pet owners are unable to find an apartment that allows pets, it can lead to problems. **For example**, there could be an increase in the number of abandoned dogs and cats.
>
> **ここから具体例！**
>
> 「2つ目に、ペットを飼っている人はペットを認めている部屋を見つけることができない場合、それによって問題が起こる可能性があります。たとえば、捨てイヌや捨てネコの数が増加する可能性があります」

Second「2つ目に」を使い、when pet owners are unable to find an apartment that allows pets, it can lead to problems「ペットを飼っている人はペットを認めている部屋を見つけることができない場合、それによって問題が起こる可能性がありま

67

す」と２つ目の理由を述べています。

しかし、この時点でどんな問題が起こるのかがイメージしにくいため、より伝わるように For example「たとえば」を使って、there could be an increase in the number of abandoned dogs and cats「イヌやネコが捨てられる数が増加する可能性があります」と具体例を出して２つ目の理由をサポートしているわけです。

この２つの文は **POINTS** に提示されてはいない、独自の観点になります。

今回は最後に For these two reasons「これらの２つの理由から」を使って、もう一度自分の立場（意見）を明確にしています。

> まとめの文に入る合図
>
> **For these two reasons**, I agree with this opinion.
>
> 「これらの２つの理由から、私はこの意見に賛成です」

今回は６文構成ですが、語数によっては最後の１文をカットして５文構成にしてもOK です（英文の数は条件に含まれていません）。

和訳 （テーマ）もっと多くの集合住宅でイヌやネコのようなペットを認めるべきだと言う人がいます。あなたはこの意見に賛成ですか？
（ポイント）
・清潔
・生活様式
・近所の人
（解答例）
私はもっと多くの集合住宅がイヌやネコのようなペットを認めるべきだと思います。まず、今日ではペットを認める集合住宅の需要が高まってきています。これは、ペットを飼育することはストレスを軽減する良い方法だと信じている人が増えているからです。２つ目に、ペットを飼っている人はペットを認めている部屋を見つけることができない場合、それによって問題が起こる可能性があります。たとえば、捨てイヌや捨てネコの数が増加する可能性があります。これら２つの理由から、私はこの意見に賛成です。

語句 ☐apartment building　集合住宅　　☆allow　認める
☆such as ～　（たとえば）〜のような
☆nowadays　最近・今日では　　☐demand　需要　　☆increase　増加する・増加
☆reduce　減少する・減少させる　　☐stress　ストレス　　☐owner　飼い主・所有者
☐be unable to 原形　〜することができない
☆lead to ～　〜を引き起こす・〜につながる
☆abandon　捨てる　　☐opinion　意見

No. **1** ▸ start a family は「子どもをもうける」　CD1 **2**　レベル ★★★

解答　**4**

スクリプト

> 電話の呼び出し音と Mom →親子の会話

★ Mom, it's David. Guess what? You're going to be a grandmother!

> 聞いてよ！
>
> 軽く「ヤ」　g の飲み込み 軽く「ビ」　d の飲み込み
> もうすぐおばあちゃんになるんだよ＝自分に子どもができる

☆ Really? I've been waiting so long for you and Carol to start a family.

> 軽く「ビン」　　　　　　　　　　　軽く「アン」
> 子どもが生まれるのが待ち遠しい

　Do you know if it's a boy or a girl?

★ Not yet, but we should find out soon.

☆ Oh, that's wonderful! Your father will be so happy.

☆☆ **Question:** What is David telling his mother?

解説

〈選択肢先読み〉➡主語がすべて He or His 〜➡「男性の行動」がポイント！

質問は「デイビッドは自分の母親に何を伝えていますか？」です。冒頭の「お母さんはもうすぐおばあちゃんになるんだよ！」、女性の「子どもが生まれるのが待ち遠しい」から、男性の妻に子どもができたことがわかります。**4** の His wife is going to have a baby.「彼の妻に赤ちゃんが生まれる予定だ」が正解です。

> 💡 **Guess what!「ちょっと聞いてよ！」**
> guess は「推測する」なので、「何かを (what) 推測して (guess)」が直訳です。「ねえねえ何だと思う？」→「聞いてよ」という感じで、会話でよく使われる表現です。ちなみに guess は、一説では get と同語源で、「手がかりをつかむ」→「推測する」なので、I guess {that} sv. で「私は sv すると推測する」→「私は sv すると思う」となります。

> 💡 **start a family「子どもをもうける」**
> start a family は「子どもが生まれる」ことを比喩的に表した表現です。直訳の「家族をスタートさせる」からも、特に最初の子が生まれるときに使います。

和訳 ★お母さん、デイビッドだよ。聞いてよ。お母さんはもうすぐおばあちゃんになるんだよ！
　　　☆本当？　あなたとキャロルに子どもが生まれるのをずっと待っていたわ。男の子か女の

子かわかったの?

★まだだけど、もうすぐわかるはずだよ。

☆あら、それはすばらしいわ! お父さんも本当に喜ぶわ。

☆☆**質問:デイビッドは自分の母親に何を伝えていますか?**

選択肢の和訳

1 彼は妻のお父さんに会う予定だ。

2 彼と妻は彼の祖母を訪れるつもりだ。

3 彼と妻は彼女を旅行に連れていくつもりだ。

4 彼の妻に赤ちゃんが生まれる予定だ。

語句 ☑ Guess what? 聞いてよ! ☐ wait for 人 to 原形 人 が〜するのを待つ
☐ start a family (最初の)子どもをもうける ☑ find out わかる

選択肢の語句

☐ wife 妻 ☐ have a baby 赤ちゃんが生まれる

No. 2 ▸ actuallyが聞こえたらチェック! CD1 3 レベル ★★★

解答 1

スクリプト

☆ So, Eddie, have you saved enough money for your trip to Peru?
別のパートタイムの仕事を探している 軽く「トゥ」

★ Not yet, Charlene. I'm looking for another part-time job at the moment.
gの飲み込み 「パータイム」って感じ 軽く「アッ」

君が働いているレストランで仕事の空きはある?

Are there any jobs available at the restaurant where you work?
軽く「アッ」

actually の後は重要! あると思うわ。よければ上司に話してみるよ。

☆ Actually, I think there are. If you like, I can talk to my boss about it.
それはいいね! くっついて「アバウティッ」って感じ

★ That would be great! Thank you.
「ザッウッビ」って感じ

☆☆ Question: What does the man ask the woman about?
tの飲み込み くっついて「ナ」

解説

〈選択肢先読み〉➡バラバラ➡すべてを聞き取るつもりで英文に集中!

質問は「男性は女性に何について尋ねていますか?」です。男性の「別の仕事を探している。君が働いているレストランで仕事の空きはある?」から、**1** の Getting a job at a restaurant.「レストランでの仕事に就くこと」を選びます。

💡 **available は「スタンバイ OK」**

available は、英検でも日常会話でも非常に重要な単語です。「手に入る・利用できる・都合がつく」などの意味がありますが、実はすべて「スタンバイ OK」というイメージが元になっています。「店で商品がスタンバイ OK」→「手に入る」、「Wi-Fi などがスタンバイ OK」→「利用できる」、「人がスタンバイ OK」→「都合がつく」となるわけです。今回は「レストランの仕事がスタンバイ OK」→「都合がつく」、つまり「空きがある」という意味で使われています。

💡 **actually の後は重要な情報！**

actually には「そう思ってないかもしれないけど実はね…」というニュアンスを出したいときや、新しい情報を提供するとき、「実際に」のように使われます。今回は actually の後ろは狙われませんでしたが、会話の流れをつかむ上でとても重要です。英検ではそこが設問で狙われることが多いので、リスニングで actually が聞こえたらギアを一段上げるつもりで音声に集中してください。

和訳 ☆それでエディー、ペルーへの旅行費用は十分たまった？
★まだだよ、シャーリーン。今のところ別のパートの仕事を探しているんだ。君が働いているレストランで仕事の空きはないかな？
☆そうね、あると思うわ。もしあなたがよければ、それについて上司に話すことができるわ。
★そうしてもらえると助かるよ！　ありがとう。
☆☆**質問：**男性は女性に何について尋ねていますか？

選択肢の和訳
1 レストランでの仕事に就くこと。　　**2** 彼にお金を貸すこと。
3 一緒に夕食を食べること。　　**4** 一緒にペルーへ旅行に行くこと。

語句 ☆save 蓄える・節約する　　☆available 空きがある　　☆actually 実際
□boss 上司

No. 3 ▶ be located は「置かれている」→「ある」　CD1 4 レベル ★★★

解答 **4**

スクリプト

> 知らない者同士の会話

☆ Excuse me. Do you know which bus I should take to Griffin Park?
　　　　　　　　　　　　　　　　　　dの飲み込み
　　　　　　　　　　　　　　　バスに乗る必要はない。徒歩でそこへ行ける

★ You don't need to take a bus. You can walk there easily.
　tの飲み込み dの飲み込み くっついて「力」 軽く「クン」　　「イーズリ」って感じ

☆ Really? How long will it take?
　「リーリー」って感じ　　　「ウリテイク」って感じ

★ Only about five minutes. Just turn left at the next corner and go one block.
　　　　tの飲み込み　　　　　　tの飲み込み　　　　　　　　　軽く「アン」
　　　　　　たったの5分くらい

The park won't open for another hour, though.
　　　tの飲み込み

tの飲み込み　　　　　　　tの飲み込み

解説

〈選択肢先読み〉➡主語がすべて It ➡「人以外」と予想！

質問は What do we learn about 〜？「内容に合うものはどれか？」のパターンです。今回はグリフィン公園について問われています。グリフィン公園への行き方を尋ねている場面の会話で、バスで行こうとしている女性に対し、男性は「バスに乗る必要はない。徒歩で行ける」、「ほんの５分ほど」と伝えていることから、**4** の It is located nearby.「公園は近くにある」が正解となります。locate は「置く」で、受動態 be located は「置かれている」→「ある・位置する」です。ちなみに be situated も同じ意味で使われるのでチェックしておきましょう。

> 👍 **大規模な公園は開園時間がある**
> 男性の最後の発話に The park won't open for another hour, though.「でも公園はあと１時間開きませんよ」とあり、違和感を覚えた人がいるかもしれません。「公園」と言うと住宅街にあり、近所の子どもたちが遊ぶ公園をイメージするかもしれませんが、大規模な公園などは開園時間が決まっているところがあります。

和訳

☆すみません。グリフィン公園へはどのバスに乗ればいいかわかりますか？
★バスに乗る必要はないですよ。徒歩で簡単にそこへ行けます。
☆本当ですか？　どのくらいかかりますか？
★ほんの５分ほどです。次の角を左折して１ブロック行ってください。でも、公園はあと１時間開きませんよ。
☆☆**質問**：グリフィン公園について何がわかりますか？

選択肢の和訳
1 そこへ行くのに１時間かかる。	**2** 公園には散歩道がある。
3 公園は今日、開かない。	**4** 公園は近くにある。

語句 □easily　簡単に　☆though　しかし（副詞）

選択肢の語句
□walking trail　散歩道　　□be located　ある・位置する　　□nearby　近くに

No. 4 ▸ location は「場所・立地」　　CD1 5 レベル ★★★

解答 **2**

スクリプト

夫婦の会話

☆ So, honey, we've looked at four houses so far. Were there any you especially liked?

軽く「ワ」

★ I thought that the blue one on Lee Road was the best, but it's rather expensive.

tの飲み込み

☆ I know. But the location is fantastic, and it's really pretty. Maybe we

軽く「バッ」

立地がすばらしく、本当にすてき

should spend more than we were planning and get it.

一気に発音される

★ Well, let's talk to the people at the bank again and then decide.

軽く「アッ」　軽く「アン」

☆☆ **Question:** What is one reason the woman likes the house on Lee Road?

解説

〈選択肢先読み〉➡ 主語がすべて It ➡「人以外」と予想！

質問は「女性がリー街道の家を気に入った理由の1つは何ですか？」です。男性の「リー街道にある青い家が一番いいと思っていたけど、少し高いよね」に対し、女性が「でも立地がすばらしいし、本当にすてきよね」と答えています。したがって、**2** の It is in a good location.「よい立地だから」が正解となります。ちなみに **1** は expensive の対義語である inexpensive を使ったダミー、**3** は会話に出てきた pretty という同じ単語を使ったダミーです。

> 👉 **英検で呼びかけの honey が出たら「夫婦の会話」！**
> 呼びかけの honey「あなた」は「恋人・夫婦」の会話で使われますが、英検で出てきたら「夫婦の会話」だと思ってください。honey は「男性→女性」でも「女性→男性」でも使えます。話し手の人間関係を把握することは内容を理解するうえでとても役に立ちます。リスニングでもよく使われるのでこの後の ☑CHECK! で確認しておきましょう。

> 💡 **pretty の意味**
> pretty は「かわいい」の意味のイメージが強いですが、プラスの意味でさまざまな場面で使われます。今回は物件について pretty「すてき」と使われています。さらに、副詞として pretty good「かなりよい」のように強調の意味で使われることもあり、リスニングでもよく出てくるので注意してください。

和訳 ☆それで、あなた、これまで物件を4件見てきたわね。どこか特に気に入ったところはある？
　　★リー街道にある青い家が一番いいと思ったけど、やや高いよね。
　　☆わかるわ。でも立地がすばらしいし、本当にすてきよね。予定よりも費用をかけて手に入れた方がいいかもね。
　　★そうだねぇ、もう一度銀行の人と相談してそれから決めよう。
　　☆☆**質問**：女性がリー街道の家を気に入った理由の1つは何ですか？

選択肢の和訳
1 費用が安いから。　　　　　　　**2** よい立地だから。
3 すてきな庭があるから。　　　　**4** 他の家よりも大きいから。

語句 □ honey　あなた（呼びかけ）　　□ so far　今のところ　　☑ especially　特に
　　□ rather　やや・かなり　　☑ expensive　高い　　□ location　立地・ロケーション
　　□ pretty　すてきな　　☑ spend　費やす　　□ bank　銀行

　　□ inexpensive　安い

☑ CHECK! 「呼びかけ」から人間関係をつかむ

□ honey「あなた」➡ 恋人や夫婦の会話

※ 英検では「夫婦」の関係で使われると考えてください。

□ Dad「お父さん」・Mom「お母さん」➡ 親子の会話

□ sir「だんな様・お客様」➡ 主に店員と男性客の会話

□ ma'am (madam の略)「奥様・お客様」➡ 主に店員と女性客の会話

※ ma'am は madam の略ですが、必ずしも日本語の「マダム」のイメージで使われるわけではなく、女性に対する呼びかけとして幅広く使われます。ちなみに、英検では madam ではなく必ず ma'am の形で出てきます。

No. 5 ▸ 疑問詞 how は「どのように」　　　CD1 6　レベル ★★★

解答 **2**

スクリプト

☆ Hey, Daniel. You won't believe what happened yesterday.
　　　　　　　　　　　t の飲み込み

★ Let me guess, Ellen. You won an award for your science project at school.
　　　　　　　　　　　　　　　くっついて「ワンナンナウォード」

どうやって知ったの？

☆ That's right! How did you know?
　　　　　　　　くっついて「ディジュ」

君のお母さんが教えてくれたんだよ

★ Your mom already told me about it.
　　　　　　　　　　　　　　「アバウティッ」って感じ

☆☆ **Question:** How did Daniel find out about Ellen's news?
　　　　　　　　　　　　　　　　　　　t の飲み込み

解説

〈選択肢先読み〉➡ 主語が He or His 〜 ➡「男性の行動」がポイント！

質問は「ダニエルはエレンのニュースをどうやって知ったのですか？」です。女性の How did you know ?「どうやって知ったの？」に対し、男性が「君のお母さんがすでにそれについて僕に教えてくれたんだよ」と答えています。正解は **2** の He heard about it from her mother.「彼は彼女のお母さんからそれについて聞いた」です。

💡 **疑問詞 how**
　疑問詞 how は How are you? のように「どのような状態」という意味のイメージが強いかもし

74

れませんが、もう1つ「どのように」と「方法」の意味があります。今回は会話で How did you know?、Question で How did Daniel find out about Ellen's news? と使われています。この「方法」の意味で使われる how は英検の Question でよく使われるのでしっかり覚えておいてください。英検のリスニングでは本文の内容は当然大事ですが、Question も正確に理解することが大切です。

💡 **win は「勝ち取る」**

win は win the first prize「1位を勝ち取る」のように使うので、get「得る」と同じイメージで「勝ち取る」と覚えておいてください。今回は目的語に an award「賞」がきています。また、過去形 won（発音は「ワン」）は one だと思って混乱する人が多いので、リスニング問題では特に注意してください。

👍 **選択肢は別の表現に置き換えられる**

今回、会話で「君のお母さんが教えてくれた」と言っているのを、選択肢では「彼は、彼女のお母さんから聞いた」と主語が入れ替わっています。特に正解の選択肢は別の表現に置き換えられることがほとんどなので、「誰がどうした」という部分をしっかり把握するようにしましょう。逆に不正解の選択肢には同じ単語や表現が使われることがよくあります。

和訳 ☆ねえ、ダニエル。昨日何が起こったのか信じられないと思うわよ。
★当てさせて、エレン。君が学校の理科の課題で賞をとったとか。
☆その通りよ！　どうやって知ったの？
★君のお母さんがすでにそれについて僕に教えてくれたんだよ。
☆☆**質問**：ダニエルはエレンのニュースをどうやって知ったのですか？

選択肢の和訳
1 彼の先生が理科の授業でそれを発表した。
2 彼は彼女のお母さんからそれについて聞いた。
3 彼は自分のお母さんにそれについて尋ねた。
4 彼の学校新聞がそれについての記事を掲載していた。

語句 ☑let 人 原形 人 が〜するのを許す　☑guess 推測する　☐award 賞　☐project 課題　☐That's right. その通り。

選択肢の語句
☐announce 発表する

No. 6 ▸ 定番！ suggest問題　　CD1 7 | レベル ★★★

解答 3

スクリプト

知らない者同士の会話

☆ Excuse me, Officer. Could you tell me if it's OK to park on this street?

★ You can park here until four o'clock if you have a parking sticker on your

「オンニュア」って感じ

駐車ステッカーがあれば4時までここに停められます

car.

☆ Oh. Well, I don't have a sticker, so I guess I'd better look for somewhere

dの飲み込み

駐車ステッカーを持っていない

else to park.

3ブロック先に駐車場がありますよ

★ There's a parking lot three blocks away on Davis Street.

☆☆ **Question:** What does the man suggest the woman do?

tの飲み込み　　　　　　　　tの飲み込み

解説

〈選択肢先読み〉➡ すべて「動詞の原形」で始まっている ➡「未来の予定・行動」を聞き取る!

質問は「男性は女性に何を提案していますか?」です。男性が最後に「3ブロック離れたデイビス通りに駐車場がありますよ」と駐車できる場所を教えているので、**3**のPark in a parking lot.「駐車場に駐車する」が正解となります。ちなみに**1**はfour o'clock、**4**はparking stickerとそれぞれ会話に出てきた単語を使ったダミーです。

> 🔦 **park は動詞「駐車 (輪) する」**
> park の動詞の意味を知っていても、リスニングに出てくると一瞬「?」となるかもしれません。今回は直前に can (助動詞) があるので、そこで「動詞」と判断してください。リスニングでも文法の力は大事です。

> 🔦 **suggest 問題**
> 今回のように suggest が使われ「何を提案していますか?」という Question は英検頻出パターンです。「提案」というと大げさに感じるかもしれませんが、軽いアドバイス的なものも含み、今回のように、新たな情報を教えてくれることなども含みます。その他、以下の表現が使われているときに根拠になることが多いのでチェックしておきましょう。
>
> > ① 勧誘の表現 (Let's ～ . や Why don't you ～ ? など)
> > ② should 原形 「～した方がよい」
> > ③ had better 原形 「～すべきだ」 (you'd better のように短縮形が使われます)
> > ④ 本文でも suggest がそのまま使われている

和訳 ☆すみません、お巡りさん。この通りに駐車してもいいか教えてくださいませんか?
★駐車ステッカーが車に貼ってあれば、4時までここに駐車できますよ。
☆あら。う～んと、ステッカーは持っていないので、駐車するのにどこか別の場所を探した方がいいかしら。
★3ブロック離れたデイビス通りに駐車場がありますよ。
☆☆**質問**:男性は女性に何を提案していますか?

No. 7 ▸ 男性・女性の固定観念にとらわれない   CD1 8 レベル ★★★

解答 1

スクリプト

> 休暇でどこかに行っていたの？
>
> ☆ Hey, Jim. I haven't seen you around the office lately. Did you go somewhere
>   くっついて「スィーニュ」   「ジ」
>
>   on vacation?
>
>   違うよ。息子の体調が悪く、妻は出張だったので休んでいたんだ
>
> ★ No. I took a few days off work because my son's been ill, and my wife's out of
>   軽く「ビン」   軽く「アン」   「アウタヴ」って感じ
>
>   town on a business trip.
>
> ☆ Oh, I see. Well, I hope he's better now.
>   軽く「ヒズ」
>
> ★ Thanks. He's back at school today.
>   軽く「アッ」
>
> ☆☆ **Question:** Why was the man absent from work?

解説

〈選択肢先読み〉➡ 主語がすべて He ➡ 「男性の行動」がポイント！

質問は「男性はどうして仕事を休んだのですか？」です。男性の「息子が病気で、妻は出張で町を出ていたから2、3日休みをもらっていたんだ」から、**1** の He was looking after his son.「彼は息子の世話をしていたから」が正解だと判断します。look after ～は直訳「～の後ろを (after) 見る (look)」→「～の世話をする」です。今回は直接「息子の世話をした」とは言っていませんが、「息子の病気」に加え、「妻が出張で町を出ていた」という内容を聞き取り、自分が会社を休んで息子の面倒を見ていたと考えるわけです。

2 の He was away on a business trip. は He が×です。会話では「妻が出張だった」と言っています。「男性が働く」という固定観念にとらわれると引っかけられてしまうのでしっかり音声に集中しましょう。会社の上司が女性であったり、家事をしているのが男性という設定の問題は英検ではふつうになっています。

和訳 ☆あら、ジム。最近、職場で見かけなかったけど。休暇でどこかに行っていたの？
★いいや。息子の体調が悪くて、妻は出張で町を出ていたから2、3日休暇をもらっていたんだよ。
☆ああ、なるほど。息子さんはもうよくなっているといいんだけど。
★ありがとう。今日は学校へ戻っているよ。
☆☆質問：男性はどうして仕事を休んだのですか？

選択肢の和訳
1 彼は息子の世話をしていたから。　　**2** 彼は出張中だったから。
3 彼は（ずっと）体調がよくないから。　**4** 彼は休暇で出かけていたから。

語句 ☑ lately　最近　　□ somewhere　どこかに　　☑ take a day off　休暇をとる
□ wife　妻　　☑ on a business trip　出張で

No. 8 ▶ 否定文の意味がポイント！　　　　CD1 9 ｜レベル ★★★

解答 **3**

スクリプト

> 仕事でドイツに引っ越すことを楽しみにしていないようね

☆ Fred, I heard your wife and kids aren't very excited about your job
　　　　　　　　　　　軽く「アン」　　　　一気に発音される

transfer to Germany.

> そうなんだ　　妻はここを離れたがらないし、子どもたちはドイツ語が話せるか心配している

★ They're not. My wife doesn't want to leave here, and my kids are worried
　　「ゼア」って感じ　　　　tの飲み込み　くっついて「ワントゥ」　軽く「アン」

about speaking German.

☆ Well, tell them that once they get used to everything, living abroad will be
　　　　　　　　軽く「ザッ」　　　　くっついて「ゲッユーストゥ」　　　　　「ウィッビ」って感じ

a great experience.

★ Right. If they think about it as a big adventure, they might start looking
　　　　　　　　　　「アバウリ」って感じ　　　　　　　　tの飲み込み　　gの飲み込み

forward to it.
「フォー」って感じ

☆☆ **Question: What is one thing we learn about Fred's wife and children?**
くっついて「ナ」　　　　　　　　軽く「アン」

解説

〈選択肢先読み〉➡ 主語がすべて They ➡選択肢の内容から They は「人」と予想！

質問は What is one thing ～？「内容に合うものはどれか？」のパターンです。男性の「妻はここを離れたがらないし、子どもはドイツ語を心配している」から、**3** の They are not happy about moving to Germany.「彼らはドイツへ引っ越すことについてよく思っていない」が正解となります。会話に出てくる transfer to Germany が、選択肢では moving to Germany に言い換えられています。

> 💡 **否定文は「内容が否定文」という意味**
> 冒頭で your wife and kids aren't very excited about ～ . に対し、男性が They're not. と答えています。否定文なので「そうではない」と訳したくなりますが、ここでは They're not excited about ～ . つまり「転勤でドイツへ行くのを楽しみにしていない」という意味になります。日本語だけで考えると混乱してしまうので注意してください。

> 👉 **否定文の聞き取り**
> 冒頭のやりとりではすべての英文で否定文が使われており、内容をつかむのに苦労する人が多いので、この音声を何度も聞きこんでおいてください（文字で見ると難しくありませんが、音声になると苦労する人が多いです）。特に aren't や doesn't のように短縮形は、t の音が飲み込まれて聞こえにくいことがよくあるので、実際の音声がどのように聞こえるかを確認しておくことが大事です。

和訳　☆フレッド、あなたの奥さんと子どもたちが転勤でドイツへ行くのを楽しみにしていないって聞いたわ。
★そうなんだ。妻はここを離れたがらないし、子どもたちはドイツ語を話すことを心配しているんだ。
☆まあ、慣れてしまえば、海外生活はすばらしい経験になるって伝えて。
★そうだね。壮大な冒険だと思えれば、楽しみになり始めるかもしれない。
☆☆質問：フレッドの妻と子どもたちについてわかることの1つは何ですか？

選択肢の和訳
1 彼らは以前ドイツ語を勉強したことがある。
2 彼らは新しい冒険を楽しみにしている。
3 彼らはドイツへ引っ越すことについてよく思っていない。
4 彼らは海外の食べ物が好きではない。

語句 □ wife 妻　□ kid 子ども　☑ be excited 楽しみだ　☑ transfer 転勤　☑ once いったん～すれば　☑ get used to ～ ～に慣れる　☑ experience 経験　□ adventure 冒険　☑ might ～かもしれない　☑ look forward to ～ ～を楽しみにする

解答 **1**

スクリプト

> 夫婦の会話

★ I want to make pasta tonight, honey, but not just the same old spaghetti
　　くっついて「ウォントゥ」　　　　　　　　　　　「パッノッ」って感じ　　　　　　　「オゥ」って感じ

何かいいレシピを知っている？

and meat sauce. Do you know any good recipes?
軽く「アン」

ネットで調べたら作ってみたくなるものが見つけられるはずよ

☆ Try the Internet. You should be able to find something interesting there.
　　「ジ」　　　　　　　　　「シュッビ」って感じ

おそらく食材を買いに行く必要があるね

★ Good idea. After that, I'll probably need to go shopping for the ingredients.
　　　　　　　　tの飲み込み　「アゥ」って感じ　　　dの飲み込み　gの飲み込み　　　　　「ジ」

いい考えだね

Do you want to come with me?
　　　くっついて「ワントゥ」

☆ Sure, as soon as I finish cleaning the bathroom.
　「シャー」って感じ　　一気に発音される

☆☆ **Question:** What will the man do next?

解説

〈選択肢先読み〉➡すべて「動詞の原形」で始まっている➡「未来の予定・行動」を聞き取る！

質問は「男性は次に何をするつもりですか？」です。妻の「ネットで調べてみれば？」に対して「いい考えだね」と答えているので、**1** の Look for recipes.「レシピを探す」が正解です。**3** の Go shopping.「買い物に行く」はひっかけで、「レシピを（インターネットで）調べる」→「その後（After that）」→「食材を買いに行く」という流れなので、「次にすること」は「レシピを調べること」です。

> 💡 **Do you want to 〜? は「勧誘」**
> 男性の発話に Do you want to come with me? が出てきます。Do you want to 〜? の直訳は「あなたは〜したいですか？」となりますが、英語の世界では、相手を誘うときなどにも使えます。「〜したい？」→「〜しない？」という感じです。

> 👉 **「次に何をしますか？」「最初に何が起こりますか？」パターン**
> 今回の Question のように What will S do next?「次に何をするつもりですか？」や What will happen first?「最初に何が起こりますか？」はリスニング問題の頻出パターンです。人物の行動や出来事が複数出てくる場合は、それらの順序を整理して聞き取ることがポイントになります。特に after や before が出てきたら前後関係を整理しておくことが大事です。

和訳 ★ねえ君、今夜はパスタを作りたいんだけど、いつもと同じミートソーススパゲティでないものにしたくて。いいレシピを知っている？
☆インターネットで調べてみて。そこで何か作ってみたくなるものを見つけることができるはずよ。
★いい考えだね。その後、おそらく食材を買いに行く必要があると思うんだ。一緒に来る？
☆もちろん、お風呂の掃除が終わったらすぐね。
☆☆質問：男性は次に何をするつもりですか？

選択肢の和訳
1　レシピを探す。
2　スパゲティを作る。
3　買い物に行く。
4　お風呂を掃除する。

語句 □honey　君・あなた（呼びかけ）　□sauce　ソース　□recipe　レシピ・調理法
□be able to 原形　〜することができる　☑probably　おそらく
☑ingredient　食材　☑as soon as sv　〜するとすぐに

No. 10 ▶ wonderは「〜かと思う」 　　CD1 11　レベル ★★★

解答 2

スクリプト

☆ George, have you watched those DVDs I lent you last month?
　　　　　　　　　　tの飲み込み

★ I've watched two of them so far, but not the other two. Sorry, but I've been
　　　　　　　　　　　　　　　　「パッノッ」って感じ　「ジ」　　　　　　　　　　軽く「ビン」

a bit busy.
tの飲み込み
　　　　　　　　　　　　　　　ただ、感想を聞きたいだけ

☆ Don't worry. I don't need them back right away. I was just wondering
tの飲み込み　　　　tの飲み込み　「ニーゼン」って感じ

what you thought of them.
　　　　　　　　　　　特に Lost in Brazil が良かった。キャラクターがとても興味深かった

★ Well, of the two I watched, I especially liked *Lost in Brazil*. The characters

were really interesting.
　　　　　　gの飲み込み

☆☆ **Question:** Why does the woman ask George about the DVDs?
　　　　　　　　　　　　　　　　　　　　tの飲み込み

解説

〈選択肢先読み〉➡ 主語がすべて She ➡ 「女性の行動」がポイント！

質問は「女性はどうして DVD についてジョージに尋ねているのですか？」です。女性

が「ただそれらについてどう思ったかなと思って」と言っており、この内容に合う **2** の She wants to find out his opinion of them. 「彼女はそれらについて彼の意見を知りたいと思っているから」が正解です。

> 🔅 **wonder の訳し方**
> wonder は「〜かしら」と習うことが多いですが、女性の言葉とは限らないので「〜かと思う」や「〜かなぁ」という訳語を覚えておきましょう。

和訳 ☆ジョージ、先月あなたに貸した DVD はもう見た？
　　★今のところ、そのうちの 2 つ見たけど他の 2 つはまだなんだ。ごめん、ちょっと忙しくて。
　　☆心配しないで。すぐに返してもらう必要はないの。ただ DVD についてどう思ったかなと思って。
　　★そうだね、見た 2 つの中では、『ロスト・イン・ブラジル』が特に良かったよ。キャラクターが本当に興味深かった。
　　☆☆質問：女性はどうして DVD についてジョージに尋ねているのですか？

選択肢の和訳
1　彼女は近々再びそれらを見たいと思っているから。
2　彼女はそれらについて彼の意見を知りたいと思っているから。
3　彼女はどれを彼に貸したか忘れていたから。
4　彼女は『ロスト・イン・ブラジル』の結末を忘れたから。

語句 ☐lend　貸す　　☒so far　今のところ　　☐a bit　少し　　☒right away　すぐに
　　☒wonder　〜かと思う　　☒especially　特に
　　☐character　キャラクター・登場人物　　☒really　本当に

選択肢の語句
☐soon　まもなく・すぐに　　☒find out　わかる　　☐opinion　意見
☐forget　忘れる

No. 11 ▶ 命令文は狙われる！　　　CD1 12　レベル ★★★

解答 2

スクリプト

　　　　　　　　　知らない者同士の会話

★ Excuse me. I have a pizza delivery for a Janet Hill. Is this the right office?

☆ Yes. I'm Janet Hill. How much do I owe you?

　　　　　　　　　　　　　　　デスクにピザを置きましょうか？

★ It's 32 dollars and 95 cents. Should I put the pizzas on your desk?
　　　　　　　　　軽く「アン」　　くっついて「シュダイ」　t の飲み込み

　　いいえ、私にください。となりの部屋のパーティー用で、私が持っていきますので

☆ No, give them to me. They're for a party in the next room, but I'll take
　　一気に発音される　　　「ゼァ」って感じ　　　　　　　　一気に発音される

82

them there.

☆☆ **Question:** What does the woman tell the man to do with the pizzas?
tの飲み込み

解説

〈選択肢先読み〉➡すべて「動詞の原形」で始まっている➡「未来の予定・行動」を聞き取る！

質問は「女性は男性にピザに関してどうするように言っていますか？」です。ピザのデリバリーで、商品を渡す場面の会話です。男性の「デスクにピザを置きましょうか？」に対し、女性は「いいえ、私にください」と答えていることから、**2**の Hand them to her.「彼女にそれらを渡す」が正解です。今回は女性の No, give them to me. が根拠でしたが、命令文はアナウンス問題ではもちろんのこと、会話問題でも狙われやすいので、反応できるようにしましょう。

💡 **hand は動詞で「渡す」の意味がある**
hand は動詞で「渡す」という意味があり、give と同じように、hand 人 物、hand 物 to 人 の形で使います。

👉 **長い Question はパターンを知っておくと有利！**
Question が長くて混乱した人がいるかもしれません。今回は tell 人 to 原形「人 に～するように言う」の疑問文が使われていますが、他にも ask 人 to 原形「人 に～するように頼む」が使われる場合があります。また、人 の部分に入るカタマリが長くなり、その結果 Question の英文が長くなることがよくあります。今回の Question の英文を、"動詞 人 to 原形"の形を意識して何度も聞きこんでください。慣れておくとかなり有利です。

和訳 ★すみません。ジャネット・ヒルさん宛のピザの配達です。このオフィスで合っていますか？
☆はい。私がジャネット・ヒルです。おいくらでしょうか？
★32 ドルと 95 セントです。デスクにピザを置きましょうか？
☆いいえ、私にください。となりの部屋のパーティー用で、私がそこへ持って行くので。
☆☆質問：女性は男性にピザに関してどうするように言っていますか？

選択肢の和訳
1 机の上にそれを置く。　　　　　　**2** 彼女にそれを手渡す。
3 別の建物にそれを配達する。　　　**4** ピザ屋にそれを持って帰る。

語句 ☐delivery 配達　　☐right 正しい　　☑owe A B　A が B を負担する
☐put 置く

選択肢の語句
☐hand 物 to 人　人 に 物 を渡す　　☑deliver 配達する

解答　**3**

スクリプト

★ Hello. Do you sell used video games <u>at</u> this store?

新品しか取扱いがない　軽く「アッ」

☆ No. We only sell new games.

探しているゲームはもはや製造されていない

★ I see. <u>The game I'm looking for isn't made anymore.</u> It's called *One*

gの飲み込み　tの飲み込み

Hundred Warriors.

数年前に生産中止になった

☆ Oh, yes. They <u>stopped</u> <u>making</u> <u>that a</u> few years ago. You may be able to

tの飲み込み　くっついて「ザッタ」

find a used copy of the game on <u>the</u> Internet.

「ジ」

☆☆ **Question:** Why can't the boy buy the game *One Hundred Warriors* <u>at</u> the

軽く「アッ」

store?

解説

〈選択肢先読み〉➡ 主語がすべて It ➡「人以外」と予想！

質問は「少年はなぜお店で『ワン・ハンドレッド・ウォーリアーズ』のゲームを買うことができないのですか？」です。女性の「新品のゲームしか売っていない」から、**3** の It only sells new items.「その店は新しい商品だけ売っているから」が正解となります。「僕が探しているゲームはもう作られていない」、「数年前に生産中止になった」もヒントになります。

🔆 **Question が否定疑問文**

今回は Question に can't が使われています。読まれるときは「キャント」ではなく「キャン」のように「ト」の音が飲み込まれてしまうことがよくあります。本文の対話を聞き取れていれば、仮に「キャン」に聞こえても文脈から can't だと修正できます。つまり、文脈を把握する力や文法力で、聞き取りはカバーできることもあるのです。

🔆 **game → item の言い換え**

会話の new games が、選択肢では new items に言い換えられています。英検の選択肢では、本文に出てきた単語を総称的にまとめた単語に言い換えることがよくあります。item は「ファッション<u>アイテム</u>」などでも使うように「物・品物」の意味です。

☑CHECK! まとめ単語

① 「機械」系
　□equipment「装置・機器」　□device「機械」　□tool「道具・工具」
　□facility「施設・設備」

② 「商品」系
　□product「製品」　□item「商品」　□goods「商品」

③ 「家具・衣服」系
　□furniture「家具類」　□baggage・luggage「荷物類」　□clothing「衣料品」

④ その他
　□instrument「道具・楽器」　□vehicle「乗り物」

和訳　★こんにちは。こちらのお店では中古のテレビゲームを売っていますか？
☆いいえ。新品のゲームしか売っていません。
★そうなんですね。僕が探しているゲームはもう作られていないんです。『ワン・ハンドレッド・ウォーリアーズ』というものです。
☆ああ、それですね。それは数年前に生産中止になりました。インターネットで中古のものが見つかるかもしれませんよ。
☆☆質問：少年はなぜお店で『ワン・ハンドレッド・ウォーリアーズ』のゲームを買うことができないのですか？

選択肢の和訳
1　その店はテレビゲームを売っていないから。
2　そのゲームは子どもには暴力的すぎるから。
3　その店は新しい品物しか売っていないから。
4　そのゲームはまだ発売されていないから。

語句　□used　中古の　☑not ~ anymore　もはや~ない　☑may　~かもしれない
　□be able to 原形　~することができる　□find　見つける
　☑copy　（本や・雑誌などの）部

選択肢の語句
☑violent　暴力的な　□item　品物　□on sale　売り出し中

No. 13 ▸ 冒頭が問われるパターン　　CD1 14　レベル ★★★

解答 3

スクリプト

　親子の会話　　今日の練習は長い　　だから

★Mom, we have a long rugby practice today, so can you pick me up a little
　　　　　　　　　　　　　　　　　　　くっついて「キャニュ」　　　「リロ」って感じ

　　　　　　　　　　　　　　　　　いつもより少し遅く迎えにきてくれる？

later than usual?
「レイラ」って感じ

> 6時に行けるよ。それでいいかな？

☆ I can come at six o'clock. Would that be OK?
　　　　　　　　　　　　　　　「ウッサッビ」って感じ

★ Yeah. We should definitely be done by then. We'll be at the same field
　　　　　　dの飲み込み　　　軽く「ビ」　　　　　「ウィゥビ」って感じ　軽く「アッ」

as usual.

☆ All right. Make sure you drink lots of water during practice!

☆☆ **Question:** What will be different about today's practice?
　　　　　　　　　　　　　　　　　　　　tの飲み込み

解説

〈選択肢先読み〉→ 主語がすべて It →「人以外」と予想！

質問は「今日の練習について何が異なる予定ですか？」です。冒頭の「今日はラグビーの練習が長くなる」から、**3** の It will be longer than usual.「それはいつもより長い時間になる」が正解です。後ろの「いつもよりも遅く迎えに来てほしい」と母親に連絡している流れにもつながります。今回の問題のように冒頭の文が狙われることもよくあるので、すべての英文に集中する姿勢が大事です。

> 💡 pick 人 up「車で 人 を迎えに行く」
> pick up の直訳は「上へ (up) つまむ (pick)」→「拾い上げる」で、「(車で) 人 を拾い上げる」→「車で 人 を迎えに行く」となりました。車で迎えに行くことを日本語でも「ピックアップする」と言うことがあります。

> 💡 come は「中心に向かう」イメージ！
> 女性の発話 I can come at six o'clock.「6 時に行ける」の come は、ここでは「行く」と訳します。話題の中心（今回はラグビーの練習が話題の中心ですね）に向かっていくときは go ではなく come を使うんです。

和訳 ★お母さん、今日はラグビーの練習が長くなるから、いつもよりちょっと遅く迎えにきてくれる？
☆6 時に行けるわ。それでいい？
★うん。それまでには確実に終わっているはずだよ。いつもと同じグラウンドにいるね。
☆わかったわ。練習中はちゃんと水をたくさん飲みなさいね！
☆☆質問：今日の練習について何が異なる予定ですか？

選択肢の和訳
1 6 時に開始する。　　　　　　　　2 ちょっと早く終わる。
3 いつもより長い時間になる。　　　　4 異なる場所で行われる。

語句 ☐rugby　ラグビー　☒pick 人 up　人 を迎えに行く　☐a little　少し
☒later　遅く　☐than usual　いつもより　☒definitely　確実に

□field　グラウンド・運動場　　□same 〜 as …　〜と同じ〜
🔊All right.　わかりました。　　🔊make sure sv　確実に〜する

選択肢の語句
🔊be held　行われる

No. 14 ▸ instead に反応する！　　CD1 15　レベル ★★★

解答 **4**

スクリプト

> 電話の呼び出し音とやりとりから電話での会話

★ Hello. Henry Allen speaking.
　　　　　　　gの飲み込み

☆ Hello, Mr. Allen. This is Computer Plaza. We've checked your computer.

It'll cost about three hundred dollars to repair it and replace the hard drive.
　　　　tの飲み込み　　（修理の）代わりに新しいのを買おうと思う　くっついて「ハードライヴ」

★ Three hundred dollars! That's a lot for an old computer. I think I'll just
　　　instead に反応　　　　　　　　　　　　　　　　　　　「アィゥ」って感じ

buy a new one instead.

☆ OK. We can recycle your old computer for free if you buy a new one here.

☆☆ **Question:** What will Henry Allen probably do?

解説

〈選択肢先読み〉➡すべて「動詞の原形」で始まっている➡「未来の予定・行動」を聞き取る！

質問は「ヘンリー・アレンはおそらく何をするつもりですか？」です。「修理に300ドル」→「古いコンピューターの修理に300ドルは高い」→「代わりに新しいコンピューターを買おうと思う」という流れです。**4** の Get a new computer.「新しいコンピューターを手に入れる」が正解です。

💡 **instead に反応する！**
今回の問題で instead「代わりに」が出てきました。実はリスニング問題では instead はとても重要で、「変更」や「代案」を表すことが多く、変更前や変更後のことが狙われるので解答のカギになるんです。instead が聞こえたらしっかり反応できるようにしておきましょう。今回も「修理」→「購入」の流れで変更後が問われたわけです。

和訳 ★もしもし。ヘンリー・アレンです。

☆もしもし、アレンさん。コンピューター・プラザです。あなたのコンピューターを確認しました。修理とハードドライブの交換に 300 ドルくらいかかります。

★300 ドル！ 古いコンピューターにずいぶんな金額ですね。代わりに新しいのを買おうと思います。

☆わかりました。もし当店で新しいものをお買い上げいただけたら、無料で古いコンピューターをリサイクルに出すことができます。

☆☆質問：ヘンリー・アレンはおそらく何をしますか？

選択肢の和訳

1 女性にハードドライブを売る。　　**2** コンピューターを修理してもらう。

3 コンピューター・プラザで働く。　　**4** 新しいコンピューターを手に入れる。

語句 □check　確認する・チェックする　　☑cost　費用がかかる　　☑repair　修理する
☑replace　取りかえる　　□hard drive　（パソコンなどの）ハードドライブ
☑instead　代わりに　　☑recycle　リサイクルする　　☑for free　無料で
☑probably　おそらく

選択肢の語句

☑have O 過去分詞　O を〜してもらう

No. 15 ▸ I thought it would be の後の省略を補う　CD1 16 レベル ★★★

解答 **4**

スクリプト

☆ *Nihao*, Jimmy. That's "hello" in Chinese. ① I've been taking lessons at City
　　　　　　　　　　　　　　　　　　　　　軽く「ビン」　　　　軽く「アッ」

Language School.

★ Really? I didn't know you were interested in foreign languages. And
　　　　　　tの飲み込み　　　　　　　　　　　　　　　　　　　　　　　　軽く「アン」

Chinese—isn't that difficult?
　　　　　「イズンサッ」って感じ

☆ ② I thought it would be. But it's not as much work as I thought. ③ The teacher's
　　　「ソーイッウッピ」って感じ

really interesting, and her classes are fun. ④ It makes learning so much
「リーリ」って感じ　gの飲み込み「アンダー」って感じ　　tの飲み込み

easier.

★ That's great. Maybe I'll try the class, too.
　　　　　　　　　　　　　「アイゥ」って感じ

88

☆☆ **Question: What is one thing the woman says?**

【解説】

〈選択肢先読み〉➡ バラバラ➡単語から「勉強関係？」くらいを把握し音声に集中！

質問は「女性が言うことの１つは何か？」です。「女性の発話」がカギになります（ただし、音声を聞くときは男性・女性ともにしっかり集中して聞き取ることが大事です）。女性の発話内容を整理すると以下の通りです。

　① 語学学校で授業を受けている
　② （中国語は）難しいと思っていたけど思っていたほどでもない
　　※ 男性の質問に対する答えの文で it would be の it は Chinese、さらに be の後ろは difficult が省略されています。
　③ 先生が本当におもしろく、授業が楽しい
　④ それ（おもしろい授業）によって学びやすくなっている

4 の Learning Chinese is easier than she thought.「中国語を学ぶことは彼女が思っていたよりも簡単だ」が②の内容に一致します。

【和訳】　☆ニーハオ、ジミー。中国語で「こんにちは」の意味だよ。私はシティ・ランゲージ・スクールでレッスンを受けているの。
　★そうなの？　君が外国語に興味があるなんて知らなかったよ。それに中国語って難しくないの？
　☆私もそう思っていたの。でも思っていたほど大変ではないわ。先生は本当におもしろいし、先生の授業は楽しいの。だからとても簡単に学べるわ。
　★それはいいね。僕もやってみようかなあ。
　☆☆質問：女性が言うことの１つは何か？

【選択肢の和訳】
　1　新しい先生が厳しい。
　2　学校が無料の授業を提供してくれる。
　3　彼女は中国語を勉強し始めるつもりだ。
　4　中国語を学ぶことは彼女が思っていたよりも簡単だ。

【語句】　☆really　本当に　　□language　言語　　☆maybe　たぶん

【選択肢の語句】
　☆strict　厳しい　　☆offer　提供する

No. **16** ▶ 「時の表現」に反応する！　　CD1 18　レベル ★★★

解答 **3**

スクリプト

★ Richard is a high school student, <u>and</u> for lunch, he usually eats sandwiches
　　　　　　　　　　　　　　　　軽く「アン」

that his mother makes for <u>him</u>. His mother is a chef, and Richard's sandwiches
　　　　　　　　　　　　　　　　　「ヒン」って感じ

　　　　　　過去のこと！　　　　　　　　　　　　　ベロニカが弁当を忘れた

are <u>always</u> delicious. | Yesterday |, his friend Veronica forgot to bring her
　「オーウェイズ」って感じ　　　　　　　　　　　　　　　　　tの飲み込み

　　　　　"原因・理由, so 結果"

lunch, | so | Richard offered to share his lunch with her. Veronica happily
　　　　　　dの飲み込み

　　　　　　　　　　　リチャードが自分の昼食をシェアするよと言った

accepted and in return, she bought him a snack at the cafeteria for dessert.

☆☆ **Question:** Why did Richard share his lunch with Veronica yesterday?

解説

〈選択肢先読み〉➡ He or She・さらにすべて「過去形」であることから、登場する人物の過去の行動に注目！

質問は「昨日、リチャードはなぜベロニカと弁当をシェアしたのですか？」です。先読みから「過去のこと」が問われるとわかっているので、Yesterday に反応します。「ヴェロニカが弁当を持ってくるのを忘れた」→「だから (so)」→「自分の弁当をわけてあげると申し出た」とあります。so の前の「彼の友人のベロニカが弁当を持って来るのを忘れた」が、**3** の She had left her lunch at home.「彼女が家に弁当を置いてきてしまったから」に一致します。

👆「因果表現」
今回は「因果表現」の so が根拠になりましたが、問題によっては Why に対して因果表現が使われずに文脈で判断しなければならないこともあるので注意してください。

👆 常に音声に集中！
今回は yesterday が文頭に出てきたので、その後ろに注意すれば OK でしたが、こういった「時の表現」は文末で使われることもよくあります。「時の表現」が聞こえたときにはすでに大事なところが読まれた後という場合もあるので、常に音声に集中してください。

和訳 ★リチャードは高校生で、お昼ご飯にはたいてい弁当にお母さんが作ってくれたサンドイッチを食べている。彼のお母さんはシェフで、リチャードのサンドイッチはいつもとてもおいしい。昨日、彼の友人のベロニカが弁当を持って来るのを忘れたので、リチャードは昼食を分けてあげることを申し出た。ベロニカは喜んで受け入れ、お返しとしてリチャードに食堂でデザートにお菓子を買ってあげた。

☆☆**質問**：昨日、リチャードはなぜベロニカに昼食を分けてあげたのですか？

選択肢の和訳

1 彼はお母さんが作ってくれた食べ物が好きではなかったから。
2 彼は食べ物を全部食べ切れなかったから。
3 彼女が家に弁当を置いてきてしまったから。
4 彼女が食堂のお菓子を彼にあげたから。

語句 □chef シェフ　□delicious とてもおいしい　☆forget to 原形 ～し忘れる　□bring 持って来る　☆offer 提供する・申し出る　☆share 分けあう　□happily 喜んで　☆accept 受け入れる　☆in return お返しに　□snack 軽食・お菓子　□cafeteria 食堂　□dessert デザート

No. 17 ▸ expect 人 to ～を聞き取る！　CD1 19 レベル ★★★

解答 1

スクリプト

ラジオ

☆ Welcome to *News Tonight* on Radio 6. Tonight, we have some special guests—five members of the Capton City women's rugby team. The team

最近好成績・来月のトーナメントも期待されている

members have been getting better results recently, and everyone is
　　　　　　軽く「ビン」　gの飲み込み　　　　　　　　軽く「アン」

expecting them to win the national tournament next month. I will talk to
「エクスペクティンゼン」って感じ　　　　　　　　　　　　　　「ウル」って感じ

the members about how they are preparing for the tournament.
　　　　　　　　　tの飲み込み

☆☆ **Question:** What does the announcer say about the rugby team?
　　　　　　　　　　tの飲み込み

解説

〈選択肢先読み〉➡ 主語がすべて They ➡ 選択肢の内容から they は「人」と予想！

質問は「話し手はラグビーチームについて何と言っていますか？」です。3文目「来月の全国大会で勝つことをみんなが期待しています」の内容に一致する、**1** の They are expected to become the champions.「彼女たちは優勝することが期待されている」

が正解です。

和訳 ☆ラジオ６の『ニュース・トゥナイト』へようこそ。今夜は特別ゲストがいます。キャプトン市の女子ラグビーチームの５人の皆さんです。選手の皆さんは最近、好成績を収め、来月の全国大会で勝つことをみんなが期待しています。トーナメントに向けてどのように準備しているか、メンバーの皆さんにうかがいたいと思います。

☆☆**質問**：話し手はラグビーチームについて何と言っていますか？

選択肢の和訳
1 彼女たちは優勝することが期待されている。
2 彼女たちは来月からトレーニングを始める予定だ。
3 彼女たちは来週キャプトン市に行くつもりだ。
4 彼女たちは海外で準備をしてきた。

語句 ☒special 特別な ☐guest ゲスト ☐rugby ラグビー ☒result 結果
☒recently 最近 ☒expect 人 to 原形 人 が~するのを期待する
☐win 勝ち取る ☒national 全国の ☐tournament トーナメント
☒prepare for ~ ~の準備をする ☐announcer 話し手・アナウンサー

選択肢の語句
☐champion 優勝者 ☐train トレーニングする・訓練する ☒overseas 海外で

No. 18 ▸ goalは「目標・目的」の意味が大事！ CD1 20 レベル ★★★

解答 4

スクリプト

★ There is a festival in Florida in the United States called the Lower
「ゼァリズ」って感じ 「ジ」 dの飲み込み

Keys Underwater Music Festival. ① The festival was created by a man

named Bill Becker, who wanted to help protect the ocean. ② During the
くっついて「ワンティットゥ」 「ヘゥプロテクト」って感じ 「ジ」

festival, musicians take instruments into the water to perform music.
「パフォーミュージッ」って感じ

③ The goal of the festival is to teach people about coral reefs and marine
tの飲み込み 軽く「アン」

life <u>in</u> a fun way.
くっついて「ナ」

☆☆ **Question:** Why was the Lower Keys Underwater Music Festival created?

解説

〈選択肢先読み〉➡すべて「To＋動詞の原形」で始まっている➡「目的」or「これからのこと」

質問は「なぜローワー・キーズ・アンダーウォーター・ミュージック・フェスティバルが作られたのですか？」です。内容を整理すると以下の通りです。

① ビル・ベッカーという名前の海を守るのに役立ちたいと思っている男性によって作られた

② ミュージシャンは水中に楽器を持ち込んで曲を演奏する

③ フェスティバルの目標は人々にサンゴ礁や海洋生物についておもしろい方法で教えることだ

③で the goal「目標・目的」が使われており、この英文の内容に一致する **4** の To help people learn about marine life.「人々が海洋生物について学ぶのを手助けするため」が正解となります。help 人 {to} 原形 で「人 が〜するのを手助けする」です。

💡 **goal は「目標・目的」**

今回の英文には goal「目標」が出てきました。スポーツなどの「ゴール」は誰でも知っていますが、「最後にあるゴール」→「目標・目的」の意味もしっかりおさえておきましょう。ちなみに発音は「ゴール」ではなく「ゴウル」です。

和訳 ★アメリカのフロリダにローワー・キーズ・アンダーウォーター・ミュージック・フェスティバルと呼ばれる祭りがある。この祭りは、海を保護する手助けをしたいと思っているビル・ベッカーという名の男性によって作られた。祭りの間、ミュージシャンらは水中に楽器を持ち込んで曲を演奏する。祭りの目的は、サンゴ礁や海洋生物についておもしろい手法で人々に教えることである。

☆☆**質問**：なぜローワー・キーズ・アンダーウォーター・ミュージック・フェスティバルが作られたのですか？

選択肢の和訳

1 フロリダの伝統的な音楽の一種を宣伝するため。
2 新しい種類の楽器について人々に教えるため。
3 人々が水中にいる間、人々を守るため。
4 人々が海洋生物について学ぶのを手助けするため。

語句 ☑ create 創り出す　☑ protect 保護する　☐ ocean 海・大洋
☑ instrument 楽器　☑ perform 演奏する　☑ goal 目標・目的
☐ coral reef サンゴ礁　☐ marine 海の

選択肢の語句
☑ promote 促進する　☑ traditional 伝統的な・従来の

No. 19 ▸ insteadに反応！「変更後」は狙われる！ CD1 21 レベル ★★★

解答 **3**

スクリプト

☆ Warren is an economics student at university, and his exams start next

「イズン」って感じ   軽く「アッ」

month. He had planned to study two hours every evening, but he has not

朝のほうが集中できるとわかった

been following this schedule. Warren has realized that he can concentrate

軽く「ビン」   tの飲み込み

"原因・理由, so 結果"   instead に反応する！

better in the mornings, so instead, he has decided to get up two hours

「ベラ」って感じ   dの飲み込み「ゲラップ」って感じ

勉強のためにいつもより2時間早く起きることにした

earlier than usual to study. He hopes this new schedule will help him

study more effectively.

☆☆ **Question:** How will Warren's schedule change?

解説

〈選択肢先読み〉➡主語がすべて He ➡「男性の行動」がポイント！

質問は「ウォーレンの予定はどのように変わりますか？」です。男性の行動について計画 (schedule) を変更した後のことが聞かれています。「毎晩2時間勉強する計画を立てた」→「しかし (but)」→「計画通りにいかない」→「朝のほうが集中できるとわかった」→「だから (so)」→「代わりに (instead) 勉強するために普段より2時間早起きすることにした」という流れです。**3**の He will start studying in the mornings.「彼は朝に勉強し始めるつもりだ」が変更後の内容に一致します。**No. 14** に引き続き instead がポイントになりました。

和訳 ☆ウォーレンは大学で経済学を勉強している学生で、来月、試験が始まる。彼は毎日夕方に2時間勉強する計画を立てたが、このスケジュールに沿ってできていない。ウォーレンは午前中の方が集中できるとわかったので、代わりに勉強するために普段よりも2時間早く起きることに決めた。彼はこの新たな予定によって、より効率的に勉強できるようになればいいと思っている。
☆☆質問：ウォーレンの予定はどのように変わりますか？

選択肢の和訳

1 彼は週末にのみ勉強するつもりだ。　**2** 彼は毎日4時間勉強するつもりだ。
3 彼は朝に勉強し始めるつもりだ。　**4** 彼は夕方早くに勉強し始めるつもりだ。

語句 □economics 経済学　□university 大学　□exam 試験
☑follow 従う・ついていく　□schedule スケジュール
☑realize 認識する・わかる　☑concentrate 集中する　☑instead 代わりに
□than usual いつもよりも　☑effectively 効果的に

No. 20 ▸ 複数の内容をまとめたものが正解のパターン　CD1 22　レベル ★★★

解答 **2**

スクリプト

★① Many people around the world enjoy eating honey. ② As long as honey is
　　　　　　　dの飲み込み　　　　　　　　　　　　　　　gの飲み込み

kept in sealed containers, it can be eaten even when it is many years old.
「ケプティン」って感じ　　　　　　　　　　「イーゥン」って感じ　くっついて「ウェニティズ」

In fact, ③ some news articles say that 3,000-year-old honey has been
　　　　　　　　　　　　軽く「ザッ」　　　　　　　　　　　　軽く「ビン」

found in the pyramids of Egypt. ④ The honey was kept in sealed pots,
　　　　　　　　　　　　　　　　　　　　　　　　　「ケプティン」って感じ

and scientists say that this honey can still be eaten today.
軽く「アン」　　軽く「ザッ」　　　　　　　　　「イーゥン」って感じ

☆☆ **Question:** What is one thing we learn about honey?
　　　　　　　　　gの飲み込み　くっついて「ナ」tの飲み込み

解説

〈選択肢先読み〉➡バラバラ➡単語からも予想が難しいので無理に絞り込まずに音声に
　　　　　　　集中！

質問は What is one thing 〜？のパターンで「内容に合うものはどれか？」です。今
回は honey「ハチミツ」について聞かれています。内容を整理すると以下の通りです。
　① 世界中の人々がハチミツを食べるのを楽しんでいる
　② ハチミツは密閉された容器に保存されている限り、何年も古いものでさえも食べ
　　ることができる
　③ いくつかの記事によれば、3,000 年前のハチミツがエジプトのピラミッドで発見
　　されている
　④ その (発見された) ハチミツは密閉されて保存されており、科学者たちは今でも食
　　べられると言う
②④の内容に **2** の It can be kept and eaten for a long time.「ハチミツは長い間
保存し食べることができる」が一致します。**1** は cook、**3** は new types of
it(=honey) と every day、**4** は Over 3,000 pots の部分がそれぞれ×です。

★世界中の多くの人々がハチミツを食べるのを楽しんでいる。ハチミツは密閉された容器の中にある限り、何年も前のものでも食べることができる。実際、いくつかのニュース記事によると 3,000 年前のハチミツがエジプトのピラミッドで発見されている。ハチミツは密閉された壺に保存されていて、科学者たちはこのハチミツは今でもまだ食べることができると言う。

☆☆質問：ハチミツについてわかることの 1 つは何ですか？

1 エジプトの人々はハチミツを特別な壺で料理する。
2 ハチミツは長い間保存し食べることができる。
3 科学者たちは毎日新しい種類のハチミツを見つける。
4 3,000 個を超えるハチミツの壺がピラミッドで発見された。

☒ as long as sv ～する限り □ sealed 密閉された
□ container 容器・コンテナ □ article 記事 □ pyramid ピラミッド
□ pot 壺・かめ

☒ special 特別な □ type タイプ・型

No. 21 ▶ やっぱり「逆接」「因果」表現は重要！ CD1 23 レベル ★★★

4

☆ Peggy has a large collection of Japanese comic books <u>and</u> she enjoys

［逆接の後ろは重要］ 軽く「アン」

<u>talking about them</u> with other people on <u>the Internet.</u> However , she
「トーキンガバウゼン」って感じ 「ジ」

［直接他のコレクターと会うのもいいだろうと思った］

<u>thought it would be good to meet other collectors in person,</u> so she
「ソーティッウッピ」って感じ

"原因・理由, so 結果"

decided to become a member of a comic book fan club in her area. She will
くっついて「マ」

［地域のマンガのファンクラブのメンバーになることにした］

wear her favorite character's costume to the club's meeting this Friday.
gの飲み込み

☆☆ **Question:** What has Peggy decided to do?

〈選択肢先読み〉➡すべて「動詞の原形」で始まっている➡「未来の予定・行動」を聞き取る！

質問は「ペギーは何を決心しましたか？」です。however の後ろは「直接、他のコレクターに会うのもいいだろうと思った」→「だから (so)」→「その地域のマンガのファンクラブのメンバーになる決心をした」という流れです。この内容に合うのは **4** の Join a comic book fan club.「マンガのファンクラブに入る」です。become a member of ～が、選択肢では join a comic book fan club に言い換えられています。

和訳 ☆ペギーは日本のマンガ本をたくさん集めており、それについてインターネット上で他の人々と話すのを楽しんでいる。しかし、彼女は直接、他のコレクターに会えたらいいと思ったので、地域にあるマンガのファンクラブのメンバーになると決めた。彼女は今週の金曜日のクラブのミーティングにお気に入りのキャラクターの衣装を着ていくつもりだ。
　　☆☆**質問**：ペギーは何を決心しましたか？

選択肢の和訳
　1　マンガのイベントのための衣装を作る。
　2　マンガについてのウェブサイトを始める。
　3　マンガのコレクションを売る。
　4　マンガのファンクラブに入る。

語句 □collection　収集　　□collector　収集家　　☒in person　直接　　□wear　着る
　　☒favorite　お気に入りの・大好きな　　□costume　コスチューム

選択肢の語句
　□join　参加する

No. 22 ▸ アナウンス問題は命令文がポイント！　CD1 24 レベル ★★★

解答 **1**

スクリプト

自動車販売店のアナウンス

★ Come to Waller Wheels for deals on family-sized cars. As advertised on TV,

新車を買うと 2,000 ドル割引

our Super Sale is this weekend. Get a discount of $2,000 when you buy a
　　　　　　　　　　　　　くっついて「タ」　　　　　　　くっついて「ウェニュ」

中古車を買うとスノータイヤを進呈

new car. If you buy a used car, we will give you a free set of snow tires. We
　　　　　　　　　　　　　　　　　　　　　　　　「ウル」って感じ

are located on Thomson Street and are open until 7 p.m. every day.
　　　　　　　　　　　　　　　くっついて「アンダー」

☆☆ **Question:** What can customers get when they buy a new car?
　　　　　　　　　　　　　tの飲み込み

解説

〈選択肢先読み〉➡ 内容から「何かのお店関係？」くらいで音声に集中！

質問は「客は新車を購入すると何をもらえますか？」です。ナレーションでは「新車を買った場合」と「中古車を買った場合」の両方の特典が出てきますが、問われているのは「新車の購入特典」です。3文目の「新車をご購入いただくと2,000ドルの割引適用となります」に一致する、**1** の A $2,000 discount.「2,000ドルの割引」が正解となります。**2** の snow tires は中古車を買った場合の特典なので×です。

👉 **アナウンスでは命令文が多用される！**
2級のアナウンスの問題では、「命令文」がポイントになることがとても多いんです。ふつうの命令文の他に、please がついたものなども頻出です。今回は Get a discount of $2,000 when you buy a new car. がポイントになっていましたね。

和訳 ★ウォーラー・ウィールズにいらしてファミリー向け自動車をお求めください。テレビで宣伝されている通り、今週末は当店のスーパー・セールです。新車をご購入いただくと2,000ドルの割引適用となります。もし中古車をご購入いただくと、スノータイヤのセットを無料で差し上げます。当店はトムソン通りにあり、毎日午後7時まで開いています。
☆☆**質問**：客は新車を購入すると何をもらえますか？

選択肢の和訳
1 2,000ドルの割引。　　　　　　**2** スノータイヤの割引。
3 家族向けの週末旅行。　　　　　**4** テレビ出演の機会。

語句 ☑deal 取引・商品　　□as 〜するように　　☑advertise 宣伝する
☑discount 割引　　□used 中古の　　□snow tire 雪用タイヤ
☑be located 位置する・ある　　☑until 〜まで（ずっと）　　□customer 客

No. **23** ▸ unfortunately の後ろは「マイナス内容」！ [CD1] [25] [レベル ★★★]

解答 **3**

スクリプト

☆ Steve wants to teach his six-year-old daughter how to swim this summer.
「ダーター」って感じ

あいにく・不運にも　　プールに入るのが好きではない

Unfortunately, she does not like going into the pool, so Steve bought her
　　　　　　　　t の飲み込み　　　　　　「プーゥ」って感じ　　　くっついて「ボーダー」

"原因・理由, so 結果"

some pool toys to play with. She now enjoys playing on the steps of the
「プーゥ」って感じ　　プールのおもちゃを買った

pool, so Steve thinks he can start giving her lessons soon. He hopes that
「プーゥ」って感じ　　　　　　t の飲み込み　　　　　　軽く「サッ」

she will think swimming is fun in the future.

☆☆ **Question:** What did Steve do for his daughter?

解説

〈選択肢先読み〉➡ 主語がすべて He ➡「男性の行動」がポイント！

質問は「スティーブは娘のために何をしましたか？」です。「彼女 (= 娘) はプールに入るのが好きではない」→「だから (so)」→「プールで遊べるおもちゃを買ってあげた」という流れです。so の後ろの内容に一致する、**3** の He bought her some new toys.「彼は新しいおもちゃをいくらか買った」が正解となります。

💡 **副詞からプラス内容かマイナス内容かを予想する！**
今回の音声に Unfortunately「あいにく・不運にも」が出てきました。unfortunately の後ろには「マイナス内容」がきます (今回は「娘がプールに入りたがらない」という内容です)。このように後ろに「プラス or マイナス内容がくる副詞」をおさえておくことで、話の流れを把握しやすくなります (大問 2 の長文の空所補充問題でも活躍します)。

☑ **CHECK!** 英検 **2** 級に出てくる重要な副詞

① **後ろにプラス内容がくる副詞**
☐ luckily 「幸運にも」
☐ fortunately 「幸運にも」
② **後ろにマイナス内容がくる副詞**
☐ unfortunately 「あいにく・不運にも」

和訳 ☆スティーブはこの夏に 6 歳の娘に泳ぎ方を教えたいと思っている。あいにく、彼女はプールに入るのが好きではないので、スティーブはプールで遊べるおもちゃを彼女に買ってあげた。彼女は現在、プールの階段で遊ぶのを楽しんでいるので、スティーブは、じきにレッスンを始められると思っている。彼は、彼女が将来泳ぐことが楽しいと思ってくれるのを願っている。
☆☆質問：スティーブは娘のために何をしましたか？

選択肢の和訳
1 彼はこの夏に、彼女を旅行へ連れて行った。
2 彼は彼女を水泳のレッスンへ連れていった。
3 彼は新しいおもちゃをいくらか買った。
4 彼は彼女に夏服をいくつか買った。

語句 ☐ daughter 娘　☒ unfortunately あいにく・不運にも　☐ step 階段・ステップ
☐ soon すぐに

選択肢の語句
☐ summer clothes 夏服

解答 **2**

スクリプト

> スポーツジムのアナウンス

★ Get ready for spring at Silverman Gym! We have two special campaigns

> 友人紹介で会費1カ月無料

this month. First, all members who introduce a friend to the gym will
　　　　　　　　　　　　　軽く「フ」　　　　　　　　　　　　　　　　　　　「ウル」って感じ

> ボクシングクラスに入るとジムのバッグがもらえる

get an extra month of membership free. Second, if you sign up for a
くっついて「ゲラン」　　　　　　　　　　　　　　　　　　　　　　　　　　　くっついて「サイナップ」

boxing class, you will get a free gym bag worth $25. Don't forget to take
　　　　　　gの飲み込み　　「ウル」って感じ　　　　　　　　　　　　　　tの飲み込み tの飲み込み

advantage of these two great offers.
　　　　　　　　　　　　　くっついて「グレイロファーズ」

☆☆ Question: How can members get a free gym bag?
　　　　　　　　　　　　　　　　　　　tの飲み込み

解説

〈選択肢先読み〉➡ すべて By -ing ➡疑問詞 How で始まる Question を予想！

質問は「会員はどうやってジムのバッグを無料でもらえますか？」です。今回は First, Second を使って順にキャンペーン内容を告知しており、2 つ目の「ボクシングクラスに入ると 25 ドル相当のジムのバッグを無料でもらえる」という内容に、**2** の By joining a boxing class.「ボクシングクラスに入ることによって」が一致します。**1** は本文に出てきた $25 を使ったダミー、**3** の By introducing <u>two</u> new members. は本文の introduce <u>a</u> friend to the gym に合いません。

> 💡 sign up for ～「～を申し込む」
> 「～に対して (for) サインする (sign up)」→「申し込む」となります。「書類にサインして申し込む」イメージで覚えてください。

> 👉 お店のアナウンスパターン
> お店のアナウンスでは「セール内容」や「割引特典」など客にとってプラスになることが宣伝、告知されることが典型的なパターンです。そこが問われることが多いので当事者意識をもって自分が客のつもりで聞くようにしましょう。「そんなにお得なの！」など、客になりきって聞くと、問われる部分を逃がしにくくなりますよ。

和訳 ★シルバーマン・ジムで春の準備をしましょう！　当店は今月、2 つのスペシャルキャンペーンを実施しています。まず、ジムを友人にご紹介いただいたすべての会員様は、1 カ月の会費が無料となります。2 つ目に、もしボクシングクラスにお申込みいただくと、

25 ドル相当のジムのバッグを無料で差し上げます。これらの２大特典を利用しない手はありません。

☆☆質問：会員はどうやってジムのバッグを無料でもらえますか？

選択肢の和訳

1 ジムで 25 ドル使うことによって。

2 ボクシングクラスに入ることによって。

3 新しい会員を２名紹介することによって。

4 １カ月間ジムに毎日来ることによって。

語句 ☑ get ready for ～　～の準備をする　　☑ special　特別な
□ campaign　キャンペーン　　☑ introduce　紹介する・導入する
□ gym　ジム・体育館　　□ an extra month　もう１カ月分の　　□ membership　会費
☑ sign up for ～　～を申し込む　　☑ worth　～の価値がある
☑ take advantage of ～　～を利用する　　☑ offer　提案

選択肢の語句 ☑ spend　費やす　　□ join　入る・参加する

No. 25 ▸ However と instead がポイント　　CD1 27　レベル ★★★

解答 **3**

スクリプト

> ☆ Kenta is planning a trip to Thailand with two of his friends. His friends
> 　　　　　　　　gの飲み込み　　逆接の後は重要　　　軽く「ァフ」
>
> want to see many temples there. However , Kenta loves the ocean, so
> くっついて「ワントゥ」　ケンタはビーチでくつろぎたい　　代わりに　　　　「ジ」
>
> he wants to relax on the beach instead. Kenta and his friends have
> 　　　　　　　　　　　　　　　　　　　　　　日中はビーチへ行く
>
> decided that they will stay in the same hotel, but while he goes to the
> 　　　軽く「ザッ」　「ウル」って感じ　　　　　「バッウワイ」って感じ
>
> beach during the day, his friends will go sightseeing.
> 　　　　　　　　　　　　　　　　　「ウル」って感じ
>
> ☆☆ **Question:** What is one thing that we learn about Kenta?
> 　　　　　　　　　gの飲み込み　　　くっついて「ナ」

解説

〈選択肢先読み〉➡主語がすべて He ➡「男性の行動」がポイント！

質問は What is one thing ～？で「内容に合うものはどれか？」です。今回は「ケンタ」について問われています。「ケンタはビーチでくつろぎたい」、「ケンタは日中はビーチへ行く」から、**3** の He likes going to the beach.「彼はビーチへ行くのが好きだ」

が正解となります。今回の問題も「逆接」の however や instead「代わりに」が使われた文がポイントになりました。これらの表現にしっかり反応できるようにしておきましょう。

和訳 ☆ケンタは友人２人と一緒にタイへ旅行に行く予定だ。彼の友人らはそこで多くの寺院を見学したいと思っている。しかし、ケンタは海が大好きなので、代わりにビーチでくつろぎたいと思っている。ケンタと友人たちは同じホテルに泊まるが、彼が日中ビーチへ行っている間、友人らは観光に行くことに決めた。
☆☆質問：ケンタについてわかることの１つは何ですか？

選択肢の和訳
1 彼はホテルに泊まるのが好きではない。 **2** 彼はタイに行きたいと思っていない。
3 彼はビーチへ行くのが好きだ。 **4** 彼は寺院に興味がある。

語句 □temple 寺院 □ocean 海・大洋 □relax くつろぐ ☒instead 代わりに
□sightseeing 観光

No. 26 ▸ また出た！ goalは「目標・目的」！ CD1 28 レベル ★★★

解答 4

スクリプト

★ Stacy has <u>been</u> a movie director for over 15 years. So far, she has only made
　　　　　　軽く「ビン」

　　　　　　　　　 時の表現 　　　　　 逆接の後ろは大事

fantasy movies. <u>This year</u>, [however], her goal is to direct a documentary
「ファンタスィー」って感じ 　　　　　　　　「ゴゥゥ」って感じ

about the real lives of doctors and nurses who <u>work</u> in emergency rooms.
to の飲み込み 　　　　　　 軽く「アン」 　　　「ワーキン」って感じ
　　　　　　　　　 救急処置室に勤務する医者や看護師のリアルな生活についてのドキュメンタリーを撮りたい

Next week, Stacy <u>will</u> start to interview some of them in hospitals around
　　　　　　　「ウル」って感じ to の飲み込み

the city.

☆☆ **Question:** What does Stacy <u>want to</u> do this year?
　　　　　　「ワッダッスティスィー」って感じ くっついて「ワントゥ」

解説

〈選択肢先読み〉➡すべて「動詞の原形」で始まっている➡「未来の予定・行動」を聞き取る！

質問は「ステイシーは今年、何をしたいと思っていますか？」です。「時の表現」This year に反応してください。後ろは her goal is to ～．「彼女の目標は～することです」

という形で「今年やりたいこと」が述べられています（goal は「目標」という意味でしたね。93 ページ）。to 以下の「救急処置室に勤務する医者や看護師のリアルな生活についてのドキュメンタリー映画を撮ること」（名詞的用法の不定詞）に一致する、**4** の Make a movie about real people.「現実の人々についての映画を作る」が正解となります。Next week も「時の表現」ですが、その後ろは単なる予定なので当てはまりません。

和訳 ★ステイシーは 15 年以上映画監督をしている。これまでのところ、彼女はファンタジー映画だけを作ってきた。しかし、今年、彼女の目標は、救急処置室で働く医師や看護師たちの現実の生活についてのドキュメンタリー映画を監督することである。来週、ステイシーは市内の複数の病院で何人かにインタビューをし始める予定だ。
☆☆**質問**：ステイシーは今年、何をしたいと思っていますか？

選択肢の和訳
1　ドキュメンタリーをたくさん見る。　　2　15 人の映画監督にインタビューする。
3　ファンタジーの物語を書き始める。　　4　現実の人々についての映画を作る。

語句 □movie director　映画監督　　□so far　今のところ　　□fantasy　ファンタジー
☑goal　目標・目的　　□direct　監督する　　□documentary　ドキュメンタリー
□emergency room　救急処置室　　☑interview　インタビューする・面接する

No. 27 ▸ a type of ≒ a kind of 〜　　CD1 29　レベル ★★★

解答 3

スクリプト

知らない単語→後ろの説明に集中！

☆ The cassowary is ① a type of bird that lives in parts of Australia and
　　　　　　　dの飲み込み　軽く「ザッ」　　　　　　　　　　　　　軽く「アン」

New Guinea. ② Cassowaries are sometimes called the most dangerous
　　　　　　　　　　　　　　「サムタイムス」って感じ　dの飲み込み

birds in the world. ③ They are big in size and have sharp claws. ④ They

have been reported to use their powerful legs to kick people who come
「アヴ」って感じ　軽く「ビン」

too close. However, this rarely happens because cassowaries tend to
　　　　　　　　　　　　　　　　　　　　　　　　　　　　　　　　dの飲み込み

stay away from people.

☆☆ **Question:** What is one thing we learn about cassowaries?
　　　　　　　　　　gの飲み込み　　　　　tの飲み込み

〈選択肢先読み〉➡ すべて They で始まっている➡内容から「人以外」を予想して音声
に集中！

質問は What is one thing 〜？のパターンで「内容に合うものはどれか？」です。今
回は cassowary「ヒクイドリ」についてです。冒頭にいきなり cassowary という聞
き慣れない単語が出てきて混乱した人もいるかもしれませんが、このような単語は必ず
説明されるので、音声に集中しましょう。a type of bird that lives 〜 とあるので「鳥
なんだな」とわかれば OK です。内容を整理すると以下の通りです。

① オーストラリアやニューギニアの一部に生息する鳥の一種である
② 世界で最も危険な鳥と言われることもある
③ サイズは大きく鋭い爪を持っている
④ 強い脚を使って近づきすぎた人を蹴ることが報告されているが、人から離れたと
　ころにいる傾向があるので滅多に起こらない

②の内容に **3** の They are considered to be dangerous.「それらは危険と考えられ
ている」が一致します。consider A to be B「A を B と見なす・考える」の受動態が
使われています。

和訳 ☆ヒクイドリはオーストラリアやニューギニアに生息する鳥の一種です。ヒクイドリは世
　　界で最も危険な鳥と言われることもあります。体は大きく、鋭い爪を持っています。そ
　　れらは強い脚を使って近づきすぎた人を蹴ることが報告されています。しかし、ヒクイ
　　ドリは人々に近づかない傾向があるので、これが起こることはまれです。
　　☆☆質問：ヒクイドリについてわかることの 1 つは何ですか？

選択肢の和訳
　1　それらは危険なほど高いところに生息している。
　2　それらは人々に近づくのを好む。
　3　それらは危険と考えられている。
　4　それらは多くの鳥たちよりも脚が短い。

語句 ☆sharp　鋭い　□claw　爪　□be reported to 〜　〜すると報告されている
　　□powerful　力強い　☆rarely　めったに〜ない
　　☆tend to 原形　〜する傾向がある　□stay away from 〜　〜から離れている

選択肢の語句
　□consider A to be B　A を B とみなす・考える

No. 28 ▸ be born in New York → New York = hometown CD1 30 レベル ★★★

解答 **4**

スクリプト

★ Travis was <u>born in</u> New York, but he works in Canada now. He likes
くっついて「ボーニン」
母親の調子が最近よくない

his job, |but| his mother has <u>been</u> feeling unwell recently. Travis wants
軽く「ビン」
トラヴィスは母親の近くにいるために故郷(ニューヨーク)へ戻りたい

to move back to his hometown <u>to be</u> closer to her. His company has an
軽く「トゥビ」

office in New York, so he will ask his boss if he can be transfer<u>red</u> there.
dの飲み込み

☆☆ **Question:** Why does Travis <u>want to</u> move back to New York?
くっついて「ワントゥ」

解説

〈選択肢先読み〉➡ His or He で始まっている➡「男性の行動」に注目!

質問は「トラヴィスはなぜニューヨークへ戻りたいと思っているのですか?」です。「(カナダでの)仕事は好き」→「しかし(but)」→「最近母親の調子がよくない」→「母親の近くにいるために故郷へ戻りたい」から、**4** の He wants to be near his mother.「彼は母親の近くにいたいと思っているから」が正解となります。冒頭の Travis was born in New York から "hometown=New York" だとわかります。

和訳 ★トラヴィスはニューヨーク生まれだが、現在カナダで仕事をしている。彼は自分の仕事が好きだが、最近、彼の母親の調子がよくない。トラヴィスは彼女の近くにいるために、故郷へ戻りたいと思っている。彼の会社はニューヨークにオフィスがあるので、上司にそこへ転勤できるかどうか尋ねてみるつもりだ。

☆☆**質問:** トラヴィスはなぜニューヨークへ戻りたいと思っているのですか?

選択肢の和訳
1 彼の上司が彼に転勤してもらいたいと思っているから。
2 カナダの彼のオフィスが閉鎖されるから。
3 彼がそこのオフィスで新しい仕事に就いたから。
4 彼は母親の近くにいたいと思っているから。

語句 □be born in ~ ~で生まれる □unwell 気分がすぐれない ☒recently 最近 □move back to ~ ~へ戻る □close 近くの □company 会社 ☒if ~かどうか ☒transfer 転勤させる

解答 **3**

スクリプト

☆ In Sweden, there is ①a break during the day called *fika*. ②*Fika* is often

translated into English as "having a coffee break." ③People in Sweden rest

and appreciate life during *fika*. ④They also have a chance to communicate
軽く「アン」

with friends, family, or co-workers. ⑤*Fika* is usually held in the morning or
くっついて「ヘルディン」

in the afternoon and is an important part of Swedish culture.

☆☆ **Question:** What is one thing we learn about *fika*?
くっついて「ナ」

解説

〈選択肢先読み〉➡ 主語がすべて It ➡ 「人以外」と予想！

質問は What is one thing 〜？「内容に合うものはどれか？」のパターンです。今回
は *fika* についてです。内容を整理すると以下のようになります。

　① 日中の休憩のこと
　② よく「コーヒーブレイクの時間」として英語に訳される
　③ スウェーデンの人々はその時間に休憩をして生命に感謝する
　④ 友人、家族、同僚などとコミュニケーションをとる機会でもある
　⑤ たいてい午前か午後に行われ、スウェーデンの文化の中で重要な部分である

③と④の内容に、**3** の It is a time to relax and chat.「それはリラックスしておしゃ
べりをする時間である」が一致します。rest が選択肢では relax に、communicate
with が選択肢で chat にそれぞれ言い換えられています。

和訳　☆スウェーデンには、フィーカと呼ばれる日中の休憩がある。フィーカは「コーヒーブレ
イクをとること」として英語に翻訳されることがよくある。スウェーデンの人々は、
フィーカの間、休憩をして生命に感謝する。また、彼らが友だち、家族、同僚らとコミュ
ニケーションをとる機会でもある。フィーカはたいてい午前中か午後に行われ、スウェー
デンの文化の重要な一部である。
　　　☆☆質問：フィーカについてわかることの１つは何ですか？

選択肢の和訳
　1　それは人々が仕事の会議を行う場所である。
　2　それは友人や同僚にあげる贈り物である。

3 それはリラックスしておしゃべりをする時間である。

4 それはスウェーデンのコーヒーの種類である。

No. 30 ▸ やはり「時の表現」は重要!　CD1 32　レベル ★★★

解答 **2**

スクリプト

★ Mitch is in his fifties and he has played soccer all his life. He still wants to

play, but he finds it harder to move quickly because he has gotten older. Last

〔時の表現〕
「ゴゥン」って感じ

友人のひとりがミッチにサッカークラブのコーチになるように依頼した

week, one of his friends who manages a soccer club for young players
　　　　くっついて「ワナブ」

asked Mitch to be a coach for the players starting next month. Mitch
　　　　　　軽く「トゥビ」　　　　　　　　　　　〔時の表現〕　　　gの飲み込み

accepted the offer, and he is thinking of techniques to teach them.
　　　「ジ」　　　　　　　　　　　　　　　　　　　　　　　　軽く「ゼン」

☆☆ **Question:** What will Mitch start doing next month?
　　　　　　　　　　　tの飲み込み　gの飲み込み

解説

〈選択肢先読み〉➡バラバラ➡すべてを聞き取るつもりで英文に集中!

質問は「来月、ミッチは何をし始めますか?」です。「時の表現」Last week に反応し、「若い選手向けのサッカークラブを運営している友人のひとりがミッチに、来月から選手のコーチになってくれるよう頼んだ」、さらに next month に反応し「その提案を受け入れた」という内容をおさえます。この内容に **2** の Training young soccer players.「若いサッカー選手を指導する」が一致します。

和訳 ★ミッチは 50 代で、人生を通してサッカーをしてきた。彼はまだプレーしたいと思っているが、年をとってきたので素早く動くのが大変だと感じている。先週、若い選手向けのサッカークラブを運営している友人のひとりがミッチに、来月から選手のコーチになってくれるよう頼んだ。ミッチはその提案を受け入れ、彼らに教える技術について考えている。

☆☆**質問：来月、ミッチは何をし始めますか？**

選択肢の和訳

1 新しいサッカーチームのためにプレーする。
2 若いサッカー選手を指導する。
3 彼の古いチームメイトをコーチする。
4 新しいクラブを運営する。

語句 ☆still　まだ　　☆find it 形容詞 to 原形　〜することが…だと感じる
　　□quickly　すばやく　　☆manage　運営する　　□coach　コーチ
　　☆accept　受け入れる　　☆offer　依頼・申し出　　□technique　技術

選択肢の語句
　　□teammate　チームメイト

一次試験

2020年度　第2回検定（10月11日実施）

解答一覧

筆記

1　（1）1　（2）4　（3）2　（4）1　（5）2　（6）4　（7）3　（8）3　（9）1　（10）4

（11）2　（12）1　（13）3　（14）1　（15）1　（16）2　（17）4　（18）1　（19）1　（20）3

2 A　（21）2　（22）3　（23）1　**2 B**　（24）4　（25）3　（26）3

3 A　（27）2　（28）2　（29）1　**3 B**　（30）4　（31）3　（32）1　（33）4

3 C　（34）4　（35）3　（36）1　（37）2　（38）1

4　解答例は p.150 参照

リスニング

第1部　No. 1 1　No. 2 2　No. 3 2　No. 4 1　No. 5 4　No. 6 3　No. 7 3　No. 8 1　No. 9 3　No. 10 2

No. 11 4　No. 12 1　No. 13 4　No. 14 1　No. 15 2

第2部　No. 16 1　No. 17 3　No. 18 2　No. 19 3　No. 20 1　No. 21 1　No. 22 1　No. 23 4　No. 24 2　No. 25 2

No. 26 3　No. 27 4　No. 28 4　No. 29 1　No. 30 2

(1) ▸ principle は「初め・起源」→「原理・原則」 レベル ★★★

解答 **1**

基本的な / 目的「〜するために」

You must understand the basic ( ) of science in order to know why water becomes steam when it boils. なぜ水が沸騰すると蒸気になるのかを知るために

解説 前後の basic と of science から「科学の基本的な何を理解しなければならないのか?」と考え、**1** の principles を選びます。basic principles of science で「科学の基本原理」です。後半の「水が沸騰すると、なぜ蒸気になるのかを知るために」にもつながります (in order to 原形 は「〜するために」)。

和訳 水が沸騰すると、なぜ蒸気になるのかを知るためには、科学の基本原理を理解しなければならない。

選択肢の和訳
1 原理・原則　　**2** 代用品　　**3** 10年間　　**4** 批評家

語句 □basic　基本的な　　☒in order to 原形　〜するために　　□steam　蒸気
　　　　□boil　沸騰する

単語解説

□ **principle「原理・原則」**…本来「初め・起源」の意味があり、そこから「原理・原則」となりました。2級でも出てくる principal「校長」とつづりが似ているので注意してください。

□ **substitute「代用品」**…sub は「副」の意味で、グループなどで正式なメンバーでない人を日本語でも「サブのメンバー」といったりします。「何かあったときにメインの代わりになるもの」→「代用品」と覚えてください。

□ **decade「10年間」**…dec は「10」という意味で、小学校で習う「デシリットル (deciliter・10分の1リットル)」にも使われています。

□ **critic「批評家」**…「批評家」というと、ただ文句を言ったり揚げ足取りをしたりする人のイメージがあるかもしれませんが、critic は「偏見を入れずに物事を論理的に判断する人」のことです。

(2) ▸ awkward は「ぎこちない」イメージ! レベル ★★★

解答 **4**

パーティーにジーンズをはいて行き、人々は彼を変な目で見た

Keith was the only person to wear jeans to the formal party, and people were looking at him strangely. He felt ( ), so he went home early.

原因・理由, so 結果 / 早く帰宅した

解説 「キースはフォーマルなパーティーにジーンズをはいて来た唯一の人物であり、人々は彼に奇異な視線を向けていた」がヒントです。「彼はどう感じたから早く帰った？」と考え、**4** の awkward「気まずい・不器用な」を選べば OK です。

和訳 キースはフォーマルなパーティーにジーンズをはいて来た唯一の人物であり、人々は彼に奇異な視線を向けていた。彼は気まずくなったので、早々と帰宅した。

選択肢の和訳
　1　知能の高い　　**2**　安定した　　**3**　楽しい　　**4**　気まずい・不器用な

語句 □ person 人　　□ wear 着る　　□ jeans ジーンズ
　　　　☑ formal フォーマルな・公式の　　□ strangely 奇妙に

単語解説
　□ intelligent「知能の高い」…日本語の「インテリ」とは intelligent のことなんです。「頭がいい」というイメージの単語です。
　□ steady「安定した」…「本命の恋人」を「ステディ」ということがあります。「関係が安定している相手」ということです。
　□ pleasant「楽しい」…「人を楽しませる (please) ような」という形容詞です。
　□ awkward「気まずい・不器用な」…意味の中心は「ぎこちない」です。「ぎこちない空気」→「気まずい」、「手先がぎこちない」→「不器用な」です。

---

(3) ▸「ローンを組む」は「借金する」ということ　　レベル ★★★

解答 **2**

　　　　　　　　　　学費を払えなかった　　　　　　　　　　　原因・理由 , so 結果
Nate's parents could not pay for his college education, so he had to get a student
(　　). After graduating, he will have to pay back $100 every month.
　　　　卒業後、毎月 100 ドルずつ返済しなければならないだろう

解説 1 文目の「ネイトの両親は大学の教育費を支払うことができなかった」、2 文目の「卒業後、彼は毎月 100 ドルずつ返済しなければならないだろう」をヒントにし、**2** の loan「ローン・借金」を選びます。

和訳 ネイトの両親は大学の教育費を支払うことができなかったので、彼は学生ローンを組まなければならなかった。卒業後、彼は毎月 100 ドルずつ返済しなければならないだろう。

選択肢の和訳
　1　管・地下鉄　　**2**　ローン・貸付・借金　　**3**　単位　　**4**　積み重ね

語句 ☑ pay for ～　～のために支払う　□ college 大学　☑ education 教育
　　　　☑ graduate 卒業する　☑ have to 原形 ～しなければならない
　　　　□ pay back 返済する

単語解説
　□ tube「管・地下鉄」…「管」の意味の「チューブ」は日本語にもなっています。その形状のイメージとトンネルを重ね合わせて、イギリスでは地下鉄のことを tube といいます。

□ loan「ローン・貸付・借金」…日本語でも銀行からお金を借りることを「ローンを組む」といいます。動詞で「(銀行が)貸し付ける」という意味で、そこから名詞は「ローン・貸付・借金」です。発音は「ローン」ではなく「ロウン」です。

□ unit「単位」…「音楽ユニット」とは、「複数のミュージシャンで構成された集団」のことです。また、「グループ・集団」→「(1つの)カタマリ」→「単位」となりました。

□ pile「積み重ね」…a pile of garbage「山積みのゴミ」のように使います。名詞以外に動詞「積み重ねる」という意味もあります。

---

(4) ▸ translate は trans 「移す」 から攻める！　　レベル ★ ★ ★

解答 1

> フランス文学を学んでいる

Eva is studying <u>French literature in college</u>. For her final project, she is (　)
a French novel <u>into</u> English.

> " 動詞 A into B" の形をとれるのは？

解説 into に注目し、後ろに"A into B"の形をとれる動詞、**1** の translating (原形は translate「翻訳する」) を選びます。trans は「別の場所へ移す」という意味で、「ある言語から別の言語へ移す (trans)」イメージで「翻訳する」と覚えてください。

和訳 エバは大学でフランス文学を研究している。最終課題のために、彼女はフランス語の小説を英語に翻訳しているところだ。

選択肢の和訳
1　動詞 translate「翻訳する」の -ing 形　　**2**　動詞 measure「測る」の -ing 形
3　動詞 arrest「逮捕する」の -ing 形　　**4**　動詞 greet「挨拶する」の -ing 形

語句 □ literature　文学　　□ college　大学　　□ final　最後の
🗹 project　課題・プロジェクト　　□ novel　小説

単語解説
□ **translate「翻訳する」**…translate A into B「A を B に翻訳する」の形が重要です。名詞 translation「翻訳」もあわせておさえてください。

□ **measure「測る」**…長さを測る巻き尺のことを「メジャー」といいます。そのイメージで「測る」と覚えてください。

□ **arrest「逮捕する」**…arrest のつづりに rest「休憩」がありますね。「(犯罪者を刑務所で)休憩させる」→「逮捕する」と覚えてください。

□ **greet「挨拶する」**…実際に「おはよう」と言って挨拶することにも、書面で挨拶の意を伝えることにも使える単語です。

☑ CHECK! ▶ 2級で狙われる trans- のつく単語

trans は「別の場所へ移す・移動させる」という意味があり、そのイメージで次の単語を覚えてください。

□ transport「輸送する」
　　※「港から (port) 移す (trans)」→「輸送する」
□ transform「変える・変形する」
　　※「形 (form) を移動する (trans)」→「変える・変形する」
□ transmit「送る・伝える」
　　※「別の場所へ (trans) 送る (mit)」→「送る・伝える」
□ transfer「乗り換える」
　　※「移動して (trans) 運ぶ (fer)」です。fer は ferry「フェリー (荷物などを運ぶ船)」で使われています。

(5) ▶ どう見てもハッキリしているのが obviously　　　レベル ★★★

解答 2

咳をしていた

Jason was (　) not feeling well today. He kept coughing, and he looked very tired.

とても疲れているように見えた

解説 2文目の He kept coughing「咳をし続けていた」、he looked very tired「とても疲れているように見えた」から、「明らかに具合が悪い」と考え、**2** の obviously「明らかに」を選びます。「どう見ても明らかで、ハッキリしている」というときに使える単語で、形容詞形の obvious「明らかな」も英検では重要です。

和訳 ジェイソンは今日、明らかに体調がよくなかった。彼は咳をし続け、とても疲れているように見えた。

選択肢の和訳
　　1 運よく　　**2** 明らかに　　**3** 一般的に　　**4** 別々に

語句 ☑feel well　気分がいい　　☑keep -ing　～し続ける　　□cough　咳をする
□tired　疲れて

単語解説
　　□ luckily「運よく」…単語問題だけでなく、長文問題 (特に空所補充) で重要な単語です。luckily の後ろはプラス内容が続きます。
　　□ obviously「明らかに」…形容詞 obvious は本来「道の上にたくさんある」という意味で、そこから「目立つ」→「明らかな」となりました。その副詞形が obviously です。
　　□ commonly「一般的に」…com には「共に」という意味があり、そのイメージで「みんなに共通して」→「一般的に」と覚えてください。
　　□ separately「別々に」…牛丼をテイクアウトするときに、肉とライスを別々に盛られているのを「セパレート」といったりしますね。

113

(6) ▸ soilは「植物が魂 (soul) を持って生きる場所」→「土」 レベル ★★★

解答 **4**

> 自分で野菜を育てていると言っていたっけ？

A: Patricia, this salad is delicious! Did you say you grow your own vegetables?

B: Yes. The secret is to mix seashells in the (　　) in your garden.

> secret= 秘訣　　　庭の(　　)に貝殻を混ぜること

解説 *A* の「自分で野菜を育てているって言ってたよね？」に対し、*B* がその「秘訣 (secret)」を教えています (secret は「秘密」の意味がよく知られていますが、「秘密にしたいコツ」→「秘訣」という意味があります)。「秘訣は何に貝殻を混ぜることなのか？」と考え、**4** の soil「土」を選びます。

和訳 *A:* パトリシア、このサラダはとてもおいしいよ！ 自分で野菜を育てているって言ってたよね？
B: ええ。秘訣は庭の土に貝殻を混ぜることなの。

選択肢の和訳
　1 傷　**2** わな　**3** 索引　**4** 土

語句 ☐ delicious　とてもおいしい　☐ grow　育てる　☒ secret　秘訣
　☐ mix　混ぜる　☐ seashell　貝殻

単語解説
　☐ wound「傷」…刃物で負った「傷」や戦争での「負傷」のように少し大げさな場面で使われます。発音は「ウーンド」という感じです。
　☐ trap「わな」…もともとは「動物にわなをしかけて捕まえること」を指しました。今では「人」に対しても使うことができる単語です。
　☐ index「索引」…単語帳の「索引」のところに INDEX と書いてあることがよくあるので、機会があれば見てください。
　☐ soil「土」…本来は「生きていく場所」という意味で、「(植物が) 魂 (soul) を持って生きていく場所」→「土」と覚えてください。「痩せた土地」は poor soil のように poor を使います (長文でも重要です)。

(7) ▸ 「上から (sur) 見る (vey=view) こと」→「調査・概観」 レベル ★★★

解答 **3**

> 誰からの電話？

A: Who was that on the telephone, Pete?

> いくつか僕に質問をした

B: Just someone who was doing a (　　). She asked me some questions.

> 主格の関係代名詞 (who 以降は someone の説明)

解説 *A* の「誰からの電話？」に対する応答を完成させる問題です。*B* の 2 文目「彼女はいくつか僕に質問をしてきたんだ」をヒントにして「何か調査をしている人」と考え、

114

3 の survey「調査」を選びます。「調査する」は、今回の <u>do</u> a survey 以外に、<u>conduct</u> a survey ということもできます。

【和訳】 **A:** 誰からの電話だったの、ピート?
B: (アンケート)調査をしている人からだったよ。彼女はいくつか僕に質問をしてきたんだ。

【選択肢の和訳】
1 ラベル　　**2** 数字　　**3** 調査　　**4** 目的

【語句】□ someone 誰か

【単語解説】
□ label「ラベル」…日本語訳は「ラベル」ですが、英語の発音は「レイベル」です。
□ figure「姿・人物・数字」…本来「ハッキリした人影」です(「人形」の意味で使われるフィギュアも「人影」という意味から)。そこから「姿・人物」、「(ハッキリした)数字」、さらに英検では figure を動詞として使った熟語 figure out「(ハッキリと)理解する」が大事です。
□ survey「調査・概観」…「上から (sur) 見る (vey=view)」→「見渡す・調査する」となり、名詞は「調査・概観」です。
□ purpose「目的」…「前に (pur) 置く (pose)」→「(行動の) 前方に置くもの」→「目的」となりました。

---

(8) ▶ 命令系の動詞は "that s {should} 原形" の形をとる 〔レベル ★★★〕

【解答】 **3**

> 後ろに that s should 原形 をとる動詞は?

Wayne did not want to go to the party, but his friends (　　) that he should join them. He finally agreed to go with them and ended up having a great time.

> 最終的に同意した

【解説】後ろに that s should 原形 の形をとる動詞を考えて、**3** の insisted「要求した」を選びます。「友だちが求めた」→「彼は最終的に (その要求に) 応じた」と文脈にも合いますね。insist のように「命令」の意味がベースにある動詞の後ろの that 節には、"s should 原形"、または "s 原形" の文がきます (insist は「要求する」という意味ですが、「要求」は「優しい命令」と考えます)。

> 👍 **文法的視点を持って解く!**
> 今回のように、英文の形が答えの決め手になることもあるので常に文法的視点を持つことを忘れないでください。答えが 1 つに絞れなくても 2 つまで絞れることなどもよくあります。

【和訳】ウェインはパーティーに行きたくなかったが、彼の友だちが一緒に参加するよう求めた。彼は最終的に彼らと一緒に行くことに応じ、結局、楽しい時間を過ごした。

【選択肢の和訳】
1 prove「証明する」の過去形　　　**2** reveal「明らかにする」の過去形

3 insist「要求する・主張する」の過去形　　**4** report「報告する」の過去形

□join 参加する　　圙finally 最終的に　　圙agree to 原形 ～することに同意する
圙end up -ing 結局～する

□ prove「証明する・～だとわかる」…本来は「調べる」で、そこから「(調べた結果)証明する」、「(証明された結果)～だとわかる」となりました。

□ reveal「明らかにする」…veal は「覆い」の意味で(veil「ベール」と関連があります)、「ベール(veal)を取り払って元の状態(re)にする」→「(隠れていたものを)明らかにする」と考えてください。「ベール」は「ベールに包まれた」という表現で使われています。

□ insist「要求する・主張する」…「中に(in)立つ(sist=stand)」→「(中に立って)言い張る」→「要求する・主張する」となりました。

□ report「報道する・報告する」…報道する人のことを「レポーター(reporter)」といいます。また、「報告書」のことを「レポート」といったりもしますね。動詞「報道する・報告する」の意味をしっかりおさえてください。

☑ CHECK! ▶ suggest 型の動詞

今回のように後ろの that 節に "s should 原形" または "s 原形" がくる動詞をまとめておきます。すべて「命令」の意味が根底にある動詞なので「命令系の動詞」として覚えてください。

① 提案

□suggest「提案する」　　　□propose「提案する」　　　□recommend「勧める」

② 要求・主張

□insist「要求する」　　　□request「要求する」　　　□require「要求する」

□demand「要求する」　　　□advocate「主張する」　　　□ask「頼む」

③ 命令

□order「命令する」　　　□urge「命令する」

④ 決定

□decide「決定する」　　※「決定」は「度がすぎた命令」ですよね。

---

(9) ▶「リタイアする(retire)」は一般の人にも使える！　レベル ★★★

1

┌─ used to と now が対比されている ─┐　　　　　　　　┌ しかし ┐

People used to stop working when they turned 60. Now, |however|, many

people ( ) when they are 65 or older.　　60 歳で仕事をやめる

65 歳以上でどうする？

used to 原形「以前は～したものだ(過去の習慣)」と Now「現在では」が対比されています。かつては「60歳になると働くことをやめたものだ」→「しかし(however)現在は(Now)」→「65歳以上で( )する」という流れです。空所には stop working の言い換えが入ると考え、**1** の retire「退職する・引退する」を選びます。

💡 **「過去 vs. 現在の対比」は英検2級では超重要！**

今回は used to 原形「〜したものだった」を見て、現在との対比を予想して解く問題でした。このように過去と現在の対比構造を把握することで英文が読みやすくなり、問題を解く手がかりになることが英検ではよくあるので、ポイントになる表現をチェックしておきましょう (37ページ)。

和訳 かつて人々は60歳になると働くことをやめたものだ。しかし今では多くの人々が65歳以上で退職する。

選択肢の和訳
1 退職する・引退する　**2** 台無しにする　**3** 放送する　**4** 挿入する

語句 ☑ used to 原形 〜したものだ (過去の習慣)　□ turn 〜 〜になる

単語解説
□ retire「退職する・引退する」…retire は「レースの途中でリタイアする」のように「途中でやめる」というイメージが強いですが、「再び (re) 後ろへ引く (tire)」→「退く・退職する」という意味で使われることが多いので注意してください。スポーツ選手ばかりに使われるイメージがあるかもしれませんが、英語の retire は一般の社会人にも使えます。
□ spoil「台無しにする」…本来は「甘やかす」という意味です。欧米の主な発想は「性悪説 (人間は本来悪い存在で、子どもはしっかりしつけるべきという考え)」なので、子どもを「甘やかす」→「台無しにする」となるわけです。
□ broadcast「放送する」…「世間に広く (broad) 電波を投げる (cast)」→「放送する」となりました。cast は「投げる」で、「ニュースを世間に投げる人」を newscaster といいます。
□ insert「挿入する」…insert の in「中へ」のイメージを持ってください。「中に (in) サーッと (sert) 差し込む」と覚えても OK です。

(10) ▶ attach は「タッチ (touch) する」イメージで「くっつける」と覚える！ レベル ★★★

解答 **4**

書類を郵送する時間がなかった　｜　原因・理由, so 結果

Paul did not have time to send the document to his customer by post, so he ( ) it to an e-mail and sent it to her.

後ろに A to B の形をとる動詞は？

解説 空所の後ろ it to an e-mail は A to B の形になっており、この形をとる動詞 **4** の attached「添付した」が正解です。attach A to B の形で「A を B にくっつける・添付する」です。「ポールは顧客に書類を郵送で送る時間がなかった」→「だから (so)」→「E メールに添付して送った」と意味も通ります。

和訳 ポールは顧客に書類を郵送する時間がなかったので、E メールに書類を添付して送った。

選択肢の和訳
1 achieve「達成する」の過去形　**2** attend「世話をする・出席する」の過去形
3 assume「思う・仮定する」の過去形　**4** attach「添付する」の過去形

語句 □ send 送る　□ document 書類　☑ customer 客　□ by post 郵送で

□ **achieve「達成する」**…予備校などでの「アチーブメントテスト」とは「到達度テスト」のことです。

□ **attend「世話をする・出席する」**…本来「心を向ける」という意味です（「キャビンアテンダント」は「飛行機内でお客さんに心を向ける人」です）。そこから「世話をする」、さらに、「心と一緒に体を向ける」→「出席する」と考えてください。

□ **assume「思う・仮定する」**…本来「取り入れる」で、「考えを取り入れる」→「思う・仮定する」となりました。

□ **attach「添付する」**…touch「触れる」とは関係ないのですが、似た意味なので、attach・touch とセットで覚えてください。

(11) ▶ by no means は「どんな手段 (means) を用いてでも (by) ～ない (no)」→「決して～ない」 レベル ★★★

解答 **2**

> look like sv「sv するように見える」　　　テニスの試合でハンナが勝ちそうだ

A: It looks like Hannah is going to win this tennis match.

B: The match is (　) over. There is still a chance for Isabel to win.

> イザベルにも勝つチャンスがまだある

解説 *A* が「ハンナが勝ちそうだ」に対し、*B* が 2 文目で「まだイザベルが勝つチャンスがあるよ」と答えているのがヒントです。**2** の by no means「決して～ない」を入れて、The match is <u>by no means</u> over.「試合は<u>決して</u>終わっていない」とします。

> 💡 **look like sv**
> look like 名詞「～のように見える」は有名ですが、look like は今回のように後ろに文を続けることもできるんです。
> (例) It looks like <u>a bear</u>. 【look like の後ろに名詞】
> 　　それはクマのように見えます。
> (例) She looked like <u>she was about to cry</u>. 【look like の後ろに文】
> 　　彼女は今にも泣きそうな様子でした。

和訳 *A:* このテニスの試合はハンナが勝ちそうだね。
　　B: 試合は決して終わっていないよ。まだイザベルが勝つチャンスがあるよ。

選択肢の和訳
　1　徐々に　　**2**　決して～ない　　**3**　すぐに　　**4**　前もって

語句 🔎 look like sv　～するように見える　　□win　勝つ　　□match　試合
　　　🔎 still　まだ

熟語解説

□ **by degrees「徐々に」**…by は「単位（～ずつ）」、degree は「程度・度合い」で、「度合の単位で」→「徐々に・少しずつ」となりました。gradually と同じ意味です。

□ **by no means「決して～ない」**…「どんな手段 (means) を用いてでも (by) ～ない (no)」→「決して～ない」という否定を強調した表現です。今回は be over「終わる」の be 動詞と over の間に入っています。

□ **in no time「すぐに」**…in は「経過（〜後に）」の意味で、「ちょっとの時間もない (no time) 後に (in)」→「すぐに」となりました。

□ **in advance「前もって」**…advance は「前」のイメージで、「前 (advance) の中で (in)」→「前もって・あらかじめ」となりました。

(12) ▸ stare は「じ〜っと見る」 レベル ★★★

解答 **1**

> Scott gave Lisa an engagement ring last week. She could not stop (　) the
> やめられなかった
> ring because it was so beautiful.
> 指輪 (it) はとても美しかった

解説 「指輪 (it) はとても美しかったので、指輪をどうすることがやめられなかった？」と考えます。**1** の staring at を選び、「指輪から目を離すことができなかった (直訳「指輪を見つめることをやめることができなかった」)」とします。

和訳 スコットは先週、リサに婚約指輪を贈った。指輪はとても美しかったので、彼女はそれから目を離す（見つめるのをやめる）ことができなかった。

選択肢の和訳
1 stare at 〜で「〜を見つめる」 **2** lay off 〜で「〜を解雇する」
3 cope with 〜で「〜に対処する」 **4** throw away 〜で「〜を捨てる」

語句 □ engagement ring　婚約指輪

熟語解説

□ **stare at 〜「〜を見つめる」**…look at 〜に「じろじろ・じ〜っと」というニュアンスが加わると stare at 〜になります。at は「対象の一点（〜をめがけて）」です。

□ **lay off 〜「〜を解雇する」**…「（従業員を）離れたところに (off) 置く (lay)」→「解雇する」です。本来は「一時解雇」なのですが、実際には「永久解雇」の意味で使われます。

□ **cope with 〜「〜に対処する」**…with は「関連（〜に関して）」の意味です。英検では動詞 cope 自体が単語問題で狙われることもあります。

□ **throw away 〜「〜を捨てる」**…直訳「遠くへ (away) 投げる (throw)」→「〜を捨てる」となりました。

(13) ▸ hand down 〜は「下の世代に (down) 手渡す (hand)」→「〜を伝える」 レベル ★★★

解答 **3**

> In many parts of the world, farming techniques are (　) from parents to children
> 子どもたちは成長したら農場を引き継ぐ
> so the children can take over the farm when they grow up.
> so {that} s 助動詞 v「s が v するために（目的）」

解説 so は so that s 助動詞 v「s が v するために」の形で「目的」を表します（今回は that が省略されています）。so 以下は「子どもたちが成長したら農場を引き継ぐことができるように」という意味で、「そのために農業技術 (farming techniques) がどうされる？」と考え、**3** の handed down (hand down ～で「～を伝える」) を選びます（今回は受動態 are handed down の形です）。

和訳 子どもが成長したときに農場を受け継ぐことができるように、世界の多くの地域で、農業技術は親から子へと伝えられる。

選択肢の和訳
1 lift「持ち上げる」／ across「～を横切って」
2 pour A over B で「A を B にかける」
3 hand down ～で「～を伝える」
4 use up ～で「～を使い果たす」

語句 □farming 農業　□technique 技術　☆take over ～　～を引き継ぐ
□grow up 成長する

熟語解説
□ pour A over B「A を B にかける」…pour は「注ぐ」、over は「覆う」イメージなので、「B を覆うように (over) A をかける (pour)」→「A を B にかける」です。
□ hand down ～「～を伝える」…hand には「手渡す」という動詞の意味があり、hand down ～は「下の世代に (down) 手渡す (hand)」→「～を伝える」となりました。"～"には、「技術」の他、後世へ伝える「伝統」や「遺産」などもきます。今回のように be handed down from A to B「A から B へ伝えられる」の形でよく使われます。
□ use up ～「～を使い果たす」…up には「すっかり」という意味があり（たとえば drink up で「飲みほす」）、「すっかり (up) 使う (use)」→「～を使い果たす」となりました。

(14) ▸ out of ～は「～から (of) 外へ (out)」のイメージで覚える　レベル ★★★

解答 **1**

be in fashion「流行っている」

Most teenagers want to wear new clothes that <u>are in fashion</u>. They do not want to wear clothes that are (　).

解説 1 文目と 2 文目で同じ動詞 (want to wear と do not want to wear) が使われていることから、この 2 文は対比されていると考えます。are in fashion「流行っている」に注目し、空所には **1** の out of date を空所に入れ、「時代遅れの服を着たいとは思わない」とすれば OK です。

和訳 多くの 10 代の若者は流行っている新しい服を着たいと思っている。彼らは時代遅れの服を着たいとは思わないのだ。

選択肢の和訳
1 時代遅れの [で]　**2** 建設中の　**3** 即座に　**4** 咲いて

語句 ☐teenager 10代　☐wear 着る　☐clothes 服　☑in fashion 流行の

熟語解説

☐ out of date「時代遅れの[で]」…out of ～は「～から外へ」という意味なので、「(今現在の) 時代 (date) の外 (out of)」→「時代遅れ」となりました。ちなみに「時代遅れの～」のように、名詞を修飾する形容詞として使う場合は out-of-date とハイフンでつないで使います。

☐ under construction「建設中で」…under は「～の下に」で、そこから「(支配されている) 最中」という「進行中」の意味が生まれました。「建設が (construction) 進行中 (under)」→「建設中で」となります。

☐ on the spot「即座に」…「デートスポット」とは「デートに最適な場所」ということです。「その場所に (spot) くっついて (on)」→「その場所で」→「(その場で) 即座に」となりました。

☐ in bloom「咲いて」…in は「～の中にすっぽり包まれた状態で (包囲状態)」の意味で、「花が咲いている (bloom) 状態の中で (in)」→「咲いて」となりました。

☑ CHECK! out of ～を使った熟語

out of ～を使った表現は「～から外へ」のイメージで覚えてください。

☐out of order「故障して」	☐out of date「時代遅れの[で]」
☐go out of business「倒産する」	☐out of shape「体調を崩して」
☐out of control「制御不能で」	☐out of stock「在庫のない」
☐out of sight「見えなくなって」	☐out of place「場違いで」

(15) 最上級を強調する語句は？

レベル ★★★

解答 1

A: How well does the new member of the school tennis team play?

B: She's (　) the best player we have ever had. She wins every match she plays.

the+最上級　　彼女は出る試合はどれも勝つ

解説 空所直後に the best と "the+最上級" の表現があり、さらに選択肢の内容から、最上級を強調する語句を選べばよいとわかります。1 の by far が正解です。その後の「彼女が出る試合はどれも勝つんだ」にもうまくつながります。

☑ CHECK! 最上級を強調する表現

基本的には "強調の語句+the 最上級" の語順になりますが、very だけは "the very 最上級" の語順になるので注意してください。

☐by far「はるかに」　　☐much「はるかに」　　☐very「断然」

A: 学校のテニス部の新入部員はどれくらいテニスが上手なの？

B: 彼女は今までいた中で、とびぬけて一番上手な選手だよ。彼女が出る試合はどれも勝つんだ。

選択肢の和訳

1 はるかに　　**2** 多すぎる　　**3** 徐々に　　**4** 長い間

語句 □ever これまでに・今までに　　□win 勝つ　　□match 試合

---

(16) ▸ for nothing は「何もないもの (nothing) と交換に (for)」→「無料で」 レベル ★★★

解答 **2**

> エナジードリンクにお金を無駄づかいしちゃダメ

A: Sally, I told you not to waste your money on any more energy drinks.

B: But Mom, I got them (　). A company was giving them away to people on the street to promote its new product.

> ある会社が新商品の販売促進のために通りで人々に配っていた

解説 母親の「エナジードリンクに無駄づかいしないように言ったよね」に対する応答を完成させる問題です。**B** の 2 文目「プロモーションのために通りで人々に配っていた」をヒントにして、**2** の for nothing「無料で」を選びます。I got them <u>for nothing</u>. で「無料でそれら (energy drinks) をもらえた」となります。

和訳 **A:** サリー、これ以上エナジードリンクにお金を無駄づかいしないようにってあなたに言ったよね。

B: でも、お母さん、私はそれらを無料でもらったのよ。ある会社が新製品のプロモーションのために通りで人々に配っていたの。

選択肢の和訳

1 詳細に　　**2** 無料で　　**3** 続けて　　**4** 多くても・せいぜい

語句 ☆tell 人 not to 原形 人 に〜しないように言う　　☆waste 無駄にする
☆not 〜 any more もはや〜ない　　□energy drink エナジードリンク
□company 会社　　□give 〜 away 〜を配る　　☆promote 促進する
□product 製品

熟語解説

□ **in detail「詳細に」**…「ディテールにこだわる」とは細かいところまでこだわるということです。in は「形式」の意味で、「細かい (detail) 形式で (in)」→「詳細に」となりました。

□ **for nothing「無料で」**…for は「交換」の意味で、「何もないもの (nothing) と交換に (for)」→「無料で」となりました。

□ **on end「続けて」**…on は「接触」、end は「端」という意味があります。「端 (end) が接触して (on) つながっている」イメージから「続けて」と覚えてください。

□ **at most「多くても・せいぜい」**…「一番多い (most) 一点において (at)」→「せいぜい・最大でも」です。

(17) ▶ carry on ～の on は「動作の接触（～し続ける）」の意味！ レベル ★★★

解答 **4**

クララのお父さんは彼女が図書館にいるときに電話をかけた　　彼女は電話に出た

Clara's father called her on the phone while she was in the library. She answered it, but then she went outside to (　　) the conversation.

目的「～するために」

解説 直後の the conversation「会話」につながるのは **4** の carry on「～を続ける」です。「クララが図書館にいる間に、彼女のお父さんが電話をかけてきた」→「彼女は電話に出たが、会話を続けるために外へ出た」と意味も通ります。

和訳 クララが図書館にいる間に、彼女のお父さんが電話をかけてきた。彼女は電話に出たが、それから会話を続けるために外へ出た。

選択肢の和訳
1 下がる　　**2** ～を持ち出す　　**3** ～の近くを通る　　**4** ～を続ける

語句 ☑ while sv　～している間　　□ go outside　外へ行く　　☑ conversation　会話

熟語解説
□ **come down「下がる」**…直訳「下へ (down) 来る (come)」→「下がる」です。
□ **bring out ～「～を持ち出す」**…「外に (out) 持って来る (bring)」→「～を持ち出す」となります。
□ **go by ～「～の近くを通る」**…by は「近接（～の近く）」の意味なので、直訳「～の近くを (by) 行く (go)」→「～の近くを通る」です。
□ **carry on ～「～を続ける」**…on は「動作の接触（～し続ける）」で、「運ぶことを (carry) 続ける (on)」→「～を続ける」となりました。

(18) ▶ 頻出！　後ろに不定詞をとる動詞！ レベル ★★★

解答 **1**

happen の後ろの形は？

A: I don't need this sofa anymore. Do you happen (　　) anyone who would want it?
B: Yes! Actually, I'll take it.

解説 happen は後ろに不定詞 (to 原形) をとるので、**1** の to know が正解です。happen to 原形 で「たまたま～する」です。Do you happen to know ～? で「あなたは～をたまたま知っていますか？」→「ひょっとして～を知っていますか？」という感じで、ていねいに尋ねるときによく使われる表現です。happen のように「後ろに不定詞をとる動詞」を、後の ☑ **CHECK!** で確認しておきましょう。

和訳 A: このソファーはもういらないわ。ひょっとしてそれがほしいと思っている人を知って

いたりしない？

B: 知っているよ！　実は、僕がもらおうと思っている。

語句 ☆ not 〜 anymore　もはや〜ない　□ sofa　ソファー
　　　　☆ happen to 原形　たまたま〜する　☆ actually　実際は

☑ CHECK! 後ろに不定詞をとる動詞

不定詞 (to+原形) は「未来志向」のイメージがある動詞と結びつくので、このイメージをもって次の動詞をチェックしてください。

※以下では「動詞の原形」を "〜" で表しています。

① **希望・同意**

　□ want to 〜「〜したい」　　　　　□ hope to 〜「〜したい」
　□ would like to 〜「〜したい」　　□ wish to 〜「〜したい」
　□ desire to 〜「〜したい」　　　　□ long to 〜「〜したい」
　□ agree to 〜「〜に同意する」　　□ offer to 〜「〜しようと申し出る」

② **計画・決心**

　□ plan to 〜「〜する計画だ」　　　□ scheme to 〜「〜する計画だ」
　□ promise to 〜「〜を約束する」　□ prepare to 〜「〜を準備する」
　□ decide to 〜「〜に決める」　　　□ determine to 〜「〜に決める」
　□ resolve to 〜「〜に決める」　　□ expect to 〜「〜するつもり」
　□ intend to 〜「〜するつもり」

③ **チャレンジ**

　□ try to 〜「〜しようとする」　　□ attempt to 〜「〜しようとする」
　□ mean to 〜「〜しようとする」　□ seek to 〜「〜しようと努力する」
　□ endeavor to 〜「〜しようと努力する」

④ **積極的イメージ**

　□ learn to 〜「〜できるようになる」　□ afford to 〜「〜する余裕がある」
　□ come to 〜「〜するようになる」　　□ get to 〜「〜するようになる」
　□ manage to 〜「何とか〜やりとげる」

⑤ **単発的イメージ**

　□ happen to 〜「たまたま〜する」　□ pretend to 〜「〜のふりをする」
　□ seem to 〜「〜のようだ」　　　　□ appear to 〜「〜のようだ」
　□ prove to 〜「〜だと判明する」　　□ turn out to 〜「〜だと判明する」

⑥ **否定的イメージ**

　□ hesitate to 〜「〜をためらう」　□ refuse to 〜「〜を拒む」
　□ fail to 〜「〜しない」

(19)▸ 仮目的語構文を見抜いて解く！

解答 **1**

> findの使い方は？

Michelle <u>found</u> (　) surprising that Tom had never seen the movie *The King of Jewels*. The movie was extremely popular, and all of her other friends had already seen it.

解説 **1** の it が正解です。find it 形容詞 that sv で「sv するのは〜だとわかる・感じる」という意味の仮目的語の構文です。この it は形式的に（仮に）置かれたものなので「それ」とは訳さず、that 以下を目的語として訳します。文の骨組みは find O C「O が C だとわかる・感じる」で、O の位置に that 節がくるときに、仮の it を置いて、that 節を後置するという構文です。

和訳 ミシェルは、トムが『The King of Jewels』という映画を今までに見たことがないのは、驚くべきことだと思った。その映画は非常に人気が高く、彼女の他の友人たちはみんなすでに見ていた。

語句 ☑find O C　O が C だとわかる・感じる　　□surprising　驚くべき
□never　一度も〜ない　　☑extremely　非常に　　□popular　人気のある
□already　すでに・もう

(20)▸ 倍数表現は数学の係数のイメージで！

解答 **3**

> 2倍　　　　　　　　as 〜 as …を予想！

Dan's new house is <u>twice</u> (　) large <u>as</u> his last one.

解説 空所直前の twice「2 倍」と、空所直後の large as に注目して、as 〜 as …の構文に倍数表現がついた形を完成させます。**3** の as が正解です。「…の〇〇倍〜だ」というときは、「倍数を表す表現」を as 〜 as …の直前に置けば OK です（数学の文字式の係数のイメージです）。

☑CHECK！ 倍数表現

「…の〇〇倍〜だ」というときは "倍数表現 as 〜 as …" の形で使います。
□twice「2 倍」　　※ two times が使われることもあります。
□〇〇 times「〇〇倍」
　※「3 倍」以上はこの形を使います。「3 倍」なら three times、「5 倍」なら five times となります。time には s がつくので忘れないようにしてください。

和訳 ダンの新しい家は前の家の 2 倍の大きさだ。

A 全文訳

新鮮なアイディア

　カナダのノースウェスト準州は、冬が長くて寒く、夏が短いことで知られている。そのような条件下で果物や野菜を栽培することはとても難しい。それらの地域にいる先住民のイヌイットの人々は伝統的に漁業、アザラシ漁、小さな食用の植物の採集によって生き延びてきた。今日では、地球温暖化により、彼らの伝統的な食料調達がかなり制限されてきている。今ではたいていのイヌイットの地域社会は代わりに近代的な食料品店に頼っている。しかし、これらの地域社会は農場から遠く、飛行機でしか行くことができない。この結果、運送費用は高くなり、それによってお店に並ぶ食料品はとても高価なものになっている。

　これらの問題のせいで、多くのイヌイットは健康的な食事のために必要なさまざまな食品を手に入れることができていない。多くの食料品店では主に、簡単には傷まない食品を提供しており、それはつまり、新鮮な果物や野菜を幅広く手にすることができないということである。1つの解決策は温室を建設することで、それはガラスやプラスチックで作られており、植物が成長可能な温かい屋内スペースを提供してくれる。イヌヴィックの町はこの地方で温室がある数少ない地域社会の1つである。

　約20年前に作られてから、温室はイヌヴィックの先住民らが新鮮な食料の不足に対応するために役立ってきた。それにもかかわらず、他のイヌイットの地域社会では新しい温室を始めることは困難なことであった。理由の1つは地元の人々のこれらの温室に対する態度がいつもよいとは限らないことだ。植物を育てることはこれまでイヌイットの文化の一部であることがなかったため、地域社会の中には、温室にまったく興味を示さないところがあるのだ。このため、温室による恩恵についてイヌイットの町を啓発するために、より多くのことがなされる必要がある。

語句　第1段落

☆be known for ～　～で有名だ　□such　そのような　☆condition　条件
□native　その土地の　□Inuit　イヌイット　□area　地域
☆traditionally　伝統的に・従来は　☆survive　生き残る　□hunt　狩りをする
□seal　アザラシ　□gather　集める　☆nowadays　最近
☆global warming　地球温暖化　□limit　制限する
☆traditional　伝統的な・従来の　□food supply　食料供給・食料調達
□community　地域社会　☆instead　代わりに　□far from ～　～から遠い
□access　アクセスする・近づく　□result　結果　□shipping cost　輸送費用

第2段落

☆due to ～　～のために　☆challenge　問題・困難　□healthy　健康的な
□diet　食事　□grocery store　食料雑貨店　☆mostly　たいてい
□mean　意味する　□have access to ～　～へアクセスする・接近する
☆a wide range of ～　幅広い～　□fresh　新鮮な　☆solution　解決策
□greenhouse　温室・ビニールハウス　☆be made of ～　～で作られている
□glass　ガラス　□plastic　プラスチック　☆provide　供給する
□indoor　屋内の　□region　地方

第3段落

☆create　創る　☆help O to 原形　Oが～するのに役立つ
□native　その土地の人　□deal with ～　～に対処する・取り組む
□shortage　不足　☆nevertheless　それにもかかわらず　□difficulty　困難

□ attitude 態度・姿勢　☒ local 地元の・現地の　□ towards 〜に対して
□ gardening 園芸　☒ culture 文化
□ have no interest in 〜 〜に興味 [関心] がない　☒ educate 啓発する・教育する
☒ benefit 恩恵・利点

(21) ▶ 過去と現在の対比を読んで解く　　レベル ★★★

解答 **2**

解説

第1段落3文目と4文目に出てくる traditionally「伝統的に・従来は」と Nowadays「最近では」に注目して、「過去と現在の対比」構造を読み取ります。

漁・採集

The native Inuit people in those areas **traditionally** survived by fishing, hunting seals, and gathering small plants to eat. **Nowadays**, global warming has greatly limited their traditional food supply. Most Inuit communities now (**21**) instead.　従来の食料調達が制限されている

しかし　　代わりに　　農場から遠い

However, these communities are far from farms and can only be accessed by airplane. This results in high shipping costs, which makes the food in stores very expensive.　輸送費の高騰　　店での価格も高騰

traditionally「従来」
漁業や植物の採集などによって生き延びてきた
↕（過去と現在の対比）
Nowadays「最近は」
地球温暖化により従来の食料調達がかなり制限されてきている

空所直前の now と空所直後の instead「代わりに」に注目し、「従来の食料調達がかなり制限されてきているので代わりに現在はどうしているのか？」と考えます。さらに However「しかし」の後、7文目に出てくる store に注目し、「お店に並ぶ食料品はとても高価になっている」から、**2** の rely on modern grocery stores「近代的な食料品店に頼っている」を選べば OK です。

選択肢の和訳

1　政府からの援助を受けている　　**2**　近代的な食料品店に頼っている
3　彼らの家族に寄付をしている　　**4**　農業の難しさを認識している

(22) ▶ due to ～「～が原因で・～のせいで」に注目！

解答 **3**

解説

> 第1段落の内容を these+名詞 でまとめている
>
> Due to these challenges, many Inuit (**22**) that they need for a healthy
> diet. 多くの食料品店では主に、簡単に傷まない食品を提供 イコール表現
>
> Many grocery stores offer mostly foods that do not go bad easily, which means
> people do not have access to a wide range of fresh fruits and vegetables.
>
> 新鮮な果物や野菜を幅広く手にすることができない

第2段落1文目の Due to these challenges「これらの問題のせいで」に注目し、「問題のせいで多くのイヌイットはどうなのか？」と考えます（due to ～は因果表現です。13ページ）。2文目「多くの食料品店では主に、簡単には傷まない食品を提供しており、それはつまり、新鮮な果物や野菜を幅広く手にすることができないということである」をヒントにし、**3** の do not get the variety of food を選び、「これらの問題のせいで、多くのイヌイットは健康的な食事のために必要なさまざまな食品を手に入れることができていない」とすれば OK です。a wide range of fresh fruits and vegetables が、選択肢では the variety of food に言い換えられています。

> 🔆 **challenge は「困難・問題・やりがい」**
> 日本語の「チャレンジ」は「挑戦」のイメージが強いですが、英語では「困難・問題・やりがい」という意味で使われます。「困難な問題ほどやりがいがある」と覚えてください。

> 🔆 **these+名詞 はまとめ表現**
> 第2段落冒頭の these challenges は「まとめ表現」です（47ページ）。第1段落の内容をここで「これらの問題」とまとめているわけです。

> 🔆 **mean は「イコール表現」**
> 第2段落2文目に means が使われています。S means ○ で「S は○を意味する」ということは "S=○" の関係になります。このような働きをする動詞をおさえておくことで、その動詞の前後のどちらかがわかれば内容を理解することができるというメリットがあるので、もう一度チェックしておきましょう（63ページ）。

> 🔆 **「多様な～」**
> 今回 a wide range of ～が、選択肢では variety を使って言い換えられていました。このような「多様な～・幅広い～」を意味する表現をまとめて確認しておきましょう。
> □ a wide variety of ～　　　　□ a wide range of ～
> □ a wide selection of ～

選択肢の和訳

1 栄養を理解する　　　　　**2** 収穫高を増やす

3 さまざまな食品を手に入れられない　　**4** 魚を料理することができない

(23) ▸ 内容から空所の前後関係を読み取る　　レベル ★★★

解答 **1**

解説

温室は食料不足に対処するのに役立ってきた

Since it was created about 20 years ago, the greenhouse has helped the Inuvik natives to deal with their shortage of fresh food. Neverthless,

それにもかかわらず

there have been difficulties with starting new greenhouses in other Inuit

新しい温室を始めるのは困難

communities. (**23**), the attitude of the local people towards these greenhouses

地元の人々の温室に対する態度が好意的とは限らない

is not always good. Because gardening has never been a part of Inuit culture, some communities have no interest in greenhouses.

園芸がイヌイットの文化になっていないため温室に興味を示さない地域社会がある

空所の前の流れを整理すると、次のようになります。

「温室は食料不足に役に立ってきた」

↕ Nevertheless 「それにもかかわらず」

「新しい温室を始めることは困難」

さらに空所の後ろの2つの英文、「地元の人々のこれらの温室に対する態度が必ずしも好意的とは限らない」、「園芸はこれまでイヌイットの文化の一部であることがなかったため、地域社会の中には、温室にまったく興味を示さないところがあるのだ」は、どちらも「新しい温室を始めることが困難である理由」になっています。したがって、**1** の For one thing「理由の1つは」が正解となります。

選択肢の和訳

1 理由の1つは　　**2** 対照的に　　**3** 同様に　　**4** その間

よりきれいな空気

　都市部における大気汚染は、特に、世界人口の半分以上が都市に住んでいることからも、大きな問題となっている。欧州環境機構によると、それは都市部で生活する人々にとって健康問題の主な原因の１つとなっている。たとえば、日常的に汚染された空気を吸うことで最終的に肺の疾患やがんになる可能性がある。そういうわけで、世界中の都市は汚染を減らす方法を模索しているのである。

　世界中の国々で一般的な考えの１つは木々を植えることである。特に、都市の通りに沿って多くの木々が植えられている。この考えは道路を走る車によって出される化学物質が車の上方にある木々の葉によって吸収されるというものである。このことによって今度は、これらの通りの近くに住み、歩き、自転車に乗る人々にとって空気の質がよくなるだろうと信じられている。

　しかし、イングランドのサリー大学の科学者たちによって行われた調査によると、木は最適な選択肢ではないかもしれないということが示唆されているのだ。研究者たちは、さまざまな種類の植物が、異なる６つの道路で、空気にどのくらい影響を与えたかを検証した。彼らは、生垣、つまり、多くの葉がついていて背が低い木本植物は、狭くて車の多い道路沿いでは大気汚染を減らすという点でより効果的であることを発見した。これは、生垣は歩行者や自転車に乗る人らが「息をする高さ」と同じ高さにあるからだ。一方で、木々の葉は道路の近くにいる人々を車による汚染から守るには高すぎるのである。この証拠が示しているのは、木は、幅が広く人々がほとんどいない道路沿いではまだよい選択肢になるが、多くの都市の環境においては、生垣がよりよい解決策となるということである。

語句 第１段落

- ☒ air pollution　大気汚染　　☒ urban　都会の　　☐ area　地域　　☒ especially　特に
- ☒ since　〜ので　　☒ population　人口　　☒ according to 〜　〜によると
- ☒ for instance　たとえば　　☐ breathe　呼吸する　　☒ pollute　汚染する
- ☐ on a regular basis　定期的に　　☒ eventually　最終的に
- ☒ result in 〜　〜の結果となる　　☐ lung　肺　　☒ disease　病気　　☐ cancer　がん
- ☒ That is why sv.　そういうわけで sv する。　　☒ reduce　減らす

第２段落

- ☐ plant　植える・植物　　☒ in particular　特に　　☐ chemical　化学物質
- ☐ release　放出する・解放する　　☐ absorb　吸収する　　☐ in turn　今度は
- ☒ improve　改善する　　☐ quality　質

第３段落

- ☐ research　調査・研究　　☐ option　選択肢　　☒ affect　影響を与える
- ☐ roadway　道路　　☐ discover　発見する　　☐ hedge　生垣　　☐ woody plant　木本植物
- ☒ effective　効果的な　　☐ narrow　（幅が）狭い　　☐ busy　交通量の多い
- ☐ pedestrian　歩行者　　☐ cyclist　自転車に乗る人　　☒ protect　保護する
- ☒ still　まだ　　☒ offer　提供する　　☒ solution　解決策　　☒ environment　環境

(24) ▶ For instance に注目して解く！　　　レベル ★★★

解答 4

解説

> 都市部の大気汚染

According to the European Environment Agency, [it] is one of the (**24**) for

ここから具体例

people living in cities. For instance, breathing polluted air on a regular

basis can eventually result in lung diseases or cancers.

肺の疾患やがんになる可能性がある

第1段落3文目の For instance「たとえば」に注目し、「日常的に汚染された空気を吸うことで最終的に肺の疾患やがんになる可能性がある」が何の具体例になっているかを考えます。**4** の main causes of health problems「健康問題の主な原因」を選び、「欧州環境機構によると、それは都市部で生活する人々にとって<u>健康問題の主な原因</u>の1つとなっている」とすれば OK です。

選択肢の和訳

 1 地球温暖化における最も大きな要因 **2** 解決するのに最も高くつく問題

 3 引っ越しをするのに重要な理由   **4** 健康問題の主な原因

(25) ▶ 選択肢の種類もしっかり検討する レベル ★ ★ ★

解答 **3**

解説

解決策の1つは木々を植えること

One idea that has been popular in countries across the world is planting

「特に」

trees. In particular, many trees have been planted (**25**). The idea is

that chemicals that are released by the cars driving down the roads will

be absorbed by the leaves of trees above them.

車から出される化学物質が上方にある木々の葉によって吸収されるだろうという考え

第2段落1文目で大気汚染の解決策として「木々を植えること」が述べられています。空所を含む2文目の In particular「特に」の後ろに「具体例」が続と予想します。選択肢はすべて「場所」を表す語句なので、「多くの木々はどこに植えられたか?」と考えます。3文目の「この考えは道路を走る車によって出される化学物質が車の上方にある木々の葉によって吸収されるというものである」、さらに第2段落最終文の near these streets「これらの通りの近くに」もヒントにし、**3** の along city streets「都市の通りに沿って」を選びます。

選択肢の和訳

 1 農村地域の近くに   **2** 公園や庭園に

 3 都市の通りに沿って   **4** 工場のとなりに

(26) ▶ 接続表現の問題は前後の関係を整理して解く！ レベル ★★★

解答 **3**

解説

> They discovered that **hedges**—short, woody plants with many leaves—are
>
> 　　　生垣は狭くて車の多い道路沿いでは大気汚染を減らすという点でより効果的
>
> more effective at reducing air pollution along narrow, busy roads. This is
>
> because hedges stand at the same "breathing height" as pedestrians and
>
> 　　　歩行者や自転車に乗る人らと同じ「呼吸している高さ」に立っている
>
> cyclists. (**26**), the leaves on **trees** are too high to protect people near the
>
> 　　木は道路の近くにいる人々を守るには高すぎる　　　　　まとめ表現
>
> road from pollution caused by cars. This evidence shows that, although
>
> trees are still a good option along wider roads with few pedestrians,
>
> hedges offer a better solution in many city environments.

選択肢から接続表現を入れる問題だとわかるので前後の内容を整理します。第 3 段落
3 文目に hedges「生垣」、空所のあとで trees「樹木」についてそれぞれ説明されて
います。整理すると次のようになります。

---

hedges「生垣」

狭くて車の多い道路沿いでは大気汚染を減らすという点でより効果的

➡生垣は歩行者や自転車に乗る人らが「息をする高さ」と同じ高さにに立っているから

（ **26** ）

trees「樹木」

木々の葉は道路の近くにいる人々を守るには高すぎる

「生垣」と「樹木」が対照的に説明されているので、空所に入れるのは **3** の On the
other hand「一方で」が適切です。

> 💡 **This evidence は「まとめ表現」**
>
> 最終文の This evidence「この証拠」はまとめ表現（47 ページ）です。第 3 段落の内容を "this+名詞" を使ってまとめています。「この証拠が示しているのは、木は幅が広く人々がほとんどいない道路沿いではまだよい選択肢になるけれども、多くの都市の環境においては、生垣がよりよい解決策となるということである」と、「生垣」と「樹木」について 1 文の中で対比させながらまとめているわけです。

選択肢の和訳
　　1 幸運にも　　**2** このようにして　　**3** 一方で　　**4** 結果として

A 全文訳

発信元：ロジャー・テイラー〈r-taylor2@westin.edu〉
宛先：全学生〈allstudents@westin.edu〉
日付：10 月 11 日
件名：学生センター食堂サービス

学生諸君、

学生食堂の統括部長として、いくつかお知らせすることがあります。(27)今年、本校の食堂業務にいくつか変更点があり、みなさんには、それらをしっかり理解してほしいと思います。これらの変更の中には、キャンパス内のすべての食事スペースのルールに影響するものもありますので、このメッセージを注意深く読むようにしてください。

まず、ウェスティン学生センターにおいていくつか変更の予定があります。平日は（これまでより）1 時間早く開きますので、午前 7 時よりラウンジエリアを利用することができるようになります。(28)しかし、館内のレストランは現在の営業時間のままであることに気をつけてください。学生センターでは、新たなカフェもオープンする予定で、アルバイト従業員を探しているところです。応募するには、電話番号 1-555-526-6248 のジェリー・コンウェルにご連絡ください。

ピーナッツやその他のナッツ類に関するキャンパス内での新しいルールもあります。学生の多くにアレルギーがあることから、キャンパス内のレストランおよび食堂ではそれらを含む食事の提供が禁止されます。(29)学生の皆さんはナッツ類を含む食べ物をこれらの場所に持ち込まないようにお願いします。品目について確信が持てない場合は、自宅に置いてくるようにしてください。これは、大学にいる全学生の安全を確保するためです。

よろしくお願いします。

ロジャー・テイラー
学生食堂統括部長

語句 第 1 段落
☐general manager　統括部長・本部長　☐announcement　発表・通知
☐change　変更　☒make sure　確認する　☒affect　影響する
☐area　地域・エリア　☐campus　キャンパス　☐carefully　注意深く

第 2 段落
☐weekday　平日　☐be able to 原形 ～することができる　☐lounge　ラウンジ
☒be aware　気をつける　☐inside　～の中の・内側の　☒current　現在の
☒part-time　パートタイムの　☒apply　申し込む　☒contact　連絡をとる

第 3 段落
☒regarding ～　～に関して　☐peanut　ピーナッツ　☒allergy　アレルギー
☒be allowed to 原形 ～するのが許されている　☒contain　含む　☒item　もの
☐leave　置いておく　☐university　大学　☐safe　安全な

> Roger Taylor ➡ All students「全生徒」
>
> ※ Roger Taylor から生徒全員に対する何かの「お知らせ」だとわかります。こういった問題では「何を伝えるためのメールなのか？」、つまり「メールの目的」が問われることが多いです。また、一斉送信のメールの場合、「何か変更点」があることが多いので、以前と今後で何が変更されたのかは要チェックです。

〈設問先読み〉

> **(27)** Why is Roger Taylor writing this e-mail?
>
> 　　「なぜ、ロジャー・テイラーはこの E メールを書いているのですか？」
>
> ➡最初の問題から「メールの目的」が問われています。特に前半部分から該当箇所を探します。
>
> ※「メールの目的」は英検では問われやすいので要注意です。
>
> ※ 英検の長文問題では、原則、本文の順序と設問の順序が一致します。
>
> **(28)** What does Roger Taylor say about <u>restaurants in the Westin Student Center</u>?
>
> 　　「ウェスティン学生センターにあるレストランについてロジャー・テイラーは何と言っていますか？」
>
> ➡restaurants in the Westin Student Center「ウェスティン学生センターにあるレストラン」がキーワード！　第 2 段落に出てきます。
>
> **(29)** Roger Taylor asks students to
>
> 　　「ロジャー・テイラーは学生たちに（〜するように）お願いしています。」
>
> ➡asks に注目。頼んでいるので、命令文、Could you 原形 〜？ などの「依頼の表現」が出てきたらチェック！

(27) ▶ 定番！「メールの目的」を問う問題　　　レベル ★★★

解答 **2**

解説

E メールを書いている「理由」が問われています。

　　　　　　　　　　　　食堂に関していくつか変更点があり、理解してほしい

> There will be a few changes to our dining services this year, and we want to make sure that everyone understands them.

第 1 段落 2 文目の「今年、私たちの食堂業務にいくつか変更点があり、みなさんには、それらをしっかり理解してほしいと思います」から、食堂業務の変更があり、それを知らせるためにメールを書いているとわかります。したがって **2** の He wants to tell students about important changes. 「彼は重要な変更について学生らに伝えたいから」が正解です。

👉 メールの「目的」は狙われやすい！

　今回は「メールの目的」が狙われた質問ですが、メール問題ではこのパターンが頻出です。特に、全学生へのメール、全社員へのメールなどは何かを告知するためのものが多く、そこが設問で狙われるわけです。

設問と選択肢の和訳

　なぜ、ロジャー・テイラーはこのEメールを書いているのですか？
　1 キャンパス内の規則を守っていない学生がいるから。
　2 彼は重要な変更について学生らに伝えたいから。
　3 大学は、今年いくつかのサービスを提供しないから。
　4 大学の食事エリアの1つが移動することになっているから。

(28) ▸ 「注意事項」は狙われる！ レベル ★★★

解答 **2**

解説

> 学生センターはこれまでより1時間早く開く＝変更あり
>
> First, there will be some changes at the Westin Student Center. It will open an hour earlier on weekdays, so you will be able to use the lounge area from
>
> 注意事項　しかし
>
> 7 a.m. Please be aware, however, that restaurants inside the building will keep their current hours.　館内のレストランは現在の営業時間のまま＝変更なし

質問は What does Roger Taylor say about restaurants in the Westin Student Center? とあるので「学生センターにあるレストランについて」です。the Westin Student Center に気を取られて restaurants を見落とさないように注意してください。第2段落2文目に「学生センターはこれまでより1時間早く開き、午前7時からラウンジを利用できる」とありますが、3文目に「しかし、館内のレストランは現在の営業時間のままであることに気をつけてください」とあります。したがって、**2** の Their opening hours will not change.「営業時間は変わらない予定だ」が正解です。2文目の内容から **4** の They will open earlier on weekdays.「平日はより早く開く」を選ばないようにしてください。

💡 Please be aware that ～「～に注意してください・～をご承知おきください」

　もともと be aware that ～「～に気づいている」という熟語で、そこから命令文の形 Please be aware that ～「～を知っておいてください」→「～に注意してください・～をご承知おきください」となりました。注意事項を伝えるときに使われる重要な表現です。今回はその注意事項が設問で問われたわけです。

ウェスティン学生センターにあるレストランについてロジャー・テイラーは何と言っていますか？
1 今年は、その数が減少する。
2 営業時間は変わらない予定だ。
3 新しい従業員を募集していない。
4 平日はより早く開く。

(29) ➤ ask を使った設問は「依頼表現」をチェック！　　レベル ★★★

解答　**1**

解説

設問は ask を使って「何をお願いしていますか？」なので「依頼の表現」に注目します。今回は第3段落3文目と4文目をチェックです。

> ask が使われている　　　　　　ナッツ類を持ち込まないように
>
> We ask that students do not bring any foods containing nuts into these areas. If you are not sure about an item, please leave it at home.
>
> please + 命令文　　　　確信が持てないなら自宅に置いてきてください

3文目に ask が使われ、「学生の皆さんはナッツ類を含む食べ物をこれらの場所に持ち込まないようにお願いします」とあり、4文目は please のついた命令文を用いて「品目について確信が持てない場合は、自宅に置いてくるようにしてください」とあります。これらの内容に合う **1** の leave certain kinds of food at home「特定の種類の食べ物は自宅に置いてくるように」が正解です。ちなみに certain kinds of food は「ナッツ類」のことを受けています。今回のように本文に出てきた具体的な物を、選択肢で「総称的にまとめて表す」ことが英検ではよくあります。

設問と選択肢の和訳
ロジャー・テイラーは学生たちに〜ようにお願いしている。
1 特定の種類の食べ物は自宅に置いてくる
2 アレルギーがある場合はレストランに伝える
3 健康のためにピーナッツやその他のナッツ類を食べる
4 キャンパスの特定のエリアには入らない

☑ CHECK! 「依頼の表現」

ask を使った設問は英検 2 級のメール文では頻出パターンの 1 つです。今回のように ask が使われた英文以外で、根拠になる英文によく使われる表現を以下にまとめたのでチェックしてください。

☐ **命令文**

※ please がついた命令文など「〜してください」とお願いしている文

☐ Can you 原形 〜？「〜してくれませんか？」

☐ Could you 原形 〜？「〜してくださいませんか？」

☐ Will you 原形 〜？「〜してくれませんか？」

☐ Would you 原形 〜？「〜してくださいませんか？」

☐ I was wondering if you 〜 . 「〜していただきたいのですが」

作家だけではなく

(30)ビアトリクス・ポターによる『ピーター・ラビットのおはなし』と他の子ども向けの本は、わくわくする話と魅力的なイラストの両方で世界中の人気を集めている。ポターはイングランドの田舎を保全する活動でも知られている。この自然を愛する気持ちは、ポターが植物や動物の絵を描くことに多くの時間を割いたイングランドの湖水地方での幼少時代に芽生えた。しかし、多くの人々が知らないのは、ポターが優れた女性実業家でもあったということである。

ポターはビジネスで成功した一家の出身だったので、ある意味で、これは驚くべきことではない。彼女の祖父と父は裕福な実業家で、ポターは彼らから多くのことを学んだ。彼女の家族が裕福であったことにより、彼女は自然を観察したり、多くのペットたちとともに遊ぶ時間も多くあった。(31)それから大人になると、彼女はこういった経験を利用して、彼女の友人の子どもたちのために、イラスト入りの動物の物語を作り始めた。彼女の友人らはこれらの物語を本として出版することを彼女に提案した。

(32)彼女は、最初の本をさまざまな出版社に送ったものの、それを出版することに興味を示したところはどこもなかった。出版社とは異なり、ポターはその本が売れるという確信があったので、1901年、ある出版社に費用を払って『ピーター・ラビットのおはなし』の本を印刷してもらった。費用上の理由から、この初版本は白黒であった。その本は瞬く間に売り切れたため、出版社はカラー版を出版することを決定した。これがベストセラーとなり、出版社はその本と後に書かれた他の22冊の本から莫大なお金を稼いだ。

しかしポターのビジネスセンスは、彼女が本に関連する商品を製作し、販売した方法に表れていた。(33)1冊目の本の出版後、彼女はピーター・ラビットの人形を作り、その特許権を取得した。これは、本のキャラクターに特許が認められた初めてのことであった。彼女はそれから人形、ゲーム、食器類、その他の製品を開発した。今日、私たちは本のキャラクターに関連したおもちゃや製品が販売されているのを見慣れている。しかしながら、ピーター・ラビットはそれらの走りであったのだ。ポターが、子ども向けの本からビジネスを成功させるために編み出した手法は、今日のエンターテイメント産業でよく使われるものとなっている。

語句 第1段落

☐ popular　人気のある　　☐ around the world　世界中に
☒ both A and B　AとBの両方とも　　☐ exciting　わくわくするような
☐ charming　魅力的な・感じがいい　　☐ illustration　イラスト
☒ be known for ～　～で知られている　　☐ also　～もまた　　☒ protect　保護する
☐ countryside　地方・田舎　　☐ nature　自然　　☐ childhood　子ども時代
☒ spend　過ごす　　☐ draw a picture　絵を描く　　☐ plant　植物
☐ excellent　すばらしい　　☐ businesswoman　女性実業家

第2段落

☐ surprising　驚くような　　☐ come from ～　～出身だ　　☒ successful　成功した
☒ wealthy　裕福な　　☐ learn　学ぶ　　☐ wealth　富　　☒ mean　意味する
☒ observe　観察する　　☐ experience　経験　　☒ create　創り出す
☐ illustrated story　イラストつきの本　　☒ suggest　提案する　　☐ publish　出版する

第3段落

☐ send　送る　　☒ various　さまざまな　　☐ publisher　出版社
☐ none of ～　どれも～ない　　☐ be interested in ～　～に興味がある
☒ unlike ～　～と異なり・～とちがい　　☒ certain　確信している
☐ success　成功　　☐ pay　支払う　　☐ print　印刷する

□ copy （本などの）部・冊　　☑ because of 〜　〜のために・〜のせいで
□ version 版　　□ quickly すぐに　　□ sell out 売り切れる
□ bestseller ベストセラー　　☑ make money お金を稼ぐ　　□ later 後に

第4段落
□ sense 感覚・センス　　☑ though しかし（副詞）　　□ goods グッズ・商品
☑ related to 〜　〜に関連した　　□ character キャラクター
☑ develop 開発する・展開する　　□ dish 皿　　□ product 製品
☑ be used to -ing 〜するのに慣れている　　□ connected with 〜 〜に関連した
□ method 方法　　☑ out of 〜　〜から外へ
□ entertainment エンターテイメントの

〈設問先読み〉

(30) Beatrix Potter
　　「ビアトリクス・ポターは」
　➡ 第1段落を中心に Beatrix Potter について書かれている内容を整理して解きます。

(31) When Potter was an adult,
　　「ポターが大人になると」
　➡ 「大人になったポター」について書かれている箇所をチェック！
　※「時の表現」はヒントになりやすいので要チェックです。

(32) Why was Potter's first book in black and white?
　　「ポターの最初の本はなぜ白黒だったのですか？」
　➡ 「原因・理由」が問われているので、「因果表現」が出てきたらチェック！

(33) What was unique about Peter Rabbit?
　　「ピーター・ラビットに特徴的だった点は何ですか？」
　➡ unique「独特な・特徴的な」がキーワード！ 「ピーター・ラビット」が他と違うことが書かれている箇所をチェック！

(30) ▶ 複数の英文の内容をまとめたものが正解！　　レベル ★★★

解答 **4**

解説

第1段落1文目から Beatrix Potter が登場し、説明が続きます。

①*The Tale of Peter Rabbit* and other children's books by Beatrix Potter are popular around the world, both for their exciting stories and for their charming illustrations. ②Potter is also known for her work protecting the English countryside. ③This love of nature began in her childhood in the Lake District in England, where Potter spent much of her time drawing pictures of plants and animals. What many people do not know, however, is that ④Potter was also an excellent businesswoman.

内容をまとめると次の通りです。

① 『ピーター・ラビットのお話』など子ども向けの本の作者である
② イングランドの田舎を保全する活動をすることでも知られている
③ イングランドの湖水地方で幼少時代に植物や動物の絵を描くことに時間を費やし自然を愛する気持ちが芽生えた
④ 優れた女性実業家でもあった

①と②の内容に、**4** の was an author who is also famous for her efforts to protect nature. 「自然を保護するために尽力したことでも有名な作家であった」が合います。選択肢の前半 an author が①、後半の who is also famous for her efforts to protect nature が②の内容に一致します。

設問と選択肢の和訳

ビアトリクス・ポターは
1 絵画教室を通して自然の重要性を子どもたちに教えた。
2 湖水地方の田舎に暮らしている子どもたちについての本を書いた。
3 もっと本を読むよう子どもたちに働きかけながら世界中を旅行した。
4 自然を保護するために尽力したことでも有名な作家であった。

(31) ▸ as an adult の as は「時」の意味 レベル ★★★

解答 **3**

解説

第2段落4文目に as an adult「大人になると」があります（この as は「時」の意味）。

キーワード　　　　　　　　　自分の経験を利用し、イラスト入りの本を作り始めた

Then, as an adult, she began to use these experiences to create illustrated stories about animals for the children of her friends. Her friends suggested to her that she publish these stories as books.

友人は出版を提案した

4文目に「彼女はこういった経験を利用して、彼女の友人の子どもたちのために、イラスト入りの動物の物語を作り始めた」、5文目に「彼女の友人らはこれらの物語を本として出版することを彼女に提案した」とあり、これらの内容に **3** の her friends told her that she should publish her stories based on her childhood experiences. 「彼女の友人らは彼女に、自分の子どもの頃の経験に基づく物語を出版してはどうかと伝えた」が一致します。

設問と選択肢の和訳

ポターが大人になると

1 彼女はペットとして飼うさまざまな動物を購入するために自分の財産の多くを使った。

2 彼女は祖父や父と家族経営のビジネスで一緒に働き始めた。

3 彼女の友人らは彼女に、自分の子どもの頃の経験に基づく物語を出版してはどうかと伝えた。

4 彼女の家族は彼女に祖父が年をとったら彼の世話をするように頼んだ。

(32) ▸ 2つの「因果表現」に注目！　　　レベル ★★★

解答 **1**

解説

> 出版したいと思う出版社はなかった
>
> She sent her first book to various publishers, but none of them were interested in publishing it. Unlike the publishers, Potter felt certain that
>
> 出版社と異なり、ポターは成功する確信があった
>
> the book would be a success, so in 1901, she paid one publisher to print
>
> だから　　　費用を自分で賄った
>
> copies of *The Tale of Peter Rabbit*. Because of costs, this first version was in black and white.
>
> ～のために (因果表現)
>
> 費用上の理由から初版は白黒だった

第3段落1文目の「彼女は、最初の本をさまざまな出版社に送ったものの、それを出版することに興味を示したところはどこもなかった」から、出版社はポターの本は売れないと思っていたと推測できます。2文目「出版社と異なりポターは成功を確信していたので自分で出版社に費用を払った」、3文目「費用上の理由から初版は白黒だった」(Because of ～ は因果表現) という内容から、**1** の Potter paid for it herself because publishers did not believe that they could make money from it. 「出版社がその本が儲かると思っていなかったので自分で [ポター自身が] その費用を払ったから」を選べば OK です。

設問と選択肢の和訳

ポターの最初の本はなぜ白黒だったのですか？

1 出版社がその本が儲かると思っていなかったので自分でその費用を払ったから。

2 彼女の本の最初の出版社は、そのほうがその本のカラー版より人気が出るだろうと思ったから。

3 多くの出版社が、その時代にカラー版の本を作り出すことができなかったから。

4 ポターの友人たちが、彼女の絵は白黒のほうが良いと彼女に伝えたから。

(33) ▸ unique は「独特な・特徴的な」の意味 レベル ★★★

解答 **4**

解説

ピーター・ラビットの特徴については第4段落に書かれています。

人形を作り特許を取得

After publishing the first book, she made a doll of Peter Rabbit and patented

本のキャラクターに特許が認められたのは初

it. This was the first time a character from a book had been patented. She

then went on to develop dolls, games, dishes, and other products.

その他の商品を開発した

2文目に「彼女はピーター・ラビットの人形を作り、それの特許権を取得した」、3文目で「これは、本のキャラクターに特許が認められた初めてのことであった」と続き、さらに「彼女はそれから人形、ゲーム、食器類、その他の製品を開発した」とあります。「初めてのこと」は他と異なる unique なことだと言えるので、これらの内容に一致する、**4** の It was the first character from a book to have many products based on it.「それに基づく数多くの商品がある本のキャラクターとしては初めてであった」が正解です。

設問と選択肢の和訳

ピーター・ラビットに特徴的だった点は何ですか？

1 子どもたちがそのキャラクターについての物語を大いに楽しんだので映画化された。

2 子どもたちは、そのキャラクターが使ったおもちゃや他のものを買うことができた。

3 その物語が最初に出版されたのと同時に、その人形が作られた。

4 それに基づく数多くの商品がある本のキャラクターとしては初めてであった。

C 全文訳

バイキングの影響

バイキングはスカンジナビア地方、つまり現在のデンマーク、ノルウェー、スウェーデンがある地域出身の人々の集団であった。彼らは9世紀から11世紀ごろに生きていた。(34) バイキングの従来のイメージは、地域社会を攻撃し、人々を殺し、その富を強奪した戦士というものである。そのようなことをした者もいるが、現代の研究によれば、彼らは単なる暴力的な強奪者ではなかったことが示されている。彼らはヨーロッパに広く影響を与えた独自の豊かな文化を持っていたのだ。

すべてのバイキングが戦士であったわけではなかった。多くは実は農民や貿易商であった。(35) 彼らは船を作ることにとても優れており、その中には今日でもまだ存在するものもあるのだが、速いスピードで長距離を航行することができた。バイキングは探検家として成功し、(35) 北米まで行きそこに村落を作った。彼らはまた、ヨーロッパや中東の全域だけでなく、(35) はるか遠くインドや中国の全域にも新たな貿易ルートを作り出すことができた。バイキングはこれらの場所の多くに行った最初のヨーロッパ人であったのだ。

バイキングは貿易をした場所の多くに定住した。バイキングの大きなコミュニティがアイルランド、イギリス、フランスに作られた。彼らが住んでいた町や村の考古学的研究により、文明の多くの側面において彼らの進んだ技術が明らかになっている。たとえば、彼らは建築にも長けており、大きな家をたくさん建てた。彼らはまた、織物や武器を作ることにおいても高度な技術を持っていた。(36) 彼らの暴力的なイメージとは裏腹に、彼らは実は、すでにその地域に住んでいる人々に、自分たちの知識を共有していたのだ。

バイキングには複雑な宗教と神話もあった。(38) こういったものは彼らの歴史や英雄たちの冒険について伝える文学から多くが知られている。彼らの宗教は、彼らが動物を生贄（いけにえ）として捧げた多くの異なる神々から成り立っていた。最終的に、彼らはキリスト教徒となったが、彼らの宗教の一部は現代の文化の中にいまだに見ることができる。(37) たとえば、英語やスウェーデン語の木曜日や金曜日といった曜日の名前はバイキングの神々の名前に由来している。また、多くの学者らは、クリスマスツリーはもともとバイキングの儀式で使われていたものだと信じている。多くの現代の学者によれば、我々はバイキングに対するイメージをもっと肯定的なものに変えるべきなのである。

語句 第1段落

- □ a group of ～ ～の集団・グループ □ Scandinavia スカンジナビア
- □ area 地域 □ Denmark デンマーク □ Norway ノルウェー
- □ Sweden スウェーデン ☑ be located 位置する □ around ～周辺・～頃
- □ century 世紀 ☑ traditional 伝統的な・従来の □ image イメージ
- □ warrior 戦士 □ attack 攻撃する □ community 地域社会 □ kill 殺す
- ☑ steal 盗む □ wealth 富 ☑ although sv ～するけれども
- □ such そのような ☑ modern 現代の □ research 研究・調査
- □ violent 暴力的な □ robber 盗人 □ culture 文化 □ own 自分自身の
- □ wide 幅広い ☑ influence 影響

第2段落

- ☑ actually 実際は □ farmer 農家 □ trader 貿易商
- ☑ unusually 非常に・珍しく □ be good at -ing ～するのが得意だ
- □ build 建設する・建造する □ still まだ ☑ exist 存在する
- □ sail 航海する □ distance 距離 ☑ successful 成功した
- □ explorer 冒険家 ☑ establish 設立する・作る
- □ be able to 原形 ～することができる ☑ create 創り出す
- □ trade route 貿易ルート ☑ not only A but also B A だけでなく B も

☑ throughout ～を通して　　☐ the Middle East 中東　　☐ place 場所

第3段落────────────────────────────────
☑ settle down 定住する　　☐ trade 貿易する　　☐ Ireland アイルランド
☑ archaeological 考古学の　　☑ advanced 発展した　　☐ skill 技術
☐ aspect 外観　　☐ civilization 文明　　☑ skilled 熟練の　　☐ architect 建築家
☐ expert 専門家　　☐ cloth 布　　☐ weapon 武器・兵器
☑ contrary to ～ ～とは反対に　　☑ share 共有する　　☑ knowledge 知識
☐ already すでに・もう

第4段落────────────────────────────────
☑ complicated 複雑な　　☑ religion 宗教　　☐ mythology 神話
☐ literature 文学　　☐ adventure 冒険　　☐ hero 英雄
☑ consist of ～ ～から成る　　☐ god 神
☑ sacrifice ～を生贄(いけにえ)として捧げる・～を犠牲にする
☑ eventually 結局は・ついには　　☐ Christian キリスト教徒・クリスチャン
☐ still まだ　　☐ culture 文化　　☐ scholar 学者　　☑ originally もともと
☐ ritual 儀式　　☑ according to ～ ～によると　　☐ change 変わる・変化する
☑ positive 肯定的な

〈設問先読み〉

(34) According to modern research,
　　「現代の研究によれば、」
　➡ modern research がキーワード！　第1段落で出てきたらチェック！

(35) Because the Vikings were good boat builders,
　　「バイキングは船を作るのが上手だったので」
　➡ 「バイキングは造船が上手だった」という内容に注目！　それを理由に「どうしたか？」を読み取ります。

(36) What happened to many towns and villages where the Vikings lived?
　　「バイキングが住んでいた町や村の多くで何が起こりましたか？」
　➡ 「バイキングが住んでいた町や村」がキーワードになるので、出てきたらチェック！

(37) What is one way the Vikings have influenced the modern world?
　　「バイキングが現代の世界に影響を与えていることの1つは何か？」
　➡ the modern world がキーワード！

(38) Which of the following statements is true?
　　「次の記述のうち、正しいものはどれですか？」
　➡ 「内容に合うものはどれか？」のパターンです。2級の問題では「文章全体から読み取れる正しいものはどれか？」ということが問われ、必ずしも最後の段落に設問の根拠があるとは限りません。

(34) ▸ traditional から「現在」との対比を予想！

解答 **4**

解説

「従来の」→現在との対比を予想 　　　　　　バイキングの従来のイメージは「戦士」

The traditional image of the Vikings is that they were warriors who attacked communities, killed people, and stole their wealth. Although some did

キーワード

such things, modern research has shown that they were much more than just violent robbers.　　単なる暴力的な強奪者ではなかった

第1段落3文目に「バイキングの従来のイメージは戦士だったというものだ」とあります（traditional は「伝統的な」が有名ですが「従来の」という意味も大事です）。「従来の」と言っているので、それと対比された「新しいイメージ」が出てくると予想します。すると、4文目にキーワードの modern research「現代の研究」が登場し、その後に「彼らは単なる暴力的な強奪者ではなかった」と続きます。これらの内容に一致する、**4** の most people's view of the Vikings is not completely accurate.「バイキングに対する大半の人々の見解は必ずしも正確であるというわけではない」が正解です。

> 💡 more than ～ の訳し方
> more than ～ は「～以上」の訳が有名ですが、「～ではない」という訳し方も覚えてください。
> ① ～以上　　② ～でない (not)
> 今回、4文目に they were much **more than** just violent robbers が出てきます（much は比較級の強調）。「単なる暴力的な強奪者以上だった」では不自然です。そこで②の訳し方をすると「単なる暴力的な強奪者ではなかった」となり意味が通りますね。「～以上」でうまくいかないときは「～ではない」を試してください。

設問と選択肢の和訳
現代の研究によれば、
1 バイキングはもともとスカンジナビア出身ではなかった。
2 バイキングは世界の歴史において重要な役割を果たさなかった。
3 スカンジナビアに現在住んでいる人々はバイキングに関係ない。
4 バイキングに対する大半の人々の見解は必ずしも正確であるというわけではない。

(35) ▸ 「本文→選択肢」の言い換えを読み取る レベル ★★★

解答 3

解説

> 船を作るのが上手い
>
> They were unusually good at building boats, some of which still exist today,
>
> and they could sail long distances at great speed. The Vikings became
>
> 速いスピードで長距離を航行することができた　　　　　村を作った
>
> successful explorers, traveling to North America and establishing villages
>
> 新たな貿易ルートを開拓
>
> there. They were also able to create new trade routes, not only throughout
>
> Europe and the Middle East, but also as far as India and China.

設問文にある「船を作ることに優れている」という内容が第2段落の3文目に出てきます（設問の good boat builders が、本文では be good at building boats となっています）。同じ3文目の後半で「速いスピードで長距離航行できた」とあり、さらに4文目以降でより具体的な話が続きます（今回の North America など、「固有名詞」が出てきたら具体例だと思ってください）。establishing villages there「そこに村を作った」、create new trade routes「新たな貿易ルートを開拓した」とあることから、これらの内容をまとめた **3** の they were able to travel to faraway places where they set up villages and traded.「彼らは遠くの場所へ行くことができ、そこに村を作り貿易をした」が正解となります。本文の sail long distances が travel to faraway places、establish villages が set up villages、create new trade routes が trade にそれぞれ言い換えられているわけです。

設問と選択肢の和訳

　　バイキングは船を作るのが上手だったので
　1　現代の人々は長距離を航行するために彼らの船を使い始めた。
　2　ヨーロッパや中東の探検家たちは彼らに多額のお金を払って船を作ってもらった。
　3　彼らは遠くの場所へ行くことができ、そこに村を作り貿易をした。
　4　彼らは、必要としていた武器を得るために他の国々と貿易をした。

(36) ▸ actually に注目！

解答 1

解説

実は   知識を共有した

Contrary to their violent image, they actually shared their knowledge with the people already living in those areas.

第3段落冒頭に The Vikings settled down in many of places they trade with.「バイキングは貿易をした場所の多くに定住した」とあるので、この段落に書かれている内容と一致するものが正解だと考えます。4文目以降「建築にも長けており、織物や武器を作ることにおいても高度な技術を持っていた」という内容が続きます。そして最終文で「彼らは実は、すでにその地域に住んでいる人々に、自分たちの知識を共有していたのだ」とあるので、この内容に一致する **1** の Local people gained new techniques and information to improve their lives.「地元の人々は生活を向上させるために新しい技術や情報を獲得した」が正解となります。

2 は、本文に「破壊されて再建された」とは書かれていないので were destroyed and rebuilt の部分が×、**3** は本文に「織物や武器を作るのに長けていた」とはあるが「織物や武器を作ることができる場所に作りかえられた」とは書かれていないので×、**4** は本文には「強制的に移住させられた」という内容はないので、were forced to move の部分が×です。

設問と選択肢の和訳

バイキングが住んでいた町や村の多くで何が起こりましたか？
1 地元の人々は生活を向上させるために新しい技術や情報を獲得した。
2 大きな家の多くが破壊され、バイキングの建築家によって建て直された。
3 町や村は織物や武器を作ることができる場所に作り替えられた。
4 そこにすでに住んでいたコミュニティはアイルランド、イギリス、フランスへ強制的に移住させられた。

(37) ▸ modern に注目して該当箇所を絞り込む

解答 2

解説

第4段落4文目にキーワード modern cultures「現代の文化」が出てきます。設問では modern world ですが、同じ modern が使われており、この英文が「彼らの宗教の一部分は現代の文化の中に今だに見ることができる」という意味であることからも、このあたりがポイントになると判断してください。さらに5文目に For example「たとえば」があり、ここから具体例が始まるとわかります。

> Although the Vikings eventually became Christians, some parts of their
> 〔キーワード〕 〔ここから具体例〕
> religion can still be found in modern cultures. For example, the names for
> the days of the week Thursday and Friday in English and Swedish come
> from the names of Viking gods. 〔曜日の名前はバイキングの神々の名に由来している〕

「英語やスウェーデン語の木曜日や金曜日といった曜日の名前はバイキングの神々の名前に由来している」に一致する、**2** の The names of their gods are still used in modern languages.「彼らの神々の名前が現代の言語でいまだに使われている」が正解です。

設問と選択肢の和訳
バイキングが現代の世界に影響を与えていることの 1 つは何ですか?
1 多くの人々はいまだに彼らの神々を信じ、彼らの宗教を信仰している。
2 彼らの神々の名前が現代の言語でいまだに使われている。
3 現在の文学は彼らの英雄の物語に基づいていることが多い。
4 人々は彼らの神話を読んだ後、クリスマスツリーを使い始めた。

---

(38) ▸ 各選択肢のキーワードを拾って本文チェック！ 〔レベル ★★★〕

解答 **1**

解説
2 級で「内容に合うものはどれか?」パターンの設問は、必ずしも最後の段落に根拠があるとは限りません。選択肢の中のキーワードをもとに該当箇所を絞り込み、内容を確認していきます。選択肢を整理すると次のようになります。

1 Much is known about the Vikings' religion because of their literature.
   religion・literature → 第 4 段落をチェック！
   ➡第 4 段落 1 文目に「バイキングに宗教や神話があった」と明かされています。そして 2 文目「こういったものは彼らの歴史や英雄たちの冒険について伝える文学から多くが知られている」に一致するので正解です。

2 The Vikings often settled in new places to get the materials they needed to produce their books.
   ➡「バイキングは本を作るために必要な資材を得るためによく新たな場所に定住した」という内容は本文に書かれていないので×です。

3 Most Vikings preferred being warriors to being farmers or traders.
   warriors・farmers・traders がキーワード
   ➡英文全体を通して「バイキングの従来のイメージではなく、肯定的な内容」について書かれています。さらに第 2 段落 1・2 文目にキーワードが出てきますが、

そもそも「農民や貿易商よりも戦士であることを好んだ」のように比較している
わけではないので、この内容が×となります。

4 Viking culture was mostly stolen from countries such as Denmark,
Norway, and Sweden.

Denmark・Norway・Sweden → 第1段落をチェック！

➡第1段落1文目に「バイキングはスカンジナビア地方、つまり現在のデンマーク、
ノルウェー、スウェーデンがある地域出身の人々の集団であった」とはあります
が、「バイキングの文化はこれらの国々から盗まれた」とは書かれてないので×
です。

設問と選択肢の和訳

次の記述のうち、正しいものはどれですか？

1 バイキングの文学によって、彼らの宗教について多くが知られている。

2 バイキングは本を作るために必要な資材を得るためによく新たな場所に定住した。

3 多くのバイキングは農民や貿易商よりも戦士であることを好んだ。

4 バイキングの文化は、ほとんどデンマーク、ノルウェー、スウェーデンといった国々
から盗まれたものであった。

解答例　　　　　　　　　　　　　　　　　　　　　　　　　　　レベル ★★★

I do not think that young people should spend more time thinking about their future careers. First, schools already offer career education. For example, there are classes where students can learn about jobs and careers, and schools often invite guest speakers to talk about their experiences in society. Second, young people should try different kinds of jobs instead of only thinking about a future career. By experiencing these jobs, they can find what skills and abilities they have. In conclusion, I do not believe young people should spend a lot of time thinking about their future careers. (97 語)

解説

▶ TOPICの確認

POINTS に示された観点を踏まえ、自分の立場・構成・内容を考える！

> *Some people say that young people should spend more time thinking about their future careers. Do you agree with this opinion?*
>
> 「若者たちは将来の職業について考えるのにもっと時間を使うべきだと言う人がいます。あなたはこの意見に賛成ですか?」

➡ **TOPIC** に関して「賛成」か「反対」か、自分の立場を決めて内容を考えます。また、**POINTS** に示された観点の内容を確認し、書きやすいものがあれば採用し、条件を踏まえ、次のような構成にあてはめて解答を作るとよいでしょう。

〈構成の例〉

> 第 1 文…**TOPIC** に対する自分の立場を明確にする文 (賛成・反対など)
> 第 2 文・第 3 文…理由① + 理由①をサポートする文 (具体例など)
> 第 4 文・第 5 文…理由② + 理由②をサポートする文 (具体例など)
> 第 6 文…まとめ (英文の数は条件に含まれませんので語数次第ではなくても OK です)

まずは、第 1 文で「自分の立場」を明確にした文を書き、2 文目以降で「その理由を 2 つ」まとめていきます。

👍 **POINTS** に示された観点は必ずしも使う必要はないので、自分で思いついた観点で書いても OK です。あくまでも自分が解答しやすい（書きやすい）内容かどうかで判断するとよいでしょう。

👍 ライティング問題ではあらかじめ解答の「型」を準備しておくとスムーズです。14 ページの表現をしっかりと確認して使えるようにしておきましょう。

▶ 実際に英文を作る

1 文目は、「**TOPIC** について自分の立場を明らかにする」方向で考えます。I think {that} 〜 . や I do not think {that} 〜 . などを使って自分の立場を明確にします。解答例は I do not think that 〜 . を使っています。spend [時間] -ing で「〜するのに[時間]を費やす」です。

I do not think that young people should spend more time thinking about their future careers.

「若者たちは将来の職業について考えるのにもっと時間を使うべきだとは私は思いません」

---

2 文目で 1 つ目の理由、3 文目でその理由をサポートする文を作っています。

〔1つ目の理由を述べる合図〕　　　　　　　　　〔具体例の合図〕

First, schools already offer career education. **For example**, there are classes where students can learn about jobs and careers, and schools often invite guest speakers to talk about their experiences in society.

「まず、学校はすでにキャリア教育を提供しています。たとえば、生徒が仕事やキャリアについて学ぶことができる授業があったり、社会での経験について話してくれるゲストスピーカーを学校がよく招待したりしています」

First「まず」を使い、schools already offer career education「学校がすでにキャリア教育を提供している」と 1 つ目の理由をあげています。「職業について考える時間はすでに十分である」という考えです。3 文目は For example「たとえば」を使い、「どんなキャリア教育を提供しているのか」を具体的に 2 つ説明しています。
・there are classes where students can learn about jobs and careers
「仕事やキャリアについて学ぶことができる授業があります」
・schools often invite guest speakers to talk about their experiences in society
「学校は社会での経験について話してくれるゲストスピーカーを招待することがよくあります」
この 2 つの文は **POINTS** に提示されている "**Education（教育）**" の観点です。

4 文目に 2 つ目の理由、5 文目にその具体例を持ってきています。

---

2 つ目の理由を述べる合図　　　〜の代わりに・〜ではなく

Second, young people should try different kinds of jobs instead of only thinking about a future career. By experiencing these jobs, they can find what skills and abilities they have.

「2 つ目に、若者は将来のキャリアについて考えるだけではなく、代わりにいろいろな種類の仕事をやってみるべきです。これらの仕事を経験することによって、彼らは自分がどんなスキルや能力を持っているのか理解することができます」

Second「2 つ目に」を使い、young people should try different kinds of jobs instead of only thinking about a future career.「若者たちは将来のキャリアについて考えるだけではなく、代わりにさまざまな種類の仕事をやってみるべきです」と 2 つ目の理由を述べています。instead of 〜「〜の代わりに」は、対比させて代替案を提示するときに便利な表現です。5 文目 By experiencing these jobs, they can find what skills and abilities they have.「これらの仕事を経験することによって、彼らは自分がどんな技術や能力を持っているのかを理解することができます」は「さまざまな種類の仕事をやるメリット」を、助動詞 can を使って具体的にサポートしているわけです。この 2 つの文は **POINTS** に提示されている "**Skills（技術・スキル）**" の観点です。

今回は最後に In conclusion「結論として」を使って、もう一度自分の立場（意見）を明確にしています。

まとめの文に入る合図

In conclusion, I do not believe young people should spend a lot of time thinking about their future careers.

「結論として、若者たちは将来の職業について考えるのにもっと時間を使うべきだと私は思いません」

冒頭では think を使って立場を明確にしていましたが、それだとまったく同じ英文になってしまうので、believe を使って表現のバリエーションをもたせているわけです。今回は 6 文構成ですが、語数によっては最後の 1 文をカットして 5 文構成にしても OK です（英文の数は条件に含まれていません）。

和訳 （テーマ）若者たちは将来の職業について考えるのにもっと時間を使うべきだと言う人がいます。あなたはこの意見に賛成ですか？
（ポイント）
・教育
・収入
・技術・スキル

（解答例）

若者たちは将来の職業について考えるのにもっと時間を使うべきだとは私は思いません。まず、学校はすでにキャリア教育を提供しています。たとえば、生徒が仕事やキャリアについて学ぶことができる授業があったり、社会での経験について話してくれるゲストスピーカーを学校がよく招待したりしています。2つ目に、若者は将来のキャリアについて考えるだけではなく、代わりにいろいろな種類の仕事をやってみるべきです。これらの仕事を経験することによって、彼らは自分がどんなスキルや能力を持っているのか理解することができます。結論として、若者たちは将来のキャリアを考えることに多くの時間を使うべきだと私は思いません。

語句　☆spend 時間 -ing　〜することに 時間 を費やす　　□career　キャリア・職業
☆offer　提供する　　☆education　教育　　☆experience　経験　　□society　社会
☆instead of 〜　〜の代わりに・〜ではなく　　□skill　技術・スキル
□ability　能力　　☆in conclusion　結論として

No. 1 ▸ 「感情の理由」が問われた問題　　CD1 52　レベル ★★★

解答 1

スクリプト

奥さんが妊娠したって聞いたよ。おめでとう！

☆ Derek. Long time, no see. I heard your wife is pregnant. Congratulations!
軽く「ユア」

actually の後ろは重要！　　　　　　　　　　　　双子なんだ。

★ Thanks, Donna. Yeah, actually, we're having twins. We're expecting
軽く「ウィア」　gの飲み込み

the babies in June.

双子なんてすごいね！

☆ Wow, that's only two months away. And twins—how exciting! You can
軽く「アン」　　　　　　　　gの飲み込み

buy the same clothes for both of them.

まったく驚きだよね。でも本当に楽しみだよ。

★ Yeah, and two of everything else, too. It's quite a surprise, but we're really
軽く「アン」　　　　　　　　　　　　　　　　　　　　「パッウァ」って感じ

looking forward to it.
gの飲み込み　「フォウァ」って感じ

☆☆ **Question:** Why is the man excited?

解説

〈選択肢先読み〉➡主語がすべて He ➡「男性の行動」がポイント！

質問は「男性はなぜわくわくしているのですか？」です。やりとりから男性に双子が生まれる予定だとわかります。pregnant、twins、expecting the babies がキーワードです。さらに男性が最後に「かなりびっくりだけど僕たちは本当に楽しみにしているよ」とあることから、**1** の He is going to have twins.「彼には双子が生まれる予定だから」が正解となります。女性の two months away から「2 ヶ月離れて」と考えて **4** の「外国で 2 カ月過ごす予定だ」を選ばないようにしてください。「生まれるまであと 2 カ月」という意味です。

👉 **感情（気持ち）はよく狙われる！**
英検のリスニングでは今回の Question のように「感情の原因」が問われることがよくあるので、感情を表す表現は要注意です。

💡 **expecting「おめでたの（妊娠中の）」**

We're expecting the babies が使われていますが、直訳「赤ちゃんを待っている」→「妊娠している」という婉曲表現です。pregnant「妊娠した」はやや直接的な表現になります。

和訳 ☆デレク、お久しぶりね。奥さんが妊娠したって聞いたわよ。おめでとう！
★ありがとう、ドナ。うん、実はね、双子なんだ。6月に生まれる予定なんだよ。
☆うわあ、あと2カ月しかないじゃない。そして双子だなんて、なんて楽しみなの！両方のお子さんに同じ服が買えるわね。
★そうなんだ、そして他のものも全部2つずつだね。かなりびっくりだけど僕たちは本当に楽しみにしているよ。
☆☆質問：男性はなぜわくわくしているのですか？

選択肢の和訳
1 彼には双子が生まれる予定だから。　2 彼は旧友に会う予定だから。
3 彼は6月に結婚する予定だから。　4 彼は外国で2カ月過ごす予定だから。

語句 □wife　妻　□pregnant　妊娠している　□Congratulations!　おめでとう！
☑actually　実は・実際は　□twins　双子　□expect　赤ちゃんを生む予定である
☑same　同じ　□clothes　服　☑both of ～　～の両方　□else　他に
□quite　まったく　□surprise　驚き　☑really　本当に
☑look forward to ～　～を楽しみにしている

選択肢の語句 □get married　結婚する　☑spend　過ごす・費やす　□abroad　海外で

No. 2 ▶「依頼表現」は根拠になりやすい！　🔲CD1 53 🔲レベル ★★★

解答 2

スクリプト 　店員と客の店での会話

★ Welcome to Trade Winds Tea Store.

自分でお茶を買ったことがない

☆ Hi. I'd like to buy some tea as a gift, but I never buy tea for myself.

売っているお茶について教えて頂けませんか？

Could you tell me about the teas you sell?
くっついて「クッジュ」　一気に発音される

★ OK. Well, these teas are very popular in Britain. Those are from
軽く「フム」

China. Over here, we have a variety of Japanese teas. I recommend

this brand. It's delicious, and it's on sale.

☆ Great. I'll take some of that.
「アイゥ」って感じ

☆☆ **Question:** What do we learn about the woman?
tの飲み込み

解説

〈選択肢先読み〉➡主語がすべて She ➡「女性の行動」がポイント！

質問は What do we learn about 〜？「〜についてわかることは何か？」のパターンで、今回は「女性」についてです。女性は「自分で買ったことがなくて。販売しているお茶について教えて頂けませんか？」と尋ねており、それに対して店員がお茶について説明しています。したがって、**2** の She does not know much about tea.「彼女はお茶についてよく知らない」が正解です。

👉 「依頼の表現」は根拠になりやすい

今回は女性の Could you tell me about the teas you sell? という「依頼の表現」が使われている英文が解答の根拠になりました。リスニングでは Could you 〜？ などの「依頼の表現」がポイントになる問題がとても多いので、これらの表現に反応できるようにしてください。

和訳 ★ようこそ、トレード・ウィンズ・ティーストアへ。
☆こんにちは。贈り物としてお茶を買いたいのですが、自分で買ったことがなくて。販売しているお茶について教えて頂けませんか？
★かしこまりました。まず、こちらのお茶はイギリスでとても人気のものになります。あちらは中国産です。こちらには、さまざまな種類の日本茶がございます。私はこちらのブランドをお勧めしています。とてもおいしく、セール中ですよ。
☆いいわね。それをいくらかいただきます。
☆☆**質問**：女性についてわかることは何ですか？

選択肢の和訳
1 彼女は日本茶が好きではない。 2 彼女はお茶についてよく知らない。
3 彼女はふだん中国茶を買う。 4 彼女は友だちとお茶を飲むのが好きだ。

語句 □Welcome to 〜．　〜へようこそ。　□would like to 原形　〜したい
□as 〜　〜として　□gift　贈り物　□never　一度も〜ない
□for oneself　自分で　☒Could you 原形 〜？　〜していただけますか？
□sell　売る　□popular　人気のある　□Britain　イギリス
☒a variety of 〜　さまざまな種類の〜　☒recommend　推薦する
□brand　ブランド　□delicious　とてもおいしい　□on sale　販売中・セール中

選択肢の語句
□usually　ふつう・たいてい　☒prefer to 原形　〜するのを好む

解答 **2**

スクリプト

〔ホテルでの会話〕

☆ Welcome to the Metropolitan Hotel. Are you checking in, sir?

くっついて「ギン」

★ Yes, my name is Fred Harris. Here's my reservation number. I'm here for

ここでソフトウェアの会議がある　　会議室はどこか私に教えていただけませんか？

the software conference. Could you tell me where the conference room is?

☆ It's in the Rose Room on the third floor. Here's your key, Mr. Harris.

軽く「ヤー」

You'll be staying in Room 752, which has a beautiful view.

「ユーゥ」って感じ

★ Wonderful. Thank you very much.

☆☆ **Question:** What does the man ask the woman about?

解説

〈選択肢先読み〉➡ 間接疑問の語順・whether を使ったもの ➡ ask が使われた Question を予想！

質問は「男性は何について女性に尋ねていますか？」です。男性の Could you tell me where the conference room is?「会議室はどこか教えて頂けますか？」から、**2** の Where the conference will be held.「どこで会議が行われるか」が正解となります。be held は hold の受動態です。hold は「抱きかかえる」というイメージがあり、「イベントをまるごと抱きかかえる」→「開催する」となりました。**1**、**3**、**4** はそれぞれ software、room、on the third floor と会話に出てきた単語を使ったダミーです。

👉「何を尋ねていますか？」パターンの Question
今回の選択肢のように "疑問詞＋主語＋動詞" という間接疑問の語順や、"whether＋主語＋動詞" の語順が並んでいるときは「何について尋ねていますか？」という Question の可能性が高いので、疑問文などが出てきたら反応するようにしましょう。

和訳 ☆メトロポリタンホテルへようこそ。チェックインでございますか、お客様？
★はい、フレッド・ハリスと申します。こちらが予約番号です。ソフトウェアの会議のためにここへ来ているんです。会議室はどこか教えて頂けますか？
☆3階のローズ・ルームです。こちらがお部屋のカギでございます、ハリス様。752号室、眺めがよいお部屋にご宿泊頂きます。

★すばらしい。どうもありがとうございます。
☆☆**質問：男性は何について女性に尋ねていますか？**

選択肢の和訳

1 どこでソフトウェアを買うことができるか。
2 どこで会議が行われるか。
3 部屋を変更することができるかどうか。
4 部屋が3階にあるかどうか。

語句 □Welcome to 〜．　〜へようこそ。　　☒check in　チェックインする
□sir　お客様（呼びかけ）　　☒reservation　予約　　□software　ソフトウェア
☒conference　会議　　☒Could you 原形 〜？　〜していただけますか？
□conference room　会議室　　□view　景色

選択肢の語句

☒be held　開催される　　☒whether　〜かどうか

No. 4 ▸ 冒頭のやりとりで答えが出る問題　　CD1 55　レベル ★★★

解答 **1**

スクリプト

大学卒業後に日本に戻る予定なの？

★ Eriko, are you going to go back to Japan after you graduate from college?
gの飲み込み

ええ、そう思っているわ　　　　　　両親の近くに住みたいの

☆ Yeah, I think so, Dylan. I love it here in New York, but I'd like to live
くっついて「ラヴィット」

closer to my parents. I've really missed them.
dの飲み込み

★ That's understandable. I hope you'll find the time to come back and visit.
「ユーゥ」って感じ　　　一気に発音される

☆ I will. I'm going to miss you. Plus, I don't want to forget all of the English
gの飲み込み　　　　　　　tの飲み込み くっついて「ワントゥ」　　一気に発音される

I've learned!

☆☆ **Question:** What does the woman say she will do?
tの飲み込み

解説

〈選択肢先読み〉➡すべて「動詞の原形」で始まっている➡「未来の予定・行動」を聞き取る！

質問は「女性は何をするつもりと言っていますか？」です。冒頭の「エリコ、大学を卒業後は日本に戻るつもりなの？」－「ええ、そう思っているわ」というやりとりから、

1 の Move back to Japan after college.「大学卒業後に日本へ戻る」が正解です。本文の go back to Japan の go が、選択肢では move に言い換えられています。

> 💡 **plus は日本語の「プラス」のイメージで**
> 女性の最後の発話に plus が出てきます。普段の英語の勉強ではあまり見かけませんが、副詞で「加えて・しかも」の意味で、そのまま日本語の「プラス」のイメージで覚えてください。

和訳 ★エリコ、大学を卒業後は日本に戻るつもりなの？
☆ええ、そう思っているわ、ディラン。ここニューヨークは大好きだけど、両親の近くに住みたいの。彼らがいなくて本当に寂しく思っているの。
★わかるよ。君がまた会いに戻ってきてくれる時間を見つけられるといいな。
☆そうするつもりよ。あなたに会えなくて寂しくなるわね。それに、学んだ英語を全部忘れたくないの！
☆☆**質問：女性は何をすると言っていますか？**

選択肢の和訳
1 大学卒業後に日本へ戻る。
2 彼女の故郷を男性に案内する。
3 彼女の両親をニューヨークへ連れてくる。
4 英語の先生になる。

語句 ☐ go back to ～　～へ戻る　　☒ graduate from ～　～を卒業する　　☐ college　大学
☐ would like to 原形　～したい　　☒ close to ～　～の近くに　　☒ really　本当に
☐ miss　～がいなくて寂しく思う　　☐ understandable　理解できる
☐ find　見つける・わかる　　☒ plus　加えて・しかも　　☐ forget　忘れる
☐ learn　学ぶ

No. **5** ▸ Why don't I ～ ? は「申し出」　　CD1 56　レベル ★★★

解答 **4**

スクリプト

☆ You look stressed, Jeff. What's wrong?
　　　　　　　　　　　　　　gの飲み込み

★ The boss says that he needs this report done by five o'clock today, but
　　　　どうすれば報告書を時間通りに仕上げられるかわからないんだ
　 I don't know how I'm going to be able to finish it on time.
　　tの飲み込み　　一気に発音される
　　　　　　手伝ってあげようか？　この手の報告書を書くのは得意だしそんなに忙しくないので。
☆ Well, why don't I give you a hand? I'm good at writing these reports, and
　　　　　　　　　　　　「グダッ」って感じ　gの飲み込み
　 I'm not so busy today, anyway.

本当にありがとう！

★ Thank you so much, Julia! I really appreciate it.

☆☆ **Question:** How <u>will</u> the man probably finish his report on time?
「ウル」って感じ

解説

〈選択肢先読み〉➡主語が He や Julia でバラバラ➡音声に集中！

質問は「男性はおそらくどうやって時間通りに報告書を仕上げますか？」です。女性が「手伝うことを申し出ている」のに対し、男性が「ありがとう」と答えていることから、**4** の Julia will help him.「ジュリアが彼を手伝う」を選べば OK です。

> 💡 **Why don't I ～? は「申し出」の表現**
> Why don't you ～?「～するのはどうですか？」や Why don't we ～?「～しませんか？」と同様に反語的な表現です。主語が I になることで「(私が)～しましょうか？」という「申し出」の表現になります。

> 💡 **give 人 a hand「人 を手伝う」**
> hand には「援助の手」という意味があり、「人 に (援助の) 手を (a hand) 与える (give)」→「人 を手伝う」という意味になりました。Could you give me a hand -ing? で「～するのを手伝ってくれませんか？」という形で使うこともできます。

和訳 ☆ストレスがたまっているみたいね、ジェフ。どうしたの？
★上司が今日の5時までにこの報告書を仕上げる必要があるって言うんだけど、どうすれば時間通りに仕上げられるかわからなくて。
☆そうね、私が手伝ってあげようか？　これらの報告書を書くのは得意だし、どうせ今日はそんなに忙しくないから。
★どうもありがとう、ジュリア！　本当に感謝するよ。
☆☆**質問**：男性はおそらくどうやって時間通りに報告書を仕上げますか？

選択肢の和訳
1 彼は残業をする。
2 彼は上司にもっと時間をくれるよう頼む。
3 ジュリアは自分の友人にそれをやってもらう。
4 ジュリアが彼を手伝う。

語句 □stressed　ストレスを感じている　⊠What's wrong?　どうしたの？
□boss　上司　□report　報告書　⊠by ～　～までに　⊠anyway　どちらにせよ
⊠really　本当に　⊠appreciate　感謝する　□probably　おそらく
⊠on time　時間通りに

選択肢の語句
□overtime　時間外に　□ask 人 for ～　人 に～を求める

No. 6 ▸ I'm afraid の後ろは「マイナス内容」　CD1 57　レベル ★★★

解答 3

スクリプト

☆ Hello. My friends <u>and</u> I would like three tickets for the 5 p.m. showing
軽く「アン」

of *Land's End*, please.

madam の略 ／ となり合った席を確保できない

★ I'm sorry, <u>ma'am</u>, but the theater is nearly full. <u>Your seats won't be</u>
「ウォンビ」って感じ

<u>next to each other.</u>
くっついて「ネクストゥ」

本当に一緒に座りたいんです。午後７時の回はどうですか？

☆ We really <u>want to sit together</u>. How about the 7 p.m. showing?
「ウォントゥスィットゥギャザ」って感じ　tの飲み込み

★ I'm afraid the 7 <u>and</u> 9 p.m. shows are already sold out. The tickets for our
dの飲み込み　軽く「アン」

午後７時と９時の回もすでに売り切れとなっています

late shows usually sell out quickly.

☆☆ **Question:** <u>What is the woman's problem?</u>
「ワリズ」って感じ

解説

〈選択肢先読み〉➡バラバラ➡選択肢の内容から何か「トラブル？」と予想！

質問は「女性の問題は何ですか？」です。映画のチケットを買おうとしている場面の会話です。男性の「おとなりにお座りいただける席がないと思います」や「あいにく、午後７時と９時の回はすでに売り切れております」から、席が売り切れてしまい、女性の「友人ととなり合わせの席で映画を鑑賞したい」という要望を叶えられないという流れです。したがって、**3** の She cannot sit with her friends.「彼女は友だちと一緒に座ることができない」が正解です。

> 🔎 **I'm afraid の後ろは「マイナス内容」がくる！**
> 男性の発話に I'm afraid が使われています。I'm afraid {that} ～で「私は～するのを怖がる」というのが本来の意味ですが、会話では相手に何か言いにくいことを伝えるときに「残念ながら～する」の意味でよく使われます。日本語の「恐れ入りますが…」や「あいにく…」と同じイメージで、後ろには「マイナス内容」がきます。

> 🔎 **ma'am は madam の略**
> 男性の発話に呼びかけの ma'am「お客様」が出てきます。ma'am は madam を略した言い方で、女性に対して「お客様」という意味で使われ、店員と客との会話でよく出てきます。このような

「呼びかけ」の表現は、会話をしている人物の関係を把握するのに役立ち、内容を把握しやすくなります（74ページ）。

和訳 ☆こんにちは。友人と私は『ランズ・エンド』の午後5時上映のチケットを3枚ほしいのですが。
★申し訳ございません、お客様、劇場はほぼ満席でございます。おとなりにお座りいただける席がないと思います。
☆本当に一緒に座りたいんです。午後7時の上映はどうですか？
★あいにく、午後7時と9時の回はすでに売り切れております。レイトショーのチケットはたいていすぐに売り切れてしまうんです。
☆☆質問：女性の問題は何ですか？

選択肢の和訳
1 その劇場はもう『ランズ・エンド』を上映していない。
2 その劇場は値段が高すぎる。
3 彼女は友だちと一緒に座ることができない。
4 彼女は映画のチケットを見つけることができない。

語句 □would like 〜　〜がほしい　□ma'am　奥様・お客様（呼びかけ）
□theater　劇場　☒nearly　ほとんど　□seat　席　☒next to 〜　〜のとなりの
☒really　本当に　□together　一緒に　☒I'm afraid 〜　恐れ入りますが〜
□already　すでに・もう　□sell out　売り切れる　□quickly　すぐに

選択肢の語句
□expensive　高価な

No. 7 ▶ 変化動詞と一緒のasは「〜につれて」　CD1 58 レベル ★★★

解答 3

スクリプト

☆ We're making Christmas fruitcake this afternoon, Haruo. Would you
　　軽く「ウィア」　　gの飲み込み　　　　　　　　　　　　　　　　くっついて「ウッジュ」

like to help?
軽く「トゥ」

　　　　　　　　　　　　　　　　クリスマスのケーキを作るには少し早くない？

★ Sure, Mrs. Beecher. But isn't it a little early to make cake for Christmas?

It's still November.

　　　　　　　　　　食べる前に数週間おいておくと味がよくなる

☆ Fruitcake tastes better if you keep it for several weeks before eating it.
　　　　　　　　　　　　　　　　「キーピッ」って感じ

　　　　　　　　　ちょうどワインのように時がたつにつれておいしくなる

The taste improves with age, just like wine.
　　　　　　　　　　軽く「ゥズ」

★ Oh, I see. Well, it sounds like fun. I'd be happy to help.
「アイビ」って感じ　　　　　　　　　　　　　　軽く「トゥ」

☆☆ **Question:** What do we learn about Christmas fruitcake?
くっついて「ナ」

20年度第2回 一次試験 筆記 短文 長文 ライティング リスニング 二次試験 面接

解説

〈選択肢先読み〉➡主語がすべて It ➡「人以外」を予想！

質問は What do we learn about ～?「～についてわかることは何か？」のパターンで「クリスマスのフルーツケーキ」について問われています。女性の「食べる前に数週間寝かせておくとフルーツケーキはよりおいしくなるの。ワインのように時間とともに味がよくなるのよ」の内容に一致する **3** の It tastes better as it gets older.「それは時間がたつにつれておいしくなる」が正解です。with age「時がたつにつれて」が選択肢では as it gets older に言い換えられています。**2** の It should be served with wine. は、会話に出てきた単語 wine を使ったダミーです。

> 💡 **as は「～につれて」**
> 選択肢に使われている as は「～につれて」の意味で、get「～になる」のように「変化・移動」を表す動詞や比較級と一緒に使われます。今回は gets と older が使われていますね（47 ページ）。

> 💡 **with は「付帯」の意味から考える**
> 女性の発話にある with age の with はもともと「～と一緒に（付帯）」の意味があり、with age で「時と一緒に」、そこから「～につれて」という意味が生まれ、「時がたつにつれて」となりました。

和訳 ☆今日の午後、クリスマスのフルーツケーキを作るの、ハルオ。手伝ってくれる？
★もちろんです、ビーチャーさん。でもクリスマスのケーキを作るにはちょっと早くないですか？　まだ 11 月ですよ。
☆食べる前に数週間寝かせておくとフルーツケーキはよりおいしくなるの。ワインのように時間とともに味がよくなるのよ。
★なるほど。おもしろそうですね。喜んでお手伝いしますよ。
☆☆質問：クリスマスのフルーツケーキについて何がわかりますか？

選択肢の和訳
1 それを 11 月に買うのは難しい。
2 それはワインと一緒に提供されるべきだ。
3 それは時間がたつにつれておいしくなる。
4 それはクリスマスイブに作る必要がある。

語句 □a little 少し　□still まだ　□teste 味がする　□several いくらかの
☑improve 向上する　□just like ～ ～のように　□wine ワイン
□sound like ～ ～のようだ

選択肢の語句
☑serve 出す　☑as ～ ～につれて

解答　1

スクリプト

「イヌを散歩させる」話

★ Can you take the dog for a walk, Angie? He hasn't been out yet this
くっついて「キャニュ」　　　　　　　　　　　　　　　　　　　軽く「ビン」「アウイェッ」って感じ

morning.

「バターボールを散歩させる」→バターボールはイヌの名前

☆ That's not true, Dad. I walked Butterball before breakfast.

じゃあ、どうしてドアのところに立っているのだろう？

★ Oh. I wonder why he's sitting by the door, then.
　　　　　　　　　「ヒスイッティン」って感じ

もうすぐ私がバイオリンのレッスンに行くとわかっている　　　見送るために待っている

☆ He knows I have to go to my violin lesson soon. Recently, he's been waiting
　　　　　　　　　　　　　　　　　　　　　　　　　　　軽く「ヒズ」軽く「ビン」

there to say good-bye to me.

☆☆ **Question:** Why is Butterball sitting by the door?
　　　　　　　　　　gの飲み込み

解説

〈選択肢先読み〉➡ 主語がすべて He ➡「男性の行動」がポイント！※ ただし、今回はペットで飼育しているイヌのバターボールを受けています。

質問は「バターボールはなぜドアの近くに座っているのですか？」です。最後の「彼は、私を見送るためにそこで待っているのよ」から、**1** の He wants to see Angie off.「彼はアンジーを見送りたいから」を選びます。今回はペットのイヌを、選択肢では He で受けています。ペットの場合、家族の一員として扱われ、擬人化して he や she で受けることが多いので注意してください。また、会話の say good-bye to me が、選択肢では see Angie off に言い換えられています。

> 🔦 「散歩」関係の表現
> 今回「散歩」に関する表現がいくつかでてきたので、ここでまとめてチェックしておきましょう。
> ① take ～ for a walk「～を散歩に連れていく」
> 　※ walk は名詞「散歩」
> ② walk ～「～を散歩させる」
> 　※ この walk は他動詞
> ③ go for a walk「散歩に行く」
> 　※ walk は名詞「散歩」

和訳 ★イヌの散歩に行ってくれる、アンジー？　彼は今朝、まだ外出していないんだ。

☆それは違うよ、お父さん。朝食の前にバターボールを散歩させたわ。

★そうなんだ。じゃあ、なんで彼はドアの近くに座っているんだろう。

☆彼は、もうすぐ私がバイオリンのレッスンに行かなきゃいけないのをわかっているのよ。
　最近、彼は私を見送るためにそこで待っているのよ。

☆☆**質問**：バターボールはなぜドアの近くに座っているのですか？

選択肢の和訳

1 彼はアンジーを見送りたいから。

2 彼はアンジーにバイオリンを弾いてほしいから。

3 彼は散歩に行きたいから。

4 彼はえさをもらいたいから。

語句 ☒ Can you 原形 ～？　～してくれませんか？

☒ take ～ for a walk　～を散歩に連れていく　　□ not ～ yet　まだ～ない

□ wonder　～かと思う　　□ by　～のそばに

□ have to 原形　～しなければならない　　□ soon　まもなく・すぐに

☒ recently　最近　　□ wait　待つ

選択肢の語句

☒ see 人 off　人を見送る　　☒ want 人 to 原形　人に～してもらいたい

□ go for a walk　散歩に行く　　□ feed　えさをあげる

No. 9 ▸ Do you have time to ～？は「～する時間ある？」 CD1 60 レベル ★★★

解答 **3**

スクリプト

電話の場面

★ Hello?

☆ Hi, Jacob. It's Barbara. Do you have time to meet me at lunchtime to

（プロジェクトについて話し合うためにお昼に会う時間ある？）

　　　　　　　　　　　　　　　一気に発音される　　　　軽く「アッ」

talk about the sales project?

★ OK, but I have to visit a client downtown at 2:30, so we won't have much

　　　　　　　　　　　　　　　　　　　　　軽く「アッ」　　　　　　tの飲み込み

time.

☆ No problem. I'll order lunch to be delivered at one o'clock and meet you

　　　　　　　「アィゥ」って感じ　軽く「トゥ」　　　軽く「アッ」　　軽く「アン」　tの飲み込み

in Conference Room B.

★ OK, great. Let's order Korean food from the restaurant on the corner.

☆☆ **Question:** Why did Barbara <u>call</u> Jacob?

「コーゥ」って感じ

解説

〈選択肢先読み〉➡すべて「To+ 動詞の原形」で始まっている➡「目的」or「これから
のこと」

質問は「バーバラはなぜジェイコブに電話をしたのですか？」です。冒頭の「お昼に販
促プロジェクトについて私と会って話し合う時間はとれるかしら？」から、**3** の To
ask him to meet with her today. 「今日、自分と会ってもらえるよう彼に頼むため」
が正解となります。根拠になった英文の Do you have time to 原形? 「〜する時間は
ありますか？」は会話でよく使われる表現です（"to 原形"は形容詞的用法の不定詞で
time を修飾）。

> 🔅 downtown は「繁華街」
>
> 男性の発話に downtown が出てきますが、「下町」という意味ではありません。uptown「山
> の手・住宅地区」という単語には、高級住宅地が「坂を上った上のほうに」あることに由来して
> おり、その対義語として downtown が「中心部・繁華街」となりました。副詞で「繁華街<u>へ</u>」
> という用法があることにも注意してください。

和訳 ★もしもし。

☆もしもし、ジェイコブ。バーバラです。お昼に販促プロジェクトについて私と会って話
し合う時間はとれるかしら？
★大丈夫だけど 2 時半に街中で顧客を訪ねないといけないからそんなに時間は取れない
よ。
☆問題ないわ。1 時に昼食を届けてもらえるように注文するから B 会議室で会いましょう。
★わかった、いいね。角にあるレストランから韓国料理を注文しようよ。
☆☆**質問**：バーバラはなぜジェイコブに電話をしたのですか？

選択肢の和訳

1 彼が何時に帰宅するかを知るため。
2 おいしい韓国レストランをすすめるため。
3 今日、自分と会ってもらえるよう彼に頼むため。
4 自分たちの分の昼食を注文するように彼に頼むため。

語句 □sales project　販促プロジェクト　☒have to 原形　〜しなければならない
□client　客　☒downtown　繁華街へ・繁華街で　☒order　注文する
☒deliver　配達する　□conference room　会議室

選択肢の語句

☒recommend　推薦する　☒ask 人 to 原形　人 に〜するように頼む

166

解答 **2**

スクリプト

> 親子の会話　　　今日、郵便受けはもう確認した？
>
> ★ <u>Mom</u>, have you checked the mailbox yet today? I'm expecting something
> 　　　　tの飲み込み　　　　　　くっついて「イエットゥティ」　　　　　gの飲み込み
>
> important.
>
> 　　　　　　今日は誰からも来ていない
>
> ☆ Yes, but we <u>didn't get any mail today.</u> <u>What are you</u> expecting?
> 　　　　軽く「バッ」「ティン」って感じ　　　　　　　「ワラユ」って感じ　　　gの飲み込み
>
> ★ Grandma is sending me some old family photos. I'm going to use them
> 　　d の飲み込み　　gの飲み込み　　　　　　　　　　gの飲み込み
>
> for a class project.　　　言うのをすっかり忘れてた！　おばあちゃん
> 　　　　　　　　　　　　　からあなた宛ての手紙が昨日きてたわ
> 　Oh の後ろは大事！
>
> ☆ <u>Oh</u>, Daniel, I completely <u>forgot to</u> tell you! A letter for you <u>from</u> Grandma
> 　　　　　　　　　　　　くっついて「ファガットゥ」　　　　　　　軽く「フム」
>
> arrived yesterday.
>
> ☆☆ **Question:** Wha<u>t</u> did Daniel's mother <u>forget to</u> do?
> 　　　　　　tの飲み込み　　　　　　くっついて「ファガットゥ」

解説

〈選択肢先読み〉➡すべて「動詞の原形」で始まっている➡「未来の予定・行動」を聞き取る！

※今回は forget to 原形 の 原形 の部分が問われており、「未来の予定・行動」ではありません。

質問は「ダニエルのお母さんは何をし忘れましたか？」です。最後の女性の発話「あなたに伝えるのをすっかり忘れていたわ！　おばあちゃんからあなた宛ての手紙が昨日届いていたわ」から、**2** の Tell Daniel he received a letter.「ダニエルに、彼宛ての手紙が届いたことを言うこと」が正解となります。**1** は mailbox、**3** は Grandma や photos、**4** は class project と、それぞれ会話に出てきた単語を使ったダミーです。

> 💡 Oh の後ろは要チェック！
> 女性2回目の発言に Oh があります。「ああ・おう・いけない」などいろいろと訳せますが、いずれにしても驚いたときなど気持ちが揺れているときに使われます。Oh のような「感情が揺れる」表現の後には大事なことが出てくる（出題者が狙ってくる・解答の根拠になる）ことが多いのでチェックするようにしてください。

和訳 ★お母さん、今日はもう郵便受けは確認した？　大切なものが届くことになっているんだけど。

☆したけど、今日は何も郵便物は来ていなかったわよ。何が届くことになっているの？
★おばあちゃんが、家族の古い写真を何枚か送ってくれているんだ。それらを授業の課題で使う予定なんだ。
☆ああ、ダニエル、あなたに伝えるのをすっかり忘れていたわ！ おばあちゃんからあなた宛ての手紙が昨日届いていたわ。
☆☆質問：ダニエルのお母さんは何をし忘れましたか？

選択肢の和訳
  1 郵便受けを確認すること。
  2 ダニエルに、彼宛ての手紙が届いたことを言うこと。
  3 おばあちゃんに写真を何枚か送ること。
  4 ダニエルが授業の課題を仕上げるのを手伝うこと。

語句 □check 確認する □mailbox 郵便受け □yet もう ☒expect 期待する
□send 送る ☒project 課題・プロジェクト □completely 完全に
☒forget to 原形 〜し忘れる □arrive 到着する

選択肢の語句
  ☒receive 受け取る

No. 11 ▶ 会話でも便利な I was wondering if 〜. CD1 62 レベル ★★★

解答 **4**

スクリプト

警察署・電話の場面

★ Hello. Flagstone Police Department.

☆ Hello. I just moved to an apartment on East Adams Street, and I was
　　tの飲み込み

夜間に通りに駐車しておくことはできますでしょうか？

wondering if I could park on the street overnight?

madam の略

★ Yes, ma'am, you can. You can only park your car until 7 a.m., though.
　　　　　　　　　　　軽く「クン」

You have to make sure you move it by then. Any cars on the street after
　　　　　　　　　軽く「シャ」

that will be taken away.
　　「ウル」って感じ

☆ OK, I understand. Thank you very much.

☆☆ **Question:** Why is the woman calling the police station?

解説

〈選択肢先読み〉➡すべて「To+ 動詞の原形」で始まっている➡「目的」or「これからのこと」

質問は「女性はなぜ警察署に電話をかけたのですか？」です。冒頭のやりとりから、警察署と電話をしている場面だとわかります。女性が「イーストアダムストリートのアパートにちょうど引っ越してきたのですが、通りに一晩車を停めておくことができるかどうかと思いまして」と言っていることから、**4** の To ask about parking a car on her street.「通りに車を駐車することについて尋ねるため」が正解だとわかります。

> 💡 **I was wondering if ～はていねいな表現**
> I was wondering if I could ～は「私が～できるだろうかと (if I could) 思っていた (was wondering)」→「～できますでしょうか？」という意味です。wonder「～かと思う」を使うことで形の上で「ひとりごと」になるため、柔らかいニュアンスで相手におうかがいを立てることができる表現になるわけです。

和訳 ★もしもし。フラッグストーン警察署です。
　　☆もしもし。イーストアダムズストリートのアパートに引っ越してきたばかりですが、通りに一晩車を停めておくことができるかどうかと思いまして。
　　★はいできますよ、奥様。でも午前７時までしか駐車することができません。それまでに必ず車を移動させてください。その後は、通りにある車はすべて撤去されます。
　　☆はい、わかりました。ありがとうございます。
　　☆☆**質問**：女性はなぜ警察署に電話をかけたのですか？

選択肢の和訳
1 事故について警察に伝えるため。
2 道路が何時に開通するのかを確認するため。
3 自分の家の前に駐車している車について通報するため。
4 通りに車を駐車することについて尋ねるため。

語句 ☐ Police Department　警察署　　⊠ move to ～　～へ引っ越す
　　☐ apartment　アパート　　⊠ I was wondering if I could ～　～できますでしょうか？
　　⊠ park　駐車する　　☐ overnight　夜間　　☐ ma'am　奥様 (呼びかけ)
　　⊠ until　～まで　　⊠ though　しかし (副詞)
　　⊠ have to 原形　～しなければならない　　⊠ make sure　必ず～する
　　⊠ by　～までに　　☐ take away ～　～を撤去する

選択肢の語句
　　☐ accident　事故　　☐ road　道路　　☐ in front of ～　～の前に

No.**12** ▸ 仮定法の重要表現がポイント！　　CD1 63　レベル ★★★

解答 1

スクリプト

> ★ My boss is planning to go to France for three weeks.
> 　　　　g の飲み込み

☆ Three weeks? Is it <u>for</u> business, or is he jus<u>t</u> going on a long vacation?

<small>軽く「フ」　　　　　　　　　　　tの飲み込み</small>

★ It's <u>a little bit of both</u>. He's attending some meetin<u>g</u>s in Paris. Then he's

<small>一気に発音される　　　　　　　　gの飲み込み　　　gの飲み込み</small>

going to southern France to relax.

> フランスに行ければいいのになぁ

☆ Wow! I wish I could go to France. I've always <u>wanted to</u> go there on

<small>休暇でそこへ行きたいとずっと思っている　　　　くっついて「ワンティットゥ」</small>

vacation.

☆☆ **Question:** Wha<u>t</u> woul<u>d</u> the woman like to do?

<small>tの飲み込み　dの飲み込み</small>

解説

〈選択肢先読み〉➡ すべて「動詞の原形」で始まっている➡「未来の予定・行動」を聞き取る！

質問は「女性は何をしたいと思っていますか？」です。今回は会話の中心は「男性の上司がフランスへ出張すること」であるにもかかわらず、聞かれているのは「女性」についてです。最後の「私もフランスに行けたらなぁ。私はそこへ旅行に行ってみたいとずっと思っているの」から、**1**の Take a trip to France.「フランスへ旅行する」が正解となります。この trip は名詞で、take a trip は「旅行（a trip）という行動をとる（take）」→「旅行する」という意味です。

☑ CHECK! 現実にはありえない「願望」を表すI wish ～ . のパターン

I wish は現実にはありえない「願望」を表すので、後ろは「仮定法」が使われます。文法問題で問われることもあるので、出てくるパターンをおさえておきましょう。

時制＼助動詞の有無	助動詞を含まない	助動詞を含む
仮定法過去	I wish s 過去形 「今～ならなあ」	I wish s could 原形 「今～できればなあ」
仮定法過去完了	I wish s had 過去分詞 「～だったらなあ」	I wish s could have 過去分詞 「～できたらなあ」
未来に対する妄想	―	I wish s would 原形 「これから～ならなあ」

和訳 ★上司が３週間フランスに行く予定なんだ。

☆３週間？　それは仕事なの、それとも単なる長期休暇？

★両方をちょっとずつかな。彼はパリで行われる会議に出席するんだ。それからリラックスするために南フランスに行く予定なんだ。

☆へえ！　私もフランスに行けたらなぁ。私はそこへ旅行に行ってみたいとずっと思っているの。

☆☆質問：女性は何をしたいと思っていますか？

選択肢の和訳

1　フランスへ旅行する。　　　　　2　外国企業で働く。
3　男性の上司に会う。　　　　　　4　海外へ出張する。

語句 □boss　上司　　□plan to 原形　～する計画だ　　□vacation　休暇
□a little bit of ～　ちょっとの～　　☑attend　出席する　　□meeting　会議
□Paris　パリ　　□southern　南の　　□relax　リラックスする

選択肢の語句 ☑take a trip to ～　～へ旅行する　　□foreign　外国の　　□company　会社・企業
□abroad　海外へ　　☑on business　仕事で

No. **13** ▸ museum の tour「見学」は頻出！　　CD1 64　レベル ★ ★ ★

解答 **4**

スクリプト

美術館での案内

★ If you follow me, ladies and gentlemen, I'll show you some of the museum's
　　　　　　　　　　軽く「アン」「ジェロマン」って感じ

most famous paintings. On the right is one of our most popular works,
　　　　　　　　　　　　gの飲み込み

Venetian Sunrise.

☆ Wow! It's beautiful. The use of color is really skillful.

★ Yes. This artist is known for his use of rich colors. We'll be showing
　　　　　　　　　　　　軽く「フ」　　　　　　「ウィゥ」って感じ　gの飲み込み

some of his other works at a special exhibition next month.
　　　くっついて「オヴィズ」

☆ Really? Perhaps I'll come back to see that.
　　　　　　　　　「アゥ」って感じ

☆☆ **Question:** What is the woman doing?
　　　　　　　　くっついて「ワティズ」

解説

〈選択肢先読み〉➡バラバラ➡ paint や artist、art museum から「美術関係」を予想！

質問は「女性は何をしていますか？」です。冒頭の男性のセリフから「美術館を案内している場面」だとわかるので、**4** の Taking a tour of an art museum.「美術館の見

学ツアーに参加している」が正解です。works「作品」、color「色」、exhibition「展示」などのキーワードや、さらにその後、男性が作品（works）を解説し、女性はそれを聞いているという関係もヒントになります。

> 💡 **tour は「見学」！**
> tour は「旅行」の意味が有名ですが、「見学」、動詞で「見学する」という意味もあります。もともと turn「まわる」と同じ語源で、本来は「いろいろな場所をまわる」です。そこから「博物館や工場のツアー」にも使われ、今回のようにリスニングでもよく出ます。ちなみに日本語では「ツアー」といいますが、英語の発音は「トゥア」です（イギリス英語では「トー」のような発音の場合もあります）。発音を知らないと、リスニングで流れてきたときに反応できないので、何度か声に出して確認しておきましょう。

和訳 ★私についてきてくだされば、皆さん、この美術館の最も有名な絵画のいくつかをご覧いただけます。右手にございますのが、当美術館で最も人気のある作品の1つである『ベネチアの日の出』でございます。
☆うわあ！　きれいね。色使いが本当に巧みですね。
★おっしゃる通りです。この画家は豊かな色使いで知られています。来月、当美術館では特別展示にて彼の他の作品のいくつかもお見せする予定です。
☆本当ですか？　また見に来ようかしら。
☆☆**質問**：女性は何をしていますか？

選択肢の和訳
1 絵の描き方を学んでいる。
2 絵画を売ろうとしている。
3 有名な画家と話している。
4 美術館の見学ツアーに参加している。

語句 ☑follow ついてくる・従う　□museum 美術館　□famous 有名な
□painting 絵画　□popular 人気のある　☑work 作品　☑really 本当に
□skillful 熟練した・技巧的な　☑be known for ～　～で知られている
□special 特別な　□exhibition 展示

No. 14 ▸ またもや Oh がポイント！　　CD1 65 レベル ★★★

解答 1

スクリプト

|夫婦の会話|何か燃えている？|
☆ I smell smoke, honey. Is something burning?
gの飲み込み

ケーキをオーブンに入れっぱなしだ
★ Yeah, I left the cake in the oven for too long.
tの飲み込み　　　　　軽く「フ」

Oh に反応！　　すっかり黒くなってる。食べられないわ
☆ Oh no. It's totally black. I don't think we can eat it.
tの飲み込み　　　くっついて「イーティット」

172

★ Yeah. I guess I'll have to start over again. Luckily, we still have enough
　　　「アゥ」って感じ

eggs and sugar for another one.
　　軽く「アン」

☆☆ **Question:** What is the man's problem?
　　　　　　　　　くっついて「ワティズ」

解説

〈選択肢先読み〉➡主語がすべて He ➡「男性の行動」がポイント！　さらに内容から何かトラブルを予想！

質問は「男性の問題は何ですか？」です。「何か焦げている？」→「ケーキをオーブンに長時間入れっぱなしだ」とあり、女性が Oh no. It's totally black. I don't think we can eat it.「もう、やだ。すっかり黒焦げじゃない。食べられないと思うわ」と答えています (Oh no. の Oh に反応してください。167 ページ)。このやりとりから、**1** の He burned the cake he was making.「彼は作っているケーキを焦がした」が正解です。**3** は forget to 原形 「～し忘れる」の形なので「入れ忘れた」という意味になり、そもそも「オーブンに入れていなかった」ことになってしまうので×です。もし He forgot putting the cake in the oven.「彼はオーブンにケーキを入れたことを忘れた」なら○になります (forget -ing で「～したのを忘れる」)。

和訳　☆煙のにおいがするわ、あなた。何か焦げているのかしら？
　　　★ああ、ケーキをオーブンに長時間入れっぱなしだ。
　　　☆もう、やだ。すっかり黒焦げじゃない。食べられないと思うわ。
　　　★そうだね。もう 1 度やり直さないといけないみたいだね。幸いにも、もう 1 つ分の卵と砂糖は十分にあるよ。
　　　☆☆**質問：男性の問題は何ですか？**

選択肢の和訳
　　1　彼は作っているケーキを焦がした。
　　2　彼は卵をすべて使い果たした。
　　3　彼はオーブンにケーキを入れ忘れた。
　　4　彼は十分な砂糖を加えなかった。

語句 □smell　においがする　　□honey　あなた (呼びかけ)　　☆burn　焦げる・燃える
　　□oven　オーブン　　☆totally　すっかり・完全に　　☆guess　推測する
　　☆have to 原形　～しなければならない　　□start over　やり直す
　　□again　もう一度　　☆luckily　幸いにも・運よく　　☆still　まだ
　　□enough　十分な　　□sugar　砂糖

選択肢の語句
　　☆use up ～　～を使い果たす　　☆forget to 原形　～し忘れる

解答　**2**

スクリプト

> ☆ John, I'm looking at apartments in North Brewerton this weekend. You
> 　　　　　　　　　　　　gの飲み込み
>
> live there, right? Can you get to our office easily from there ?
> 　　　　　　　　　くっついて「キャニュ」くっついて「ゲットゥ」
> 　　　　　　　　　　　　　　　　　　　　そこから簡単に会社へ行ける？
>
> actually の後ろは重要
> ★ Actually, it's pretty inconvenient. The bus takes over an hour, and it's
> 　　　　　　　　　　　　　　　　　　　　　　　　くっついて「アンナワ」
> 　　　　　　　とても不便だよ
>
> often late. If you take the subway, you have to transfer three times.
> 　　　　　　　　　　　　　　　　　　　　　軽く「トゥ」
>
> ☆ Really? But North Brewerton looks close on a map.
> 　　　　　　軽く「バッ」
>
> ★ Yeah. It's not far away, but it feels like it is.
> 　　　　　　tの飲み込み
>
> ☆☆ **Question:** What does the man say about North Brewerton?

解説

〈選択肢先読み〉➡主語がすべて It ➡「人以外」を予想！

質問は「男性はノースブルワートンについて何と言っていますか？」です。女性が住む部屋を探している場面での会話です。女性の「そこから私たちの会社まで簡単に行くことができるのかしら？」の後の、男性の actually「実は」に反応してください（71ページ）。it's pretty inconvenient「結構不便だよ」と答えた後に不便さを具体的に言っています。したがって、正解は **2** の It is not easy to get to work from there.「そこから仕事に行くのは簡単ではない」です。inconvenient を選択肢では not easy に言い換えているわけです。

> 💡 pretty の意味
> pretty は「かわいい」の意味のイメージが強いですが、プラスの意味でさまざまな場面で使われます（73ページ）。さらに、副詞として pretty good「かなりよい」のように強調の意味で使われることもあり、英検のリスニングでも出てくるので注意してください。今回は pretty inconvenient「かなり不便だ」、**3** では pretty apartments「かわいらしいアパート」で使われています。

和訳　☆ジョン、この週末にノースブルワートンのアパートを見ることになっているの。あなたそこに住んでいるわよね？　そこから私たちの会社まで簡単に行くことができるのかし

ら？

★実はね、結構不便なんだよ。バスだと1時間以上かかるし、それによく遅れるんだ。地下鉄を使えば、3回乗り換えないといけないし。

☆そうなの？　でもノースブルワートンは地図上では近くに見えるけど。

★そうだね。遠くはないけど、遠く感じるよ。

☆☆質問：男性はノースブルワートンについて何と言っていますか？

選択肢の和訳

  1　地図で見つけるのは簡単ではない。

  2　そこから仕事に行くのは簡単ではない。

  3　すてきなアパートがある。

  4　地下鉄の駅が3つある。

語句 □apartment　アパート　　□weekend　週末　　□easily　簡単に
☒actually　実際・実は　　☒pretty　かなり　　☒inconvenient　不便な
☒take 時間　時間 がかかる　　□subway　地下鉄
□have to 原形　〜しなければならない　　☒transfer　乗り換える
☒really　本当に　　□far away　遠くに　　☒feel like sv　〜するように感じる

No. **16** ▸ Last month に反応して解く！ CD1 68 レベル ★★★

解答 **1**

スクリプト

「時の表現」に反応！

★ Max started hip-hop dancing <u>when he was young</u>. He became very <u>good</u>
　　　　　gの飲み込み　　　　　　　　gの飲み込み　　　「グッダッティット」って感じ

「時の表現」に反応！

<u>at it</u>, so <u>his friends suggested that he teach it to people</u>. Last month, he
　　　　　一気に発音される

ダンスを教えるために動画制作を始めた

<u>started to</u> make videos to teach people how to dance. <u>One of</u> his friends
くっついて「スターティットゥ」　　　　　　　　　　　　　　　くっついて「ノ」

recorded him dancing <u>and</u> put the videos on the Internet. Now, Max's
　　　　gの飲み込み 軽く「アン」 tの飲み込み

videos have become popular <u>and</u> people all around the world watch them.
　　　　　　　　　　　　　軽く「アン」

☆☆ **Question:** Wha<u>t</u> did Max star<u>t</u> doing last month?
　　　　　　　　tの飲み込み　　　　tの飲み込み

解説

〈選択肢先読み〉➡バラバラ➡すべてを聞き取るつもりで英文に集中！

質問は「マックスは先月、何を始めましたか？」です。3文目の Last month「先月」に反応してください。「先月、彼はダンスの仕方を人々に教える動画を制作し始めた」とあるので、**1** の Making dance videos.「ダンスの動画を作ること」が正解です。**2** の Learning a new dance.「新しいダンスを学ぶこと」は、1文目の Max started hip-hop dancing に一致しそうですが、when he was young「若いとき」の話なので、Question の last month に合いません。**4** の Watching videos on the Internet.「インターネット動画を見る」は「動画を制作する」のではないため×です。

> 💡 「時の表現」に反応する
> 今回の last month のように「時の表現」は手がかりになりやすいので、聞こえたら反応し、時間軸で情報を整理することが重要です。音声は「ナレーション→ Question」の流れなので、ナレーションに出てくる「時の表現」にすべて反応することが重要です。また、「時の表現」が文末で使われ、解答の該当箇所は読み上げが終わっていることもあるので注意してください（次の**No. 17** では「時の表現」が文末で使われています）。

和訳 ★マックスは若かったころ、ヒップホップのダンスを始めた。彼はそれが得意になったので、

彼の友人たちは彼に、人々にそれを教えることを提案した。先月、彼はダンスの仕方を人々に教える動画を制作し始めた。友人のひとりは彼が踊るのを録画し、動画をインターネットにあげた。現在、マックスの動画は人気となり、世界中の人々がそれを見ている。

☆☆**質問：マックスは先月、何を始めましたか？**

選択肢の和訳
　　1　ダンスの動画を作ること。　　　**2**　新しいダンスを学ぶこと。
　　3　ダンスショーで踊ること。　　　**4**　インターネットで動画を見ること。

語句 □hip-hop dancing　ヒップホップダンス　　□be good at ～　～が得意だ
🔲suggest　提案する　　□how to 原形　～する方法・やり方　　🔲record　記録する
□put ～ on the Internet　～をインターネット上に投稿する　　□popular　人気のある
□around the world　世界中の

選択肢の語句
🔲perform　演じる・演奏する

No. 17 ▸ insteadは「変更後」が狙われる！　　CD1 69 レベル ★★★

解答 **3**

スクリプト

> ☆ Pedro became a college student this year. He played soccer in high
>
> school, but he decided to try a new sport in college. He thought about
> 　　　　　　　　　　　　　　　　　　　　　　　　　　　　くっついて「タ」
> ラグビーを考えたが練習時間が授業と重なっていた
>
> playing rugby, but the team practiced when he had his math class.
> 　g の飲み込み　「バッサ」って感じ
> 　　　　　　　　　　授業は欠席したくなかった
>
> Pedro did not want to miss any classes, so he joined the running club
> 　　　　t の飲み込み　くっついて「ワントゥ」　　　　　　　　　　　g の飲み込み
> 　　　　　　　　　　　　　ランニング部は週末に走る
>
> instead because its members run on weekends.
> 　insteadを含む文は重要　　　　　　　「時の表現」に反応！
>
> ☆☆ **Question:** What will Pedro do on weekends?

解説

〈選択肢先読み〉➡すべて「動詞の原形」で始まっている➡「未来の予定・行動」を聞き取る！

質問は「ペドロは週末に何をしますか？」です。「彼はラグビーをしようと考えていたが、チームは彼の数学の授業があるときに練習していた」、「ペドロはどの授業も欠席したくなかったので、ランニング部の部員は週末に走ることから、代わりにランニング部に入った」とあります（「時の表現」on weekends に反応するのでしたね）。したがって、**3** の Go running. が正解です。

和訳 ☆ペドロは今年大学生になった。彼は高校でサッカーをしていたが、大学では新しいスポーツをすると決めた。彼はラグビーをしようと考えていたが、チームは彼の数学の授業があるときに練習していた。ペドロはどの授業も欠席したくなかったので、ランニング部の部員は週末に走ることから、代わりにランニング部に入った。

☆☆質問：ペドロは週末に何をしますか？

選択肢の和訳
1 ラグビーをする。　　　　　　　2 サッカーの試合を見る。
3 走りに行く。　　　　　　　　　4 授業を受ける。

語句 □college 大学　　□rugby ラグビー　　□miss 逃す　　☑join 参加する
　　 ☑instead 代わりに　　□weekend 週末

No. 18 ▶ Next week に反応して解く！　　　CD1 70　レベル ★★★

解答 **2**

スクリプト

「時の表現」に反応！　　　　　　　　　　　夫とホノルルに旅行へ行く

★ Selena likes to go surfing. Next week, she will travel to Honolulu with her
　　　　　　　　　　gの飲み込み　　　　　　「ウル」って感じ

husband. He does not like surfing, so Selena will go surfing by herself in
　　　　　　　　　　　　　　　gの飲み込み　　「ウル」って感じ　gの飲み込み

the mornings after breakfast. They plan to go hiking in the afternoons.
　　　　　　　　　　　　　　　　　　　　　　gの飲み込み

Selena is busy packing many things, but she is looking forward to their
　　　　　　　　　gの飲み込み　　　　　　　　　gの飲み込み　dの飲み込み

trip.

☆☆ **Question:** What will Selena do next week?

解説

〈選択肢先読み〉➡主語がすべて She ➡「女性の行動」がポイント！

質問は「セレーナは来週何をする予定ですか？」です。2 文目の Next week「来週」に反応してください（「時の表現」はチェック）。「来週、彼女は夫と旅行でホノルルへ

行く」とあります。さらに、go surfing「サーフィンに行く」、go hiking「ハイキングに行く」、最後の trip「旅行」などの娯楽関連の表現から、**2** の She will go on a vacation.「彼女は休暇に出かける」を選べば OK です。**3** は「学ぶ」とは言っていないので learn が×です。

> 💡 **go -ing で「～しに行く」**
> 今回は go surfing「サーフィンをしに行く」、go hiking「ハイキングに行く」のように go -ing の表現が出てきました。go -ing で「～しに行く」という意味で、特にリスニング問題ではよく出てきます。

和訳 ★セレーナはサーフィンに行くのが好きだ。来週、彼女は夫と旅行でホノルルへ行く。夫はサーフィンをするのは好きではないので、セレーナは、朝食後にひとりでサーフィンに行くつもりだ。彼らは午後、ハイキングに行く予定である。セレーナは多くのものを荷造りするのに忙しいが、旅行を楽しみにしている。
☆☆質問：セレーナは来週何をする予定ですか？

選択肢の和訳
1 彼女は友だちを訪ねる。　　　　　2 彼女は休暇に出かける。
3 彼女はサーフィンの仕方を学ぶ。　4 彼女は新しい市に引っ越す。

語句 □ go surfing　サーフィンをしに行く　□ husband　夫　□ by oneself　ひとりで
□ plan to 原形　～する計画である　□ go hiking　ハイキングに行く
☒ be busy -ing　～するのに忙しい　☒ pack　を詰める・荷造りする
□ look forward to ～　～を楽しみにしている

No. 19 ▶ be famous for ～のfor は「理由」　　CD1 71　レベル ★★★

解答 3

スクリプト

オーストラリアで最初の女性政治家になったことで有名

☆ There was an Australian woman named Edith Cowan. She became

famous for being the first female politician in Australia. Cowan married
　　　　　　　くっついて「ノ」

a man who was a judge, and she heard stories from him about girls and
　　　　　　　　　　軽く「アン」　　　　　　　　　軽く「フム」

women who were not treated fairly. These made her want to start a
　　　　　　　　　　　　　　　　　　　　　　　くっついて「ワントゥ」

career in politics. She often fought for equal rights, and many years
　　　　　　　　　　　　　　　　　　　　　　　　軽く「アン」

later, her face was printed on the $50 bill.

解説

〈選択肢先読み〉➡バラバラ➡ She や Her から「女性に関する話？」くらいで OK です。

質問は「エディス・コーワンはなぜ有名なのですか？」です。2 文目の「彼女はオーストラリアで最初の女性政治家として有名になった」に、**3** の She was the first female politician in Australia.「彼女はオーストラリアで最初の女性政治家だったから」が一致します。今回はナレーションの英文と選択肢がほぼ同じという珍しいパターンでした（たいてい正解の選択肢は本文を言い換えたものになります）。

> 💡 **be famous for ～の for は「理由」**
> be famous for ～の for には「理由（～で）」の意味があり、「～を理由に (for) 有名だ (famous)」
> →「～で有名だ」となりました。今回の英文では be の代わりに become が使われて、
> become famous for ～「～で有名になる」の形になっています。今回はまさに「理由」の for
> の内容が問われたわけです。

和訳　☆エディス・コーワンという名のオーストラリア人女性がいた。彼女はオーストラリアで最初の女性政治家として有名になった。コーワンは裁判官の男性と結婚し、公平に扱われていない女の子や女性についての話を彼から聞いた。これらによって彼女は政界でのキャリアをスタートさせたいと思った。彼女は頻繁に平等権のために闘い、何年も後に、彼女の顔は 50 ドル紙幣に描かれた。

　☆☆**質問**：エディス・コーワンはなぜ有名なのですか？

選択肢の和訳
1 彼女の夫がオーストラリア最初の慈善事業を始めたから。
2 彼女の夫がオーストラリアで最も有名な政治家だったから。
3 彼女はオーストラリアで最初の女性政治家だったから。
4 彼女はオーストラリアで多くのお金を稼いだから。

語句 □famous　有名な　　□female　女性の　　□politician　政治家
□marry　結婚する　　□judge　裁判官　　☑treat　扱う　　☑fairly　公平に
□career　キャリア・職歴　　□politics　政治　　□fight for ～　～のために戦う
☑equal right　平等権　　□face　顔　　□print　印刷する　　□bill　紙幣

選択肢の語句
□charity　チャリティー　　☑earn　稼ぐ

No. 20 ▸ 逆接の however の後ろは要注意！　CD1 72　レベル ★★★

解答 1

スクリプト

★ Natalie did not feel well last week. She felt weak, and she had a pain in her

stomach. She went to see a doctor, and he gave her some medicine. However,
　　　　　くっついて「ウェントゥ」

薬を飲んでも、眠気を感じるだけ

when she took it, the medicine only made her feel sleepy. It did not help her
　　　　　くっついて「トゥッキッㇳゥ」

薬がまったく効かない

at all. She went to the doctor again, and he gave her a different kind.
　　　　くっついて「アトゥー」くっついて「ウェントゥ」

☆☆ **Question:** What is one problem that Natalie had?
　　　　　　　　くっついて「ワティズ」　　軽く「ザッ」

解説

〈選択肢先読み〉➡ Her や She から「女性に関すること」と予想。さらに内容から何か「トラブル」？

質問は「ナタリーが抱えている問題の1つは何ですか？」です。However の後ろの「薬を服用しても、その薬によって彼女は眠くなるだけであった」、「薬は彼女にはまったく役に立たなかった」の部分がナタリーが抱える問題と判断し、**1** の Her medicine did not work.「彼女の薬が効かなかった」を選びます。本文の not help が選択肢では did not work に言い換えられています。

> **💡 work の意味**
> 選択肢に work が出てきますが、work は「がんばる」のイメージで覚えてください。
> ①「(人が) がんばる」→「働く」
> ②「(機械が) がんばる」→「機能する」
> ③「(薬が) がんばる」→「効く・作用する」
> ④「がんばった結果できたもの」→「作品」(名詞)

和訳 ★ナタリーは先週、気分がよくなかった。彼女は体に力が入らず、おなかに痛みを感じた。彼女は医者に診てもらいに行き、いくらか薬をもらった。しかし、薬を服用しても、その薬によって彼女は眠くなるだけであった。薬は彼女にはまったく役に立たなかった。彼女は再び医者に行くと、医者は異なる種類のものをくれた。
☆☆**質問**：ナタリーが抱えている問題の1つは何ですか？

選択肢の和訳

1　彼女の薬が効かなかった。　　　　2　彼女の医者は手が空いていなかった。
3　彼女は睡眠に問題を抱えていた。　4　彼女は薬を飲み忘れた。

語句 □weak 弱い　□pain 痛み　□stomach 胃・おなか　□medicine 薬
　　　☒only ～だけ　□sleepy 眠い　☒not ～ at all まったく～ない
　　　□again 再び　□kind 種類

選択肢の語句 ☒work （薬が）効く　☒available 手が空いている
　　　☒have trouble -ing ～するのに苦労する　☒forget to 原形 ～するのを忘れる

No. **21** ▸ イベント情報は「日時・場所」に注意！ CD1 73 レベル ★★★

解答 **1**

スクリプト

☆ Hey, Radio Blast music fans! Are you ready for this year's big event?
　　　　　　　　　［ラジオ放送］
　　　　　　　　　　　　　　［音楽フェスティバルが開催される］

The Aqua Music Festival will take place at the beautiful Carlton Beach
　［「時の表現」に反応！］　　　　　　　「ウル」って感じ

Stadium on July 2. Hotel packages are available on our website. Be sure
　　　　　　　　　　　　　　　　　　　　　　　くっついて「オナワ」

to book your flights or trains soon! Some of the world's best performers

will be there, and you can see the full list on the website.
　　　　　　　軽く「アン」

☆☆ **Question:** What will happen on July 2?
　　　　　　　　　　「ウル」って感じ

解説

〈選択肢先読み〉➡バラバラ→音声に集中！

質問は「7月2日に何が起こりますか？」です。3文目に「アクアミュージックフェスティバルが7月2日に美しいカールトンビーチスタジアムで行われます」とあるので、**1** の A festival will be held.「フェスティバルが開かれる」が正解となります。take place が選択肢では be held に言い換えられています。**2**、**3**、**4** はそれぞれ stadium、hotels、trains と本文に登場した単語を使ったダミーです。

💡 **book は動詞「予約する」**
本来「予約の帳簿 (book) に書き込む」ことから「予約する」という意味になりました。日本語でも「予定や約束などを二重に入れてしまうこと」を「ダブルブッキング」といいますね。

💡 **available は「スタンバイ OK」**
available は、すべて「スタンバイ OK」というイメージが元になっているのでしたね (71 ページ)。「店で商品がスタンバイ OK」→「手に入る」、「Wi-Fi などがスタンバイ OK」→「利用できる」、「人

がスタンバイ OK」→「都合がつく」となるわけです。今回は「宿泊パッケージがスタンバイ OK」→「手に入る」という意味で使われています。

和訳 ☆やあ、ラジオ・ブラストの音楽のファンの皆さん！ 今年の一大イベントの準備はいいですか？ アクアミュージックフェスティバルが7月2日に美しいカールトンビーチスタジアムで行われます。ホテルの宿泊パッケージは番組のウェブサイトでお求めいただけます。いますぐ飛行機や列車をご予約ください！ 世界トップクラスの出演者も何人か参加予定で、ウェブサイトでは全リストを見ることができます。
☆☆質問：7月2日に何が起こりますか？

選択肢の和訳
1 フェスティバルが開かれる。　　2 新しいスタジアムがオープンする。
3 たくさんのホテルが閉鎖される。　　4 列車が運休となる。

語句 ☑be ready for ～　～の準備をする　　☑take place　開催される
□package　パッケージ　　☑available　手に入る・利用できる
☑Be sure to 原形.　必ず～してください。　　☑book　予約する　　□flight　便
□soon　すぐに・まもなく　　☑performer　演奏する

選択肢の語句
☑be held　開催される　　□stadium　スタジアム・競技場　　☑cancel　中止する

No. 22 ▸ At firstとbutに反応して解く！　　CD1 74　レベル ★★★

解答 1

スクリプト

★ Tia found a book that was over a hundred years old while she was cleaning
　　　　　くっついて「ダ」　軽く「ザッ」　　　　　　　　　「ワー」って感じ

her house last week. ①Her mother told her that it had belonged to her
　　　　　　　　　　　　　「トゥルダ」って感じ　　　　　　くっついて「ビローントゥ」

grandfather. ②Tia took it to a used bookstore, and the store clerk told her
dの飲み込み　　くっついて「トゥッキットゥ」　　　　　　　　　「トゥルダ」って感じ

he would pay a lot of money for it. ③At first, she wanted to sell the book, but
dの飲み込み　　　　　　　　　　tの飲み込み　　　　　　　「パッゼン」って感じ

then she decided to keep it to remember her grandfather.
　　dの飲み込み

☆☆ **Question:** Why did Tia decide to keep the book she found?
　　　　　　　　　　　　　くっついて「ディサイトゥ」

解説

〈選択肢先読み〉➡バラバラ➡音声に集中！

質問は「ティアは見つけた本をなぜとっておくと決めたのですか？」です。答え自体は①と③の内容から **1** の It belonged to her grandfather.「それは彼女の祖父のものだったから」となりますが、今回の問題は他の選択肢を切るためにすべての音声を集中して聞く必要があります。内容を整理すると次のようになります。

　　① その本は祖父の本だとお母さんが教えてくれた
　　② 本屋の店員はその本に多額のお金を出すと言った
　　③ 最初はその本を売りたかったが、祖父を思い出すためにとっておくことにした

③の英文では At first と but が使われており、「最初」と「その後」が対比されています。対比をつかむことは内容を理解する上で重要なので at first に反応できるようにしてください。

2 と **3** は音声に登場する表現がたくさん使われていますが、内容が合わないので×です。

> 💡 **belong to ～の使い方**
> belong to ～は She belongs to the science club.「彼女は科学部に所属している」のように「～に所属している」という意味のイメージが強いかもしれませんが、物 belongs to 人.「物は人のものだ」という使い方もあり重要です。

和訳 ★ティアは先週、家を掃除していると、100 年以上前の本を見つけた。彼女のお母さんが彼女にそれは祖父のものだったと教えてくれた。ティアはそれを古本屋へ持って行くと、店員は彼女にその本に多額のお金を払うと伝えた。最初、彼女はその本を売りたかったが、祖父のことを思い出すためにそれをとっておくことに決めた。

☆☆質問：ティアは見つけた本をなぜとっておくと決めたのですか？

選択肢の和訳
　1　それは彼女の祖父のものだったから。
　2　お店はそれをほしいと思わなかったから。
　3　彼女は祖父にそれをあげたいと思ったから。
　4　彼女はその本で多くのお金を得られないだろうから。

語句 ☒ while　～している間　　☒ belong to ～　～に属している・～のものだ
　　☐ used　中古の　　☐ clerk　店員・販売員　　☐ pay　支払う
　　☐ remember　思い出す・覚えておく

No. **23** ▸ 定番！「祭り」の説明問題　　CD1 75　レベル ★★★

解答 **4**

スクリプト

☆ There is a festival called Thaipusam in South Asia. ① One of the things
　　　　　　　　　　　　　　　　　　　　　　　　　　くっついて「ワンノヴ」

that happens during Thaipusam is that people carry pots of milk on their

heads. ② The pots are usually made of metal and people must concentrate
　　　　　　　　　　　　　　　　くっついて「メイドゥ」　　軽く「アン」

when they walk. ③Each person walks to a priest and gives him the milk.

<small>軽く「アン」　「ギヴス」って感じ</small>

The priest then gives the milk to one of their gods.

<small>くっついて「ワンノヴ」</small>

☆☆ **Question:** What is one thing people do during Thaipusam?

解説

〈選択肢先読み〉➡主語がすべて They ➡音声に集中！

質問は What is one thing ～？「内容に合うものはどれか？」のパターンで、「タイプーサムの期間中に人々がすること」が問われています。内容を整理すると次のようになります。

① 人々はミルクを入れた壺（つぼ）を頭に乗せて運ぶ
② その壺はふつう金属で作られ、人々は歩くときに集中しなければならない
③ 人々はそれぞれ、司祭のところへ歩いていき、司祭はミルクを奉納する

4 の They carry pots of milk on their heads. 「彼らはミルクの入った壺を頭の上に乗せて運ぶ」が①の内容に一致します。

> 💡 **pot は「丸くて比較的深さのあるもの」を指す**
> 日本語の「ポット」のイメージが強いかもしれませんが、英語では丸くて比較的深さのあるものを pot といい、「なべ・壺・鉢」の意味もあります。

和訳 ☆南アジアにタイプーサムと呼ばれる祭りがある。タイプーサムの間に行われることの1つは、人々がミルクの入った壺を頭上に乗せて運ぶことである。その壺はふつう金属製で、人々は歩くときに集中しなければならない。一人ひとりが司祭のところへ歩いて行き、ミルクを渡す。そしてその司祭がミルクを神々の1人に捧げるのだ。
☆☆**質問**：タイプーサムの間に人々がすることの1つは何ですか？

選択肢の和訳
1 彼らはミルクを使って料理を作る。
2 彼らは特別な種類の壺から飲む。
3 彼らは金属製の服を着る。
4 彼らはミルクの入った壺を頭の上に乗せて運ぶ。

語句 ☒happen　起こる　　□carry　運ぶ　　□pot　壺　　□head　頭
☒be made of ～　～で作られている　　□metal　金属　　☒concentrate　集中する
□person　人　　□priest　司祭　　□god　神

選択肢の語句
□dish　料理　　□special　特別な　　□clothes　服

解答 **2**

スクリプト

アナウンス

★Welcome to the Westbridge Medical Conference. We hope you are enjoying

the speeches by leading doctors from around the world. We would like
gの飲み込み　医師の講演が遅れる　一気に発音される

to let you know that Dr. Martin Regan's speech has been delayed. It will
軽く「ザッ」　軽く「ビン」　「イッウル」って感じ

now start after the lunch break, at 2:30 p.m. The speech will be about
昼食後の午後 2:30 からスタート　軽く「アッ」　「ウル」って感じ

using robots in hospitals.

☆☆ **Question:** Why is this announcement being made?

解説

〈選択肢先読み〉➡バラバラ➡内容から「何かトラブル？」くらいで音声に集中してく
　　　ださい。

質問は「なぜこのアナウンスがされているのですか？」です。「マーティン・レーガン
医師の講演が遅れていることをお知らせ致します」、「昼食休憩後、午後 2 時 30 分より
開始します」から、**2** の The time of a speech has been changed.「講演時間が変
更されたため」が正解です。**1**、**3**、**4** はそれぞれ hospital、lunch break、
conference と本文に登場した単語を使ったダミーです。

> 💡 **leading の意味**
> 2 文目に leading doctors「一流の医師」が出てきます。動詞 lead は「導く」の意味が有名で
> すが、-ing 形の形容詞 leading は「他を導くような」→「一流の・首位の・主要な」という意味
> です。また、ある業界を引っ張って行く企業を「リーディングカンパニー」ともいいます。

和訳　★ウェストブリッジ医学学会へお越し頂きありがとうございます。世界中から集まった一
　　　流の医師たちによる講演をお楽しみいただければと思います。マーティン・レーガン医
　　　師の講演が遅れることをお知らせ致します。昼食休憩後、午後 2 時 30 分より開始しま
　　　す。講演は、病院におけるロボットの利用についてです。
　　　☆☆質問：なぜこのアナウンスがされているのですか？

選択肢の和訳
　　1　病院の名前が訂正されたため。
　　2　講演時間が変更されたため。

3 お昼休憩が中止されたため。

4 学会に新しい講演者がいるため。

No. **25** ▸ 「時の表現」手遅れパターンに注意！　**CD1** 77 レベル ★ ★ ★

解答 **2**

スクリプト

> 「時の表現」に反応！

☆ William traveled <u>to</u> Italy <u>last week</u>. He likes Italian food, so he visited many
　　　　　　　　「トゥッ」って感じ

restaurants. <u>At a</u> restaurant in Rome, he <u>met a</u> friend from his university
　　　　　くっついて「アタ」　　　　　　　　　　　くっついて「メラ」

> 一緒に美術館に行くと決めた

who was also traveling. They decided to see some paintings <u>at a</u> museum
　　　　　　　　　　　　　　　　　　　　　　　　　　　　　くっついて「アタ」

> 「時の表現」に反応！

together <u>the next day</u>. William was happy to have a travel partner.

☆☆ **Question:** What did William <u>decide to</u> do with his friend?
　　　　　　　　　　　　くっついて「ディサイトゥ」

解説

〈選択肢先読み〉➡すべて「動詞の原形」で始まっている➡「未来の予定・行動」を聞き取る！

質問は「ウィリアムは友人と一緒に何をすると決めましたか？」です。4文目の「彼らは、翌日一緒に美術館で絵画を鑑賞すると決めた」から、**2** の Go to a museum.「美術館に行く」を選べば OK です。今回は「時の表現」the next day が文末にあり、該当箇所の英文の最後に出てきました。手遅れにならないよう常に音声に集中しておくことが重要です。

👍 「感情表現」はよく問われる！

　今回は問われませんでしたが、リスニング問題では「感情表現」が狙われることがよくあり、最後の William was happy to have a travel partner. の部分が問われる可能性もあります。「感情表現」が出てきたらその理由をしっかりと聞き取るようにしましょう。

和訳 ☆ウィリアムは先週、イタリアへ旅行した。彼はイタリア料理が好きなので、多くのレストランを訪れた。ローマのレストランで、彼は、同じく旅行をしている大学時代の友人に会った。彼らは、翌日一緒に美術館で絵画を鑑賞すると決めた。ウィリアムは旅行仲間ができてうれしかった。

☆☆**質問**：ウィリアムは友人と一緒に何をすると決めましたか？

選択肢の和訳

1 新しいレストランに行ってみる。 **2** 美術館に行く。
3 イタリア料理を作る。 **4** 大学を訪れる。

語句 □university 大学　　□museum 美術館　　□together 一緒に

No. **26** ▶「順番」を問う問題はアナウンス問題の定番！ **CD1** 78 レベル ★★★

解答 3

スクリプト

> 飛行機の機内アナウンス
>
> ★Attention, passengers. We hope you are enjoying today's flight from
> g の飲み込み
>
> まもなく昼食が出ます
>
> Frankfurt to London. We will be serving lunch soon. If you have asked
> 軽く「トゥ」　「ウィウ」って感じ　gの飲み込み　　「ハヴァーストゥ」って感じ
>
> for a vegetarian meal, today's lunch is bean stew with rice. Our regular
>
> 昼食の前に、ソフトドリンク、ワイン、ビールなどを提供します
>
> meals are chicken pasta or beef curry. Before the lunch, however, we will
> 　　　　　　　　　　　　　　　　　　　　　　　　　　　　「ウル」って感じ
>
> ～の前に
>
> be serving soft drinks, wine, and beer. We hope you enjoy the service.
> gの飲み込み
>
> ☆☆ **Question:** What will happen first?

解説

〈選択肢先読み〉➡バラバラ➡音声に集中！

質問は「最初に何が起こりますか？」です。この What will happen first? は「アナウンス問題」で頻出のパターンです。前半で「まもなく昼食を提供させていただきます」とあるので、**4** の Staff will serve vegetables from Frankfurt.「スタッフがフランクフルト産の野菜を提供する」を選びそうになるかもしれません。しかし後半で「昼食の前にソフトドリンク、ワイン、ビールをお出し致します」とあるので、「飲み物」→「食事」の順に提供されるとわかります。正解は **3** の Passengers will be given drinks.「乗客に飲み物が出される」です。「物事の順番」はアナウンス問題でよく問われるので、before や after といった時の前後関係を表す接続表現には注意してください。

和訳 ★ご搭乗の皆様にお知らせいたします。フランクフルトからロンドンまでの本日のフライトをお楽しみいただけているでしょうか。まもなく昼食を提供させていただきます。ベジタリアン用のお食事をご要望の方は、本日はライスつきの豆のシチューとなっております。通常の食事はチキンパスタ、またはビーフカレーでございます。しかしながら、昼食の前にソフトドリンク、ワイン、ビールをお出し致します。昼食のサービスをどうぞお楽しみください。
☆☆質問：最初に何が起こりますか？

選択肢の和訳
1 飛行機がロンドンを出発する。
2 ベジタリアン用の軽食が提供される。
3 乗客に飲み物が出される。
4 スタッフがフランクフルト産の野菜を提供する。

語句 ☆flight 便・飛行　☆serve 出す　□soon まもなく
□vegetarian meal ベジタリアン食　□bean 豆　□stew シチュー
☆regular ふつうの　□wine ワイン　□beer ビール

選択肢の語句
□snack 軽食　□staff スタッフ

No. 27 ▸ goalは「目的・目標」の意味　CD1 79 レベル ★★★

解答 **4**

スクリプト

☆①A large library was built around 300 B.C. in Egypt. It was called the

Great Library of Alexandria. ②One of its goals was to collect all the books
くっついて「ワンノヴ」「ゴーズ」って感じ

in the world in all languages. It is said that, ③in the past, the Great Library
dの飲み込み

had over 40,000 works from many countries. However, ④the library was

destroyed a long time ago, and people still feel sad about the historical
軽く「アン」「スティヴ」って感じ「フィーゥ」って感じ

knowledge that was lost.
軽く「ザッ」

☆☆ **Question:** What is one thing we learn about the Great Library of
くっついて「ワティズ」　　　くっついて「ナ」
Alexandria?

〈選択肢先読み〉➡主語がすべて It ➡「人以外」を予想！

質問は What is one thing ～？「内容に合うものはどれか？」のパターンで、今回は「アレクサンドリア図書館」について問われています。内容を整理すると以下の通りです。

① 紀元前 300 年頃にエジプトに建設された大きな図書館
② 世界の全言語の本をすべて集めるのが目的だった
③ 過去に、多くの国の作品が 4 万点以上あった
④ かなり昔に破壊されて、人々は失われた歴史的な知識についていまも悲しんでいる

4 の It was made to collect all the world's books.「それは世界の本のすべてを集めるために作られた」が②の内容に一致します。選択肢 **1** の workers「労働者」は、音声に出てきた works「作品」でひっかけようとした選択肢なので×です（181 ページ）。

和訳 ☆エジプトでは紀元前 300 年頃に大きな図書館が建設された。それはアレクサンドリア大図書館と呼ばれた。その目的の 1 つは、あらゆる言語の世界中の本をすべて集めることであった。過去に、その大図書館は、多くの国々から集められた 4 万冊以上の蔵書があったと言われている。しかし、かなり昔に破壊され、人々は失われた歴史的な知識についていまも悲しんでいる。

☆☆質問：アレクサンドリア大図書館についてわかることの 1 つは何ですか？

選択肢の和訳
1 それを建設するのに 4 万人の労働者が必要だった。
2 それは紀元前 300 年に破壊された。
3 それはエジプトの小さな図書館だった。
4 それは世界の本のすべてを集めるために作られた。

語句 □Egypt　エジプト　☒goal　目標・目的　□collect　集める
□language　言語　☒past　過去・昔　☒destroy　破壊する　□still　まだ
□historical　歴史的な　□knowledge　知識　□lose　失う

選択肢の語句
□build　建設する

No. 28 ▸「因果関係」を意識して音声に集中！　**CD1 80** レベル ★★★

解答 **4**

スクリプト

★Sonya started working as an online English teacher last month. She

gの飲み込み

teaches from home using a computer. Before her first lesson, she prepared

all the materials. However, when the lesson started, the student complained

「ステュードゥントゥ」って感じ

【問題】先生がよく見えない　【原因】ネット回線が遅い

that he could not see her very well. She realized she had a slow Internet

connection. The next day, she switched to a faster Internet plan. Now, her

「ネクスティ」って感じ　【解決策】翌日、より速いインターネットに切り替えた

students can see her clearly and they enjoy her classes.

軽く「アン」

☆☆ **Question:** How did Sonya solve her problem?

解説

〈選択肢先読み〉➡主語がすべて She ➡「女性の行動」がポイント！

質問は「ソーニャはどうやって問題を解決しましたか？」です。4文目の However の後ろ「授業が始まると、生徒は、彼女のことがよく見えないと不満を漏らした」、6文目「翌日、彼女はより速いインターネットプランに切り替えた」から、**4** の She changed her Internet plan.「彼女はインターネットプランを変更した」が正解となります。switch は名詞の「スイッチ」のイメージが強いですが、動詞で「変える」という意味もあり、今回は動詞の用法で使われています。

> 💡 **online の使い方**
> 1文目に online が出てきました。英検でもよく登場する単語です。今回の an online English teacher「オンラインの英語講師」のように形容詞として使う他、apply online「オンラインで申し込む」、order 〜 online「〜をオンラインで注文する」のように副詞の使い方も重要です。

和訳 ★ソーニャは先月、オンライン英語の講師として働き始めた。彼女はパソコンを使って在宅で教えている。初めての授業の前、彼女は教材をすべて準備した。しかしながら、授業が始まると、生徒は、彼女のことがよく見えないと不満を漏らした。彼女はネット回線が遅いことに気づいた。翌日、彼女はより速いインターネットのプランに切り替えた。現在、生徒たちは彼女のことをはっきりと見ることができ、彼らは彼女の授業を楽しんでいる。
　☆☆**質問**：ソーニャはどうやって問題を解決しましたか？

選択肢の和訳
1 彼女はもっとよい教材を準備した。
2 彼女は生徒に助言を求めた。
3 彼女は新しいパソコンを購入した。
4 彼女はインターネットのプランを変更した。

語句
☑online オンラインの　　☑prepare 準備する　　☐material 教材
☑complain 不満を言う　　☑realize 認識する・気づく　　☐connection 接続
☐switch 切り替える　　☐clearly はっきりと

選択肢の語句
☐advice 助言・アドバイス

解答 **1**

スクリプト

☆①In Jamaica, most people speak a language called Jamaican Patois. ②It

is based on English, but it has many words that sound different from
　　　　　　　　　　　　　　　　　　　　　　　　　　　軽く「ザッ」

regular English words. ③Some words come from African languages, and
　　　　　　　　　　　　　　　　　　　　　　　　　　　　　　　軽く「アン」

④some are borrowed from French. ⑤Jamaican workers originally created

Jamaican Patois to communicate with Europeans. Later, ⑥workers started
　　　　　　　　　　　　　　　　　　　　　くっついて「ワーカースターティッドゥ」

using it with each other in their daily lives.

☆☆ **Question:** What is one thing that we learn about Jamaican Patois?
　　　　　　　　　　　　　　　　　軽く「ザッ」

解説

〈選択肢先読み〉➡主語はすべて It ➡「人以外」を予想！

質問は What is one thing ～？「内容に合うものはどれか？」のパターンで、Jamaican Patois「ジャマイカ・クレオール語」について問われています。内容を整理すると以下の通りです。

① ジャマイカでほとんどの人々が話す
② 英語に基づいているが通常の英語と異なる発音をする単語が多くある
③ アフリカの言語が起源のものもある
④ フランス語の借用語もある
⑤ もともとジャマイカの労働者たちがヨーロッパ人とコミュニケーションをとるために生み出したものである
⑥ 労働者たちは日常生活でもお互いに使い始めた

②③④の内容をまとめたものが **1** の It was made with words from different languages.「それはさまざまな言語に由来する単語から作られた」となり、これが正解です。

和訳 ☆ジャマイカでは、ほとんどの人がジャマイカ・クレオール語と呼ばれる言語を話している。それは英語に基づいているものであるが、通常の英単語とは異なる発音をする単語がたくさんある。アフリカの言語に由来するものや、フランス語から借用したものもあ

る。もともとジャマイカの労働者らが、ヨーロッパ人とコミュニケーションをとるためにジャマイカ・クレオール語を作り出した。後に、労働者たちは日常生活においてもお互いにそれを使い始めた。

☆☆質問：ジャマイカ・クレオール語についてわかることの1つは何ですか？

選択肢の和訳
1 それはさまざまな言語に由来する単語から作られた。
2 それはフランス語や英語にとって代わられた。
3 それはヨーロッパ人によって発明された。
4 それはアフリカで最初に話された。

語句 ☑language 言語 ☑be based on 〜 〜に基づいている
☑different from 〜 〜と異なって □come from 〜 〜に由来する
□borrow 借りる ☑originally もともと ☑create 創り出す
□communicate with 〜 〜とコミュニケーションをとる □each other お互いに
□daily lives 日常生活

選択肢の語句
☑replace 取りかえる ☑invent 発明する

No. 30 · every evening に反応して解く！　CD1 82 レベル ★★★

解答 **2**

スクリプト

★Sierra <u>asked her</u> parents to buy her a video game for her birthday. They
　「アスター」って感じ

told her <u>that</u> she could have it, but only if she <u>got good</u> grades at school.
　軽く「ザッ」　　　毎夕、数時間図書館で勉強している　　tの飲み込み dの飲み込み

<u>Sierra now studies in the library for several hours every evening.</u> She
　　　　　　　　　　　　　　　　　「時の表現」に反応！　　　　　　　gの飲み込み

hopes <u>that</u> she <u>will</u> do well in her classes so that she can <u>get</u> the video
　　　軽く「ザッ」　「ウル」って感じ　　　　　　　　　　　　　tの飲み込み

game.

☆☆ **Question:** What has Sierra <u>been</u> doing in the evenings?
　　　　　　　　　　　　　　　軽く「ビン」

解説

〈選択肢先読み〉➡バラバラ➡すべてを聞き取るつもりで英文に集中！

質問は「シエラは夕方に何をしていますか？」です（has been –ing は「現在完了進行形」）。「シエラは現在、毎夕、数時間図書館で勉強している」とあるので、この内容に

合う **2** の Studying hard.「一生懸命勉強をしている」が正解となります。**1**、**3**、**4** はそれぞれ video games、her parents、classes と本文に登場した単語を使ったダミー です。

和訳 ★シエラは、誕生日にテレビゲームを買ってもらえるよう両親に頼んだ。彼らは、買って もいいと彼女に言ったが、それは学校でよい成績をとったときのみであると言った。シ エラは現在、毎夕、数時間図書館で勉強している。彼女は、テレビゲームを買ってもら えるように授業でよい成績がとれることを望んでいる。
☆☆**質問**：シエラは夕方に何をしていますか？

選択肢の和訳

1 テレビゲームをしている。 **2** 一生懸命勉強をしている。
3 両親を手伝っている。 **4** 補習を受けている。

語句 □video game　テレビゲーム　　☆grade　成績　　□several　いくつかの
☆so that s can v　〜するために

2020-1
Grade 2

2級

解答・解説編

一次試験

2020年度　第1回検定（5月31日実施）

解答一覧

筆記

1　（1）1　（2）2　（3）2　（4）2　（5）4　（6）3　（7）1　（8）4　（9）2　（10）3
　　（11）1　（12）1　（13）1　（14）3　（15）2　（16）3　（17）1　（18）2　（19）3　（20）3

2 A　（21）2　（22）4　（23）1　**2 B**　（24）1　（25）2　（26）3

3 A　（27）2　（28）2　（29）4　**3 B**　（30）3　（31）4　（32）1　（33）3

3 C　（34）4　（35）1　（36）3　（37）4　（38）1

4　　解答例は p.236 参照

リスニング

第1部　No. 1 4　No. 2 4　No. 3 3　No. 4 2　No. 5 3　No. 6 3　No. 7 1　No. 8 1　No. 9 2　No. 10 2
　　　　No. 11 1　No. 12 4　No. 13 3　No. 14 2　No. 15 4

第2部　No. 16 1　No. 17 4　No. 18 2　No. 19 2　No. 20 3　No. 21 2　No. 22 1　No. 23 4　No. 24 3　No. 25 4
　　　　No. 26 4　No. 27 2　No. 28 1　No. 29 1　No. 30 2

(1) ▶「エラー (error)」とは「ミス・誤り」のこと　レベル ★★★

解答 **1**

ask 人 to 原形「人 に～するように頼む」　　hand in ～「～を提出する」

Don asked Kathy to look over his report for him before he handed it in to

原因・理由, so 結果

the teacher. Kathy found several spelling (　), so Don fixed them.

つづりの何を見つけた？　　　　　　　　　　それらを修正した

解説 直前の several spelling につながるのは、**1** の errors で several spelling errors で「いくつかのつづりのミス（誤り）」となります。「つづりのミスを見つけた」→「だから (so)」→「それらを修正した」という流れにも合います。ちなみに Don fixed them の them は、several spelling errors を受けています。

💡 hand in ～「～を提出する」
　　hand は動詞で「渡す」の意味があります。hand in ～は「レポートを提出ボックスの中に (in) 手で入れる (hand)」イメージで「～を提出する」と覚えてください。hand in ～は設問でも狙われ、同じ意味で使える turn in ～も一緒におさえておきましょう。

和訳 ドンは、レポートを先生に提出する前にキャシーにチェックしてもらうように頼んだ。キャシーはいくつかつづりのミスを見つけたので、ドンはそれらを修正した。

選択肢の和訳
1 error「ミス・誤り」の複数形　　　　2 symbol「象徴・記号」の複数形
3 palace「宮殿」の複数形　　　　　　4 leaf「葉」の複数形

語句 □ask 人 to 原形 人 に～するように頼む
　　☆look over ～　～に目を通す・チェックする　　□report　レポート・報告書
　　☆hand in ～　～を提出する　　☆several　いくつかの　　□spelling　つづり
　　☆fix　修正する

単語解説
　　□ error「ミス・誤り」…「ミス」や「誤り」のことを日本語でも「エラー」と使われます。「システムエラー」や「ヒューマンエラー (人が原因のミス)」といった言葉もありますね。
　　□ symbol「象徴・記号」…日本語でも「シンボル」といいます。「シンボル」とは「(あるものを示す) 記号」ともいえますね。
　　□ palace「宮殿」…アパートの名前で「○○パレス」と使われていますが、本来は「宮殿」という意味です。place「場所・置く」と見間違えないように注意してください (palace です)。
　　□ leaf「葉」…広告などのチラシのことを「リーフレット (leaflet)」ということがありますが、もともと「葉っぱ」のことなんです。

(2) ▶ affection は「人の心に影響する (affect) もの」→「愛情」 レベル ★★★

解答 **2**

spend 時間 -ing「〜して 時間 を過ごす」

Roger feels great (　) for his cat. He spends a lot of time taking care of it
and thinks of it as part of the family.　　世話をするのに多くの時間をかける

think of A as B「A を B と考える」　　家族の一員として考えている

解説 2 文目の「そのネコを世話して多くの時間を過ごす」、「そのネコを家族として考えている」がヒントです。**2** の affection「愛情」を選び、Roger feels great affection for his cat.「ロジャーは自分のネコをとても愛している」とすれば OK です。feel affection for 〜は直訳「〜に対して愛情を感じている (抱いている)」→「〜を愛している」となります。

> 💡 **「動物」は原則 it で受ける**
> 代名詞の it が 2 回出てきますが、この it は his cat を受けています。このように動物 (人以外) は原則として it で受けるんです。しかし、家族の一員として扱われる場合は、擬人化され he や she などの代名詞で受けることもよくあります。

和訳 ロジャーは自分のネコにとても愛情を注いでいる。彼はそのネコの世話をすることに多くの時間を費やし、家族の一員だと考えている。

選択肢の和訳
　1 宗教　　**2** 愛情　　**3** 知恵　　**4** 公正・正義

語句 □ feel affection for 〜　〜を愛している
☑ spend 時間 -ing　〜するのに 時間 を費やす　　□ take care of 〜　〜の世話をする
□ think of A as B　A を B だと考える・思う

単語解説
□ religion「宗教」…外国語を学ぶ上で「宗教」はとても重要なので、名詞 religion「宗教」と同時に形容詞形の religious「宗教の」もしっかりおさえておきましょう。
□ affection「愛情」…affect「影響する」から、affection「人の心に影響するもの」→「愛情」と覚えてください。
□ wisdom「知恵」…wise「賢い」(発音は「ワイズ」) からできた単語です。「賢い (wise) 人には知恵 (wisdom) がある」と覚えましょう。
□ justice「公正・正義」…just は「ちょうど同じ」→「公平な」という意味があり、そこから justice「公正・正義」と覚えてください。動詞の justify「正当化する」も、意外とよく目にする単語なのでチェックしておきましょう。

(3) ▸ first と then に注目して「対比構造」を読み取る！ レベル ★★★

解答 **2**

> first と then がセット「最初は〜、それから…」

At the audition for the dance show, the students |first| had to perform (　).
|Then|, they were asked to dance together as a group.

> グループで一緒に踊るように求められた

解説 first「最初は」と Then「それから」はセットで使われ、対比構造を作ります。空所を含む前半の内容と、Then の後ろ「グループで一緒に (together as a group) 踊るように言われた」が対比されているわけです。前半は「(グループで一緒にではなく) どのようにパフォーマンスしなければならなかった？」と考え、**2** の individually「個々に・それぞれ」を選びます。

first「最初は」		then「それから」
個々にパフォーマンスする	⟺ 対比	**グループで**踊る

和訳 ダンスショーのオーディションで、最初に学生たちは個々にパフォーマンスしなければならなかった。それからグループで一緒に踊るように求められた。

選択肢の和訳
1 財政的に・金銭的に　　　　2 個々に
3 法律的に・合法的に　　　　4 磁気作用によって

語句 □audition　オーディション　　□had to 原形　〜しなければならなかった
☒perform　演じる　　□then　それから

 対比構造を読み取る！
今回のように first が出てきたら「最初」と「その後」が対比され、この構造を読み取ることで答えが出ることがよくあります。今回は then「それから」が使われていますが、その他 but や however などの「逆接」の表現がセットになることもあります。

☑ CHECK! 「対比構造」を作る表現

単語問題だけでなく、長文問題でも役立ちます。

first「はじめは」 at first「はじめは」	⟺	then「それから」 but「しかし」 however「しかし」

※ but や however は「しかし<u>その後</u>」というイメージです。

単語解説
□**financially「財政的に」**…形容詞 financial「財政 (上) の」は「ファイナンシャルプランナー (将来の資金計画に関するアドバイスをする人)」で使われており、その副詞形が financially です。
□**individually「個々に」**…in は「否定」、divide は「分割する」から、「これ以上分割できない最少単位」→「個人」のイメージで覚えてください。

□ legally「法律的に」…leg は law「法律」と関連があります。形容詞形の legal「合法の」とその反意語 illegal「違法の・不法の」をセットで覚えてください。

□ magnetically「磁気作用によって」…日本語でも「磁石」のことを「マグネット(magnet)」といいます。その副詞形が magnetically です。

(4) ▸ compensate は「チャラにする」！　　レベル ★ ★ ★

解答 2

> フライトの遅延時に、航空会社は乗客に 20 ドルずつ渡した

When the flight was delayed, the airline gave each passenger \$20 to (　) them for the time that they lost.　副詞的用法の不定詞「～するために」

解説 1 文目の「フライトが遅延した際、航空会社は乗客にそれぞれ 20 ドルずつ渡した」がヒントです。「何をするために 20 ドル渡した？」と考えます。**2** の compensate「補償する」を入れて、「乗客が失った時間を補償するために」とすれば OK です。ちなみに compensate は英検準 1 級の単語問題でも狙われる単語です。

和訳 フライトが遅延した際、航空会社は乗客が失った時間を補償するために、それぞれ 20 ドルずつ渡した。

選択肢の和訳
1 相続する　**2** 補償する　**3** 拡大する・拡張する　**4** 破壊する

語句 ☆delay　遅延させる　□airline　航空会社　□passenger　乗客

単語解説

□ inherit「相続する」…「中に (in) 受け継ぐ (herit)」です。herit「受け継ぐ」という意味は、heredity「遺伝」、heritage「遺産」などに使われています。

□ compensate「補償する」…本来「天秤の両側を、一緒に (com) つり合わせる (pensate)」です。「チャラにする」に近い感覚で、「マイナスを埋め合わせる」→「補償する」となりました。

□ expand「拡大する・拡張する」…「ex (外へ)」から「広がる」イメージで覚えてください。物理的に広がるだけでなく、「事業を拡大する」のようにも使える単語です。

□ destroy「破壊する」…de は「下へ」という意味で、建物を下に引きずり降ろして取り壊しているイメージで覚えてください。

(5) ▸ assign は「仕事を任せる人に印 (sign) をつける」こと　レベル ★ ★ ★

解答 4

The class was preparing for the school festival, and the teacher made each student do a different task. Susie's (　) was to make a poster.

> 先生は各生徒に異なる仕事をさせた　　スージーの (　) はポスターを作ること

解説 1文目後半の「教師はそれぞれの生徒に異なる作業をさせた」がヒントです（make O 原形 「Oに〜させる」）。「ポスターを作ることはスージーの何？」と考え、1文目の task「仕事」の言い換えになる **4** の assignment「仕事・課題」を選びます。

和訳 クラスは学園祭の準備をしており、教師はそれぞれの生徒に異なる作業をさせた。スージーの仕事はポスターを作ることだった。

選択肢の和訳
  1 世代 **2** 絶滅 **3** 賛辞 **4** 課題・仕事

語句 ☒ prepare for 〜 〜の準備をする   ☒ make O 原形 Oに〜させる
  □ task 仕事・作業

単語解説
  □ generation「世代」…「ジェネレーションギャップ (generation gap)」とは、「世代間のずれ」のことです。ちなみに、「一世代」とは「約30年間」を指します。
  □ extinction「絶滅」…動詞 extinguish「消す」と関連があり、「この世から消された」→「絶滅」です。環境問題がテーマの長文でも目にする単語です。
  □ compliment「賛辞」…動詞 complete「完全なものにする」と関連のある単語です。「完全なものにしたものに賛辞 (compliment) を送る」と覚えてください。
  □ assignment「課題・仕事」…動詞 assign は「仕事を任せる人に印 (sign) をつける」→「割り当てる」で、その名詞形が assignment「（与えられている）仕事・課題」です。

---

(6)‣ ancient「古代の」とセットで使える名詞を考える！ レベル ★ ★ ★

解答 **3**

> 「古代の」何？

Hiroshi often reads books about how people lived in ancient (　　). He likes to learn about the way that societies developed.

> 社会が発展してきた方法について学ぶのが好き

解説 直前の ancient「古代の」とセットになる名詞を考え、**3** の civilization「文明」を選びます（ancient civilization で「古代文明」）。2文目の「社会が発展した過程について学ぶことが好きだ」にもつながります。

和訳 ヒロシは古代文明における人々の生活の仕方についての本をよく読む。彼は社会が発展した過程について学ぶのが好きだ。

選択肢の和訳
  1 割合 **2** 約束 **3** 文明 **4** 補足

語句 □ live 生活する   ☒ ancient 古代の   □ way 方法・過程   ☒ society 社会
  ☒ develop 発展する

単語解説
  □ proportion「割合」…「プロポーションがいい」とは、本来「体の割合 (バランス) がいい」ということなんです。ちなみに portion の部分は「部分・分け前」という意味です。
  □ appointment「約束」…日本語の「アポ (イントメント)」は「仕事での約束」しか表

しませんが、本来は「人との面会」です。さらに「医者との面会」→「病院（診察）の予約」となります。

- □ **civilization「文明」**…civil は本来「きちんとした、礼儀正しい市民」という意味があり、civilize は「きちんとした市民 (civil) にする (ize)」→「文明化する」で、その名詞形が civilization「文明」です。
- □ **supplement「補足」**…supplement の動詞形は、supply「供給する」です。supplement は「供給するもの」→「補足・サプリメント (栄養補助食品)」の意味になりました。

(7)▶ absolute=complete のイメージ！

解答 **1**

remind 人 that ～「人 に～を思い出させる・念押しする」 —— 試験中

Mr. Brown reminded everyone that he wanted (　) silence during the test.
He said that any student who talked during it would fail.

試験中におしゃべりした人は誰でも落第

解説 1 文目の remind 人 that sv は「人 に～することを思い出させる・念押しする」で、that 以下は「ブラウン先生は試験中のどんな沈黙を望んだ (wanted) のか？」と考えます。さらに 2 文目の「彼は試験中におしゃべりをした人は誰もが落第になると言った」をヒントにし、absolute「完全な・絶対的な」を選びます。absolute silence で「完全な沈黙」です。

> 💡 **absolute の副詞形 absolutely も大事！**
> 今回は形容詞 absolute が問われましたが、副詞 absolutely も重要です。本来「完全に」で、そこから、質問・依頼への返事として「(完全に) その通り・ぜひ」と使われます。会話形式の問題や、リスニングなどで出てくるのであわせておさえておきましょう。

和訳 ブラウン先生は全員に試験中は絶対に静かにすることを念押しした。彼は試験中におしゃべりをした人は誰もが落第になると言った。

選択肢の和訳
1	絶対の・完全な	2	まぶしい・見事な
3	寛大な・気前のよい	4	ロマンチックな・非現実的な

語句 ☒ remind 人 that sv　人 に～することを思い出させる・念押しする　　□ silence　沈黙
□ fail　（科目などを）落とす

単語解説
- □ **absolute「絶対の・完全な」**…「完全な」という意味の complete や total と同じイメージの単語です。
- □ **dazzling「まぶしい・見事な」**…動詞 dazzle は「強烈な光」が急に差し込んでくるイメージで「目をくらませる」という意味です。その形容詞形が dazzling で「目をくらませるような」→「まぶしい・見事な」となります。
- □ **generous「寛大な・気前のよい」**…いろんな訳し方がありますが、「お金・性格そのものなど、いろいろなことにゆとり・余裕がある」という意味で使われます。

□ romantic「ロマンチックな・非現実的な」…日本語でも「ロマンチックな雰囲気」のように使われ、「非現実的な（普段とは違う）雰囲気」という意味ですね。

---

(8) ▸ struggle は「じたばたもがく」イメージ！　　　レベル ★★★

解答 **4**

because の後ろは「原因・理由」　　　　　PC が遅い

The staff members at EZ Bank were (　) |because| their computers were so slow. They could not help their customers quickly enough.

顧客に十分すばやく対応できない

解説「コンピューターの動作が遅いので銀行スタッフはどうしていた？」と考えます。2文目の「顧客対応が十分にできない」という内容をヒントに、**4** の struggling を選びます。動詞 struggle「奮闘する・もがく」の -ing 形で、今回は過去進行形 were struggling となっています。

和訳 EZ 銀行の従業員は、コンピューターの動作がとても遅いため悪戦苦闘していた。彼らは顧客に対し十分迅速に対応することができなかった。

選択肢の和訳
1 forecast「予想する・予測する」の -ing 形
2 arrest「逮捕する」の -ing 形
3 function「機能する」の -ing 形
4 struggle「奮闘する・もがく」の -ing 形

語句 □customer　顧客　　□quickly　すばやく

単語解説
　□ forecast「**予想する・予報する**」…「前に (fore) 投げる (cast)」という意味で、たとえば「（天気の情報を）事前に投げかける」→「予報する」となります。
　□ arrest「**逮捕する**」…arrest のつづりに rest「休憩」がありますね。「（犯罪者を刑務所で）休憩させる」→「逮捕する」と覚えてください。
　□ function「**機能する**」…パソコンのキーボードにある「F2」などのキーを「ファンクションキー (function key)」といいますが、これは「いろんな機能が使えるボタン」のことです。名詞「機能」のイメージが強いですが、「動詞」としても使えます。
　□ struggle「**奮闘する・もがく**」…「ストラグル」という発音が、じたばたともがくような落ち着きのない響きです。今回はトラブルが発生して、解決に向けて「もがき奮闘していた」という意味で使われています。

(9) ▸ stir は storm「嵐」のイメージで「かき混ぜる」！ レベル ★★★

解答 **2**

> スプーンを使って
>
> While Ryan was making pasta sauce, he (   ) it with a spoon. He had to
> watch it carefully to prevent it from burning.
>
> 焦げないようによく見なければならなかった

解説 「スプーンを使ってそれ (=pasta sauce) をどうした？」と考え、**2** の stirred「かき混ぜた」を選びます (with a spoon の with は「道具 (〜を使って)」です)。2 文目の「ソースが焦げないように気をつけて見ていなければならなかった (prevent 〜 from -ing で「〜が…するのを防ぐ」)」もヒントになりますね。

和訳 ライアンはパスタのソースを作っているとき、スプーンでそれをかき混ぜた。彼はソースが焦げないように気をつけて見ていなければならなかった。

選択肢の和訳
1 amuse「楽しませる」の過去形
2 stir「かき混ぜる」の過去形
3 resist「抵抗する」の過去形
4 prove「証明する・〜だとわかる」の過去形

語句 ☑ while sv 〜するとき・〜する間　□ had to 原形 〜しなければならなかった
☑ prevent 〜 from -ing 〜が…するのを防ぐ　□ burn 燃える・焦げる

単語解説
□ amuse「楽しませる」…遊園地を「アミューズメントパーク (amusement park)」といいますが、「楽しませる場所」ということです。

□ stir「かき混ぜる」…storm「嵐」と同じ語源で、「かき乱す」→「かき混ぜる」です。今回のように実際に「かき混ぜる」以外に、「(人の心を) かき立てる」という意味でも使えます。

□ resist「抵抗する」…「逆に (re) 立つ (sist=stand)」→「逆らって立つ」→「抵抗する」となりました。ちなみに can't resist 〜 で「〜に抵抗・我慢できない」→「〜に目がない」という表現は日常会話でも使えます。

□ prove「証明する・〜だとわかる」…本来は「調べる」で、そこから「(調べた結果) 証明する」、「(証明された結果) 〜だとわかる」となりました。

(10) ▸ 後ろに that 節→「認識・伝達」を表す動詞を選ぶ！ レベル ★★★

解答 **3**

> アンはいつも僕が週末に何をしているのか聞いてくる
>
> A: Why do you think Anne always asks me about what I'm doing on the weekend?
> B: Maybe she is (   ) that she wants to go on a date with you.
>
> 接続詞 that　　　彼女はあなたとデートがしたい

解説 空所の後ろに接続詞 that のカタマリがきているので、「that 節をとる動詞」が空所に入ると予想します (that 節をとる動詞は「認識 (思う・わかる)・伝達 (言う)」の意味になります)。正解は **3** の implying (原形 imply「ほのめかす」) です。「アンは僕が週末に何をするのかいつも聞いてくるのはどうしてだと思う？」 → 「たぶん彼女は君とデートをしたいという意味だよ」という流れにも合います。

> 💡 **that 節をとる動詞は「認識・伝達」の意味になる！**
> 今回の imply もそうですが、that 節をとる動詞は「認識」や「伝達」の意味を持つ動詞が多く、ざっくり言えば、どれも「思う・言う」という意味になります。つまり、今回の問題のように、「that 節をとるから『思う・言う』関係の動詞は…」と考えて答えを出すこともできますし、長文でわからない動詞が出てきた時も、that 節が続いていたら「思う」か「言う」と訳せば意味がとれるので、この考え方は読解でも役立ちますよ。

和訳 **A:** アンが、僕が週末に何をするのかをいつも聞いてくるのは、どうしてだと思う？
B: 彼女は君とデートをしたいという意味かもね。

選択肢の和訳
1 sacrifice「犠牲にする」の -ing 形
2 encounter「出くわす・出会う」の -ing 形
3 imply「ほのめかす」の -ing 形
4 forbid「禁止する」の -ing 形

語句 ☆maybe たぶん・おそらく □go on a date with 人 人 とデートする

単語解説
□ **sacrifice「犠牲にする」**…sacred「神聖な」と関連があり、本来は「神聖なものへ捧げるいけにえ・犠牲」、そこから動詞では「犠牲にする」となります。
□ **encounter「出くわす・出会う」**…最近ではネットで「エンカする・エンカウントする」と使われますが、これは encounter のことで、チャットやオンラインゲーム上で「たまたま出会うこと」です。
□ **imply「ほのめかす」**…「本音を中に (im) 包み込んだ (ply)」という意味で、そこから「ほのめかす」となりました。発音は「インプライ」です。
□ **forbid「禁止する」**…「禁止する」という意味では最も一般的に使われる単語で、forbid 人 to 原形 や forbid 人 from -ing「人 が〜するのを禁止する」の形でよく使われます。

---

(11) ▸ think over 〜は「覆うくらいよく (over) 考える (think)」！ レベル ★★★

解答 **1**

> think とセットになる熟語

After their discussion, Nick's boss said she would think ( ) what he had said and talk to him again about his request later.

> 「彼が言ったこと」をどうする？

解説 「彼が言ったことをどうする？」と考え think over 〜「〜についてよく考える」

という表現を完成させれば OK です。what he had said の what は関係代名詞で「こと・もの」と訳します。ちなみに、what he had said の後ろの and は、think over what he said と talk to him again about his request later をつないでいます。

和訳 話し合いの後、ニックの上司は、彼が言ったことについてよく考え、彼の要望について後で再度話すつもりだと言った。

選択肢の和訳

   1 (think over 〜で) 〜についてよく考える
   2 (think up 〜で) 〜を考え出す
   3 〜と一緒に
   4 〜の周囲に・〜をめぐって

語句 □ discussion　議論・審議　　□ boss　上司　　□ talk to 人　　人と話す
☆ request　要望

熟語解説

□ think over 〜「〜についてよく考える」…over は「覆う」イメージで、「〜を覆うように (over) 考える (think)」→「〜についてよく考える」です。

□ think up 〜「〜を考え出す」…「考えている (think) ことを上に (up) 出す」イメージで「〜を考え出す」となります。

(12) ▶ out of 〜は「〜から外へ」の意味！
レベル ★ ★ ★

解答 **1**

but の後ろは重要な情報

A: Excuse me. I want to buy a train ticket, but the ticket machine won't take my money.
                  券売機にお金が入らない

B: Oh, sorry. That machine is out of ( ). I can sell you a ticket here.

out of とセットになる熟語は？

解説 「券売機にお金が入らない」→「券売機は故障している」と考え、order を選び out of order「故障して」という表現を完成させます。out of 〜を使った表現は、英検 2 級で頻出なので確認しておきましょう (121 ページ)。また、but や however などの逆接表現の後は話が展開することが多く、ヒントになりやすいので要チェックです。

和訳 *A:* すみません。列車の切符を買いたいのですが、券売機にお金が入らないんです。
    B: ああ、申し訳ございません。その券売機は故障中です。私がここで切符を販売致します。

選択肢の和訳

   1 (out of order で) 故障して
   2 (out of shape で) 体調を崩して
   3 (out of sight で) 見えないところに・離れて
   4 (out of business で) 倒産して

語句 □ ticket machine　券売機

□ **out of order「故障して」**…order は「命令・秩序」、out of ～は「～から外へ」で、「命令 (order) の外 (out of)」→「命令をきかない状態」→「故障して」です。

□ **out of shape「体調を崩して」**…shape は「シェイプアップ」にも使われ、「状態・調子」の意味です。「(よい) 調子 (shape) の外に (out of)」→「体調を崩して」となりました。

□ **out of sight「見えないところで」**…sight は「視界」の意味で、「視界 (sight) の外で (out of)」→「見えないところで」です。

□ **out of business「倒産して」**…「商売 (business) の外へ (out of)」→「倒産して」となりました。ちなみに go out of business「倒産する」のように、動詞は go が使われます。

---

(13) ▶ by degrees = gradually の意味！　　　レベル ★★★

解答　1

> ヘアスタイリストとして働き始めたときはお金を稼げなかった

Haruka did not make much money when she first started working as a hair stylist, **but** her salary increased (　　). She had more and more customers each year.　しかし　　　毎年ますます多くの顧客をかかえていった

解説　「ヘアスタイリストとして最初に仕事を始めたとき、稼ぎはそんなに良くなかった」→「しかし (but)」→「給料が (　) 増えた」という流れから、「どのように給料が増えたか？」と考え、**1** の by degrees「徐々に」を選びます。最後の「毎年ますます多くの顧客をかかえていった」という内容にもつながりますね。

和訳　ハルカがヘアスタイリストとして最初に仕事を始めたとき、稼ぎはそんなに良くなかったが、彼女の給料は徐々に増えていった。彼女は毎年ますます多くの顧客をかかえていった。

選択肢の和訳
1　徐々に　　**2**　偶然・たまたま　　**3**　心の底では　　**4**　逃亡中で

語句　☑ make money　お金を稼ぐ　　□ as ～　～として　　□ salary　給料
☑ increase　増加する　　□ more and more　ますます多くの　　□ customer　顧客

熟語解説

□ **by degrees「徐々に」**…by は「単位 (～ずつ)」、degree は「程度・度合い」で、「度合の単位で」→「徐々に・少しずつ」となりました。gradually と同じ意味です。

□ **by accident「偶然・たまたま」**…by は「経由」の意味で、「偶然 (accident) を経由して (by)」→「偶然」となりました。マイナスイメージの内容に使うことが多く、by mistake に近い感じです。

□ **at heart「心の底では」**…この heart は「気持ち」の意味で、「(自分の) 気持ち (heart) の一点では (at)」→「心の底では」となります。

□ **at large「逃亡中で」**…large は「(心が) 大きい・広い」→「(余裕があって) 自由な」と考えてください。at は「状態の一点 (～中)」で、「(身柄が) 自由な」→「逃亡中で」となります。

by degrees と同様に「単位 (〜ずつ)」の by が使われている表現をチェックしておきましょう。

□ step by step「一歩ずつ」　　□ little by little「少しずつ」
□ one by one「1 つずつ」　　□ day by day「一日ごとに」
□ by the hour「時間ぎめで」　　□ by the dozen「1 ダースで」

(14) ▶ charge は「プレッシャーをかける」の意味　レベル ★★★

解答 3

be ＋過去分詞 (p.p.)　　　　　「強盗で警察にどうされた？」と考える

Frank was (　　) the robbery by the police. However, he knew he had not done it, so he found a good lawyer to help him.

解説 空所直前の was と選択肢の形 (-ed 形) から、受動態の文になるとわかります。空所直後の the robbery by the police をヒントにし、「警察に強盗 (の容疑) でどうされた？」と考え、**3** の charged with を選びます。charge 人 with 〜で「人 を〜で告発する」で、今回は受動態 人 is charged with 〜「人 が〜で告発される」の形になっています。

和訳 フランクは警察に強盗の容疑で告発された。しかし、彼はやっていないと自覚していたので、自分を助けてくれる有能な弁護士を見つけた。

選択肢の和訳
1 (keep 〜 off で)〜を近づけない
2 (admire 人 for 〜で)人 の〜に感心する・敬服する
3 (charge 人 with 〜で)人 を〜で告発する
4 (warn 人 of 〜で)人 に〜を注意する・警告する

語句 □ robbery 強盗　□ lawyer 弁護士

熟語解説
□ keep 〜 off「〜を近づけない」…直訳「離れたところに (off) キープする (keep)」→「〜を近づけない」です。
□ admire 人 for 〜「人 の〜に感心する」…admire は respect「尊敬する」のニュアンスを持つ単語です。for は「理由」で、「〜を理由に (for) 感心する (admire)」→「人 の〜に感心する」となりました。
□ charge 人 with 〜「人 を〜で告発する」…charge はそもそも「プレッシャーをかける」という意味で、「(お金を払うよう) プレッシャーをかける」→「請求する」、「あれやこれやとプレッシャーをかける」→「非難する・告発する」となります。
□ warn 人 of 〜「人 に〜を注意する」… warn は「警告する」の意味で、形容詞 warning は駅のアナウンスで Please wait behind yellow warning blocks.「黄色い点字ブロックの内側でお待ちください」のように使われています。「ここから前は危ないですよ」と「警告を与えてくれる黄色い点字ブロック」という意味です。

□ be in charge of ～ 「～を担当する」

※ charge には「プレッシャーをかけて仕事を任せる」などの意味があり、そこから「責任」となりました。「～の (of) 責任 (charge) の中に (in) いる (be)」→「～を担当する」です。

□ take charge of ～ 「～を担当する」

※「～の (of) 責任 (charge) をとる (take)」→「～を担当する」です。

---

(15) ▶ confidentはconfidence man「(人を信用させる)詐欺師」から覚えるのもあり！ レベル ★★★

解答 2

┌─ 素晴らしい仕事をするが、決して自分自身を信じない ─┐

A: Mary does excellent work, |but| she never believes in herself.

B: You're right. She needs to be more ( ) her ability.

┌─ need to 原形 「～ する必要がある」 ─┐

解説 *A* の「メアリーは素晴らしい仕事をするが、決して自分自身を信用していない」がヒントです。「彼女は自分の能力をもっとどうする必要がある？」と考え、**2** の confident in を入れて「もっと自分の能力に自信を持つ必要がある」とします。

和訳 *A:* メアリーは素晴らしい仕事をするけど、決して自分自身を信用していないよね。

　　B: そうだね。彼女はもっと自分の能力に自信を持つ必要があるね。

選択肢の和訳

1 (be engaged in ～で) ～に没頭している
2 (be confident in ～で) ～に自信がある
3 (be specific to ～で) ～に特有である
4 (be appropriate to ～で) ～にふさわしい

語句 ☆excellent 素晴らしい　　□believe in ～　～を信じる
　　　□need to 原形　～する必要がある　　☆ability　能力

熟語解説

□ **be engaged in ～**「～に没頭している」…engage は「従事させる・没頭させる」という意味で、受動態 be engaged in ～で「～に従事させられている・没頭させられている」→「～に従事している・没頭している」です。

□ **be confident in ～**「～に自信がある」…confident は本来「完全に信頼する」という意味で、in は「範囲」を表し、「～において (in) 自信を持つ」ということです。また、be confident that sv「sv すると確信している」の形も重要です。

□ **be specific to ～**「～に特有である」…specific は special「特別な」とつづりが似ています。「(特別であるほど) 特有である」と覚えてください。

□ **be appropriate to ～**「～にふさわしい」…appropriate は「その場面・状況・タイミングなどが適切な」という感じで、「ちょうどいい」イメージです。「ちょうどいい」→「～にふさわしい」となりました。

(16) ▶ 「その場所 (the spot) に接触して (on)」→「その場で・即座に」！ レベル ★★★

解答 **3**

> be impressed「感心する」

During the meeting yesterday, Alexandra's boss <u>was impressed</u> that she could answer all of his questions (　　). She did not need much time to think about her responses.

> 応答にそんなに長い時間を必要としない

解説 1 文目に be impressed「感心する」が使われており、空所を含む that 以降は「感心した理由」が続きます (be impressed that sv「～に感心する」)。2 文目の「応答について考えるのに長い時間を必要としなかった」をヒントにして、**3** の on the spot「即座に」を選べば OK です。

💡 **be impressed「感心する・感動する」**
impress は「感銘を与える」で、今回のように受動態 be impressed「感心する・感動する」の形で使われます。be impressed that sv の他、be impressed with ～の形も大事です (with の後ろは名詞)。

和訳 昨日の会議の間、アレクサンドラの上司は、彼女が自分の質問にすべて即座に答えられたことに感心した。彼女は答える内容を考えるのにそんなに多くの時間を必要としなかった。

選択肢の和訳
1 無駄に　　**2** 比較して　　**3** 即座に・すぐに　　**4** 絶好調で

語句 □ meeting　会議・ミーティング　　□ boss　上司
☆ be impressed that sv　～に感心する　　☆ response　応答

熟語解説
- □ **in vain「無駄に」**…vain は形容詞「無駄な」という意味で、「無駄な状態 (vain) の中で (in)」→「無駄に」となりました。
- □ **by[in] comparison with[to] ～「～と比べると」**… with と to は「比較相手」を示し、「～との比較 (comparison) によって (by)」→「～と比べると」、「～との比較 (comparison) の中で (in)」→「～と比べると」になりました。
- □ **on the spot「即座に」**…spot は「場所」という意味で (「パワースポット」は「自然などから力をもらえるような場所」という意味ですね)、「その場所に (the spot) くっついて (on)」→「その場所で」→「(その場で) 即座に」となりました。
- □ **at the peak「絶好調で」**…「ピーク (peak) の一点の状態で (at)」→「絶好調で」となります。

20年度第1回　一次試験　筆記　短文　長文　ライティング　リスニング　二次試験　面接

(17) ▶ make を使った表現は直訳から攻める！ レベル ★★★

解答 **1**

> used to 原形 「〜したものだ」

Greenville used to have a problem because its residents produced a lot of

> used to 原形 と対比「今では」　　make と of とセットにできる熟語を考える

garbage. Now, though, the city has a program to make (　) of the garbage

by burning it to create electricity.

解説 以前は (used to 原形)「住人が出す多くのゴミが問題となっていた」、現在は (Now)「ゴミを焼却して発電することによってゴミをどうするプログラムがある？」と考えます。**1** の use を選び、make use of 〜「〜を利用する」という表現を完成させます。used to 原形「(今は違うけど以前は) 〜したものだ」は「過去の習慣」を表す表現で、2 文目の Now「現在は」と対比構造を作っています。

> 💡 **わからない単語が出てきても慌てない！**
> 冒頭の Greenville が何のことかわからなかった人もいると思いますが、2 文目で the city と言い換えられており、そこで「地名」だとわかれば OK です。ちなみに -ville は単語の後ろにくっついて (接尾辞)、「〜という特性を持った場所」という意味で、今回のように地名によく用いられます。

和訳 グリーンビルでは、以前、住民が多くのゴミを出すため問題になっていた。しかし現在、市にはゴミを焼却して発電することによって、ゴミを利用するプログラムがある。

選択肢の和訳
1 (make use of 〜 で) 〜を利用する　　**2** (make sense で) 意味をなす
3 (make sure of 〜 で) 〜を確かめる　　**4** (make progress で) 進歩する

語句 ☐ resident 居住者　　☑ produce 生み出す・生産する　　☐ garbage ゴミ
☐ burn 燃やす　　☑ create 作り出す・創造する　　☐ electricity 電気

熟語解説
☐ **make use of 〜「〜を利用する」**…「〜を (of) 使うこと (use) を作る (make)」→「〜を利用する」となりました。
☐ **make sense「意味をなす」**…「意味 (sense) を作る (make)」→「意味をなす」となりました。実際の会話では That makes sense.「なるほど」、That doesn't make any sense.「意味わかんないんですけど」のようにものすごくよく使われる熟語です。
☐ **make sure of 〜「〜を確かめる」**…「確実にする」イメージです。make sure of 〜 の他に make sure that sv のように、文が続く形も重要です。
☐ **make progress「進展する」**…progress は「前進」の意味です (pro は「前へ」の意味)。「前進 (progress) する状況を作る (make)」→「進展する」となりました。

☑ CHECK! make を使った熟語

make を使った表現は英検 2 級では頻出で、大問 1 以外に長文やリスニングでも重要です。まずは直訳から攻めて覚えてください。

□ make a fool of ～「～を笑いものにする」

※「～について (of) ばかなもの (fool) を作る (make)」→「～を笑いものにする」

□ make a mistake「間違える」

※「間違い (a mistake) を作る (make)」→「間違える」

□ make do with ～「～で間に合わせる」

※「～を使って (with) する (do) 状態を作り出す (make)」→「～で間に合わせる」

□ make up for ～「～の埋め合わせをする」

※ make up は「作り上げる」、for は「交換」の意味で、「悪いことと交換に (for) 壊れた関係を作り上げる (make up)」→「～の埋め合わせをする」

□ make up with ～「～と仲直りする」

※ make up は「作り上げる」で、「壊れた関係を作り上げる」→「仲直りする」

□ make up one's mind to ～「～する決心をする」

※「～する自分の心 (one's mind to ～) を作り上げる (make up)」→「～しようと決心する」

(18) ▸ mind の後ろは動名詞 (-ing) !　　レベル ★ ★ ★

解答 2

> mind の後ろに続く形は？

A: Would you <u>mind</u> my (　　) on the lights? I can't read my book.

B: Not at all. Please go ahead.

解説 mind は後ろに動名詞 (-ing) をとるので、**2** の turning が正解です。mind は本来「気にする」の意味で、Would you mind my -ing? で「私が～するのをあなたは気にしますか？」→「(気にしないのなら) してもいいですか？」となりました。空所直前の my は動名詞の意味上の主語で、<u>my</u> turning on ～で「私が～のスイッチをいれる」という意味関係になります。

> 💡 **Would you mind -ing? とその応答**
>
> 「いいですよ」と応答したい場合は「いいえ、気にしませんよ」という意味で、原則、否定を含んだ No problem. / No at all. / Of course not. / Certainly not. などを使います (今回は Not at all. が使われていますね)。ちなみに、会話の途中で混乱して「いいですよ」と言うのに yes と no のどちらを使えばいいか迷ったときは、Sure. と答えるのが便利です。no や not を使わずに「いいですよ」と返事ができます。

和訳 *A:* 明かりをつけてもいいですか？　本が読めないんです。
　　　B: いいですよ。つけてください。

   1 be+ 動詞 turn の -ing 形   **2** 動詞 turn の -ing 形

   3 be+ 動詞 turn の過去分詞   **4** 動詞 turn の過去形・過去分詞

語句 ☑ Would you mind my -ing ～?　～してもいいですか?　☐ light　明かり・照明

     ☑ go ahead　先に進める

(19)▸ as if の後ろは仮定法!　　　レベル ★★★

解答　**3**

> *A:* Wow, you look so happy, Andrea! What's going on?
>
> *B:* Austin just asked me to marry him. I feel as if I (　) in a dream.

　　　　　　　　　　　　　　　　　　as if の後ろは仮定法を疑う!

解説 as if ～「まるで～のように」は後ろに仮定法が続くことがあり、今回は **3** の were を入れて仮定法過去の文を完成させればOKです。as if I were in a dream で「まるで夢の中にいるかのように」という意味です(「現実にはありえないこと」を仮定するときは仮定法過去を使い、動詞を過去形にします)。

和訳 *A:* おお、とてもうれしそうだね、アンドレア!　どうしたの?

    B: たった今オースティンが結婚をプロポーズしてきたの。まるで夢の中にいるようだわ。

   1 be 動詞の原形   **2** be 動詞の -ing 形

   3 be 動詞の過去形   **4** has+be 動詞の過去分詞

語句 ☑ What's going on?　どうしたの?　☐ ask 人 to 原形　人 に～するように頼む

     ☑ marry　結婚する　　☑ as if ～　まるで～のように

☑ CHECK! ▶ 後ろに仮定法が続く表現

① 現実にはありえない願望を表すときは "I wish+ 仮定法" を使います。

☐ I wish+S 過去形 ～.「～ならいいのになあ」(仮定法過去)

☐ I wish+S had 過去分詞 ～.「～だったらよかったのになあ」(仮定法過去完了)

② 現実にはありえないことで「まるで～のように」というときは "as if+ 仮定法" を使います。

☐ as if+S 過去形 ～「まるで～するかのように」(仮定法過去)

☐ as if+S had 過去分詞 ～「まるで～だったかのように」(仮定法過去完了)

(20) ▶ of+抽象名詞＝形容詞

解答 3

> Lucy Beacher's research has won many awards, and she is known as an expert in her field. Many people treat her as a person (　) importance.

名詞 importance とセットにできる前置詞は？

解説 3 の of が正解で、"of + 抽象名詞 = 形容詞" です。この of は「所有」の意味で、「抽象名詞の性質を所有している」ということです。of importance＝important と考えてください。

和訳 ルーシー・ビーチャーの研究は多くの賞を獲得しており、彼女はその分野の専門家として知られている。多くの人々が彼女を重要な人物として扱っている。

語句 ☆research 研究　　□won 動詞 win「勝ち取る」の過去形　　☆award 賞
□as 〜として　　□field 分野　　☆treat 扱う　　□person 人
□importance 重要性

> 💡 **win は「勝ち取る」**
> win は win the first prize「1 位を勝ち取る」のように使うので、get「得る」と同じイメージで「勝ち取る」と覚えておいてください（75 ページ）。今回は目的語に many awards がきていますね。また、過去形 won の発音は「ワン」です。リスニング問題では発音が同じ one だと思って混乱する人が多いので注意してください。

☑ CHECK! "of + 抽象名詞 = 形容詞" のパターン

of には「所有」の意味があり、「抽象名詞の意味を所有している状態だ」ということから「形容詞」の働きをするようになりました。この形でよく出るものをまとめたのでチェックしておきましょう。

□ of use (=useful)「役に立つ」

□ of help (=helpful)「役に立つ」

□ of importance (=important)「重要な」

□ of significance (=significant)「重要な」

□ of value (=valuable)「価値のある」

□ of interest (=interesting)「興味深い」

A 全文訳

ラヴァ・メイ

　アメリカの多くの都市では、家賃が上昇しており、家のない人々が支払うことができる物件がますます少なくなっているため、家のない人々が増えている。そのような都市の1つがカリフォルニア州のサンフランシスコ市である。そこでは8,000人以上の人々が路上で生活していると推定されている。家がないので、こういった人々は自分の体を洗う機会がそんなにないということは驚くべきことではない。実際、家のない人が利用できる公共のシャワーが市には20ほどしかない。

　2013年、女性実業家のドニース・サンドヴァルは家のない人々がこうした問題を解決するのを手助けするために、ラヴァ・メイという興味深い事業を考案した。サンドヴァルは、市が市営バスの多くを入れ替える予定であると聞いたので、それらのうちの何台かを購入するために資金を集めた。それから彼女は、それら（のバス）を家のない人たちがシャワーを浴びることができる場所に作り変えた。各バスにはきれいなトイレのみならず、2つの大きな入浴場所がついている。また、ほとんどの家のない人々は石けんやタオルも持っていない。このため、ラヴァ・メイはそのような必要なものを、来る人には誰にでも提供している。

　サンドヴァルの解決策にはすばらしい利点が1つある。シャワーバスは毎日、市内の異なる場所へあちこち行くことができるのだ。また、サンドヴァルは市と協力して市のいたるところにある消火栓から水を使用する許可を得た。このようにして、シャワーバスは家のない人々のところへ行くことができるため、人々は体を洗うためにどこかへ自分たち自身が移動する必要がないのだ。現在は、他の都市もサンドヴァルの、バスを家のない人々用の移動式シャワー室に変えるというアイディアに興味を示している。

語句 第1段落

- □ homeless　家のない　☆ increase　増加する　☆ cost　費用
- □ rise　上昇する　□ few ～　ほとんど～ない　☆ afford　余裕がある
- □ such　そのような　☆ estimate　見積もる　☆ surprising　驚くべき
- □ chance　機会　☆ in fact　実際は　□ only　～のみ　☆ public　公共の
- □ shower　シャワー　☆ available　利用できる

第2段落

- ☆ come up with ～　～を思いつく　□ project　事業・プロジェクト
- ☆ help 人 with ～　人の～を手助けする　☆ replace　置き換える
- ☆ raise money　お金を集める　□ purchase　購入する
- □ turn A into B　AをBに変える　☆ as well as ～　～と同様に　□ toilet　トイレ
- □ soap　石けん　□ towel　タオル　☆ because of ～　～のために・～のせいで
- ☆ provide　提供する

第3段落

- ☆ solution　解決策　☆ major　主な・主要な　☆ advantage　有利・利点
- ☆ permission　許可　□ hydrant　消火栓　☆ in this way　このようにして
- □ travel　移動する　□ interest　興味　☆ mobile　移動式の

(21) ▶ in factの後ろは重要！

解答 2

解説

空所直後の in fact「実際」に注目します。in fact の後ろは、正解のヒントになることがよくあります。

> With no homes, it is not surprising that these people often do not have (21).
> In fact, the city has only about 20 public showers available for the homeless.

in fact「実際」　家のない人々が使用できる公共のシャワーは約 20 カ所しかない

in fact 直後の「家のない人が利用できる公共のシャワーが市には 20 ほどしかない」から、「家のない人々は何を持っていないのか？」と考え、**2** の the chance to wash themselves「自分の体を洗う機会」を選びます。

選択肢の和訳
1 家賃を支払う時間 ・ 2 自分の体を洗う機会
3 着替える場所 ・ 4 何らかのサービスを利用する方法

(22) ▶ 接続表現の問題は前後関係をチェック！

レベル ★★★

解答 4

解説

家のない人々のほとんどは石けんやタオルを持っていない

> Most homeless people also do not have soap or towels. (22), Lava Mae
> provides such supplies for everyone who comes.

やってくる人のために石けんやタオルを提供する

選択肢から「接続表現」を入れる問題だとわかるので、空所の前後関係をチェックします。空所の前は「ほとんどの家のない人々は石けんやタオルを持っていない」、空所の後ろは「ラヴァ・メイはそのような必需品を、来る人には誰にでも提供している」です。「持っていない。だから提供する」という関係なので、**4** の Because of this「このために」が正解となります。because of ～「～のために・～のせいで」は直後の名詞とセットでカタマリを作る働きがあります（because of this の this は前の一文を受けています）。また、空所直前の soap or towels が such supplies に言い換えられています。

💡 **despite ～ =in spite of ～**
今回の問題で正解にはなっていませんが、**2** の despite「～にもかかわらず」も重要です。前置詞という品詞が大事で、in spite of ～と同じ意味です。英検では despite、in spite of の両方とも空所で狙われ、正解になることもあるのでしっかりおさえておいてください。

1 まれなケースでは   2 これにもかかわらず
3 たとえそうであっても   4 このために

(23) ▶ 因果表現の so に注目して解く！   レベル ★★★

解答 1

解説

> シャワーバスは家のない人々のところへ行くことができる

In this way, the shower buses can go to the homeless people, so the people themselves (23) to a place to wash their bodies. 原因・理由, so 結果

接続詞 so「だから」に注目して「シャワーバスは家のない人々のところへ行くことができる」→「だから (so)」→「(家のない) 人々自身が身体を洗うための場所へ行く必要がない」と考え、**1** の do not have to travel「移動する必要がない」を選べば OK です。travel は「旅行 (する)」の意味がよく知られていますが、単に「移動する」という意味もあります。

選択肢の和訳
1 移動する必要がない   2 支払う額が少なくて済む
3 となりに住むことができない   4 より多くの水を供給する

B 全文訳

> ### 流れと共に
>
> 　近年、世界の多くの地域で、気候変動が海面上昇を引き起こしている。科学者によると、この問題はさらに悪化するとのことだ。彼らは、今世紀末までに、世界中で約1メートル分海面が上昇すると予想されていると言う。その結果、ロンドンやニューヨークといった主要都市は、洪水のために最終的に水で覆われてしまうかもしれない。実際にいくつかの都市ではすでに洪水が起こっている。
>
> 　これを受けて、シティプランナー（都市設計家）や技術者らは、水から都市を守るために、たとえばダムや大きなコンクリート製の防波堤のような防壁を建設する取り組みを始めた。こういったものは少しは役に立っている。しかし残念なことに、この種の防壁は、将来は今ほど効果的ではないかもしれない。これは、科学者たちが気候変動のために、強力な暴風雨が増加しそうであると考えているからである。そのような暴風雨によって引き起こされる高波は防壁を簡単に乗り越え、現在は防壁が守っている都市に水が流れ込んでしまう可能性がある。
>
> 　これは沿岸部の都市には悪いニュースのように思われるが、どのように水を使うのか考え直す機会であると考えている建築家もいる。実際に、ウォータースタジオと呼ばれるオランダの会社の創立者であるコーエン・オルスイスによると、水が増えることは必ずしも問題ではなく、実際には多くの現代の問題に対する解決策になる可能性があるというのだ。たとえば、水から都市を守るために建設されるダムは、発電にも使うことができる。さらに、水面に浮かぶ建造物を造ることで、水位の上昇に合わせて動くことができるだろう。このように、都市は水と戦うというよりもむしろ、水と協力することができるのだ。

20年度第1回　一次試験　筆記　短文　長文　ライティング　リスニング　二次試験　面接

語句　第1段落

☆ in recent years　近年　　☆ climate change　気候変動　　☆ cause　引き起こす
□ sea level　海面（の高さ）　　□ rise　上昇する　　☆ according to ～　～によると
□ get worse　さらに悪くなる　　□ by ～　～までに（期限）　　□ century　世紀
☆ expect　予期する・期待する　　□ worldwide　世界中で
☆ consequently　その結果　　☆ major　主要な　　□ end up ～　最終的に～する
☆ due to ～　～が原因で・～のために　　□ flooding　氾濫　　☆ in fact　実際に
□ already　すでに　　☆ occur　起こる

第2段落

☆ in response to ～　～を受けて・～に対して
□ city planner　シティプランナー・都市設計家　　□ engineer　技術者・エンジニア
☆ effort　努力　　□ barrier　防壁　　☆ such as ～　（たとえば）～のような
□ dam　ダム　　□ concrete　コンクリート製の　　☆ protect　守る
□ help　役立つ　　☆ unfortunately　不運にも　　☆ though　しかし（副詞）
☆ may　～かもしれない　　☆ effective　効果的な　　□ powerful　強力な
□ storm　嵐　　□ be likely to 原形　～しそうだ　　□ easily　簡単に
□ reach　到達する　　☆ spill　こぼす　　☆ currently　現在は

第3段落

☆ although sv　～するけれども　　☆ seem like ～　～のように思われる
□ coastal　沿岸の・臨海の　　□ architect　建築家　　□ chance　機会
□ reconsider　再考する・考え直す　　☆ according to ～　～によると
□ founder　創設者　　□ company　会社
☆ not necessarily　必ずしも～というわけではない
☆ actually　実際に・それどころか　　☆ solution　解決策　　☆ modern　現代の

☒produce　生み出す　　□electricity　電気　　☒moreover　さらに
☒create　創り出す　　□float　浮かぶ　　□will be able to 原形　～できるだろう
☒in this way　このようにして　　☒rather than ～　～よりむしろ　　□fight　戦う
□against ～　～に対して

(24) ▶ 直後の具体例をヒントに解く！　　レベル ★★★

解答 1

解説

気候変動が世界の多くの場所で海面上昇を引き起こしている

In recent years, climate change has been causing sea levels to rise in many parts of the world. According to scientists, this problem (**24**). They say that, by the end of this century, sea levels are expected to rise by about a meter

今世紀の終わりまでには、世界中で海面が約1メートル上昇する見込み

その結果

London・New York＝ 固有名詞→具体例

worldwide. Consequently, major cities like London and New York could end up covered in water due to flooding. In fact, in some cities, flooding is already occurring.

実際に

すでに洪水が起こっている都市もある

1文目で「世界の多くの地域で、気候変動が海面上昇を引き起こしている」と問題提起し、3文目以降で科学者の言葉を引用して具体例を示しています。3文目「今世紀末までに、世界中で約1メートル分海面の上昇が見込まれている」、さらに4文目以降で、「ロンドン」、「ニューヨーク」といった固有名詞をあげながら、どのようになってしまうのか具体的に示しています。したがって、**1** の is going to get worse「さらに悪化するだろう」が正解です。ちなみに空所を含む文の this problem は、1文目の内容「気候変動が海面上昇を引き起こすこと」を受けています。

【問題提起】
1文目：「気候変動が海面上昇を引き起こしている」
【具体例】
3文目：「今世紀末までには世界中で海面が約1メートル上昇する見込み」
　➡科学者の言葉を引用した具体例
4文目：「主要都市では洪水により水面下に沈む可能性がある」
　➡都市名を挙げた具体例
5文目：「すでに洪水が起こっている都市もある」
　➡すでに起こっていることを述べた具体例

1 さらに悪化するだろう　　**2** 専門家によって解決されるべきだ
3 すでに過去に起こっている　　**4** 現代の技術により引き起こされるかもしれない

(25) ▸ Unfortunately と though に注目！　　レベル ★ ★ ★

解答 **2**

解説

unfortunately「あいにく」、though「けれども」に注目です（ここでの though は副詞）。

> あいにく　　けれども
> Unfortunately, though, these kinds of barriers may not (25). This is
> because scientists believe that powerful storms are likely to increase due
> 強力な嵐が気候変動のために増えそうだ
> to climate change. The high waves produced by such storms could easily
> reach over the barriers, spilling water into cities that barriers currently
> protect.
> そのような嵐による高波は簡単に防壁を越え、現在防壁が守っている都市に流れ込む可能性がある

第2段落前半は「ダムやコンクリート製の壁を建設」→「少しは役に立っている」→「けれども (though) あいにく (unfortunately)」→「これらの種類の防壁は（　）ないかもしれない」という流れです。空所直後の This is because の This は空所を含む文の内容を受け、because 以下でその理由が述べられているので、ここをヒントにします。「強力な嵐が気候変動のために増えそうである」、「そのような嵐によって生み出される高波は、簡単に防壁を乗り越え、現在防壁が守っている都市に水が流れ込んでくる可能性がある」から、**2** の be as effective in the future を選びます。these kinds of barriers may not be as effective in the future「この種の防壁は、将来は (今までほど) 効果的ではないかもしれない」となります。

💡 **比較の対象が省略されている！**
今回の正解の選択肢に as が使われていますが、後ろに as they have been until now や as they were in the past などが省略されていると考えてください。空所の前の1文で This has helped a little.「これは少し役に立ってきた」と現在完了が使われていることから、「これまでと比較して」と考えるわけです。また、空所直前に not があるので not as ～ as … 「…ほど～ない」とすればきれいな訳になります。

選択肢の和訳
1 雨が降るのを止める
2 将来は (今までと) 同じくらい効果的である
3 より多くの洪水を引き起こしてきた
4 環境に悪影響を与えてきた

(26) ▶ 接続表現の問題は前後をチェック！ レベル ★★★

解答 3

解説

選択肢から接続表現を選ぶ問題だとわかります。

In fact, according to Koen Olthuis, the founder of a Dutch company called

水が増えることは必ずしも問題というわけではなく、実際は多くの現代の問題の解決策になりうる

Waterstudio, more water is not necessarily a problem, but can actually be a

たとえば　　　　　　　具体例①

solution to many modern problems. For example, dams that are built to protect

具体例②

cities from water can also be used to produce electricity. (**26**), by creating

buildings that float on top of water, the buildings will be able to move

with the rising water levels.

第3段落2文目に「水が増えることは必ずしも問題ではなく、実際には多くの現代の問題に対する1つの解決策になる可能性がある」とあります (not necessarily は部分否定で「必ずしも～ない」という意味)。3文目の For example 以降、「解決策の具体例」が続きます。空所は「水から守るために建設されたダムは発電にも使える」、「水上に浮かぶ建造物を造ることで、水位の上昇に合わせて動ける」という2つの具体例の間にあるので、**3** の moreover「さらに」が入ります。

選択肢の和訳
　　1 せいぜい　　**2** 対照的に　　**3** さらに　　**4** そうでなければ

A 全文訳

From: ラリー・スピアーズ 〈l-spears3@toosoft.com〉
To: アンジェラ・ランダース 〈a-landers1@toosoft.com〉
Date: 5 月 31 日
Subject: S7 ソフトウェア会議

ランダースさんへ
今日私がメールをしているのは、この夏にロサンゼルスで行われる予定の S7 ソフトウェア会議についてです。当社は今年もまた S7 に参加することを決定しました。(27) 我々は、当社の新しいアイディアを一般の方々に示す機会としてイベントを利用する予定です。したがって、我々は S7 において当社の各ソフトウェア開発チームの製品を発表する従業員が何人か必要になります。
あなたのチームも、新製品を 1 つ発表する必要があります。チームのリーダーとして、(28) あなたはイベントに出席して発表する従業員を 1 人選出しなければなりません。また、その人は人々に会って、当社についての質問に答えることに時間を使う必要があるでしょう。経理部のピーター・ハリスが出張のための飛行機のチケットとホテルの部屋を予約してくれることになっています。
あなたが選ぶ製品は何かおもしろいもので、まだ宣伝されていないものでなければなりません。我々は、その製品が見てくださる人たちにとってサプライズになればと思っています。発表は S7 のメインステージで行われるので、あなたが選ぶ従業員は上手に話し、大勢を前にしても平気な人にしてください。(29) 我々は来月、特別運営会議にてイベントの詳細を話し合う予定です。(28) 取り急ぎ、今日中に誰が出席することになるか私に教えてください。
よろしくお願いします。
ラリー・スピアーズ
トゥーソフト社　本部長

語句 第 1 段落·······
- ⊡ conference　会議　　□ send　送る　　⊡ be held　開催される
- □ company　会社　　□ decide to 原形 　～すると決める
- ⊡ participate in ～　　～に参加する　　□ again　再び
- □ plan to 原形 　～する計画である　　□ event　イベント・行事　　⊡ opportunity　機会
- □ the public　一般の人々　　⊡ therefore　したがって　　⊡ employee　従業員
- □ product　製品　　□ software development team　ソフトウェア開発チーム

第 2 段落·······
- ⊡ present　発表する　　□ as　～として　　⊡ select　選ぶ　　⊡ attend　出席する
- □ give a presentation　プレゼンをする　　□ person　人
- □ have to 原形 　～しなければならない　　□ spend　費やす・過ごす
- □ accounting department　経理部　　⊡ book　予約する

第 3 段落·······
- ⊡ choose　選ぶ　　⊡ not ～ yet　まだ～ない　　⊡ advertise　宣伝する
- □ want … to 原形 　…に～してもらいたい　　□ surprise　驚き・サプライズ
- □ comfortable　苦痛ではない　　□ audience　聴衆・観客　　□ discuss　議論する
- ⊡ detail　詳細　　⊡ special　特別な　　□ managers' meeting　経営会議・運営会議
- ⊡ meanwhile　その間に　　⊡ let 人 原形 　人 が～するのを許す
- □ by　～までに（期限）

> Larry Spears（トゥーソフト社 本部長）➡ Ms. Landers
> 本部長という肩書などからビジネス関連のメールだとわかる！
> 「ビジネスメール」の場合、何かの依頼や確認事項が問われることが多い！
> また、タイトルの S7 Software Conference から「ソフトウェアに関する会議がテーマ」
> くらいの情報は頭に入れて読むようにしましょう。

〈設問先読み〉

> **(27)** Why will Toosoft participate in S7?
> 　　「トゥーソフト社はなぜ S7 に参加する予定なのですか？」
> 　➡ S7 がキーワード。S7 はタイトルから「何かビジネスの会議」だとわかるので、その
> 　　会議に参加する「理由」を答える問題です。「因果表現」があれば要チェック！
> 　※「理由」が問われた場合、本文で必ずしも「因果表現」が使われるとは限りません。
> 　　内容から判断しないといけないこともあります。
> 　※ 英検の長文問題では、原則、本文の順序と設問の順序が一致します。
>
> **(28)** What is Ms. Landers asked to do?
> 　　「ランダースさんは何を頼まれていますか？」
> 　➡「依頼の表現」が出てきたらチェック！　Could you 〜？ や命令文などが出てきた
> 　　ら正解の根拠になる可能性が高くなります。
>
> **(29)** Next month at Toosoft,
> 　　「来月、トゥーソフトでは」
> 　➡ Next month「来月」がキーワード。トゥーソフト社で何があるのかチェック！
> 　※「時」を表す表現は内容を絞り込むのに役立ちます。

(27) ▶ an opportunity to 〜で「〜するための機会」　レベル ★★★

解答　**2**

解説

1 文目からキーワードの S7 が出てきて、2 文目に participate in S7 again this year
「今年も S7 に参加する」とあります。

　　　　　　　　　　　　　　　　　　　　　　　　　キーワード

> Our company has decided to participate in S7 again this year. We plan to
> use the event as an opportunity to show some of our new ideas to the
> public.　当社の新しいアイディアを一般の方々に示す機会としてイベントを利用する

その次の文に「当社の新しいアイディアを一般の方々に向けて示す機会として利用する
予定だ」とあり、これが参加する理由だとわかります（to show 〜は an opportunity

を修飾する形容詞的用法の不定詞です)。この内容に一致する、**2** の It wants to introduce its new ideas to the public.「一般の人々に対して新しいアイディアを紹介したいと思っている」が正解です。本文の show が選択肢では introduce に言い換えられています。「因果表現」は直接使われていませんが、「イベントをどのように利用する予定なのか」は「参加する理由」と考えられるので、内容から設問の該当箇所になると判断します。

設問と選択肢の和訳

トゥーソフト社はなぜ S7 に参加する予定なのですか？
1 会社に新たな従業員を引きつけたいと思っている。
2 一般の人々に対して新しいアイディアを紹介したいと思っている。
3 いくつかの製品は、今年売れ行きがよくない。
4 いくつかのチームが、まもなくロサンゼルスに移転するだろう。

---

(28) ▸ ask を使った設問 → 依頼表現や命令文に注目！ レベル ★★★

解答 **2**

解説

発表する従業員をひとり選出しないといけない

As the team leader, you must select one employee to attend the event and to give a presentation.

第2段落2文目に注目です。「チームのリーダーとして、あなたはイベントに出席して発表する従業員を1人選出しなければなりません」という内容に、**2** の Choose someone to go on a business trip.「出張に行く人を選ぶ」が合います。さらに、最後の1文に注目してください。

We will discuss the details of the event at a special managers' meeting next month. Meanwhile, please let me know who will be attending by the end of the day.

今日中に、誰が出席することになるか私に教えてください

詳細を話し合う特別運営会議があり、「今日中に、誰が出席することになるか私に教えてください」とあるので、ここもヒントになります。ちなみに **1** はランダースさんにプレゼンをするように頼んでいるわけではないので×、**3** はピーター・ハリスさんは飛行機やホテルの手配をしてくれるとあるが、「連絡をとるように」とはないので×、**4** はランダースさんに会議に出席するように言っているわけではないので×となります。いずれも本文で使われている単語 (presentation、Peter Harris、conference など) を使ったダミーです。

223

今回は Could you 〜? や命令文はありませんでしたが、you must 〜. 「あなたは〜しなけれ ばなりません」が出てきました。must は「義務」の意味で、「(あなたは)〜しなければなりま せん」→「〜しなさい」という命令文と同じ働きをしているとも言えるので、今回はここに注目 すればいいわけです。

設問と選択肢の和訳

ランダースさんは何を頼まれていますか？
1 ソフトウェアに関して一般の人々に発表をする。
2 出張に行く人を選ぶ。
3 経理部のピーター・ハリスと連絡をとる。
4 会社を代表してソフトウェア会議に出席する。

---

(29) ▶「時の表現」から該当箇所を絞り込む！　　レベル ★★★

解答 **4**

解説

最終段落にキーワードの next month が出てきます。

> We will discuss the details of the event at a special managers' meeting
> next month. 　　特別運営会議にてイベントの詳細を話し合う予定
> キーワード

「特別運営会議にてイベントの詳細を話し合う予定」とあるので、**4** の there will be a meeting to prepare for S7. 「S7 の準備のための会議がある」が正解です。本文の the event は S7 conference のことです。

設問と選択肢の和訳

来月、トゥーソフトでは
1 部長がプロジェクトについてメールを書く。
2 人々が新製品の宣伝を始める。
3 従業員が大勢の聴衆の前で話をする。
4 S7 の準備のための会議がある。

万人のためのオペラ

　オペラは 16 世紀にイタリアで始まり、世界中で人気となった伝統的な演劇である。これらの古典的な音楽の上演は現在、オペラハウスとして知られている劇場で行われている。オペラに行くことはたいていお金がかかるものだが、(30) 最近では観客数も増えている。もちろん、この事実はオペラハウスや出演者にとってうれしいことである。しかし、最新の調査によると、このように観客数が増えることは、観客の平均年齢が高いという潜在的な大きな問題もはらんでいるのだ。

　たとえば、ドイツ・ベルリンの国立歌劇場の（観客の）平均年齢は現在 54 歳、一方、ニューヨーク市にあるメトロポリタンオペラ劇場のそれは 58 歳である。アメリカのヒューストンでは、オペラに足を運ぶもっとも多い年齢層は 65 歳から 72 歳である。これはつまり、(31) オペラの運営会社は、現在は高い収益を享受しているが、彼らは将来的に観客数がずいぶん縮小していくことを憂いているのである。

　この伝統的な芸術形式を守るために、オペラハウスはより若い層を彼らの演劇にひきつけるよう取り組んできている。この最も成功した例の 1 つがパリ国立歌劇場におけるものである。2018 年、パリ国立歌劇場は公演に 28 歳未満の人を 95,000 人集めることに成功し、それは前年を 30,000 人以上上回った。(32) これを成し遂げた 1 つの方法は、28 歳未満の人たちのための特別公演を低価格で提供することによるものである。また、若者向けのオペラに関する一連の動画を製作し、インターネットに公開した。

　ロンドンのロイヤル・オペラでもまた若い観客の増加が見られる。今では上演のチケットを予約する人の 39 パーセントが 40 歳以下の層なのだと言う。しかし、(33) 観客が若くなるにつれて彼らの振る舞いが変わり始めている。たとえば、オペラの中で悪役がステージに登場すると、若い観客は叫び声をあげたり、怒りの声をあげたりすることがよくある。しかし、過去においては、これは出演者の歌がひどいときにだけ起こった。出演者が動揺するだろうと心配する年配者もいるが、実際には出演者らはその反応を歓迎している。それは観客がよりリラックスし、オペラをより楽しんでいることを示していると彼らは言う。

語句 第 1 段落

☆traditional　伝統的な	□performance　演技・パフォーマンス	□century　世紀
□popular　人気の	□classical music　クラシック音楽	☆be held　行われる
□theater　劇場	☆known as ～　～として知られている	
☆although sv　～だけれども	□expensive　高価な・高い	☆recently　最近
□audience　聴衆・観客	☆fact　事実	☆of course　もちろん
☆make O C　O を C にする	□performer　出演者	☆according to ～　～によると
☆current　現在の	☆research　調査	□grow　増える	□hide　隠す
☆potential　潜在的な	☆average　平均	□age　年齢

第 2 段落

□while　一方	☆mean　意味する	□company　会社	☆enjoy　享受する
☆income　収入	□worry about ～　～を心配する	

第 3 段落

☆in order to 原形　～するために	☆preserve　維持する・保存する	
□art form　芸術形式	☆attract　ひきつける	
☆successful　成功した・うまくいった	□example　例	
☆manage to 原形　なんとか～する	☆more than ～　～より多い	
☆previous　前の	☆offer　提供する	☆special　特別な	□low　低い
☆produce　生み出す	□a series of ～　一連の～	

□ aimed at ～　～向けの・～を対象とする　　☑ release　開放する・公開する
第 4 段落‥‥‥
☑ increase　増加　　☑ book　予約　　□ as sv　～するにつれて
☑ though　しかし（副詞）　☑ behavior　振る舞い　　□ begin to 原形　～し始める
□ change　変化する　　□ evil　邪悪な　　□ character　登場人物・キャラクター
☑ appear　現れる　　□ shout　叫ぶ　　☑ in the past　過去には
□ happen　起こる　　□ badly　下手に　　□ upset　混乱して・動揺して
☑ actually　実際は・本当に　　□ welcome　歓迎する
☑ reaction　反応・リアクション　　□ relaxed　リラックスして・くつろいで

〈設問先読み〉

---

(30) What is one way opera has been changing in recent years?
「近年、オペラが変化している 1 つは何ですか？」
➡ in recent years「近年」がヒント！　「時の表現」はヒントになりやすいので要チェックです。

(31) Why are opera houses around the world concerned?
「世界中のオペラハウスはなぜ心配しているのですか？」
➡ concerned がキーワード！　「オペラハウスが心配している理由」が問われているので、オペラハウスにとって「マイナス内容」が出てきたらチェックしてください。

(32) The Paris Opera
「パリ国立歌劇場は」
➡ 固有名詞は手がかりになりやすいので、The Paris Opera が出てきたらチェック！第 3 段落に出てきます。

(33) What changes have occurred at the Royal Opera?
「ロイヤル・オペラにおいてどんな変化が起きていますか？」
➡ 固有名詞の the Royal Opera がキーワード！　第 4 段落に出てくるので過去と現在の変化が書かれているところをチェック！

---

(30) ▶ grow in size で「大規模になる」　　レベル ★★★

解答　3

解説

> キーワード
>
> Although going to the opera is usually expensive, recently audiences have
> been growing in size.　　観客数が増えている

キーワードの in recent years「近年」とほぼ同じ意味の recently「最近」が、第 1
段落 3 文目にあります。「最近では観客数も増えている」とあるので、この内容に合う
3 の There has been an increase in the number of people who visit opera

houses.「オペラハウスに足を運ぶ人々の数が増加している」が正解となります。growing in size の in は「分野・範囲（〜において）」の意味で、「規模（size）において（in）成長する（grow）」→「大規模になる」となります。

20年度第1回　一次試験　筆記　短文　長文　ライティング　リスニング　二次試験　面接

設問と選択肢の和訳

　　近年、オペラが変化している１つは何ですか？

　1　上演の費用がますます急速に減ってきている。
　2　ついにヨーロッパ中の多くの国々で人気となった。
　3　オペラハウスに足を運ぶ人々の数が増加している。
　4　オペラハウスはどうすれば観客が喜ぶかを知るために調査をしている。

---

(31) ▶「現在 vs. 未来」の対比を読み取る！　　　　レベル ★★★

解答　4

解説

第１段落の最後の「最新の調査によると、このように観客数が増えることは、観客の平均年齢が高いという潜在的な大きな問題もはらんでいるのだ」から、「観客の平均年齢が高い」という問題があることがわかります。そして、第２段落はその具体例が続いています。さらに、その具体例を第２段落３文目で、This means that 〜 でまとめています（mean は「イコール表現」。63 ページ）。that 節の中は now と in the future を使って現在と未来を対比しながら将来を心配していることが述べられています。

> although opera companies are enjoying a good income now,
> 「オペラの運営会社は、現在高い収益を享受しているが」
> 　　　　　　　　　　　　　　　　　　　　　　　　　対比
> 　心配している
> they are worried about their audiences getting much smaller in the future
> 「将来的に観客数が縮小していくことを憂いている」

この文の後半の are worried about（concerned の言い換え）に注目し、「観客の平均年齢が高い」→「将来は観客数の減少」→「収益の減少」と考え、**4** の Their income is likely to decrease in the future because their audiences are getting older.「観客の高齢化のために、将来、収益が減りそうである」を選べば OK です。

> 💡 **enjoy は「享受する」の意味が大切！**
> 第２段落最終文に enjoy が出てきます。「楽しむ」という意味が有名ですが、常に高いテンションで楽しむとは限りません。テンションおさえ目で「細く長く楽しむ」→「享受する」という意味もあり、今回はその意味で使われています。「享受する」とは利益などを受け入れ、自分のものにするということです。

設問と選択肢の和訳

　　世界中のオペラハウスはなぜ心配しているのですか？

1 多くのオペラ歌手はアメリカで働くことよりもヨーロッパで働くことを好んでいる。
2 ニューヨークやベルリンといった大都市ではオペラはもはや人気がない。
3 多くの小さなオペラハウスがオープンしたのち、収益が減り始めた。
4 観客の高齢化のために、将来、収益が減りそうである。

(32) ▶「固有名詞」から該当箇所を絞り込む！　レベル ★★★

解答 1

解説

第 3 段落にキーワードの the Paris Opera が出てくるので、関連する内容を整理して読んでいきます。

> キーワード
>
> In 2018, the Paris Opera ①managed to attract 95,000 people under the age of 28 to its performances—30,000 more than the previous year. ②One way it has done this is by offering special shows for people under 28 at low prices. ③It has also produced a series of videos about opera aimed at young people that was released on the Internet.

① 28 歳未満の人を 95,000 人を集めることに成功 (前年を 30,000 人以上上回る)
② 28 歳未満の人たちのための特別公演を低価格で提供
③ 若者向けのオペラに関する一連の動画もインターネット上で公開

1 の has begun to offer special services to encourage young people to get interested in opera「若者がオペラに興味を持つようにするために特別なサービスを提供し始めている」は、②と③の内容をまとめており正解となります。

2 は gave free tickets「無料チケットを配った」、**3** は hired performers who are under 28 years old「28 歳未満の出演者を雇用した」、**4** は has examined videos of young people on the Internet「インターネット上の若者の動画を調査した」がそれぞれ書かれていないので×です。本文と同じ表現 (under 28 years old や young people、videos、the Internet など) を使ったダミーです。

設問と選択肢の和訳

　パリ国立歌劇場は
1 若者がオペラに興味を持つように特別なサービスを提供し始めている。
2 観客の数を増やすために 30,000 人の若者に無料チケットを贈った。
3 新たな観客をひきつけるために 28 歳未満の出演者を雇用した。
4 若者に興味を持たせるパフォーマンスにするために、インターネット上にある若者の動画を調査した。

(33) ▸ 過去と現在の「変化」が問われた問題　　レベル ★★★

解答 3

解説

キーワードの the Royal Opera は第4段落に登場します。

> ─ キーワード ─
> <u>The Royal Opera</u> in London has also seen an increase in young audience members. (略) As the audiences have gotten younger, though, their behavior has begun to change. For example , when evil characters in the operas appear
>
> 　　観客の振る舞い方が変わり始めている　　どう変わってきたかについての具体例
>
> on stage, young audience members often shout or make angry sounds. However, in the past, this only happened when performers sang badly.

第4段落3文目に「しかし、観客が若くなるにつれて観客の振る舞いが変わり始めている」とあり、さらに、その後の For example 以降でその変化の内容が具体的に述べられています。

【現在】
オペラの中で悪役がステージに登場すると、若い観客は叫び声をあげたり、怒りの声をあげたりすることがよくある

However 「しかし」

【過去】
過去においては、これは出演者の歌がひどいときだけに起こった

これらの内容に **3** の The way audiences react to performances is different from in the past. 「出演者に対する観客の反応の仕方が過去のものとは異なっている」が一致します。

設問と選択肢の和訳

ロイヤル・オペラにおいてどんな変化が起きていますか？
1　観客に若者がいることで、出演者はよりリラックスしている。
2　出演者の歌がひどいので観客は怒っている。
3　出演者に対する観客の反応の仕方が過去のものとは異なっている。
4　40歳未満の人がチケットを購入するのがより簡単になっている。

20年度第1回　一次試験 筆記　短文　長文 ライティング　リスニング 二次試験　面接

どこへ行くべきかを知っていること

多くの動物は季節の変化にともない、ある場所から別の場所へ移動し、これは渡りと呼ばれる。たいていは、涼しいところで夏を過ごし、暖かいところで冬を過ごす。科学的研究により、(34) いつどこへ移動すべきかの知識を持って生まれてくる動物がいるということが示されている。しかしそのような本能を持っていないものもいる。そのような場合、親やグループの他の個体から学ばなければならない。

ワイオミング大学の科学者のチームは、ヘラジカやオオツノヒツジと呼ばれる動物がどのように移動できるようになるのかを研究した。(38) そのチームはアメリカ西部の山に住んでいるヘラジカとオオツノヒツジを選んだ。これは、(35)19 世紀に、ある病気によってこの動物たちの多くが命を落としたためであった。しかし、(38) 近年、科学者らはこれらの動物の個体数を回復させるために、これらの動物をたくさん他の場所から連れてきた。したがって、比較するための新しいグループと古いグループの両方が存在した。

科学者たちは何百頭ものヘラジカやオオツノヒツジを追跡するために GPS 技術を利用した。200年以上の間、西部で生活してきた古いグループに属するものもいれば、一方で最近この地域に連れてこられた新しいグループに属するものもいた。その結果は、(36) 古いグループのほとんどすべての個体が山の高地と低地の間を適切な時期に移動した。しかし、新しいグループはたいてい誤った時期に移動したか、まったく移動しなかった。実際、ここ 10 年以内に連れてこられた動物たちのうち、9 パーセントしかうまく移動することができなかったのだ。

さらに、科学者たちはそれぞれの動物がとった移動ルートに沿って、どのくらいの量の食料が入手可能であるか記録した。彼らが発見したのは、古いグループの動物たちは大量の食料があるルートを選択し、食料源の間のとても長い距離を移動することもあったということだ。しかし、新しいグループの動物たちは、目に見える近場の食料源に移動しただけであった。科学者たちによると、これは、(37) ヘラジカやオオツノヒツジはグループの年長者から最もよいルートの知識を得ているが、新しいグループにはこの知識が存在しなかったということを示している。

語句 第 1 段落

☐ move 移動する　☐ as sv 〜するとき　☐ change 変わる・変化する
☒ migration 移動・渡り　☒ spend 過ごす　☐ cool 涼しい　☐ warm 暖かい
☐ scientific 科学的な　☐ research 調査　☐ be born 生まれる
☒ knowledge 知識　☒ though しかし（副詞）　☐ such そのような
☐ instinct 本能　☐ case 場合

第 2 段落

☐ study 研究する　☐ moose ヘラジカ　☐ bighorn sheep オオツノヒツジ
☐ travel 移動する　☐ chose 動詞 choose「選ぶ」の過去形
☐ western 西部の・西の　☐ century 世紀　☒ disease 病気
☒ cause 引き起こす　☐ death 死　☐ a large number of 〜 かなりたくさんの〜
☒ recent 最近の　☒ restore 回復させる　☐ population 人口・個体数
☒ therefore したがって　☐ both A and B A と B の両方とも
☒ compare 比較する

第 3 段落

☐ GPS technology GPS 技術　☐ movement 移動・動き
☐ hundreds of 〜 数百の〜・たくさんの〜　☒ belong to 〜 〜に属している
☐ west 西　☒ more than 〜 〜以上　☒ while sv 〜している間
☒ recently 最近　☒ introduce 紹介する・持ち込む　☐ area 地域

☑result　結果　　☑almost　ほとんど　　☑migrate　移動する・渡る
☐right　正しい　　☐wrong　間違った　　☑not 〜 at all　まったく〜ない
☑in fact　実際は　　☐among　〜の中で　　☐within　〜以内に
☐be able to 原形　〜することができる　　☑successfully　うまく

第4段落

☑in addition　そのうえ・加えて　　☑record　記録する　　☑available　利用できる
☐along　〜に沿って　　☐route　ルート・道　　☐amount　量　　☐distance　距離
☐source　源　　☐nearby　近くの　　☑according to 〜　〜によると
☐gain　得る　　☑exist　存在する

〈設問先読み〉

(34)　What is one thing scientific research has shown?
「科学的研究が示していることの1つは何ですか？」
➡ What is one thing 〜？の質問なので、「内容に合うのはどれか？」のパターン！
　第1段落を重点的にチェック！
※ 今回は科学的研究が示していることを整理して読んでいきます。

(35)　What is true about moose and bighorn sheep in the western United States?
「アメリカ西部のヘラジカとオオツノヒツジについて当てはまるものはどれですか？」
➡ What is true about 〜？の質問なので、これも「内容に合うのはどれか？」のパター
　ン！
➡ moose・bighorn sheep・the western United States がキーワード。出てきたと
　ころをチェック！
※ 固有名詞はキーワードになるんでしたね。

(36)　Scientists at the University of Wyoming
「ワイオミング大学の科学者たちは」
➡固有名詞の the University of Wyoming がキーワード。第2段落以降をチェック！

(37)　Based on their study, the scientists believe that
「科学者たちの研究に基づいて、彼らが信じているのは」
➡キーワードになりそうなものはありませんが、内容から、「研究によって導き出され
　た結論（仮説）」が出てくることを予想して読んでいきます。

(38)　Which of the following statements is true?
「次に書かれていることのうち、正しいものはどれですか？」
➡ 「内容に合うものはどれか？」のパターンです。最後の設問がこのパターンの場合、
　2級の問題では「文章全体から読み取れる正しいものはどれか？」ということが問われ、
　必ずしも最後の段落に解答の根拠があるとは限りません。

(34) ▸ instinct「本能」がポイント レベル ★★★

解答 4

解説

キーワード

<u>Scientific research has shown</u> that ①some animals are born with the knowledge of when and where they should move. ②Others, though, do not have such an instinct. In such cases, they must learn from their parents or other members of their group.

第1段落3文目に Scientific research has shown 〜と、質問文と同じ表現が使われているので、この文以降をチェックしていきます。

〈研究が示していること①〉
いつどこへ移動すべきかの知識を持って生まれてくる動物がいる
〈研究が示していること②〉
しかし別の動物はそのような本能を持っていないものもいる。そのような場合、親やグループの他の個体から学ばなければならない

---

①の内容に **4** の Moving between warm and cold places in different seasons is an instinct for some animals.「異なる季節において温暖な場所と寒冷な場所を行き来することは、一部の動物に本能的に備わっているものである」が一致します。本文の be born with the knowledge of 〜を、選択肢では instinct と言い換えています。

設問と選択肢の和訳

科学的研究が示していることの1つは何ですか？
1 ある場所から別の場所へ移動することは多くの動物が最近獲得した能力である。
2 多くの動物たちはさまざまな重要な作業をする方法を教えてもらうために親に頼っている。
3 若い動物たちは、グループの他の個体と移動するよりも親と一緒に移動するのを好む。
4 異なる季節において温暖な場所と寒冷な場所を行き来することは、一部の動物に本能的に備わっているものである。

---

(35) ▸ キーワードになる固有名詞をチェック！ レベル ★★★

解答 1

解説

第2段落にキーワードの moose「ヘラジカ」・bighorn sheep「オオツノヒツジ」・the western United States「アメリカ西部」が出てきます。

> A team of scientists at the University of Wyoming studied how animals
>
> キーワード
>
> called moose and bighorn sheep learn to travel. The team chose moose
>
> キーワード
>
> and bighorn sheep living in the mountains in the western United States.
> This was because, in the 19th century, a disease had caused the death of
> a large number of these animals.

病気により、この動物たちの多くが命を落とした

3文目に「19世紀に、ある病気によってこの動物たちの多くが命を落とした」とあるので、**1** の There was a large decrease in their populations in the past.「過去に、個体数が大きく減少した」が正解となります。

設問と選択肢の和訳
アメリカ西部のヘラジカとオオツノヒツジについて当てはまるものはどれですか？
1 過去に、個体数が大きく減少した。
2 両方の動物がかからない病気がいくつかある。
3 科学者たちはこれらの動物たちに渡りの仕方を教える方法を探している。
4 科学者たちは西部から他の地域へこれらの動物を移し始めた。

(36) ▶ 2つのグループの対比を読み取る！   レベル ★★★

解答 3

解説

キーワードの the University of Wyoming は第2段落冒頭に出てきて、そこから最後まで研究内容が展開されていきます。

古いグループは適切な時期に移動した

> The result was that almost all the members of older groups migrated at
> the right time between the higher and the lower parts of the mountains.
> However, newer groups usually moved at the wrong time or did not move
> at all.   しかし   新しいグループは時期を間違えるか移動しなかった

第3段落3文目に「その結果は、古いグループのほとんどすべての個体が山の高地と低地の間を適切な時期に移動した」とあり、さらに4文目に「新しいグループはたいてい誤った時期に移動したか、まったく移動しなかった」とあります。これらの内容に**3** の found that older groups were better at migrating than newer ones.「古いグループは新しいグループよりもうまく移動することがわかった」が一致します。

233

ワイオミング大学の科学者たちは
1　新しい（グループの）動物は古いグループに加えられるべきだと提案した。
2　ヘラジカの9パーセントだけが新しい山に移動することに気づいた。
3　古いグループは新しいグループよりもうまく移動することがわかった。
4　新しいグループが移動できるようになるには最低10年かかるだろうと心配していた。

(37) ▶ according to 〜「〜によると」に注目する！ レベル ★ ★ ★

解答　4

解説

第4段落最終文の According to the scientists「科学者らによると」とに注目します。

> キーワード　　　　　　　　　　　　　　　　年長者から知識を得ている
>
> According to the scientists, this shows that moose and bighorn sheep have
> gained knowledge of the best routes from older members of their groups,
> but this knowledge did not exist in the newer groups.
>
> 新しいグループは年長者からの知識を得ることがない

「ヘラジカやオオツノヒツジはグループの年長者から最もよいルートの知識を得ているが、新しいグループではこの知識が存在しなかった」とあることから、**4** の some animals are able to share knowledge of faraway sources of food. 「遠くの食料源の知識を共有することができる動物がいる」が正解だと判断します。

設問と選択肢の和訳

科学者たちが自分らの研究に基づいて信じているのは
1　古いグループは近くにある食料源を見つけるのに苦労しているということである。
2　動物たちの大多数は簡単に見える食料を食べるのを好むということである。
3　新しいグループは遠くの食料の匂いをかぎつけ、それに向かって移動することができるということである。
4　遠くにある食料源の知識を共有することができる動物がいるということである。

(38) ▶ 本文と選択肢の言い換えを見抜く！ レベル ★ ★ ★

解答　1

解説

最後の設問で「内容に合うものはどれか？」パターンの場合は、必ずしも最後の段落に根拠があるとは限りません。選択肢の中のキーワードをもとに該当箇所を絞り込み、内容を確認していきます。選択肢を整理すると次のようになります。

1　Some moose and bighorn sheep have been brought to the west in recent years.

moose や bighorn sheep が出てくる第2段落以降をチェック！

➡第2段落2文目「そのチームはアメリカ西部の山に住んでいるヘラジカとオオツノヒツジを選んだ」、第2段落4文目に「しかし、近年は、これらの動物の個体数を回復させるために、科学者たちがこれらの動物をたくさん他の場所から連れてきた」とあり、これらに一致するので○です。ちなみに選択肢の the west は第3段落2文目の the western United States の言い換えです。

2 A group of scientists decided to live in the mountains of the west to study animals.

➡ scientists は第2段落以降に登場します。

➡山で研究している内容が書かれている第3段落をチェック！

「研究のために西の山に住むと決めた」という記述はないので×。

3 Most animals fail to notice when the temperature or seasons change.

➡ the temperature or seasons change がキーワードです。全体を通して「ほとんどの動物が気温や季節の変化に気づけない」という記述はないので×（Most が言いすぎです）。

4 GPS technology has allowed scientists to record available food sources.

➡ GPS technology が出てくる第3段落をチェック！

「ヘラジカやオオツノヒツジの動きを追うために GPS 技術を使った」とはあるが、「食料源を記録するのに GPS 技術が使われた」という記述はないので×。

設問と選択肢の和訳

次に書かれていることのうち、正しいものはどれですか？
1 近年、西部へ連れてこられたヘラジカやオオツノヒツジがいる。
2 科学者たちのグループは動物たちを研究するために西部の山で生活することを決めた。
3 いつ気温や季節が変化するのか、ほとんどの動物はそれに気づかない。
4 GPS 技術によって、科学者たちは入手可能な食料源を記録することができた。

解答例

I think people will live even longer lives in the future. First, new technologies are being used to find diseases such as cancer before they become problems for people. By finding diseases early, doctors will be able to offer more effective treatment. Second, people today are taught more about their health when they are in school. Because of this, many people try to get enough exercise and eat a balanced diet. For these two reasons, I believe that people will be able to live longer in the future. (88 語)

解説

▶TOPICの確認

POINTS に示された観点を踏まえ、自分の立場・構成・内容を考える！

People around the world live longer lives than they did in the past. Do you think people will live even longer lives in the future?

「世界中の人々が昔よりも長生きしています。あなたは、将来人々がさらに長生きするようになると思いますか?」

➡ **TOPIC** に対して、「さらに長生きするようになると思う」か「思わない」か、自分の立場を決めて内容を考えます。また、**POINTS** に示された観点の内容を確認し、書きやすいものがあれば採用し、条件を踏まえ、次のような構成にあてはめて解答を作るとよいでしょう。

〈構成の例〉

第1文…**TOPIC** に対する自分の立場を明確にする文(賛成・反対など)
第2文・第3文…理由① + 理由①をサポートする文(具体例など)
第4文・第5文…理由② + 理由②をサポートする文(具体例など)
第6文…まとめ(英文の数は条件に含まれませんので語数次第ではなくてもOKです)

まずは、第1文で「自分の立場」を明確にした文を書き、2文目以降で「その理由を2つ」まとめていきます。

👉 **POINTS** に示された観点は必ずしも使う必要はないので、自分で思いついた観点で書いてもOKです。あくまでも自分が解答しやすい(書きやすい)内容かどうかで判断するとよいでしょう。

👉 ライティング問題ではあらかじめ解答の「型」を準備しておくとスムーズです。14 ページの表現をしっかりと確認して使えるようにしておきましょう。

▶ 実際に英文を作る

1 文目は、「**TOPIC** について自分の立場を明らかにする」方向で考えます。I think {that} 〜 . や I do not think {that} 〜 . などを使って自分の立場を明確にします。解答例は I think {that} 〜 . を使っています。

> I think people will live even longer lives in the future.
>
> 「人々は将来、さらに長生きするようになると私は思います」

2 文目で 1 つ目の理由、3 文目でその理由をサポートする文を作っています。

> 1 つ目の理由を述べる合図 ──┐　　　　　　　　　　　┌── 具体例の合図
>
> **First**, new technologies are being used to find diseases <u>such as</u> cancer before they become problems for people. By finding diseases early, doctors **will be able to** offer more effective treatment.
>
> ┌── これから可能になることを具体的に述べている ──┐
>
> 「第一に、人々にとって病気が問題になる前に、たとえばガンのような病気を発見するのに新しいテクノロジーが使われています。早期に病気を発見することによって、医者はより効果的な治療をすることができるようになります」

First「第一に」を使い、1 つ目の理由として new technologies are being used to find diseases「病気を発見するために新しいテクノロジーが使われています」とあげています。さらに「どんな病気なのか？」を具体的に示すために such as 〜「たとえば〜のような」を使い、such as cancer「たとえばガンのような」と disease を具体的に説明している関係です。さらに 3 文目で、will be able to「〜できるようになるだろう」を使い、By finding diseases early, doctors will be able to offer more effective treatment.「早期に病気を発見することによって、医者はより効果的な治療をすることができるようになります」と将来可能になることを具体的に述べることで、2 文目の内容をサポートしているわけです。

この 2 つの文は、**POINTS** に提示されている "**Technology（テクノロジー）**" の観点です。

4 文目に 2 つ目の理由、5 文目にその具体例を持ってきています。

> 2 つ目の理由を述べる合図 ──┐
>
> **Second**, people today are taught more about their health when they are in school. **Because of** this, many people try to get enough exercise and eat a balanced diet.　　〜のせいで・〜のおかげで

Second「第二に」を使い、「今日の人々は学校で健康についてより多く教えられています」と2つ目の理由を述べています。さらに具体的に示すため、5文目で many people try to get enough exercise and eat a balanced diet の中で、「十分な運動」、「バランスのとれた食事」という具体例を2つ出しています。balanced diet は「健康」に関するテーマではキーワードになる重要語句です。exercise もよく使う単語なので書けるようにしておきましょう。

この2つの文は、**POINTS** に提示されている "**Changing lifestyles（生活様式の変化）**" の観点です。

今回は最後に For these two reasons「これらの2つの理由から」を使って、もう一度自分の立場（意見）を明確にしています。

まとめの文に入る合図

For these two reasons, I believe that people will be able to live longer in the future.

「これら2つの理由から、人々は将来より長生きすることができるだろうと私は考えています」

冒頭では think を使って立場を明確にしていましたが、それだとまったく同じ英文になってしまうので、believe を使って表現のバリエーションをもたせているわけです。
今回は6文構成ですが、語数によっては最後の1文をカットして5文構成にしてもOKです（英文の数は条件に含まれていません）。

和訳　（質問）世界中の人々が昔よりも長生きしています。あなたは、将来人々がさらに長生きするようになると思いますか？
（ポイント）
・生活様式の変化
・発展途上国
・テクノロジー
（解答例）人々は将来、さらに長生きするようになると私は思います。第一に、人々にとって病気が問題になる前に、たとえばガンのような病気を発見するのに新しいテクノロジーが使われています。早期に病気を発見することによって、医者はより効果的な治療をすることができるようになります。第二に、今日の人々は学校で健康についてより多く教えられています。このおかげで、多くの人々が十分な運動をしてバランスのとれた食事をとろうとしています。これら2つの理由から、人々は将来より長生きすることができるだろうと私は考えています。

語句　□in the future　将来　　□technology　技術・テクノロジー　　☒disease　病気
☒such as ～　～のような　　□cancer　ガン
□will be able to 原形　～できるようになるだろう　　☒effective　効果的な
☒treatment　治療　　□health　健康　　☒because of ～　～のせいで・～のために
□get exercise　運動する　　□balanced diet　バランスのとれた食事

No. **1** ▸「今後の予定」を問う定番問題　　CD2 20　レベル ★★★

解答 **4**

スクリプト

```
          ┌─────────────────────┐
          │ the＋名字 s＝〜一家 │
          └─────────────────────┘
☆ It was really nice of the Edisons to take our kids camping last weekend.
                        「ジ」
                              ┌─────────────────────────┐
                              │ お礼として花を送ったほうがよいと思う │
                              └─────────────────────────┘
  We should send them some flowers as a thank-you present.
  「シュッセンゼン」って感じ      ┌──────────────────────┐
                        │ 今晩インターネットで一緒に買おう │
                        └──────────────────────┘
★ Good idea. Let's do it together on the Internet tonight.
             tの飲み込み              「ジ」

☆ OK. But you'll have to show me how to do it. I've never bought anything
       軽く「バッ」

  online before.

★ No problem. It's easy.

☆☆ **Question:** What will the man and woman do tonight?
                                 軽く「アン」
```

解説

〈選択肢先読み〉➡ すべて「動詞の原形」で始まっている➡「未来の予定・行動」を聞き取る！

質問は「男性と女性は今晩、何をしますか？」です。子どもたちをキャンプに連れて行ってくれたお礼として「今晩、一緒にインターネットで（注文して）花を送ろう」と男性が提案したのに対し、女性が OK と答えていることから、**4** の Order some flowers on the Internet.「インターネットで花を注文する」が正解となります。**1** の computer や **2** の e-mail は会話には登場しませんが、会話に登場した Internet や online に関連する単語を使ったダミーです。登場した単語をそのまま使うのではなく関連語を使って誤りの選択肢が作られることもあるんです。

> 🔅 **the＋複数形**
> 最初の女性の発話中に the Edisons とあります。the は「特定できる」のものを指すので、"the＋複数形" は「みんなで特定できる集団」を表します。したがって、"the＋名字s" で「〜一家」という意味になるんです。

☆先週末は子どもたちをキャンプに連れて行ってくれて、エジソン家には本当にお世話になったね。お礼の贈り物として花を送ったほうがいいわ。

★いい考えだね。今晩、一緒にインターネットで（注文して）花を送ろう。

☆わかったわ。でも私にやり方を教えてくれないと。今までオンラインで何も買ったことがないの。

★問題ないよ。簡単さ。

☆☆**質問**：男性と女性は今晩、何をしますか？

選択肢の和訳
1 新しいコンピューターを買う。　　　**2** エジソン家にEメールを書く。
3 子どもたちとキャンプに行く。　　　**4** インターネットで花を注文する。

語句 □send　送る　　□as～　～として　　□together　一緒に
□how to 原形　～する方法・仕方　　☑online　オンラインで

No. 2 ▸ take the day off は「休みをとる」　CD2 21　レベル ★★★

解答 **4**

スクリプト

〔呼び出し音→電話・不動産屋〕

☆ Hello. ABC Real Estate.

★ Diane. It's Alan. I woke up with a fever this morning. I'm really not feeling well.

〔休んで、医者に診てもらいなさい〕

☆ Oh no. Well, take the day off and go see a doctor.
（軽く「アン」）

★ But we were supposed to work on the sales report this afternoon.
（くっついて「サポウズトゥ」）

〔売上報告書は体調がよくなってからできる〕　〔今は、医者に行きなさい〕

☆ Alan, don't worry, we can finish that when you feel better. Now go to
（tの飲み込み）（「クン」って感じ）（軽く「ザッ」）（「フィーゥ」って感じ）

the doctor, OK?

☆☆ **Question: What is** one thing the woman tells the man?
（くっついて「ワティズ」）

解説

〈選択肢先読み〉➡主語がすべて He ➡「男性の行動」がポイント！

質問は What is one thing ～？「内容に合うものはどれですか？」のパターンで、「女

性が男性に伝えたこと」が問われています。選択肢の主語が He だからといって、男性の発言だけに注目することがないようにしてください。女性の「それはよくないわね。じゃあ、仕事は休んでお医者さんに診てもらって」、「今は医者に行くこと、いい？」から、**4** の He should take the day off from work.「彼は仕事を休むべきである」が正解となります。**1** に finish the sales report とありますが、男性が「今日作成することになっていた」と言ったのに対し、女性が「(男性が) 元気になってから仕上げればいい」と言っているので、女性の発言に会いません。

> 🔆 **take the day off「休みをとる」**
> 女性の発言の中にある take the day off は、直訳「(仕事の) 日 (the day) を離れたところに (off) とる (take)」 →「休みをとる」となりました。今回は命令文で使われ、体調が悪い相手に対して「休みなさい」という意味で使っています。逆に休みがほしいときなどは、Can I take the day off on 曜日?「〜曜日にお休みをいただいてもいいですか？」のように使います。

> 👍 **意外と多い従業員同士の会話**
> 冒頭の Hello. ABC Real Estate. から「客とのやりとり」を予想して、混乱した人もいたかもしれません。今回のように従業員同士の会話も英検のリスニングではよく出てくるので、そういった可能性があることを知っておくと同時に、本番では予想を修正しながら問題に取り組むことが大事です。

和訳 ☆もしもし。ABC 不動産です。
　　　★ダイアン。アランだよ。今朝起きたら熱があったんだ。本当に調子がよくないんだ。
　　　☆あら、大変。じゃあ、仕事は休んでお医者さんに診てもらって。
　　　★でも、僕たちは今日の午後に売上報告書を作成することになっていたよね。
　　　☆アラン、心配ないわ、体調がよくなってから仕上げればいいわ。さあ、医者に行きなさい、いい？
　　　☆☆質問：女性が男性に伝えたことの 1 つは何か？

選択肢の和訳
　　1 彼は今日、売上報告書を仕上げる必要がある。
　　2 彼は営業部長に電話をする必要がある。
　　3 彼はできるだけ早く職場に来るべきである。
　　4 彼は仕事を休むべきである。

語句 ☐ real estate　不動産屋　　☐ wake up　目が覚める　　☐ fever　熱
　　　　⊠ feel well　気分がよい　　⊠ take the day off　休みをとる
　　　　☐ see a doctor　医者に診てもらう
　　　　⊠ be supposed to 原形　〜することになっている　　☐ sales report　売上報告書

解答 **3**

スクリプト

☆ How was your trip to the beach, Bill?
　　　「ワジュア」って感じ

★ It was OK. The weather was great, and we had a wonderful barbecue
　軽く「イッ」　　　　　　　　　　　　軽く「アン」　　　泳ぎに行けなかった

　on Saturday night, but we couldn't go swimming.
　　　　　　　　　　　　　　「クドゥンゴ」って感じ

☆ Oh no. Why not? Was the water too cold?
　　　　　　tの飲み込み　　　サメが現れたので、週末はビーチが閉鎖された

★ No. Sharks had been seen in the area, so the beach was closed for the
　　　　　　軽く「ビン」〈つついて「スィーニン」「ジ」

　weekend.

☆☆ **Question:** Why couldn't the man go swimming at the beach?
　　　　　　　　　　　　　　　　　　　　　　軽く「アッ」

解説

〈選択肢先読み〉➡バラバラ➡内容から「場面は海？」くらいで音声に集中！

質問は「なぜ男性はビーチに泳ぎに行けなかったのですか？」です。最後に男性が「その水域でサメが目撃されていたので、週末はビーチが閉鎖されていたんだ」と、泳ぎに行けなかった理由を述べています。この内容に一致する **3** の There were sharks in the area.「その水域にサメがいた」が正解となります。**1** の The weather was not good. は本文の内容に not を入れて作った誤りの選択肢で、本文では The weather was great と言っているので×です。

> 👉 How was ～? に対する内容を整理する
> 冒頭の How was ～?「～はどうでしたか？」は感想を尋ねるときに使う表現です。英検ではこの表現で問われた後、プラスの内容とマイナス内容の両方が述べられることが多く、そのいずれかの内容が設問で狙われるので整理して聞き取ることがポイントです。

和訳　☆ビーチへの旅行はどうだった、ビル？
　　★まあまあだったよ。天気もよかったし、土曜日の夜にはすてきなバーベキューをしたけど、泳ぎには行けなかったんだ。
　　☆あらまあ。どうして？　水が冷たすぎたの？
　　★いいや。その水域でサメが目撃されていたから、週末はビーチが閉鎖されていたんだ。
　　☆☆質問：なぜ男性はビーチに泳ぎに行けなかったのですか？

選択肢の和訳

1 天気がよくなかった。　　　　　　**2** 水がきれいでなかった。

3 その水域にサメがいた。　　　　　**4** 波が高かった。

語句 ☆How was ～？ ～はどうでしたか？　　□beach 浜辺・ビーチ

□barbecue バーベキュー　　□cold 冷たい　　□shark サメ

□area 地域・エリア　　□be closed 閉鎖されている　　□weekend 週末

No. 4 ▶ 「感情表現」は要チェック！　　CD2 23 レベル ★★★

解答 **2**

スクリプト

教授と学生の会話を予想！　　　　成績が心配

☆ Professor Jackson, I'm worried about my grade in your class.
　　　　　　　　くっついて「ダ」 tの飲み込み

もっと頑張ったほうがいい

★ Well, you should be doing better. You have good grades in your other
　　　　　　　　gの飲み込み

リーディングの課題はやっていますか？

classes. Are you doing the reading assignments from the textbook?
　　　　　　　gの飲み込み　　gの飲み込み

やっているけど、理解していない

☆ I am, but I just don't understand them.
　　　　　　　　　「アンダスタンゼン」って感じ

★ Well, why don't you join the after-class study group? You'd get some extra
　　　　　くっついて「ドンチュ」　「ジ」

help, and you'd have a chance to ask some of the other students questions.
　　　　　　　　　　　　　　　　　「ジ」

☆☆ **Question:** Why is the student talking to Professor Jackson?
　　　　　　　　　　　　gの飲み込み

解説

〈選択肢先読み〉➡主語がすべて She ➡ 「女性の行動」がポイント！

質問は「学生はなぜジャクソン教授に話しているのですか？」です。冒頭の「授業での自分の成績が心配だ」、さらに、「君はもっとできるはずだよ」、「でもちょっと理解できていないんです」というやり取りをヒントにします。**2** の She is doing poorly in his class.「彼女は彼の授業の成績が悪いから」が正解です。

👉 **感情表現は要チェック！**
冒頭に worried about が出てきました。英検では「感情の理由」が問われることがありますが、今回のように設問のポイントになることもよくあります。いずれにしても「気持ち」を表す表現はリスニングではとても重要なので、必ず反応してください。

和訳 ☆ジャクソン先生、あなたの授業での自分の成績が心配で。

★そうですねえ、君はもっとできるはずだよ。他の授業ではよい成績をとっているし。教科書のリーディングの課題をやっていますか?

☆はい、でも理解できていないんですよ。

★じゃあ、授業後の勉強会に参加してみてはどうですか? さらに手伝ってもらえるし、他の学生の何人かに質問する機会を持てますよ。

☆☆**質問**:学生はなぜジャクソン教授に話しているのですか?

選択肢の和訳

1 彼女は勉強会のリーダーだから。

2 彼女は彼の授業の成績が悪いから。

3 彼女は課題を提出する必要があるから。

4 彼女は本を読むための時間がもっと必要だから。

語句 ☐professor 教授 ☐worry about〜 〜を心配する ☆grade 成績

☐class 授業 ☆assignment 課題

☆Why don't you 原形 〜? 〜するのはどうですか? ☆extra 特別な・余分な

☐chance 機会・チャンス

No. 5 ▸ トラブル問題は「当事者意識」を持って解く! CD2 24 レベル ★★★

解答 **3**

スクリプト

☆ Hello. I picked up my dry cleaning here yesterday. When I got home,

ブラウスのボタンが2つ壊れていた   くっついて「ウェナイ」

I noticed two buttons on this blouse were broken.

tの飲み込み   お客様・奥様(呼びかけ)   クリーニング中に壊れたにちがいない

★ Oh! I'm terribly sorry, ma'am. They must have broken while we were cleaning

くっついて「マスタヴ」   「ワィゥ」って感じ   gの飲み込み

the blouse. Don't worry—we'll replace the buttons free of charge.

☆ OK. When can I pick it up?

くっついて「キャナイ」

★ Since it was our mistake, we'll deliver it to you at your home tonight.

軽く「イッ」くっついて「ワザヮ」   「アッチュア」って感じ

☆☆ **Question:** What mistake did the dry cleaner's make?

解説

〈選択肢先読み〉➡ They が何を指すか予想が難しいですが、内容から「何かトラブル?」くらいに考えて音声に集中してください。

質問は「ドライクリーニング店はどんなミスをしましたか？」です。女性の「帰宅した際に、このブラウスのボタンが２つ壊れているのに気づいたんです」、男性の「クリーニング中に壊れたにちがいありません」から、**3** の They damaged a blouse.「ブラウスを損傷させた」を選びます。また、本文の two buttons on this blouse were broken が、選択肢では They damaged a blouse. に言い換えられています。今回のような「トラブル問題」では、当事者意識をもって音声を聞くと、内容が頭に残りやすくなります。

☑ CHECK! 助動詞 have 過去分詞

男性の発話に、must have 過去分詞 が出てきました。間違っても「〜しなきゃいけない」と訳さないでください。「現在の視点から過去を振り返る」というのが "助動詞 have 過去分詞" のポイントです。２つのグループに分けて整理しておきましょう。

① 過去への予想
- ☐ may have 過去分詞「〜だったかもしれない」≒ might have 過去分詞
- ☐ must have 過去分詞「〜だったにちがいない」
- ☐ can't have 過去分詞「〜だったはずがない」≒ couldn't have 過去分詞

② 過去への後悔
- ☐ should have 過去分詞「〜すべきだったのに・〜したはずだ」
- ☐ ought to have 過去分詞「〜すべきだったのに・〜したはずだ」

和訳 ☆こんにちは。昨日、ここでドライクリーニングの服を受け取りました。帰宅した際に、このブラウスのボタンが２つ壊れているのに気づいたんです。

★何と！　本当に申し訳ございません、お客様。我々がブラウスをクリーニングしている間に壊れたにちがいありません。ご心配なさらないでください、無料でボタンを取り替えますので。

☆わかりました。いつ取りに来ればいいですか？

★我々のミスですので、今晩、ご自宅にお届けにあがります。

☆☆質問：ドライクリーニング店はどんなミスをしましたか？

選択肢の和訳
1 ブラウスをクリーニングし忘れた。
2 違うブラウスを届けた。
3 ブラウスを損傷させた。
4 ブラウスのクリーニング代を請求しすぎた。

語句 ☑ pick up 〜　〜を拾う・受け取る　☐ dry cleaning　ドライクリーニング
☑ notice　気づく　☐ button　ボタン　☐ blouse　ブラウス
☑ terribly　とても・本当に　☑ ma'am　お客様・奥様（呼びかけ）
☑ must have 過去分詞　〜だったにちがいない　☑ while sv　〜している間
☑ replace　取り換える　☑ free of charge　無料で　☐ mistake　ミス・間違い
☑ deliver　配達する

解答 **3**

スクリプト

☆ Dave, how long do you think it would take to walk to Allenton?
「スインキッウッ」って感じ

★ Well, it takes about 30 minutes to drive there. I bet it would take you at
tの飲み込み　くっついて「サ」　　　　　「バティッ」って感じ　dの飲み込み　軽く「アッ」

least six hours to walk.

☆ A new hiking trail opened last month from here to Allenton along the
gの飲み込み　　　　　　　　　　　新しいハイキングコースを歩いてみようと思う

Royal River, and I'd like to try it soon.
一気に発音される

★ That's a long walk, though. I hope you're in good shape.

☆☆ **Question:** What is one thing the woman says?
くっついて「ワティズ」　gの飲み込み

解説

〈選択肢先読み〉➡主語がすべて She ➡「女性の行動」がポイント！

質問は What is one thing 〜？「内容に合うものはどれですか？」のパターンで「女性が言ったこと」が問われています。女性の「先月、ロイヤル川に沿ってここからアレントンまで新しいハイキングコースができて、近いうちに歩いてみようと思う」から、**3** の She is thinking of going hiking.「彼女はハイキングに行こうと考えている」が正解です。会話にも選択肢 **2** にも Allenton が出てきます。会話で「アレントンへ行く必要がある」とは言っていないので×になりますが、リスニングにおいて固有名詞は印象に残りやすいので注意してください。

> 🗨 **bet は「賭ける」**
> 男性の発話に bet が出てきます。ゲームやクイズ番組などで何かを賭けるときに「ベットする」と言ったりします。I bet {that} 〜は、直訳「私は〜することに賭ける」→「きっと〜だと思う・〜するにちがいない」となります。

和訳 ☆デイヴ、アレントンまで歩いてどのくらいかかると思う？
　　★そうだなあ、そこまで車で30分くらいかかるよ。徒歩だと少なくとも6時間はかかるだろうな。
　　☆先月、ロイヤル川に沿ってここからアレントンまで新しいハイキングコースができて、
　　　近いうちに歩いてみようと思うの。
　　★でも、徒歩にしては長距離だよ。君が健康ならいいのだけど。

☆☆**質問：女性が言っていることの１つは何ですか？**

選択肢の和訳
> **1** 彼女は毎日１時間歩いている。
> **2** 彼女は近々アレントンへ行く必要がある。
> **3** 彼女はハイキングに行こうと考えている。
> **4** 彼女はロイヤル川を泳ぎたいと思っている。

語句 □drive 車で行く ☑bet きっと～だと思う ☑at least 少なくとも・最低でも □trail コース・跡 □along～ ～に沿って ☑would like to 原形 ～したい □soon すぐに・近々 ☑though しかし (副詞) ☑in good shape 体調がよくて

No. **7** ▸ only に反応する！　　　　CD2 26　レベル ★★★

解答 **1**

スクリプト

> so ～ {that} s v「とても～なので…する」の that が省略

> ☆ This soup is delicious, Don. It's so good you could probably sell it.
> 　　　　　　　　　　　　　　　　　　　　　　　　くっついて「セリットゥ」

> ★ Do you really think so, Anne? I've always dreamed of opening my own
> 　　　　　　　　　　　「オゥウィズ」って感じ　くっついて「ドゥ」 g の飲み込み

> restaurant.

> ☆ If the rest of the dishes you cook are this good, you might have a successful
> 　　　　一気に発音される

> business on your hands.
> 　　　　　くっついて「オンニュア」

> スープの作り方しか知らない

> ★ Well, that's the problem. I only know how to make soup. I'd need to learn
> 　いろんな料理を学ぶ必要がある　　　　　　　　　　　　　d の飲み込み

> how to make a variety of dishes.
> 　　くっついて「カ」

> ☆☆ **Question:** What is one thing we learn about the man?
> 　　　　　　くっついて「ワティズ」

解説

〈選択肢先読み〉➡ 主語がすべて He ➡「男性の行動」がポイント！

質問は What is one thing ～?「内容に合うものはどれですか？」のパターンで、「男性」について問われています。後半で男性が I only know how to make soup.「スープの作り方しか知らないんだ」と言っているので、**1** の He can only cook one type of dish.「彼は１種類の料理しか作ることができない」が正解です。「スープしか作れ

247

ない」という内容を選択肢では can only cook one type of dish「1 種類しか料理を作ることができない」に言い換えているわけです。only に反応できるかがポイントです。

> 💡 **副詞 this「こんなに・こんなふうに」**
> 女性の If the rest of the dishes you cook are this good, 〜とありますがこの this は副詞で「こんなに・こんなふうに」という意味です（形容詞 good を修飾しています）。日常会話では I didn't think it would take this long.「こんなに長くかかるとは思わなかった」のようによく使われます。

和訳 ☆このスープはとてもおいしいわ、ドン。売れるくらい本当においしいわ。
★本当にそう思う、アン？　ずっと自分のレストランを開店するのを夢見ていたんだ。
☆もし、あなたが作る他の料理もこんなふうにおいしければ、ビジネスでの成功を手にするかもしれないわね。
★う〜ん、それが問題なんだよね。スープの作り方しか知らないんだ。いろんな料理の作り方を学ぶ必要があるね。
☆☆質問：男性についてわかることの 1 つは何ですか？

選択肢の和訳
1　彼は 1 種類の料理しか作ることができない。
2　彼はあまりお金を持っていない。
3　彼は料理することを楽しんでいない。
4　彼は事業の経営に忙しい。

語句 □ soup　スープ　☑ probably　おそらく　□ always　（今まで）ずっと
□ dream of 〜　〜を夢見る　□ own　自分自身の　□ rest　残り
□ this　こんなに・こんなふうに　☑ might　〜かもしれない
☑ successful　成功した　□ business　事業・ビジネス
□ how to 原形　〜のやり方・仕方　□ need to 原形　〜する必要がある
☑ a variety of 〜　さまざまな〜

選択肢の語句
□ type　種類・型　□ be busy -ing　〜するのに忙しい　☑ run　経営する

No. 8 ▸ actually の後ろはやっぱり重要！　CD2 27　レベル ★★★

解答 1

スクリプト

> ☆ John, you said <u>that</u> you <u>had to</u> take some pictures on the weekend for
> 　　　　　　　　　　d の飲み込み 軽く「サッ」　「ハットゥ」って感じ
>
> your photography-class assignment. Did they <u>turn out</u> well?
> 　　　　　　　　　　　　　　　　　　　　　　　「ターナウトゥ」って感じ
>
> 　　　　　actually の後ろは大事！
>
> ★ <u>Actually</u>, almost all of them were too dark. I <u>must have</u> done something wrong.
> 　　　　　　　　　　　　　　　　　　　　　「マスタヴ」って感じ　　　　　　g の飲み込み
> 　　　ほとんどすべての写真が暗すぎた

248

☆ Oh, that's too bad.

★ Yeah, but my class isn't until Thursday. I'm going to try to take some
〈gの飲み込み〉

more before then.

☆☆ **Question:** What does John say about the pictures he took?
〈tの飲み込み〉

解説

〈選択肢先読み〉➡すべてバラバラなので音声に集中！

質問は「ジョンは自分が撮った写真について何と言っていますか？」です。actually「実は」に注目します（actually の後ろはヒントになりやすいんでしたね）。「ほとんど全部が暗すぎたんだ」とあるので、この内容に合う **1** の Most of them did not turn out well.「それらのほとんどがうまくいかなかった」が正解です。**2** は Thursday と会話に登場した単語を使ったダミー、**3** は hand 〜 in「〜を提出する」が使われていますが、これは会話に登場する assignment「課題」に関連した表現を使ったダミーです。

> 💡 **almost は「あとちょっと」のニュアンス**
> 男性の発話に almost「ほとんど」が出てきます。この単語は「あとちょっと」というニュアンスをつかんでください。almost all of them で「（全部ではないけど）あとちょっとでそれらの全部」→「ほとんど全部」という意味です。

和訳 ☆ジョン、写真の授業の課題で、週末写真を何枚か撮らなければならないと言っていたよね。うまくいった？
★実は、ほとんど全部が暗すぎたんだ。何かを間違ったにちがいないね。
☆あら、それは残念ね。
★うん、でも僕のクラスは木曜日までないんだ。それまでにもう何枚か撮ってみるつもりだよ。
☆☆質問：ジョンは自分が撮った写真について何と言っていますか？

選択肢の和訳
1 それらのほとんどがうまくいかなかった。
2 彼は木曜日にそれらをプリントアウトした。
3 彼は、時間通りにそれらを提出することができなかった。
4 それらは彼が今年撮った最初のものだった。

語句 ☐ had to 原形 〜しなければならなかった　☐ weekend 週末
🔲 assignment 課題　☐ turn out 〜になる　🔲 actually 実際
🔲 almost ほとんど　☐ dark 暗い
🔲 must have 過去分詞 〜したに違いない　☐ wrong 間違った
🔲 That's too bad. お気の毒に。　🔲 until 〜まで（ずっと）

解答 **2**

スクリプト

☆ Look <u>at</u> all this junk. How <u>long</u> has it been since this cabinet's <u>been</u> opened?
　　　軽く「アッ」　　　　　「ロンガスイッビン」って感じ　　　　　軽く「ビン」

この売上報告書はほぼ 20 年前のもの

★ Wow. This sales report is almost 20 years old!

全部捨てたほうがいい

☆ I think we should <u>throw all</u> this stuff away.
　　　　　　　　dの飲み込み「オーゥ」って感じ

まずは上司の許可をもらうべきだ

★ <u>You're</u> probably right. <u>But</u> we'd better get the boss's permission first.
　軽く「ユア」　　　　　　軽く「バッ」

Some of these papers migh<u>t</u> be important.
　　　　　　　　　　　tの飲み込み

☆☆ **Question:** <u>What is</u> one thing the man says to the woman?
　　　　　くっついて「ワティズ」　　gの飲み込み

解説

〈選択肢先読み〉➡ バラバラなので音声に集中！

質問は What is one thing 〜？「内容に合うものはどれですか？」のパターンで、「男性が女性に言ったこと」が問われています。女性の「全部捨てたほうがいいと思う」に対して、男性が後半で「でもまずは上司の許可を取ったほうがいい」と言っているので、**2** の They should check before throwing things away. 「ものを捨てる前に確認するべきだ」が正解となります。**3** で会話にも出てくる 20 years old が使われていますが、「会社ではなく売上報告書がほぼ 20 年前のものだ」と言っているので×になります。

> 💡 **stuff は「(漠然と) 物・素材」**
> 女性の I think we should throw all this stuff away. 「ここにあるものは全部捨てたほうがいいと思う」に stuff が使われています。「(漠然と) 物・素材」という意味で、ハッキリと何かという必要がないときに使われる単語です（くれぐれも staff「職員」と勘違いしないようにしてください）。今回はこの stuff が選択肢で things に言い換えられています。

和訳 ☆このガラクタ見てよ。このキャビネットを前に開けてからどのくらいになる？
　　　★うわあ。この売上報告書は、ほぼ 20 年前のものだよ！
　　　☆ここにあるものは全部捨てたほうがいいと思うの。
　　　★おそらくそれがいいね。でもまずは上司の許可を取ったほうがいいね。中には重要な書類もあるかもしれない。
　　　☆☆**質問**：男性が女性に言ったことの 1 つは何か？

1 彼は自分のもののためにもっとスペースが必要だ。
2 彼らはものを捨てる前に確認するべきだ。
3 彼らの会社は創立 20 年だ。
4 彼女は売上報告書を書く必要がある。

語句 ☐ junk　くず・がらくた　　☐ cabinet　キャビネット　　☐ sales report　売上報告書
☒ almost　ほとんど　　☒ throw 〜 away　〜を捨てる　　☐ stuff　もの・がらくた
☒ probably　おそらく　　☐ right　正しい
☒ had better 原形　〜したほうがよい・〜するべきだ
☒ permission　許可　　☒ might　〜かもしれない

No. 10 ▸ 意外とよく使う名詞のrideを使った表現　CD2 29　レベル ★★★

解答 2

スクリプト

〔親子の会話〕

★ <u>Hi, Mom.</u> I'm home.

　　　　　　　　　早かったわね。どうしたの？

☆ Hi, Brian. <u>You're back from soccer practice early today.</u> What happened?
　　　　　　軽く「ユア」　　　軽く「フム」

　　　　　　　バスを待っていたとき、アイザックのお母さんが車に乗せてくれた

★ I came back by car. I was waiting at the bus stop, and Isaac's mom stopped
　　　　　　　　　　　　　　　　　　　　　gの飲み込み　軽く「アッ」

<u>and offered me a ride.</u>
　　　一気に発音される

☆ <u>That</u> was nice of her. I'd better call her to say thank you.
　　軽く「ザッ」

☆☆ **Question:** Why is Brian home early?

解説

〈選択肢先読み〉➡バラバラ➡音声に集中！

質問は「なぜブライアンは早く帰宅したのですか？」です。母親が早く帰宅した息子に対して「どうしたの？」と理由を尋ねているのに対し、息子は「バス停でバスを待ってたら、アイザックのお母さんが止まって車に乗せてくれたんだよ」と答えています。この内容に一致する **2** の He got a ride home.「彼は家まで車で送ってもらったから」が正解です。

　💡 **名詞 ride の使い方**
　　息子の発話に offered me a ride が出てきます。ride には名詞で「(車などの乗り物に)乗ること・

乗せること」という意味があり、よく give 人 a ride「人 を車に乗せる」という表現で使われます。今回は give の部分が offer「申し出る」となり、offered me a ride で「私に車に乗るように言ってくれた」という意味で使われています。

和訳 ★お母さん。ただいま。
☆おかえり、ブライアン。今日はサッカーの練習から帰るのが早いのね。どうしたの？
★車で帰ってきたんだ。バス停でバスを待ってたら、アイザックのお母さんが止まって車に乗せてくれたんだよ。
☆それは親切にしてもらったのね。彼女に電話でお礼を言わないと。
☆☆質問：なぜブライアンは早く帰宅したのですか？

選択肢の和訳
1 彼は家までタクシーに乗ったから。　　**2** 彼は家まで車で送ってもらったから。
3 彼の乗ったバスが早く着いたから。　　**4** 彼の練習が中止になったから。

語句 □ I'm home.　ただいま。　　□ be back from 〜　〜から戻る
☒ What happened?　どうしたの？　　□ wait　待つ　　☒ offer　提供する・提案する
□ ride　車に乗ること　　□ call　電話する

No. 11 ▸ be lost で「道に迷う」　　CD2 30　レベル ★★★

解答 **1**

スクリプト

☆ Hello.

電話の呼び出し音・やりとり→電話での会話

★ Hello. Is this Mrs. Evans?

☆ Yes it is. May I ask who's calling?
　　「イティズ」って感じ　　　　　　　　gの飲み込み

★ My name is Bob Davis. I'm the station manager at Greenhill Subway
　　　　　　息子さんが我々の事務所にいます　　　　軽く「アッ」

Station, and your son is in our office. It seems that he's lost and doesn't
　　　　道に迷ってここから帰り方がわからないようです　　　　dの飲み込み tの飲み込み

know how to get home from here.
　　　　　　　　　　軽く「フム」

☆ Oh no. Please keep him in the office. I'll be there soon.
　　　　　　　「キーピン」って感じ　「ジ」　　「アィゥ」って感じ

☆☆ **Question:** Why does the man call the woman?

252

【解説】

〈選択肢先読み〉➡すべて Her son ➡「女性の息子の行動」がポイント！

質問は「なぜ男性は女性に電話をしているのですか？」です。駅長の「あなたの息子さんが我々の事務所におります」、「道に迷ったようでここから家への帰り方がわからないみたいです」から、**1** の Her son needs help getting home.「彼女の息子が家に帰るのに助けが必要なため」が正解です。

> 💡 **need help –ing**
> 正解の選択肢が need help –ing の形になっています。この help は動詞 need の目的語になっているので名詞です。もともとは -ing の前には前置詞 with（「〜に関して（関連）」）があり、「〜することに関して助けを必要とする」➡「〜する助けが必要だ」ということです。

【和訳】 ☆もしもし。
★もしもし。エヴァンズさんですか？
☆はい、そうです。どちら様でしょうか？
★ボブ・デイビスと申します。地下鉄のグリーンヒル駅の駅長ですが、あなたの息子さんが我々の事務所におります。道に迷ったようでここから家への帰り方がわからないみたいです。
☆まあ。彼を事務所にいさせてください。すぐにそこに向かいます。
☆☆**質問：なぜ男性は女性に電話をしているのですか？**

【選択肢の和訳】
1 彼女の息子が家に帰るのに助けが必要なため。
2 彼女の息子はお金を失くしてしまったため。
3 彼女の息子の体調がよくないため。
4 彼女の息子は鉄道の駅を見つけられないため。

【語句】 □station manager　駅長　□son　息子　□office　会社・事務所　□be lost　迷子になる　□how to 原形　〜するやり方・仕方　□get home　帰宅する　☆I'll be there soon.　すぐにそこに行きます。

No. 12 ・ go well with 〜で「〜によく合う」 CD2 31 レベル ★★★

【解答】 **4**

【スクリプト】

〔 レストランでの会話 〕

☆ Here's your menu, sir. Would you like a drink while you decide?
くっついて「ウジュ」　　「ワイウ」って感じ

★ Sure. I'd like a glass of red wine. Are there any wines that you recommend?
軽く「ウ」「ワン」って感じ　　「ワンズ」って感じ　軽く「ザッ」

〔 甘すぎずメニューの料理の多くに合う・スペイン南部で作られる 〕

☆ I recommend a wine called Vino Hill, because it's not too sweet, and it tastes
tの飲み込み　「アンディッテイスツ」って感じ

good with many of the dishes on our menu. It's made in the southern part

くっついて「ナ」

of Spain.

★ Great. I'll try <u>that</u>, then. I've always like<u>d</u> the taste of Spanish wines.

軽く「ザッ」　　　　　　　　　dの飲み込み

☆☆ **Question:** What does the woman say about the wine called Vino Hill?

解説

〈選択肢先読み〉➡主語がすべて It ➡「人以外」を予想！　内容から何か「食べ物系？」
くらいに考えてください（実際は飲み物のワイン）。

質問は「ヴィノ・ヒルと呼ばれるワインについて女性は何を言っていますか？」です。
女性の「甘すぎず、メニューにあるお料理の多くと一緒においしくいただけます」の部
分に合う、**4** の It goes well with the restaurant's food. 「そのレストランの料理に
よく合う」が正解です。

> 💡 go well with ～ 「～によく合う」
> go well は「うまくいく」で、「付帯（～とともに）」の with がつくことで「～と一緒に (with)
> うまくいく (go well)」→「～とよく合う」となりました。

和訳　☆こちらがメニューでございます、お客様。お決めになる間お飲み物はいかがですか？
　　　★いただくよ。赤ワインを 1 杯お願いします。おすすめのワインは何かありますか？
　　　☆ヴィノ・ヒルというワインがおすすめです。甘すぎず、メニューにあるお料理の多くと
　　　　一緒においしくいただけますので。スペイン南部で作られています。
　　　★いいね。じゃあ、それにします。前からスペインのワインの味が好きなんだ。
　　　☆☆質問：ヴィノ・ヒルと呼ばれるワインについて女性は何と言っていますか？

選択肢の和訳
　　1　それはとても高価である。
　　2　それはとても甘い味である。
　　3　それはスペインのレストランでのみ販売されている。
　　4　そのレストランの料理によく合う。

語句　□Here's ～ .　～をどうぞ　　☆Would you like ～？　～はいかがですか？
　　　☆while　～している間　　□decide　決める　　□a glass of ～　1 杯の～
　　　□wine　ワイン　　☆recommend　推薦する・おすすめする　　□sweet　甘い
　　　□taste　～の味がする　　□southern　南部の

No. 13 ▶ ingredient は「料理」の話でよく出る単語 CD2 32 レベル ★★★

解答 **3**

スクリプト

〔見知らぬ者同士の会話〕

☆ Excuse me. I've <u>heard there's</u> a Japanese supermarket in this area. Do
「ハーゼァズ」って感じ

you know where it is?

★ Yes. It's behin<u>d t</u>he bookstore over there. It's quite expensive, though.
d の飲み込み   〔ふつうのスーパーマーケットにはない材料を探している〕

☆ I <u>thought it might</u> be. But I'm lookin<u>g f</u>or a few ingredients that I can't find
「ソーティッマイビ」って感じ   g の飲み込み

at a normal supermarket.

★ I hope you <u>find them</u>.
「ファインゼン」って感じ

☆☆ **Question:** Why does the woman <u>want to</u> go to the Japanese supermarket?
くっついて「ワントゥ」

解説

〈選択肢先読み〉➡主語は It または She ➡「人以外」について or「女性の行動」がポイント！

質問は「女性はなぜ日本食のスーパーマーケットに行きたいのですか？」です。女性の2回目の発話「ふつうのスーパーマーケットにはない食材を探している」に、**3** の She needs some special ingredients.「彼女は特別な材料をいくつか必要としているから」が合います。a few ingredients that I can't find at a normal supermarket が、選択肢では some special ingredients に言い換えられています。

> 💡 **I hope ～「～するといいですね」**
> 会話の最後に男性が I hope you find them.「見つかるといいですね」と言っています。I hope ～.「～するといいですね」は一連のやりとりの後に、相手にかける言葉としてよく使われます。

和訳 ☆すみません。このあたりに日本食のスーパーマーケットがあるって聞いたんですが。それがどこにあるかご存知ですか？
★ええ。向こうにある書店の裏にあります。でもかなり値段が高いですよ。
☆そうかもしれないと思っていました。でも、ふつうのスーパーマーケットにはない食材を探しているんです。
★見つけられるといいですね。
☆☆質問：女性はなぜ日本食のスーパーマーケットに行きたいのですか？

1 それは彼女の家の近くにあるから。
2 そこはそんなに値段が高くないから。
3 彼女は特別な材料をいくつか必要としているから。
4 彼女は、ふつうのスーパーマーケットを見つけられないから。

語句 □area 地域・エリア　□behind ～の裏に　☑quite かなり
□expensive 高価な・高い　☑though しかし（副詞）　☑might ～かもしれない
☑ingredient 材料　☑normal ふつうの

No.14 ▸「因果関係」のsoに反応する！　CD2 33 レベル ★★★

解答 **2**

スクリプト

夫婦の会話

☆ Honey, you're finally home. I was worried about you.
くっついて「ダ」

★ Sorry I'm so late. The train stopped at Jefferson Station because of an
tの飲み込み　　　　　　　　　　　　　　　　　　　　事故で電車が止まった

accident. It was already too late to get the bus, and there weren't any
軽く「イッ」　歩いた　　　　くっついて「レイトゥ」　　　軽く「アン」
バスも終わり、タクシーもなかった

taxis, so I walked.
原因・理由, so 結果

☆ From Jefferson Station! That's so far. Why didn't you call me to pick you up?
「ディンチュコーウミ」って感じ　「ピッキュ」って感じ

★ I would have, but I forgot my phone at the office.
くっついて「バタイ」　tの飲み込み　　軽く「アッ」「ジ」

☆☆ **Question:** How did the man go home from Jefferson Station?
dの飲み込み

解説

〈選択肢先読み〉➡主語がすべて He or His wife ➡主に「男性の行動」がポイント！

質問は「男性はジェファソン駅からどうやって帰宅しましたか？」です。男性は帰宅が遅くなった理由を「事故で電車が止まってしまい、バスに乗るにはもう遅すぎて、タクシーもなかったから歩いた」と説明しています。**2** の He went on foot.「彼は徒歩で帰った」が正解です。walked を選択肢で went on foot に言い換えています。

> 💡 **on foot「徒歩で」**
> on は「接触（～にくっついて）」で、「心理的にべったりくっついている」から「依存（～を頼って）」の意味が生まれました。そこから「足（foot）を頼って（on）」→「徒歩で」となりました。

👍 英検で honey が出てきたら「夫婦の会話」と考える！

honey が出てきたら、英検の世界では「夫婦の会話」と考えてください。また、honey は男性が使うイメージが強いかもしれませんが、今回のように女性が男性に対する呼びかけとして使うこともできます (73 ページ)。

和訳 ☆あなた、やっと帰ってきたわね。心配したのよ。

★遅くなってごめん。事故で電車がジェファソン駅で止まってしまったんだ。バスに乗るにはもう遅すぎたし、タクシーもいなかったから歩いたんだよ。

☆ジェファソン駅からですって！　とても遠いじゃない。どうして車で迎えに行くように電話をしてくれなかったの？

★しようと思ったんだけど、会社に携帯電話を忘れたんだ。

☆☆質問：男性はジェファソン駅からどうやって帰宅しましたか？

選択肢の和訳

1	彼はバスに乗った。	**2**	彼は徒歩で帰った。
3	彼はタクシーを呼んだ。	**4**	妻が車に彼を乗せた。

語句 □honey　あなた (呼びかけ)　☆finally　ついに
□worry about 〜　〜について心配する　□already　すでに　□late　遅く
□far　遠い　☆pick 人 up　人 を (車などで) 迎えに行く
□forgot　forget「忘れる」の過去形　□office　会社

No. **15** ▸ "助動詞＋受動態"は能動的に訳すのも OK 〔CD2 34〕 レベル ★★★

解答 **4**

スクリプト

〔知らない者同士の会話〕　　　　この本をどのくらいの間借りられますか？

☆ Excuse me. How long can I keep this book?
　　　　　　　　　　　くっついて「キャナイ」

　　　　　　すべての本は 2 週間以内に返却しなければなりません

★ All books must be returned within two weeks.
「オーゥ」って感じ　　　実はそれより長く借りる必要があるのですが

☆ I really need to keep it longer than that.
　　　　　くっついて「ニートゥ」　　　　　　two weeks

★ In that case, you can call us in two weeks and give us your library-card
　　　　　　　　　　　　　　　　　　　　軽く「アン」

number. Then you'll have one more week to return it.
　　　　　「ユーゥ」って感じ　　　　　くっついて「リターニットゥ」

☆☆ **Question:** What does the woman want to do?
　　　　　　　　　tの飲み込み　　　　くっついて「ワントゥ」

解説

〈選択肢先読み〉➡すべて「動詞の原形」で始まっている➡「未来の予定・行動」を聞き取る！

257

質問は「女性は何をしたいと思っていますか?」です。本を借りる場面の会話で、男性の「どの本も2週間以内に返却しなければなりません」に対し、女性が「どうしてもそれよりも長く借りる必要があるんです」と答えていることから、**4**のKeep the book longer than two weeks.「その本を2週間より長く借りる」が正解となります。女性のI really need to keep it longer than that. のthatが、two weeksを受けているのを把握できるかどうかがポイントです。

> 💡 助動詞 be 過去分詞
> 今回の男性の発話にAll books <u>must be returned</u> within two weeks. と "助動詞 be 過去分詞" が使われていました。助動詞を含む受動態の表現は以下の ✓ CHECK! にまとめた表現がよく使われますが、能動的に訳すときれいな日本語になることがよくあります。今回であれば、「2週間以内に返却しなければならない」という感じです。

✓ CHECK! 助動詞を含む受動態の表現

□ will be 過去分詞	【未来】	~されるだろう
□ may be 過去分詞	【推量】	~されるかもしれない (~するかもしれない)
□ can be 過去分詞	【可能】	~されることができる (~することができる)
□ should be 過去分詞	【義務】	~されるべきだ
□ must be 過去分詞	【義務】	~されなければならない (~しなければならない)

和訳 ☆すみません。この本はどのくらいの間借りられますか?
★どの本も2週間以内に返却しなければなりません。
☆どうしてもそれよりも長く借りる必要があるんです。
★その場合、2週間後に私たちに電話をして、お客様の図書館カードの番号を教えてください。そうすれば、返却するまでもう1週間借りられますよ。
☆☆質問:女性は何をしたいと思っていますか?

選択肢の和訳
1 図書館のカードを手に入れる。　　2 今すぐにその本を返却する。
3 2冊より多く本を借りる。　　　　4 その本を2週間より長く借りる。

語句 □ return 返却する　　□ within ~以内に　　☒ really 実は・本当に
□ need to 原形 ~する必要がある　　☒ in that case その場合　　□ call 電話する

No. 16 ▶ 逆接の however に反応する　　CD2 36 レベル ★★★

解答 1

スクリプト

> 「時の表現」に反応！

★ Tom and Sarah went on a date last weekend. They planned to go on a
　　　　軽く「アン」　　　　　　　　　　　　　　　　　　　「プラントゥ」って感じ

picnic, so they made sandwiches together and drove to a nice park.

> However の後ろは大事！　　　雨が降ってきた

However, when they arrived, it started raining. Sarah suggested they eat
　　　　　　　　　　　　　　　　　　　　　　　　gの飲み込み　　　　一気に発音される

> ピクニックができなくて残念だった

the sandwiches in the car and then see a movie. They were disappointed
　　　　　　　　　　　　　　軽く「アン」

about not having a picnic, but they enjoyed their time at the movie theater.
tの飲み込み　　　　　　　　軽く「バッ」　　　　　　　dの飲み込み　　軽く「アッ」

☆☆ **Question:** What was Tom and Sarah's problem last weekend?
　　　　　　　　　　　　　　　軽く「アン」

解説

〈選択肢先読み〉➡主語が They と She ➡内容から「人の行動」「トラブル」を予想！

質問は「先週末のトムとサラの問題は何でしたか？」です。However「しかし」の直後に「到着すると雨が降り始めた」とあり、さらに「彼らはピクニックができないことにがっかりした」とあることから、**1** の They could not have a picnic.「彼らはピクニックができなかった」が正解となります。They were disappointed about ～. の文が根拠になりましたが、やはり感情表現は狙われやすいんです。**2**、**3**、**4** はそれぞれ park、sandwiches、date と本文に登場した単語を使ったダミーです。

> 💡 however や but を見たら「話が展開する」！
> 今回の問題のように、however や but などの「逆接表現」の後ろは重要です。「しかし～」と話が展開するので、「逆接表現」の後ろは問われやすいんです。

和訳 ★先週末、トムとサラはデートに出かけた。彼らはピクニックに行く予定だったのでサンドイッチを一緒に作り、車ですてきな公園へ行った。しかし、到着すると雨が降り始めた。サラは、車中でサンドイッチを食べ、それから映画を見ようと提案した。彼らはピクニックができずにがっかりしたが、映画館で楽しく過ごした。
　　☆☆質問：先週末のトムとサラの問題は何でしたか？

1 彼らはピクニックができなかった。
2 彼らは公園を見つけることができなかった。
3 彼女はサンドイッチを作り忘れた。
4 彼女はデートに遅刻した。

語句 ☐ go on a date　デートする　　☐ weekend　週末
☐ plan to 原形　～する計画である　　☐ go on a picnic　ピクニックに行く
☐ sandwich　サンドイッチ　　☐ drive to ～　～へ車で行く　　☒ suggest　提案する
☒ be disappointed about ～　～についてがっかりする　　☐ theater　劇場

No. 17 ▸ next year に反応する！　　CD2 37　レベル ★ ★ ★

解答 4

スクリプト

☆ Michael is 33 years old. He is a police officer, but he is thinking about

原因・理由, so 結果

changing careers. He would like to be a lawyer, so he has decided to go

「ディサイディットゥ」って感じ

法律の勉強のため大学へ行く

「時の表現」に反応！

to university next year to study law. Michael will save a lot of money

「ウル」って感じ　「アロロゥ」って感じ

this year in order to pay his school fees.

くっついて「ノ」　　　「スクーゥ」って感じ

☆☆ **Question:** What will Michael do next year?

「ウル」って感じ

解説

〈選択肢先読み〉➡すべて「動詞の原形」で始まっている➡「未来の予定・行動」を聞き取る！

質問は「マイケルは来年、何をするつもりですか？」です。2 文目「彼は弁護士になりたいと思っているので、法律を勉強するために、来年、大学へ行くことに決めた」から、4 の Learn about the law.「法律について学ぶ」が正解です。study が選択肢では learn に置き換えられています。また、next year という「時の表現」もヒントになりますね（176 ページ）。1 の Start earning more money.「より多くのお金を稼ぎ始める」は、そもそも「今年は節約する（save）」としか言っていないので×です。

和訳 ☆マイケルは 33 歳だ。彼は警察官だが、転職しようか考えている。彼は弁護士になりたいと思っているので、法律を勉強するために、来年、大学へ行くことに決めた。マイケルは授業料を払うために今年お金をたくさんためるつもりだ。
☆☆質問：マイケルは来年何をするつもりですか？

選択肢の和訳

1 より多くのお金を稼ぎ始める。　　2 新しい警察官を訓練する。
3 会社のオフィスを変える。　　4 法律について学ぶ。

語句 □police officer　警察官　　□career　キャリア・職歴
☆would like to 原形　〜したい　　□lawyer　弁護士
□decide to 原形　〜する決心をする　　□university　大学　　□law　法律
☆save　お金を貯める・節約する　　☆in order to 原形　〜するために
□pay　支払う　　□school fee　授業料

No. 18 ▸ 「次に起こること」はアナウンスでよく狙われる！　CD2 38　レベル ★★★

解答 2

スクリプト

アナウンス

★ Welcome, film club members. Our guest today is Tammy Parker, who worked
「ゲストゥデイ」って感じ

as a camera operator on the new hit science-fiction movie *Moon Raiders 2*.

タミーがハリウッドの映画セットで働くことがどのようなことか話す予定

Tammy is going to tell us about what it is like working on a Hollywood movie
一気に発音される

set. Please give her a big welcome.

☆☆ **Question:** What will happen next?
「ウル」って感じ

解説

〈選択肢先読み〉➡バラバラ➡「映画関係？」くらいに考えて音声に集中！

質問は「次に何が起こりますか？」です。3文目「タミーはハリウッド映画のセットで働くのがどんな感じかについて私たちに話してくれます」から、**2**の Tammy Parker will give a talk.「タミー・パーカーが話をする」が正解となります。is going to 〜「〜する予定だ」も使われているので、これからの予定だとわかりますね。

👉 What will happen next? は頻出パターン！
今回の Question「次に何が起こりますか？」は頻出パターンで、アナウンス問題でよく問われます。アナウンス問題だとわかったら、「何が起こるのか？」、「どんな順番で起こるのか？」を聞き取るつもりで音声に集中してください。

和訳 ★ようこそ、映画クラブの会員のみなさん。本日のゲストはタミー・パーカーさんで、彼女は新しいSF映画『ムーン・レイダーズ2』のカメラ技師として働いていました。タミーはハリウッド映画のセットで働くのがどんな感じかについて私たちに話してくれます。

盛大に彼女をお迎えください。

☆☆質問：次に何が起こりますか？

1 ある映画が上映される。　　　　**2** タミー・パーカーが話をする。
3 クラブの会員が何人かの俳優に会う。　**4** ハリウッドのツアーが始まる。

語句 □Welcome.　ようこそ。　　□guest　ゲスト　　□as ～　～として
□operator　オペレーター・操作員
☒what it is like -ing　～することがどのようなものか　　□welcome　歓迎

No. **19** ▸ イベント説明問題は「人の行動」がポイント！ CD2 39 レベル ★★★

解答 **2**

スクリプト

☆ There is a traditional holiday in Poland called *smigus-dyngus*. It is celebrated

お互いに水をかけ合うことでこの日を祝う　　dの飲み込み　　　　「イティズ」って感じ

every year in April. Polish people celebrate it by throwing water over each

other.　Some children use water balloons full of cold water. *Smigus-dyngus*

has become so popular that people in some other countries around the world

軽く「ザッ」　　　　　　　　　　　　　　dの飲み込み

also throw water at each other on this day.

「アッリーチ」って感じ

☆☆ **Question:** What do people in Poland do on *smigus-dyngus*?

解説

〈選択肢先読み〉➡主語がすべて They ➡内容から they は「人」➡「人の行動」がポイント！

質問は「スミグス・ディングスの日にポーランドの人々は何をしますか？」です。3文目の「ポーランドの人々はお互いに水をかけ合って祝う」に一致する、**2** の They throw water at each other.「彼らはお互いに水をかけ合う」が正解となります。**4** の They drink a lot of water. は、本文では「水をかけ合う」と言っているので drink が×になります。

和訳 ★ポーランドにはスミグス・ディングスと呼ばれる伝統的な祝日がある。それは毎年4月に祝われる。ポーランドの人々はお互いに水をかけ合って祝う。冷たい水でいっぱいにした水風船を使う子どもたちもいる。スミグス・ディングスはとても人気になったた

め、世界中の他の国の人々もこの日にお互いに水をかけ合う。

☆☆**質問：スミグス・ディングスの日にポーランドの人々は何をしますか？**

選択肢の和訳

1 彼らは休暇で他の国へ行く。　　**2** 彼らはお互いに水をかけ合う。

3 彼らは気球に乗って空を飛ぶ。　**4** 彼らはたくさん水を飲む。

語句　☑traditional 伝統的な　　□holiday 祝日　　□Poland ポーランド
☑celebrate 祝う　　□Polish ポーランドの　　□balloon 風船
□full of ～　～でいっぱいの

No. 20 ▸ in the end「最終的に」に反応！　CD2 40　レベル ★★★

解答 **3**

スクリプト

★① Trevor was going on a business trip to France, and he needed to buy a
　　　　　gの飲み込み

new suitcase. First, ② he looked at some on the Internet. The prices were
　　　　　　　　　　　　　　　　　　　　　「ジ」

reasonable, but he was not sure of the quality. Next, ③ he went to a
　　　　　　　　　　　　　　　　　　　　　　　　　　　　「ウェントゥ」って感じ

department store. Trevor found a good quality suitcase there, but it was

　　　　　　　　　　　　　最終的に

expensive. In the end, ④ he purchased the same type of suitcase at a cheaper
　　　　　　　　　　　　　　　　　　　　　　　　　　　　　　　「アタ」って感じ

price online.

☆☆ **Question: Where did Trevor buy a suitcase?**

解説

〈選択肢先読み〉➡すべて「場所」➡ Where で始まる Question を予想！

質問は「トレバーはどこでスーツケースを買いましたか？」です。選択肢の先読みから「場所を表す表現」に注意しながら音声を聞いてください。「場所」に関連する情報を整理すると次のようになります。

① フランスへ出張の予定だった

② インターネットでいくつか検討した

③ デパートへ行った

④ デパートで見たスーツケースと同じタイプのものをより低い価格でオンラインで

購入した

④の英文に In the end「最終的に」があり、「同じタイプのスーツケースをより低価格でオンラインで購入した」とあります。この内容に合う **3** の From an online shop.「オンラインショップで」が正解です。今回のように「ネット」→「デパート」→「最終的にネット」というような展開もあるので、最後まで音声に集中するようにしてください。特に「最終的にどうしたか？」はよく狙われます。

和訳 ★トレバーはフランスへ出張に行く予定で、新しいスーツケースを買う必要があった。最初に、彼はインターネットでいくつか見た。価格はお手頃だったが、質に確信が持てなかった。次に、彼はデパートへ行った。トレバーはそこで質の高いスーツケースを見つけたが値が張った。最終的に、同じタイプのスーツケースをより低価格でオンラインで購入した。

☆☆**質問**：トレバーはどこでスーツケースを買いましたか？

選択肢の和訳

1 フランスの店で。   **2** デパートで。
3 オンラインショップで。   **4** 家の近くのお店で。

語句 ☒ business trip 出張   ☐ need to 原形 ～する必要がある
☐ suitcase スーツケース   ☐ price 価格・値段
☒ reasonable ほどよい・無理のない   ☒ be sure of ～ ～を確信する
☒ quality 質   ☐ expensive 高価な・高い   ☒ in the end 最終的に・結局
☐ purchase 購入する   ☐ same 同じ   ☐ cheap 安い
☒ online オンラインで

No. 21 ▸ 「例年→しかし→今年は…」の流れをつかむ   CD2 41   レベル ★★★

解答 2

スクリプト

☆ Miho <u>moved to</u> London five years ago and lives with her husband, Ryan.
　　　「ムーヴトゥ」って感じ 〔5年前〕

She usually goes back to Japan to visit her parents every winter. However,
　　　　　　　　　　　　　　　　　　　　　〔毎年冬に〕　　〔話が展開する合図〕

<u>at the</u> beginning of December this year, Ryan fell and hurt his back. Miho has
「アッツァ」って感じ 〔ライアンは転んで背中をけがした〕

to take care of him, so she has decided not to go back to Japan this winter.
　　　〔彼の面倒を見ないといけないので日本へ戻らないと決めた〕　　〔今年の冬は〕

Instead, she will send gifts from London to her family in Japan.
〔代わりに〕　　　dの飲み込み

☆☆ **Question:** Why did Miho decide to stay in London this winter?
　　　　　　　　　　　　　「ディサイトゥ」って感じ

264

解説

〈選択肢先読み〉➡バラバラ➡音声に集中！

質問は「ミホは、なぜ今年の冬はロンドンにいることに決めたのですか？」です。「時の表現」がたくさん出てくるので、頭の中でしっかり整理できるかがポイントです（当事者意識を持って聞くのがよい方法です）。話が展開する合図の However に反応し、続く「ライアンは転んで背中を負傷した」、「ミホは彼の面倒を見なければならないので、今回の冬は日本へ帰国しないと決めた」から、**2** の She has to care for her husband.「彼女は夫の面倒を見なければならないため」を選べば OK です。ちなみに her husband はライアンのことです。

> 🔆 **instead が出てきたら「変更後」に注目！**
> 最後に Instead「代わりに」が出てきました。リスニングではとても重要で、「変更後どうする（どうなった）か」を表し、英検ではそこが問われることがよくあります。今回は問われませんでしたが instead が聞こえたら要注意です（87 ページ）。

和訳 ☆ミホは 5 年前にロンドンへ引っ越し、夫のライアンと暮らしている。彼女はたいてい毎年冬に、両親を訪れるために日本へ帰国する。しかし、今年は 12 月の初めに、ライアンが転んで背中を負傷した。ミホは彼の面倒を見なければならないので、今年の冬は日本へ帰国しないと決めた。その代わり、彼女は日本の家族へロンドンから贈り物を送るつもりだ。
　　　☆☆**質問**：ミホは、なぜ今年の冬はロンドンにいることに決めたのですか？

選択肢の和訳
1　彼女はそこの冬が好きなため。
2　彼女は夫の面倒を見なければならないため。
3　彼女の夫が日本から戻ってくるため。
4　彼女の両親が、彼女にそこにいるように言ったため。

語句 □move to 〜　〜へ引っ越す　□husband　夫　□go back to 〜　〜へ戻る
□fell　動詞 fall「落ちる・転ぶ」の過去形　□hurt　けがをする　□back　背中・腰
□has to 原形　〜しなければならない　□take care of 〜　〜の世話をする
□decide to 原形　〜する決心をする　☆instead　代わりに　□send　送る
□gift　贈り物

解答　**1**

スクリプト

★Melissa is a computer programmer. After she started working, she
　　　　　　　　　　　　　　　　　　　　　　　　　　　　gの飲み込み

noticed <u>that</u> there are more male programmers than female ones.
　　　　軽く「ザッ」

　　　　　　　　　　　　　　多くの女性にプログラミングに興味を持ってほしい

Melissa enjoys her job <u>and</u> wants more women to become interested in
　　　　　　　　　　　軽く「アン」

　　　　　週末に若い女性向けにプログラムの授業を無料で始めた

computer programming. Last month, she started teaching a free
　　　　　gの飲み込み　　　　　　　　　　　　　　　　　　gの飲み込み

programming class to young girls on the weekends. Melissa hopes this
　　　　　gの飲み込み

<u>will</u> help increase the number of female programmers in the future.
「ウル」って感じ　　　　　　　　　　　　　軽く「ァフ」

☆☆ **Question:** What is Melissa trying to do?
　　　　　　　　　　　　　　　　gの飲み込み

解説

〈選択肢先読み〉➡すべて「動詞の原形」で始まっている➡「未来の予定・行動」を聞き取る！

質問は「メリッサは何をやろうとしていますか？」です。「メリッサはそしてもっと多くの女性にコンピュータープログラミングに興味をもってもらいたいと思っている」、さらに「彼女は週末に若い女性に対して無料のプログラミング教室で教え始めた」から、**1** の Help more women to become programmers.「より多くの女性がプログラマーになることを手助けする」が正解となります。

☑ CHECK! help の使い方

正解の選択肢に help が出てきました。ここで help の使い方を確認しておきましょう。

① help 人 to 原形　「人 が〜するのを手伝う」

② help 人 原形　「人 が〜するのを手伝う」

③ help 原形「〜するのに役立つ」

④ help 人 with 事柄　「人 の〜を手伝う」

　○) help him with his homework「彼の宿題を手伝う」

　×) help his homework

266

和訳 ★メリッサはコンピュータープログラマーだ。働き始めた後、彼女は女性のプログラマーよりも男性のプログラマーのほうが多くいることに気がついた。メリッサは自分の仕事を楽しんでいて、もっと多くの女性にコンピュータープログラミングに興味をもってもらいたいと思っている。先月、彼女は週末に、若い女性に対して無料のプログラミング授業で教え始めた。メリッサは、これが将来、女性のプログラマーの数が増えるのに役立ってほしいと思っている。

☆☆**質問**：メリッサは何をやろうとしていますか？

選択肢の和訳

1 より多くの女性がプログラマーになることを手助けする。
2 他のプログラマーたちと事業を始める。
3 プログラミングについてもっと学ぶ。
4 自分の会社のために新しいプログラムを書く。

語句 □computer programmer　コンピュータープログラマー　☆notice　気づく
□male　男性の　　□female　女性の　　□want 人 to 原形　人 に〜してもらいたい
□become interested in 〜　〜に興味を持つようになる　　□class　授業
□weekend　週末　☆help 原形　〜するのに役立つ　☆increase　増加する・増える

No. 23 ▸ アナウンス問題は「命令文」が重要！ CD2 43 レベル ★★★

解答 4

スクリプト

劇場のアナウンス

☆ Thank you for coming to Eastjewel Theater to see *The Blue Wizard.*
（gの飲み込み）

Please do not use your phone or talk loudly during the play. Today, we

are giving away some special prizes. Five lucky people will win a special

gift set. Your ticket has a number on it. We will announce the winning
（くっついて「オニッ」）　　　　　　　　　　（gの飲み込み）

当選番号を発表するのでお席でお待ちください

ticket numbers at the end of the play, so please wait in your seat after
（軽く「アッ」「ジ」くっついて「ド」）　　（くっついて「ウェイティン」）

the play ends.

☆☆ **Question:** What will happen after the play *The Blue Wizard*?

解説

〈選択肢先読み〉➡バラバラ➡音声に集中！

質問は「『ザ・ブルー・ウィザード』の上演後、何が起こりますか？」です。最後に「上演の終わりに当選チケット番号を発表しますので、終演後はお席にてお待ちください」とあるので、**4** の Winning ticket numbers will be announced.「当選チケット番号が発表される」が正解となります。**1** の Competition winners will get free tickets.「競技の勝者が無料チケットを手に入れる」が紛らわしいですが、主語がおかしいですし、もらえるものは「無料チケット」ではなく「ギフトセット」なので×です。

👆 アナウンス問題では命令文がポイントになる！

今回のようなアナウンス問題では「命令文」がポイントになります (98 ページ)。今回は最終文の後半で、please wait 〜とていねいにお願いする命令文が使われており、答えの根拠になっています。Please がついた命令文の他、Be sure to 原形 〜「必ず〜してください」、You must 原形 〜「〜しなければなりません」といった文もカギになることがあるので、出てきたら反応してください。

和訳 ☆『ザ・ブルー・ウィザード』をご覧いただくためにイーストジュエル劇場にお越しいただきありがとうございます。上演中は携帯電話のご利用や大きな声での会話はご遠慮ください。本日は、特別な商品をお渡しする予定です。幸運な 5 名様にスペシャルギフトセットが当たります。チケットには番号が書いてあります。上演の終わりに当選チケット番号を発表しますので、終演後はお席にてお待ちください。
☆☆質問：『ザ・ブルー・ウィザード』の上演後、何が起こりますか？

選択肢の和訳
1 競技の勝者が無料チケットを手に入れる。
2 スタッフが『ザ・ブルー・ウィザード』のギフトセットを販売する。
3 別の劇が上演される。
4 当選チケット番号が発表される。

語句 □ Thank you for -ing. 〜してくれてありがとうございます。 ☆ loudly 大声で
□ during 〜の間 □ play 演劇 □ give away 配布する ☆ special 特別の
□ prize 賞 ☆ lucky 幸運な □ announce 発表する □ wait 待つ
□ seat 席

No. 24 ▸ 「問題」と「解決策」を整理して解く！ CD2 44 レベル ★★★

解答 3

スクリプト

★ Sophia is a writer who works at home. Usually, she works in her living

話が展開する合図

room. However, she sometimes finds it hard to concentrate because her

くっついて「ファインズィットゥ」

テレビがうるさくて集中するのが難しいことがある

family watches TV in that room. Sophia has an extra room in the basement of her house where she keeps old books and magazines.

軽く「ァヴ」

地下の書庫で仕事をすることに決めた

She has decided to work there. That way, she will be able to concentrate

「ディサイディットゥ」って感じ　　　　　　　「ウル」って感じ

more when she works.

☆☆ **Question:** How is Sophia planning to solve her problem?

【解説】

〈選択肢先読み〉➡ By -ing ➡ How を使った Question を予想！

質問は「ソフィアはどのように問題を解決するつもりですか？」です。However の後に「家族がその部屋でテレビを見るので、集中するのが難しいこともある」とあり、これを「問題 (problem)」と考えます。さらにその後に「ソフィアは、自宅の地下に古い本や雑誌が保管されている、別の部屋を持っている。彼女はそこで仕事をすると決めた」とあり、これが「解決策」だとわかります。したがって、**3** の By writing in her basement.「地下室で執筆することによって」が正解です。正解の該当箇所の英文の最後にある there が、an extra room in the basement of her house を受けていることもポイントです。

👍 「リモートワーク」の設定は今後増える！？

今回は作家の話なので「リモートワーク」とは少し異なりますが、英検では世の中の状況を踏まえた内容がよく問題に反映されるので、今後は、「会社に行かずに自宅で仕事をする」という設定が出てくるかもしれませんね。

【和訳】★ソフィアは在宅で仕事をする作家だ。通常、彼女はリビングで仕事をする。しかし、家族がその部屋でテレビを見るので、集中するのが難しいこともある。ソフィアは、自宅の地下に古い本や雑誌が保管されている、別の部屋を持っている。彼女はそこで仕事をすると決めた。これにより、彼女は仕事をするとき、より集中することができるだろう。

☆☆質問：ソフィアはどのように問題を解決するつもりですか？

【選択肢の和訳】
1　テレビを売ることによって。
2　よりよい仕事を見つけることによって。
3　地下室で執筆することによって。
4　リビングで仕事をすることによって。

【語句】⊠concentrate　集中する　　⊠extra　余分な・特別な　　□basement　地下
□magazine　雑誌　　□decide to 原形　～する決心をする
□be able to 原形　～することができる

解答 4

スクリプト

☆ Potato chips are a popular snack. They were created by an American

くっついて「ナ」

chef named George Crum. ① In 1853, a customer at Crum's restaurant

complained that the fried potatoes were too thick. ② Crum made thinner

軽く「ザッ」

ones, but the customer was still not satisfied. ③ Crum then sliced the

potatoes as thinly as possible. ④ Finally, the customer was happy with

the new, crispy potato chips.

☆☆ **Question:** Why were potato chips invented?

解説

〈選択肢先読み〉➡バラバラ➡内容から「何か食べ物が出てくる？」くらいで OK です。

質問は「なぜポテトチップスが作り出されたのですか？」です。話の展開は「客が『フライドポテトが厚すぎる』と文句を言った…①」→「薄いのを作ったが客は満足しなかった…②」→「できるだけ薄くした…③」→「最終的にお客は満足した…④」です。ポテトチップスが生まれる理由（きっかけ）は①だとわかるので、**4** の A customer complained about thick fried potatoes.「お客さんがぶ厚いフライドポテトに文句を言ったから」が正解です。

> 💡 thick「厚い」⇔ thin「薄い」
> 食べ物や料理の話では thick「厚い」、thin は「薄い」がよく出てきます。今回は副詞形 thinly「薄く」も出てきました。さらに thin の比較級 thinner（発音は「スィナー」という感じ）となり、リスニングで登場すると何と言ったのか反応できない可能性もあるので、発音と一緒にしっかり確認しておいてください。

和訳 ☆ポテトチップスは人気のお菓子だ。ジョージ・クラムという名のアメリカ人シェフによって生み出された。1853 年、クラムのレストランのお客さんが、フライドポテトがぶ厚すぎると不満を言った。クラムはより薄いものを作ったが、お客さんはそれでもまだ満足しなかった。クラムはそれからできるだけ薄くジャガイモを切った。最終的に、お客さんは、その新しいパリパリしたポテトチップスに満足した。

☆☆**質問：なぜポテトチップスが作り出されたのですか？**

選択肢の和訳
1 人々は家で食べる新しいお菓子が欲しかったから。
2 ジョージ・クラムは薄いお菓子が好きだったから。
3 1853年にはジャガイモがたくさんあったから。
4 お客さんが厚いフライドポテトに文句を言ったから。

語句 □potato chips ポテトチップス □snack お菓子 ☑create 創り出す
□chef シェフ □customer 客 ☑complain 不平を言う
□fried potato フライドポテト ☑thick 厚い ☑still まだ
□be satisfied 満足する □sliced 薄切りの □thinly 薄く
☑as ～ as possible できるだけ～ □crispy パリパリの

No. 26 ▶ 「最終的にどうした」がよく問われる！ CD2 46 レベル ★★★

解答 **4**

スクリプト

卒業後、5月は旅行の予定

★ Victor studies at a university in Canada. He planned to travel around
　くっついて「アタ」　　　　　　　　　　　　　　「プラントゥ」って感じ

「時の表現」に反応！　　　話が展開する合図

the United States in May after his graduation. However, he got a good
　　　　　　　　　　　　　　　　　　　　　　　　　「ガタッ」って感じ dの飲み込み

job offer, and the company wanted him to start in May. Victor wanted
　　　　軽く「アン」　　会社は6月1日勤務開始でOKと言った

the job, so he asked if he could start later. The company said they would
　　　　　　「アースティフヒー」って感じ

「時の表現」に反応！

let him start on June 1st, so he is going to take a short trip before then.
　　　　　　　　gの飲み込み　　　　　　「ショートゥリップ」って感じ

☆☆ **Question:** What will Victor start to do in June?
　　　　　　　　　　　　　　「スタートゥ」って感じ

解説

〈選択肢先読み〉➡すべて「動詞の原形」で始まっている➡「未来の予定・行動」を聞き取る！

質問は「ビクターは6月に何をし始めますか？」です。「5月はアメリカへ旅行の予定」→「しかし(However)」→「5月から勤務してほしいと言われた」→「もっと後に仕事を始められるかどうか尋ねた」→「その会社は彼に6月1日に仕事を始めることを認めると言った」という流れから、6月に始まるのは「仕事」だとわかるので、**4**のWork at a company.「会社で働く」が正解となります。

271

👉 **今回は反応すべきポイントがたくさんある問題**

「時の表現」、話が展開する however など、リスニング問題で聞こえたら反応すべき表現がたくさん出てきました。そのため、話の展開についていくのが難しかったという人も多いと思います。すべての音声を聞き取るつもりで臨むのはどの問題でも同じですが、それでも万が一混乱してしまった場合は「最終的にどうしたか？」を聞き取るつもりで集中してください。もちろん 100 パーセントではありませんが、リスニング問題ではここが問われることが多いため、少しでも正答率を上げられるようにしましょう。

和訳 ★ビクターはカナダの大学で勉強している。彼は 5 月に卒業後アメリカ中を旅行する予定だった。しかし、良い仕事のオファーを受け、その会社は彼に 5 月に仕事を始めてほしいと思っていた。ビクターはその仕事が欲しかったので、もっと後に仕事を始められるかどうか尋ねた。その会社は彼に 6 月 1 日に仕事を始めることを認めると言ったので、彼はそれより前に短期の旅行へ行くつもりだ。

☆☆**質問**：ビクターは 6 月に何をし始めますか？

選択肢の和訳

1 アメリカ中を旅行する。 　　2 もっと多くのお金を会社に求める。
3 最後の授業を終える。　 　　4 会社で働く。

語句 ☐university 大学　　☐plan to [原形] ～する計画である　　☐travel 旅行する
☒graduation 卒業　　☐job offer 仕事の依頼　　☐company 会社
☒ask if ～ ～かどうか尋ねる　　☒let [人][原形] [人]が～するのを許す

No. **27** ▸ **先読みで選択肢の単語にこだわりすぎない** CD2 47 レベル ★★★

解答 **2**

スクリプト

> ☆ There is ①a sport in the north of Italy called *la ruzzola*. ②Players throw a
> 　　　　　　軽く「アヴ」　　　　　　　　　　　　　　　　　「プレイヤスロウワ」って感じ
>
> large round cheese, and the player who can throw the cheese the farthest is
> 　　　　　　軽く「アン」
>
> the winner. ③The cheese weighs about 3 kilograms. *La ruzzola* is ④usually
> 　　　　　　　　　　tの飲み込み
>
> played before the end of winter because many farmers have free time
> 　　　　　　　　　　「ジ」
>
> during this season.
> 　gの飲み込み
>
> ☆☆ **Question:** What is one thing we learn about *la ruzzola*?
> 　　　　　　　　gの飲み込み　　くっついて「ナ」

解説

〈選択肢先読み〉➡バラバラ➡「cheese が出てくるなぁ」くらいで音声に集中しましょう。

質問は What is one thing 〜？「内容に合うのはどれか？」のパターンで、今回は「ラ・ルッゾラ」についてです。その内容を整理すると以下の通りです。

① イタリア北部のスポーツ
② 選手は大きな丸いチーズを投げ、一番遠くへ投げた人が勝者となる
③ チーズは 3 キログラムほど
④ たいてい多くの農家の人が暇になる冬の終わりに行われる

④の内容に **2** の It is often played in the winter.「それは冬によく行われる」が一致します。**3** と **4** は本文に登場する cheese を使ったダミーです。

> 🔆 **far の比較級と最上級**
>
> 今回は far の最上級 farthest が出てきました。そもそも far は「(実際の距離が) 遠くに」という意味と「(程度が) 遠くに」→「はるかに」という意味があります (文脈で判断してください)。そして比較級と最上級はそれぞれ次のようになるので、リスニング問題でも対応できるように発音と一緒に確認しておいてください。
>
> ・(距離が) 遠くに　　　　far-farther-farthest
> ・はるかに　　　　　　　far-further-furthest

和訳 ☆イタリア北部にラ・ルッゾラと呼ばれるスポーツがある。選手らは大きな丸いチーズを投げ、一番遠くへチーズを投げることができた選手が勝ちとなる。チーズは約 3 キログラムだ。多くの農家の人々は冬の間、時間に余裕ができるので、ラ・ルッゾラは、たいてい冬の終わりの前に行われる。

☆☆**質問**：ラ・ルッゾラについてわかることの 1 つは何ですか？

選択肢の和訳
1　それは有名な農業従事者の名前である。
2　それは冬によく行われる。
3　選手は重たいチーズを運ぶ。
4　選手は 3 種類のチーズを食べる。

語句 □north　北　　□round　丸い　　□farthest　最も遠くに　　□winner　勝者
☆weigh　重さがある　　☆during　〜の間

No. 28 ▸ 定番！ suggest問題　　　CD2 48　レベル ★ ★ ★

解答 **1**

スクリプト

★ Ron has <u>been</u> dating Sandra for three years. He wants to <u>ask her</u> to
　　　　　軽く「ビン」　gの飲み込み　　　　　　　　　　　　　　　「アスカー」って感じ

marry <u>him</u>, so he has <u>been</u> saving money for a ring. Last week, Ron
　　　「ヒン」って感じ　　軽く「ビン」　gの飲み込み　　　　　gの飲み込み

祖母がよく身につけていた指輪をサンドラにプレゼントするよう提案した

talked to his mother, and she suggested that he give Sandra the ring his
「トークトゥ」って感じ　　　　軽く「アン」　　　　　　　　　　　　　　　　　　　　　gの飲み込み

grandmother used to wear.
　　　　「ユーストゥ」って感じ

Ron liked the idea. Now, Ron can use the money he has saved to help pay
　　tの飲み込み　「ジ」　　　　　　　　　　　　　　　　　　　　　　　「ハウペイ」って感じ

for their wedding.
　　　　gの飲み込み

☆☆ **Question:** What did Ron's mother suggest that he do?

解説

〈選択肢先読み〉➡ すべて「動詞の原形」で始まっている ➡ 「未来の予定・行動」を聞き取る！

質問は「ロンの母親はロンが何をするように提案しましたか？」です。「ロンはサンドラと結婚したいと思っており、それを母親に相談した」という流れです。3文目に「母親は彼の祖母が昔つけていた指輪をサンドラにあげるのを提案してきた」とあるので、これに一致する **1** の Give Sandra his grandmother's ring.「祖母の指輪をサンドラにあげる」が正解となります。**2** の Save more money for a ring. はロンがやっていたことではありますが、「ロンの母親がロンに何をするように提案しましたか？」という質問に合わないので×です。

> 💡 **suggest 型の動詞**
> 今回の該当箇所の英文 she <u>suggested</u> that he <u>give</u> Sandra the ring his grandmother used to wear は、動詞に suggest「提案する」が使われています。「提案・命令系」の動詞の後ろにくる that 節は、"s should 原形"または "s 原形"になります（今回は原形 give が使われています）。suggest 型の動詞をもう一度確認しておきましょう（116 ページ）。

> 👆 **suggest 問題**
> Question に suggest が使われる suggest 問題では根拠の英文に、should や had better などが使われることが多いのですが、今回は suggest がそのまま使われている英文が根拠になった珍しいパターンです（76 ページ）。

和訳 ★ロンは3年間サンドラと付き合っている。彼は彼女に結婚を申し込みたいので、指輪を買うためにお金をずっとためている。先週、ロンは自分の母親に話をすると、母親は彼の祖母が昔つけていた指輪をサンドラにあげることを提案してきた。ロンはその考えを気に入った。これでロンは自分が貯めたお金を、結婚式の費用を払うために使うことができる。
☆☆質問：ロンの母親はロンが何をするように提案しましたか？

No. 29 ▸ 「割引」「無料」の条件はよく狙われる！ CD2 49 レベル ★★★

解答 **1**

スクリプト

> アナウンス
>
> ☆ Good afternoon, Strong Lines Gym members. Why not sign up for one of
> 「サイナップ」って感じ　「ワノヴ」って感じ
>
> our new classes? We have yoga classes every Tuesday and Saturday, and
> 軽く「アン」　　軽く「アン」
>
> now we are also offering boxing classes on Mondays for those who want
> gの飲み込み　　アンケートに答えると無料でレッスンを受けることができる
>
> a hard workout. You can take one of these classes for free by answering the
> 「ワノヴ」って感じ
>
> questions on our survey. Ask about it at the front desk.
> 「オナワ」って感じ　「アスカバウティッ」って感じ
>
> ☆☆ **Question:** How can members get a free boxing class?

解説

〈選択肢先読み〉➡ すべて By -ing ➡ How を使った Question を予想！

質問は「会員はどうやってボクシングクラスを無料で受けられますか？」です。「アンケートの質問にお答えいただくことでこれらのクラスの１つが無料で受けられます」とあります。この内容に一致する **1** の By taking a survey.「アンケートに答えることで」が正解です。by answering the questions on our survey が、選択肢では By taking a survey. に言い換えられています。

> 👆 **「割引」や「無料」の条件が問われやすい！**
> スポーツクラブやお店などのアナウンスでは、「割引」や「無料」といったことが話されることよくあります。その内容や条件が問われやすいので for free「無料で」や 〜 percent discount「〜％割引」などの言葉に注意し、前後の内容に集中してください。

和訳 ☆こんにちは、ストロング・ラインズ・ジムの会員の皆様。我々の新しいクラスの１つ

にお申込みいただくのはいかがでしょうか？　毎週火曜日と土曜日はヨガのクラス、そして現在、我々は、ハードな運動をしたい方々向けに月曜日にボクシングのクラスを開講しています。アンケートの質問にお答えいただくことで、これらのクラスの１つが無料で受けられます。そちらについてはフロントデスクまでお願いします。

☆☆質問：会員はどうやってボクシングクラスを無料で受けられますか？

選択肢の和訳
1　アンケートに答えることで。　　　**2**　ヨガのクラスに参加することで。
3　１週間に２回ジムを訪れることで。　**4**　平日は毎日ジムに来ることで。

語句　☑ sign up for 〜　〜に申し込む　　☐ class　授業　　☑ offer　提供する
　　　☐ workout　トレーニング・練習　　☑ for free　無料で　　☑ survey　アンケート

No. 30 ▶ 「因果関係」becauseに反応する　　[CD2 50] レベル ★★★

解答　**2**

スクリプト

★ In the 19th century, most people in the United States worked six days a

〔話が展開する合図〕　　　　　　　〔従業員は週５日の勤務にするよう伝えられた〕

week. However, in 1926, workers at the Ford Motor Company were

told to work five days a week. The president of the company, Henry Ford,
「トゥトゥ」って感じ　　〔会社では従業員により速く仕事をして、家ではより多く休んでもらいたいから〕

made this rule because he wanted people to work faster while they were
dの飲み込み「ルーゥ」って感じ　　　dの飲み込み　　　　　　　　「ワゥ」って感じ

at the company and to rest more at home. Afterwards, other companies
　　　　　　　軽く「アン」

started doing the same thing.
　　　gの飲み込み

☆☆ **Question:** What is one reason that the Ford Motor Company changed
　　　　　　　　　　　　　　軽く「ザッ」
its rules about working hours?
　　　　gの飲み込み

解説

〈選択肢先読み〉➡ すべて「To＋動詞の原形」で始まっている➡「目的」or「これからのこと」

質問は「フォード・モーター・カンパニーが労働時間について規則を変更した理由の１つは何ですか？」です。because の後ろ「会社にいる間は速く働いてもらい、家でもっと休んでもらいたいと思っていた」をヒントに、**2** の To get people to work faster.「人々にもっと速く仕事をしてもらうため」を選びます。

和訳 ★ 19 世紀に、アメリカ合衆国の大多数の人は週に 6 日働いた。しかし 1926 年、フォード・モーター・カンパニーの従業員たちは週に 5 日働くように言われた。会社の社長のヘンリー・フォードがこの規則を作ったのは、人々に会社にいる間は速く働いてもらい、家でもっと休んでもらいたいと思っていたからであった。その後、他の会社も同じことをやり始めた。

☆☆**質問**：フォード・モーター・カンパニーが労働時間について規則を変更した理由の 1 つは何ですか？

選択肢の和訳
1 他の会社の従業員を助けるため。
2 人々にもっと速く仕事をしてもらうため。
3 人々が家で働くことを許可するため。
4 もっと多くの従業員をひきつけるため。

語句 □century 世紀　□president 社長・大統領　□company 会社　□rule 規則　□want 人 to 原形 人 に～してもらいたい　☒while sv ～している間　□rest 休む　□afterwards あとで・その後　□same 同じ

2020
Grade 2

2級

解答・解説編

二次試験
（面接）

▶ 音読の注意点

CD1 33

Improving safety

Natural disasters / such as storms and floods / can cause serious damage. To stay safe, / people need to get information about disasters. Now, / the Japanese government offers such information / in different languages, / and by doing so / it tries to improve the safety of foreign visitors to Japan. With the increase of foreign visitors, / it is becoming more important / to provide services for them.

※「／（スラッシュ）」は区切りの目安です。

🔅 disaster は「ディザスター」のように発音します。環境がテーマの場合は必ずと言っていいほど出てくる単語です。

🔅 fl<u>oo</u>d は「フ<u>ラ</u>ッド」と発音し、oo のつづりで「ア」と発音する珍しい単語です。

🔅 damage は「ダメージ」ではなく「**ダ**ミッ<u>ジ</u>」という感じで発音します。

パッセージの和訳

安全性の向上

暴風雨や洪水といった自然災害は深刻な損害につながる可能性がある。安全でいるために、人々は災害についての情報を得る必要がある。現在、日本政府は様々な言語でそのような情報を提供しており、そうすることによって、日本に来る外国人訪問者の安全性を向上させようとしている。外国人訪問者が増加するにつれて、彼らに対するサービスを提供することはより重要になってきている。

解答は次の文から始めてください。：ある日、オクダ夫妻はリビングルームで話をしていました。

No. 1

CD1 34-35

👤質問

According to the passage, how does the Japanese government try to improve the safety of foreign visitors to Japan?
「パッセージによると、日本政府はどのようにして、日本へ来る外国人訪問者の安全性を向上させようとしていますか？」

👤解答例 ①

By offering information about disasters in different languages.
「様々な言語で災害についての情報を提供することによって」

> It tries to improve the safety of foreign visitors to Japan by offering information about disasters in different languages.
> 「日本政府は、さまざまな言語で災害についての情報を提供することによって、日本へ来る外国人訪問者の安全性を向上させようとしています」

3文目後半に by doing so it tries to improve the safety of foreign visitors to Japan「そうすることによって、日本政府は日本に来る外国人訪問者の安全性を向上させようとしている」とあります。by doing so「そうすることによって」の so は、3文目の前半 the Japanese government offers such information in different languages「日本政府は様々な言語でそのような情報を提供している」を受けており、この部分が答えになると考えます（さらに such information は2文目の information about disasters を受けています）。この内容を by -ing「〜することによって」を使って By offering information about disasters in different languages. と答えれば OK です。

💡 how「どのようにして」と「手段・方法」が問われるのは定番で、by -ing「〜することによって」の形で答えるとよいでしょう。

💡 解答例②の主語 It は the Japanese government を受けています。このように質問文をもとに主語・動詞が整った文で答えても OK です。

No. 2 　　　　　　　　　　　　　　　　　　　CD1 36-37

👤-質問

Now, please look at the picture and describe the situation. You have 20 seconds to prepare. Your story should begin with the sentence on the card.
< 20 seconds >
Please begin.
「それでは、イラストを見て状況を説明してください。20秒の準備時間があります。解答はカードに書かれている文から始めてください」
< 20秒 >
「それでは始めてください」

👤-解答例

> **One day, Mr. and Mrs. Okuda were talking in their living room.** Mr. Okuda said to his wife, "We should prepare food for a disaster." Later at a supermarket, Mr. Okuda was putting a bottle of water into a shopping basket. Mrs. Okuda suggested that they use a shopping cart. On the way home, Mr. and Mrs. Okuda were having trouble carrying their shopping bags. Mrs. Okuda suggested that they take a taxi.

> 「ある日、オクダ夫妻はリビングルームで話をしていました。オクダさん（夫）は妻に、『災害に備えて食料を準備しておいたほうがいい』と言いました。その後スーパーマーケットで、オクダさん（夫）はボトルの水を買い物かごへ入れていました。オクダさん（妻）は、ショッピングカートを使おうと提案しました。帰り道、オクダ夫妻は買い物袋を運ぶのに苦労していました。オクダさん（妻）はタクシーに乗ることを提案しました」

- 発話をそのまま引用するときは、人₁ said to 人₂, "〜 ." の形（直説話法）を用いると、時制の一致などを考えなくてもいいのでミスが減ります。

- 3コマ目の描写の Mr. and Mrs. Okuda were having trouble carrying their shopping bags. では have trouble -ing「〜するのに苦労する」が使われています。この表現が思いつかないときは、Mr. and Mrs. Okuda were carrying many heavy bags.「オクダ夫妻は重いバッグをたくさん運んでいた」や Mr. and Mrs. Okuda realized that the bags they were carrying were really heavy.「オクダ夫妻が運んでいるバッグはとても重いとわかった」のように言っても良いでしょう。

- suggest は後ろに -ing をとることもできるので、最後の文は Mrs. Okuda suggested taking a taxi. も OK です。

No. 3

CD1 38 - 39

質問

Some people say that high school students in Japan should learn a foreign language in addition to English. What do you think about that?

「日本の高校生は英語以外にも外国語を学ぶべきだという人がいます。それについてあなたはどう思いますか？」

たとえば以下のような理由が考えられます。

I agree.	I disagree.
・異文化を理解することができる ・アジアの他の国と仕事をすることがある	・時間がかかる ・英語の勉強に集中するべき ・英語が一番役に立つ

以上の内容を英文にすると、次のようになります。

解答例 ①（agree の場合）

I agree. Many students are interested in other foreign languages, too. Also, students can understand other cultures by learning languages.

「私はそうすべきだと思います。多くの学生は他の外国語にも興味を持っています。また、学生は言語を学ぶことによって他の文化を理解することができます」

- be interested in 〜「〜に興味がある」は、面接以外にライティングでも重宝する表現です。

282

💡 can 〜 by -ing「…することによって〜することができる」は具体的なメリットを言うときに役立つ表現です。パターンとして覚えておくと面接で便利ですよ。

👤 解答例 ②（agree の場合）

I agree. Japanese companies do business with many countries in Asia, such as China and South Korea. Therefore, it is a good idea to study Chinese and Korean in addition to English.
「私はそうすべきだと思います。日本企業は、中国や韓国といったアジアの多くの国々とビジネスをしています。したがって、英語に加えて、中国語や韓国語を勉強することは良い考えです」

💡 such as 〜「(たとえば) 〜のような」を使って、具体的な国名を挙げながら理由を述べています。具体例は理由をサポートする文を作るときに役立ちます。

👍 2文目では、質問文に使われている in addition to 〜「〜に加えて」が使われています。質問文の表現を流用することも、面接では一つの手です。

👤 解答例 ③（disagree の場合）

I disagree. It takes a long time to learn another foreign language. It's better to concentrate on studying English.
「私はそうすべきだと思いません。別の外国語を学ぶにはずいぶん時間がかかります。英語の勉強に集中する方が良いです」

💡 It takes 時間 to 原形 で「〜するのに 時間 がかかる」という意味です。「時間がかかる」というのはマイナス面を述べる時に重宝する表現です。

💡 2文目で「英語の勉強に集中する方がよい」とありますが、It's better to 原形「〜する方がよりよい」は対案を出すときに使える表現としておさえておきましょう。

👤 解答例 ④（disagree の場合）

I disagree. English is the most useful language because non-native speakers in other countries learn English, too. Also, there isn't enough time to learn more than one foreign language.
「私はそうすべきだと思いません。他の国々の非ネイティブの人々も英語を学ぶので、英語は、最も役に立つ言語です。また、外国語を2言語以上学ぶのに十分な時間がありません」

💡 most は「モスト」ではなく「モウスト」のように発音します。

💡「英語が一番役に立つ言語だ」という主張に、「他国の多くの人々も学んでいるから」という理由をつけています。because は接続詞なので文と文をつなぐ働きがあります（"SV because sv." または "Because sv, SV." の形）。Because sv. という形は原則として使えません。

🗣-質問

Nowadays, a lot of people go to gyms to exercise in their free time. Do you think the number of these people will increase in the future?
Yes. → Why?
No. → Why not?

「最近、多くの人々が、時間があるときに運動をしにジムへ行きます。あなたはこういった人々の数は将来、増えると思いますか？」

「はい。→なぜ、そう思うのですか？」

「いいえ。→なぜ、そう思わないのですか？」

たとえば以下のような理由が考えられます。

Yes.	No.
・自宅で運動する場所がない ・自宅で仕事をする人が増え、通勤時間が減り、その時間でジムに行く人が増える	・忙しすぎてジムに行けない ・多額の費用がかかる ・別のことに興味がある

以上の内容を英文にすると、次のようになります。

🗣-解答例 ① (Yes の場合)

> More and more people are trying to stay healthy. Also, many people don't have a place to exercise at home.
> 「健康を維持しようとする人がますます増えています。また、多くの人は自宅で運動をする場所がありません」

- 💡 More and more people ～は「ますます多くの人が～する」→「～する人がますます増えている」という意味になります。"比較級 and 比較級"で「ますます～」です。

- 💡 "stay+形容詞"で「～の状態のままでとどまる」→「～のままでいる」という意味です。stay healthy で「健康を維持する」となります。

- 💡 2文目の to exercise は形容詞的用法の不定詞で、a place を後ろから修飾しています。

- 💡 home は「ホーム」ではなく「ホウム」のように発音するので注意してください。

🗣-解答例 ② (Yes の場合)

> More and more people work at home these days, so they spend less time commuting. With this extra time, I think more people will go to gyms.
> 「最近、家で仕事をする人がますます増えているので、通勤時間が減っています。この余った時間を使って、ジムに行く人が増えると私は思っています」

💡 接続詞 so を使うときは、"原因・理由, so 結果"の関係になっているかしっかり確認してください。

💡 1文目後半の spend は spend 時間 -ing「～して 時間 を過ごす」で、時間 の部分に less time「より少ない時間」がきています。spend less time commuting で「通勤時間が減っている」です。

👤 解答例 ③ (No の場合)

Many people are too busy to go to a gym. Also, most gyms cost a lot of money to join.
「多くの人が忙しすぎてジムへ行けません。また、ほとんどのジムは入会するのに高い費用がかかります」

💡 too ～ to 原形 で「…すぎて～することができない」という意味です。

💡 2文目の cost は動詞で「費用がかかる」という意味で使われています。cost お金 to 原形「～するのに お金 がかかる」の形です。

👤 解答例 ④ (No の場合)

Young people these days are more interested in video games and listening to music than exercising and sports. Therefore, I think the number of people who go to gyms will decrease.
「最近の若者は、運動やスポーツをするよりも、テレビゲームや音楽を聞くことに興味を持っています。したがって、ジムに通う人々の数は減ると思います」

👉 今回の「ジムに通う」というテーマに対して、「運動以外に興味がある」という、対案を持ってきて答えているパターンです。「別のものに、より興味がある」、「別のものが、より人気である」という手法は面接で使えます。

💡 最後に出てくる decrease「減少する」は対義語 increase「増加する」とセットで覚えてください。

▶ 音読の注意点

Helping People in Need

Nowadays in Japan, / the number of elderly people / is increasing every year. For this reason, / barrier-free environments are becoming more and more important. The government is creating them / in many places, / and by doing so / it is making society more convenient for people / who need assistance. Barrier-free environments are becoming common in Japan / and many other countries around the world.

※「／（スラッシュ）」は区切りの目安です。

🔅 environment は「エンヴァイラメント」、government は「ガヴァンメント」のように発音します。どちらも長い単語ですが、とても重要でよく出る単語なので発音をしっかり確認しておきましょう。

🔅 common は「コモン」ではなく「**カ**マン」という感じで発音します。

パッセージの和訳

困っている人々を助けること

最近、日本では、年々高齢者の数が増えてきている。この理由のために、バリアフリーの環境がますます重要になってきている。政府は多くの場所にバリアフリー環境を作り、そうすることによって、社会を、援助が必要な人々にとってより生活しやすくしている。バリアフリーの環境は、日本や世界中の他の多くの国々で一般的になってきている。

解答は次の文から始めてください。：ある日、タロウとお父さんはリビングルームで話していました。

No. 1

👤-質問

According to the passage, how is the government making society more convenient for people who need assistance?
「パッセージによると、政府はどのようにして、社会を、援助が必要な人々にとってより生活しやすくしようとしていますか？」

👤-解答例 ①

By creating barrier-free environments in many places.
「多くの場所にバリアフリーの環境を作り出すことによって」

🏃 **解答例** ②

> It is making society more convenient for people who need assistance by creating barrier-free environments in many places.
> 「多くの場所にバリアフリーの環境を作り出すことによって、政府は社会を、援助が必要な人々にとってより生活しやすくしようとしている」

3文目後半に by doing so it is making society more convenient for people who need assistance「そうすることによって、援助が必要な人々のために、社会をより生活しやすくしている」とあります。by doing so「そうすることによって」の so は、3文目の前半 The government is creating them in many places「政府は多くの場所にそのバリアフリー環境を作り出している」を受けており、この部分が答えになると考えます（さらに them は2文目の barrier-free environments を受けています）。この内容を by -ing「〜することによって」を使い、By creating barrier-free environments in many places. と答えれば OK です。

💡 how「どのようにして」と「手段・方法」が問われるのは定番で、by -ing「〜することによって」の形で答えると良いでしょう。

💡 解答例②の主語 It は the government を受けています。このように質問文をもとに主語・動詞が整った文で答えても OK です。

No. 2　　　　　　　　　　　　　　　　　　CD1 45 - 46

🏃 **質問**

Now, please look at the picture and describe the situation. You have 20 seconds to prepare. Your story should begin with the sentence on the card.
< 20 seconds >
Please begin.
「それでは、イラストを見て状況を説明してください。20秒の準備時間があります。解答はカードに書かれている文から始めてください」
< 20秒 >
「それでは始めてください」

🏃 **解答例**

> **One day, Taro and his father were talking in their living room.** Taro said to his father, "I'm excited to go to the baseball game this afternoon." <u>Later at the stadium</u>, Taro's father was buying a cap. Taro was looking forward to putting on the cap. <u>After the game</u>, Taro and his father noticed an old woman carrying a heavy bag. Taro's father was thinking of helping her.
> 「ある日、タロウとお父さんはリビングルームで話していました。タロウは『今日の午後、野球の試

合（を見）に行くのが楽しみだ』とお父さんに言いました。その後、スタジアムで、タロウのお父さんは帽子を買っていました。タロウは帽子をかぶるのを楽しみにしていました。試合後、タロウとお父さんは重いかばんを持っている年配の女性に気づきました。タロウのお父さんは彼女を手伝おうと考えていました」

- 🔆 発話をそのまま引用するときは、人₁ said to 人₂, "〜 ." の形（直説話法）を用いると、時制の一致などを考えなくてもいいのでミスが減ります。

- 🔆 2文目にある excited は「わくわくして・興奮して」という訳語で覚えている人が多いですが、I'm excited の形で「楽しみだ」という意味で使うことができます。

- 🔆 look forward to -ing「〜するのを楽しみにする」の to は前置詞なので、後ろは名詞または動名詞 (-ing) です。

- 🔆 2コマ目を説明している Taro was looking forward to putting on the cap. の文は、Taro was imagining wearing the cap.「タロウは帽子をかぶるのを想像していた」と表現しても OK です。動詞 image は後ろに -ing（動名詞）をとります。

- 🔆 3コマ目で「タロウが年配の女性を指さしている」様子を説明するのであれば、Taro was pointing at an old woman, and his father was thinking of helping her.「タロウは年配の女性を指さし、お父さんは彼女を手伝おうと考えていました」と言うこともできます。point at 〜 で「〜を指さす」です。

No. 3 　　　　　　　　　　　　　　　CD1 47 - 48

👤-質問

Some people say that people's manners in public places are getting worse. What do you think about that?

「公共の場所での人々のマナーが悪くなっているという人がいます。それについてあなたはどう思いますか？」

たとえば以下のような理由が考えられます。

I agree.	I disagree.
・通りでゴミを捨てる人が多い	・マナーの重要性がわかっている
・スマートフォンを見ながら歩く	・電車で席を譲る
・電車でのマナーが悪い	

以上の内容を英文にすると、次のようになります。

👤-解答例 ①（agree の場合）

I agree. Many people throw away garbage on the street. Also, some people walk in crowded places while looking at smartphones.

「私もそう思います。多くの人々が通りでゴミを捨てます。また、スマートフォンを見ながら人混みを歩く人がいます」

- 💡 throw away 〜は「遠くへ (away) 投げる (throw)」→「〜を捨てる」です。
- 💡 2文目の walk in crowded places while looking at smartphones「スマートフォンを見ながら人混みを歩く」という表現は、「歩きスマホ」がテーマの問題で重要で、ライティングでも重宝しますよ。

解答例 ② (agree の場合)

> I agree. Many people have bad manners on the train. For example, some people take up more than one seat, and other people don't give their seats to a person with disabilities or the elderly.
> 「私もそう思います。多くの人々が電車でのマナーが悪いです。たとえば、1つ分の座席以上（のスペース）を使う人がいたり、障がい者やお年寄りに席を譲らない人がいたりします」

- 💡 2文目で「電車でのマナーが悪い」と述べ、3文目でその具体例を出して解答しているパターンです。manners「マナー」には多くのことが含まれるので、複数形で使います。
- 💡 3文目の take up more than one seat の take up は use を使っても OK です。
- 💡「障がい者」は a disabled person よりも a person with disabilities というのが一般的で好まれます。
- 💡 the elderly は、特定の集団を表す "the+形容詞"「〜の人々」の形で使われています。the elderly で「お年寄り・年配の人々」という意味です。

解答例 ③ (disagree の場合)

> I disagree. Most people know the importance of good manners. Many people give up their seats to others on the train.
> 「私はそう思いません。大部分の人が良いマナーの重要性を知っています。電車では多くの人が他の人に自分の席を譲ります」

- 👉 解答例②の内容の逆の発想で作ったのが今回の解答例です。「席を譲る or 譲らない」は場面によっても、人によってもその感覚が異なるので、こういった場合は agree と disagree どちらの解答にも使い分けることができます。
- 💡 others は「不特定の人々」を意味するので「他の人・他人」という意味になります。

解答例 ④ (disagree の場合)

> I disagree. I know many people who take their trash home. Most people don't throw away garbage on the street.
> 「私はそう思いません。私はゴミを持ち帰る人を多く知っています。ほとんどの人が通りにゴミを捨てません」

- 👉 解答例①の「多くの人がゴミを捨てる」の逆の内容で作成した解答です。
- 💡 2文目の who は主格の関係代名詞で、先行詞 many people を who take their trash home が後ろから修飾しています。

289

🔅 2文目の home は副詞で「家へ [に]」の意味です。take 〜 home で「〜を家に持って行く」→
「〜を家に持ち帰る」となります。

No. 4

CD1 49 - 50

👤 質問

Today, computer games are popular with people of all ages. Do you think
playing computer games is a waste of time?
Yes. → Why?
No. → Why not?

「今日、コンピューターゲームは全世代の人々の間で人気になっています。あなたは、コンピュー
ターゲームをすることは時間の無駄だと思いますか？」

「はい。→なぜ、そう思うのですか？」

「いいえ。→なぜ、そう思わないのですか？」

たとえば以下のような理由が考えられます。

Yes.	No.
・もっと有意義なことに時間を使うべき ・中毒性がある ・睡眠時間を失う	・様々なことを教えてくれる ・他の人と時間を共に過ごせる

以上の内容を英文にすると、次のようになります。

👤 解答例 ①（Yes の場合）

Many people spend hours playing these games every day. They should do
more useful things with their time.
「多くの人々が毎日、何時間もそういったゲームをして過ごしています。彼らはもっと有意義なこ
とに時間を使うべきです」

🔅 spend 時間 -ing で「〜して 時間 を過ごす」です。

🔅 2文目の with は「道具（〜を使って）」の意味で、with their time で「時間を使って」となります。

🔅 1文目を Playing games might be fun, but you don't get anything out of it. 「ゲームをする
ことは楽しいかもしれないが、そこから何も得るものがない」としても良いでしょう。こうするこ
とで「コンピューターゲームをすることが無駄だと思う理由」をより明確にすることができます。

👤 解答例 ②（Yes の場合）

Computer games are addictive, so people usually play longer than they
plan to. This can cause people to lose sleep, too.
「コンピューターゲームは中毒性があるので、人々はたいてい、予定していたよりも長くゲームを

します。これによって、人々は睡眠時間も失う可能性もあります」

💡 addictive「中毒性のある」は、面接だけでなくライティングでも重宝する単語です。また、be addicted to ~「~の中毒になる・~にやみつきになる」も一緒に覚えておいてください。

💡 cause は「引き起こす」という訳語が有名ですが、S cause 人 to 原形 の形で「S は人に~させる」→「S によって人は~する」という意味です。

👤 解答例 ③ (No の場合)

Computer games can teach people different things. For example, some games teach us about famous people in history.
「コンピューターゲームは人々に様々なことを教えてくれることがあります。たとえば、歴史上の有名な人物について私たちに教えてくれるゲームがあります」

👉 for example「たとえば」を使って、コンピューターゲームのメリットを具体的に述べている解答です。different things を具体的に説明しているわけです。このように内容を具体的にすることで説得力が増します。

👤 解答例 ④ (No の場合)

Playing computer games is a good way to spend time with friends and family members. Now that many games can be played online, you can even spend time with people who are not in the same place as you.
「コンピューターゲームをすることは、友だちや家族と一緒に過ごすのに良い方法の1つです。今や多くのゲームがオンラインですることができ、自分と同じ場所にいない人たちと時間を過ごすことさえできます」

💡 動名詞を主語にした、-ing ~ is a good way to 原形「~することは…するのに良い方法だ」は面接で便利な表現です。

💡 now that は接続詞の働きがあり、now that sv「今や~だから・今はもう~なので」の意味です。

💡 online は副詞「オンラインで」、形容詞「オンラインの」の2つの使い方があります。今回は副詞として使っています。

▶ **音読の注意点**

People and Weather

It is often said / that weather around the world is changing. For example, / there are more violent storms / that damage farms. To make better forecasts about weather, / data from many different sources is important. Now / experts analyze such data with supercomputers, / and in this way / they improve the quality of weather forecasts. Correct forecasts will allow people / to deal with changing weather.

※「／（スラッシュ）」は区切りの目安です。

💡 changing は「チェンジング」ではなく「チェインジング」のように発音します。

💡 damage は日本語では「ダメージ」と言いますが、英語は「**ダ**ミッジ」のように発音します。

💡 allow 人 to 原形「人 が～するのを許す」の allow は「アロウ」ではなく「ア**ラ**ウ」のように発音します。

パッセージの和訳

人々と天候

世界中の天候が変化しつつあるとよく言われている。たとえば、農園に損害を与える激しい嵐が多くなってきている。天候についてより精度の高い予報を出すために多くの異なる情報源からのデータが重要である。現在、専門家たちがスーパーコンピューターを使ってそのようなデータを分析しており、このようにして天気予報の質を向上させている。正確な予報により人々は天候の変化に対処できるようになるだろう。

解答は次の文から始めてください。：ある日、フジタ夫妻はリビングルームで話をしていた。

No. 1

👤 質問

According to the passage, how do experts improve the quality of weather forecasts?
「パッセージによると、専門家たちは天気予報の質をどのように向上させていますか？」

👤 解答例 ①

By analyzing data from many different sources with supercomputers.
「スーパーコンピューターを使って多くの異なる情報源からのデータを分析することによって」

解答例②

> They improve the quality of weather forecasts by analyzing data from many different sources with supercomputers.
> 「スーパーコンピューターを使って多くの異なる情報源からのデータを分析することによって、専門家たちは天気予報の質を向上させています」

4文目後半に in this way they improve the quality of weather forecasts「このようにして天気予報の質を向上させている」とあります。in this way「このようにして」の this way は4文目の前半 experts analyze such data with supercomputers「専門家たちがスーパーコンピューターを使ってそのようなデータを分析している」を受けており、この部分が答えになると考えます。さらに、such data は3文目の data from many different sources「多くの異なる情報源からのデータ」を指しているので、これらをまとめて By analyzing data from many different sources with supercomputers. と答えれば OK です。

🔅 with supercomputers の with は「道具（〜を使って）」です。

🔅 how「どのようにして」と「手段・方法」が問われるのは定番で、by -ing「〜することによって」の形で答えると良いでしょう。

🔅 解答例②の主語 They は experts を受けています。このように質問文をもとに主語・動詞が整った文で答えても OK です。

No. 2

CD2 4 - 5

質問

Now, please look at the picture and describe the situation. You have 20 seconds to prepare. Your story should begin with the sentence on the card.
< 20 seconds >
Please begin.
「それでは、イラストを見て状況を説明してください。20秒の準備時間があります。解答はカードに書かれている文から始めてください」
＜ 20秒＞
「それでは始めてください」

解答例

> **One day, Mr. and Mrs. Fujita were talking in their living room.** Mrs. Fujita said to her husband, "Let's go hiking tomorrow." The next day, Mrs. Fujita was making sandwiches. Mr. Fujita was thinking of putting their backpacks into the car. Later that day, Mr. and Mrs. Fujita were caught in the rain. Mr. Fujita said that they should go back to their car.

> 「ある日、フジタ夫妻はリビングルームで話をしていました。フジタ夫人は夫に『明日、ハイキングに行こう』と言いました。翌日、フジタ夫人はサンドイッチを作っていました。フジタさん（夫）は車にリュックサックを積もうと考えていました。その日の後になり、フジタ夫妻は雨に降られました。フジタさん（夫）は車に戻るべきだと言いました」

- 💡 発話をそのまま引用するときは、人₁ said to 人₂, "〜 ." の形（直説話法）を用いると、時制の一致などを考えなくてもいいのでミスが減ります。

- 💡 2コマ目のイラストにある「サンドイッチ」は2つあるので、sandwiches と複数形にすることに注意してください。

- 💡 2コマ目の吹き出しは「考えていること」なので、"S was thinking of 〜"「〜しようと考えていた」を使うと良いでしょう。of ではなく about を使っても OK です。

- 💡 「リュックサック」は英語で backpack といいます。もし、この単語が出てこないようなら things や「持ち物」という意味のある stuff など漠然とした単語を使うこともできます。

- 💡 be caught in the rain で「雨にあう・雨に降られる」という意味です。catch が受動態で使われていますが、「捕まえられる」イメージで「〜に見舞われる・巻き込まれる」という感じです。be caught in a shower「にわか雨にあう」、be caught in a storm「嵐にあう」など天気関係の他、be caught in traffic「交通渋滞に巻き込まれる」でも使えます。

- 💡 be caught in the rain が思いつかないときは、たとえば it started to rain and they didn't have umbrellas「雨が降り始め、傘を持っていなかった」と表現することもできます。

No. 3　　　　　　　　　　　　　　CD2 6 - 7

🗣 質問

Some people say that it is good for students to use tablet computers in classes at school. What do you think about that?

「学校の授業でタブレット型コンピューターを生徒が使うのを良いことだと言う人がいます。それについてあなたはどう思いますか？」

たとえば以下のような理由が考えられます。

I agree.	I disagree.
・授業に必要な情報を検索しやすい	・使い慣れていない生徒がいる
・新たな技術に詳しくなれる	・目に悪い
・教科書よりも便利	・考える代わりにタブレットで調べる
	・タブレットが高価すぎる

以上の内容を英文にすると、次のようになります。

🗣 解答例 ①（agree の場合）

I agree. Students can search for the information for classroom

presentations. Also, they can become familiar with new technology.
「私はよいと思います。生徒たちは授業の発表のために情報を検索することができます。また、彼らは新しい技術に詳しくなることもできます」

💡 動詞 search は使い方に注意が必要です。まずは基本形を押さえ、その上で使い方のバリエーションを確認しておきましょう。

基本形：search 場所 for 物 「場所 で 物 を探す」

for は「求めて」の意味で、「物 を求めて 場所 を探す」という意味です。

変形①：search for 物 「物 を探す」

変形②：search 場所 「場所 を探す」

今回は①の形で使われています。

💡 3文目で使われている familiar は、「家族 (family) のようによく知っている」→「詳しい」という意味です。be familiar with ～で「～に詳しい (with は関連「～について」)」という意味で、今回はbe動詞の代わりにbecomeを使ってbecome familiar with ～「～に詳しくなる」の形で使っています。

👤 解答例 ② (agree の場合)

I agree. Tablets can play multimedia content, but textbooks can't. Also, they are more convenient than textbooks.
「私はよいと思います。タブレットはマルチメディアコンテンツを再生することができますが、教科書はできません。また、それらは教科書よりも便利です」

💡 multimedia content とは「音声」や「動画」などのことです。

💡 3文目では比較級の文を使って、「タブレット」と「教科書」を対比させ、「タブレットがより便利である」と表現しています。今回のように比較級を使って対比させることで違いを際立たせ、メリットやデメリットを伝えることができます。

👤 解答例 ③ (disagree の場合)

I disagree. Some students aren't very good at using tablet computers. Also, they are harmful to students' eyes.
「私はよいと思いません。タブレットコンピューターを使うのがあまり得意でない生徒もいます。生徒の目にとって有害でもあります」

💡 理由を述べるときに「～という人がいます」と言いたいときは、Some ～を主語にした文が便利です。Some students ～で「～という生徒がいます」という意味です。Some people ～なら「～という人がいます」となり、特に **No. 3**の質問で便利な表現です。

👤 解答例 ④ (disagree の場合)

I disagree. Students will look everything up instead of thinking for themselves. Also, tablets are too expensive for many students.

「私はよいと思いません。生徒たちは自分自身で考える代わりにすべて検索して調べようとする でしょう。また、タブレットは多くの生徒にとって高価すぎます」

- 💡 look up 〜は「辞書を見て (look) 意味を拾い上げる (up)」イメージで、「〜を調べる」と覚えて ください。今回は look 〜 up の形で、look と up の間に everything が入り込んでいます。
- 💡 3文目に使われている too は「とても・〜すぎる」という「強調」の副詞です。very も「とても」 の意味で使えますが、too を使うと否定的なニュアンスになります。

No. 4

👤-質問

Nowadays, many TV programs report information about the private lives of famous people. Do you think TV programs should stop reporting such information?

Yes. → Why?

No. → Why not?

「最近では、多くのテレビ番組が有名人のプライベートな生活についての情報を報道しています。 あなたは、テレビ番組はそのような情報を報道するのを止めるべきだと思いますか？」

「はい。→なぜ、そう思うのですか？」

「いいえ。→なぜ、そうならないと思うのですか？」

たとえば以下のような理由が考えられます。

Yes.	No.
・プライバシーは守られるべきだ ・多くの人々は見たいと思っていない ・すべてが真実とは限らない ・もっと価値があるか、おもしろい番組 が他にある	・有名人の私生活に興味がある ・有名人は有名になるために番組を利用 することがある ・有名人は自分の行動に気をつけるよう になる

以上の内容を英文にすると、次のようになります。

👤-解答例 ①（Yes の場合）

People's privacy should be protected. Also, many people don't want to watch these kinds of programs.

「人々のプライバシーは守られるべきです。また、多くの人々はこの種の番組を見たいと思って いません」

- 💡 should be protected は助動詞 should の後ろが「受動態」の形で、"助動詞 be 過去分詞" の

形になっています (be 動詞は必ず原形)。主語 People's privacy「人々のプライバシー」は「守られる」という受動の関係になるので受動態が使われているわけです。ちなみに "should be 過去分詞" は「〜されるべきだ」が直訳ですが、「〜するべきだ」と能動的に訳すときれいな日本語になることもあります。

- 💡 program は「プログラム」ではなく「プロウグラム」のように発音します。

👤 解答例 ② (Yes の場合)

> Not everything that these shows say is true. Also, there are many other kinds of shows that are more valuable or more entertaining.
> 「これらの番組が言うことのすべてが真実であるというわけではありません。また、より価値の高い、もしくはよりおもしろい番組が他にたくさんあります」

- 💡 Not everything は「すべて〜というわけではない (not + every 〜)」という部分否定になっています。
- 💡 「テレビ番組」は shows、programs のどちらも使うことができます。

👤 解答例 ③ (No の場合)

> Many people are interested in the lives of famous people. Also, famous people sometimes use these programs to become more popular.
> 「多くの人々は有名人の生活に興味があります。また、有名人はより有名になるためにこういった番組を利用することがあります」

- 💡 1 文目の lives は名詞 life「生活」の複数形で「ライヴズ」のように発音します。

👤 解答例 ④ (No の場合)

> If famous people know that if they do bad things in their private lives, TV shows will report about it, they will think twice before doing those things. Also, many people enjoy watching these shows.
> 「有名人は、私生活で悪いことをすると、テレビ番組でそれについて報道されるということがわかっていれば、それをする前に考え直すことでしょう。また、そのような番組を見るのを楽しむ人がたくさんいます」

- 💡 private は「プライベート」ではなく「プライヴァット」に近い発音です。
- 💡 think twice は直訳「2 度 (twice) 考える (think)」で、そこから「考え直す」という意味になりました。think twice before -ing「〜する前に考え直す」の形が重要です。
- 💡 最後の watching these shows の these は such「そのような」を使っても OK です。

▶ 音読の注意点　　　　　　　　　　　　CD2 10

Safe Water for Everyone

People cannot live without water. For this reason, / countries around the world are trying hard to provide water / that is safe to drink. Many people have almost no access to such water, / and as a result / they face a high risk of getting serious diseases. The supply of safe drinking water / is one of the most important issues / for many countries.

※「／（スラッシュ）」は区切りの目安です。

- 🔅 serious は「**スィ**（ア）リアス」のように発音します。
- 🔅 diseases は「ディ**ズィ**ーズィズ」のように発音します。アクセントの位置（下線部）にも注意してください。

<u>パッセージの和訳</u>

皆に安全な水を

人は水なしでは生きていけない。このため、世界中の国々は安全に飲める水を熱心に供給しようとしている。多くの人々がそのような水を手に入れることはほとんどできず、結果として深刻な病気にかかる高いリスクに直面している。安全な飲み水の供給は、多くの国にとって最も重要な問題の一つである。

解答は次の文から始めてください。：ある日、サノ夫妻はボランティア活動について話していました。

No. 1　　　　　　　　　　　　　　CD2 11 - 12

👤 質問

According to the passage, why do many people face a high risk of getting serious diseases?
「パッセージによると、なぜ多くの人々が深刻な病気にかかる高いリスクに直面しているのですか？」

👤 解答例

Because they have almost no access to water that is safe to drink.
「彼らは飲んでも安全な水をほとんど手に入れることができないからです」

---

why で聞かれているので「多くの人が深刻な病気にかかる高いリスクに直面している理由」を答えます。3文目後半の as a result「結果として」に注目します。"原因・

理由 → as a result → 結果 "という関係です。したがって as a result の前（3文目前半）の Many people have almost no access to such water「多くの人がそのような水を手に入れることはほとんどできない」が答えの該当箇所になるとわかります。さらに such water は 2 文目の water that is safe to drink を指しているので、これらをまとめて Because they have almost no access to water that is safe to drink.「彼らは飲んでも安全な水をほとんど手に入れることができないからです」と答えればOKです。

💡 because は本来、接続詞で "Because sv, SV." または "SV because sv." のように 2 つの文をつないで使いますが、今回の質問にある Why 〜? に対しては、例外的に Because sv. の形で答えることができます。

💡 今回は as a result「結果として」という「因果表現」がポイントになりました。質問が Why 〜? のときは「因果表現」がポイントになることが多いので、13 ページにある表現をチェックしておきましょう。そしてパッセージを音読するときに、これらの表現から Why を使った質問を予想できるようにしておくことが大事です。

No. 2

CD2 13 - 14

🗣 質問

Now, please look at the picture and describe the situation. You have 20 seconds to prepare. Your story should begin with the sentence on the card.
< 20 seconds >
Please begin.

「それでは、イラストを見て状況を説明してください。20 秒の準備時間があります。解答はカードに書かれている文から始めてください」
< 20 秒 >
「それでは始めてください」

🗣 解答例

One day, Mr. and Mrs. Sano were talking about volunteer work. Mrs. Sano said to her husband, "I'm looking forward to cleaning this park today." <u>A few minutes later,</u> Mrs. Sano was surprised that a bench had been broken. Mr. Sano was thinking of fixing it. <u>A few hours later,</u> Mr. Sano was thinking of eating lunch on the bench with his wife. Mrs. Sano was watering flowers.

「<u>ある日、サノ夫妻はボランティア活動について話していました。</u>サノ夫人は夫に『私は、今日、この公園を掃除するのを楽しみにしているんです』と言いました。<u>数分後</u>、サノ夫人はベンチが壊れてしまっているのに驚きました。サノさん（夫）はそれを修理しようと考えていました。<u>数時間後</u>、サノさん（夫）は妻と一緒にベンチで昼食を食べることを考えていました。サノ夫人は花に水をあげていました」

💡 発話をそのまま引用するときは、人₁ said to 人₂, "〜 ." の形（直説話法）を用いると、時制の一致

20年度第2回　一次試験 筆記 短文 長文 ライティング　リスニング 二次試験 面接

などを考えなくてもいいのでミスが減ります。

- 💡 3文目の Mrs. Sano was surprised that a bench had been broken は、「驚いた」のは過去、「ベンチが壊れた」のはさらにその前というのを明らかにするために a bench had been broken と過去完了形が使われています。

- 💡 3文目の内容は Mrs. Sano was surprised to see a broken bench.「壊れたベンチを見て驚いた」、Mrs. Sano was surprised that the bench was broken.「ベンチが壊れていることに驚いた」としても OK です。

- 💡 2コマ目の吹き出しは「考えていること」なので、"S was thinking of 〜"「〜しようと考えていた」を使うとよいでしょう。of ではなく about を使っても OK です。of 以降を that 節を使い、Mr. Sano was thinking that he should fix it.「ベンチを修理したほうがよいと考えていた」としてもよいでしょう。

- 💡 3コマ目の吹き出しの内容は Mr. Sano was thinking about sitting on the bench and having lunch.「サノさんはベンチに座って昼食を食べることを考えていた」と表現することもできます。

No. 3 　　　　　　　　　　　　　　　　　 CD2 15 - 16

👤-質問

Some people say that people in Japan use too much water in their daily lives. What do you think about that?
「日本の人々は日常生活で水を使いすぎているという人がいます。あなたはそれについてどう思いますか？」

たとえば以下のような理由が考えられます。

I agree.	I disagree.
・シャワーの水を使いすぎだ ・歯磨きの間、水を出しっぱなしにしている ・頻繁に入浴する	・すでに節約に取り組んでいる ・日本は降水量が多いので水不足にならない

以上の内容を英文にすると、次のようになります。

👤-解答例 ① (agree の場合)

I agree. People spend too much time in the shower. Also, people leave the water running while brushing their teeth.
「私は使いすぎだと思います。人々はシャワーにあまりに多くの時間を費やします。また、人々は歯を磨いている間、水を出しっぱなしにします」

- 💡 leave は「放っておく」が意味の中心で、leave OC「O を C にしておく」の形が重要です。C には現在分詞 (-ing) や過去分詞 (p.p.) がよく使われます。今回は the water が O で、「水は流れる」という能動の関係なので現在分詞 running が使われているわけです。

解答例 ② (agree の場合)

I agree. People don't think enough about how much water they use. Also, people in Japan take too many baths.

「私は使いすぎだと思います。人々は自分達が使っている水の量についてしっかり考えていません。また、日本の人々はお風呂に入り過ぎです」

about の後ろの how much water they use は間接疑問の語順になっています。how much water が疑問詞のカタマリとなり、その後ろに sv が続いている形で「人々がどのくらいの量の水を使っているか」が直訳です。

解答例 ③ (disagree の場合)

I disagree. People are already doing enough to save water. For example, they use washing machines that use less water.

「私は使いすぎだと思いません。人々はすでに水を節約するのに十分取り組んでいます。たとえば、彼らは水を使う量が少ない洗濯機を使います」

「節約に取り組んでいる」と言った後に、washing machines「洗濯機」を出して具体例を続けています。No. 3 の問題ではこのように具体例を出すことも解答のパターンとして持っておくとよいでしょう。

machines は「マスィーンズ」ではなく、日本語と同様「マシーンズ」のように発音します。

解答例 ④ (disagree の場合)

I disagree. It rains a lot in Japan, so we don't have a water shortage. Also, people are careful about not wasting water.

「私は使いすぎだと思いません。日本では雨が多いので水不足になりません。また、人々は水を無駄づかいしないように気をつけています」

rain は「雨が降る」という動詞です。「降水量が多い」をそのまま英語にするのが難しいときは「降水量が多い」→「雨がよく降る」と考え、今回のように It rains a lot. とすれば十分です。

shortage は「ショーティヂ」のように発音します。

careful は形容詞で「注意深い」ですが、be careful about ～「～に (ついて) 気をつける」の形でよく使われます。about は前置詞なので後ろには名詞、または動名詞 (-ing) がきます。

No. 4　　　　　　　　　　　　　　CD2 17 - 18

質問

These days, many people do not use cash when they buy things. Do you think this is a good idea?

Yes. → Why?

No. → Why not?

「最近、ものを買うときに多くの人々が現金を使いません。あなたは、これは良い考えだと思いますか？」

「はい。→なぜ、そう思うのですか？」

「いいえ。→なぜ、そう思わないのですか？」

たとえば以下のような理由が考えられます。

Yes.	No.
・便利（オンラインでの買い物など） ・現金を持ち歩く必要がない ・クレジットカードは海外でも使うことができる	・クレジットカードは多額の支払いが簡単だが返済するのが難しい ・買うときに現金を見ないので使いすぎてしまう

以上の内容を英文にすると、次のようになります。

🙎‍ 解答例 ① （Yes の場合）

It's convenient for people to use digital money. They don't have to carry a lot of cash with them.

「電子マネーを使うことは人々にとって便利です。彼らはたくさんの現金を持ち歩く必要がありません」

🔆 convenient「便利な」は今回のように It is convenient for 人 「人 には都合がよい」、物 is convenient.「物 は便利だ」の形でよく使います。人 を主語にし、人 is convenient という形では使えません。また、英検の二次試験ではこの convenient は文字通り便利な単語なので、使い方を含め確認しておきましょう（反意語の inconvenient「不便な」も重要です）。

🙎‍ 解答例 ② （Yes の場合）

Paying with a credit card or electronic payment is convenient for online shopping. Also, you can use the same card when you go overseas.

「クレジットカードでの支払いや電子決済はオンラインでの買い物で便利です。また、海外へ行ったときに同じカードを使うことができます」

🔆 物 is convenient for ～の形で「～のために 物 は便利だ」の意味です。

🔆 overseas は「越えて (over) 海を (seas)」→「海外で」です。品詞が副詞ということが重要です（前置詞の to など不要）。

👉 2文目ではどのように便利か、when you go overseas「海外へ行ったときに」と状況を限定して具体的に述べているわけです。

■ 解答例 ③ (No の場合)

It's easy to spend a lot of money with credit cards. It's difficult for many people to pay this back.

「クレジットカードで多くのお金を使うのは簡単です。多くの人々にとってこれを返済することは難しいのです」

- 💡 1文目の with は「道具（〜を使って）」の意味です。with credit cards で「クレジットカードを使って」となります。

- 💡 pay 〜 back は「(借りたお金を) 後ろへ (back) 支払う (pay)」→「〜を返済する」となりました。

■ 解答例 ④ (No の場合)

When you use a card or digital payment, you cannot see the money you are spending. People who use them tend to spend too much money.

「カードや電子決済を使う際、払っているお金を見ることができません。それらを使う人々はお金を使いすぎる傾向があります」

- 💡 tend は本来「伸びる」で、「同じ現象が伸びて続く」→「〜する傾向がある」となりました。tend to 原形 「〜する傾向がある」の形が重要です。

- 💡 tend to ではなく often を使って、People who use them often spend too much money. 「それらを使う人々はお金を使いすぎることがよくあります」としても OK です。

- 💡 2文目は They do not know how much money they have spent. 「いくら使ったのかわからない」と言うこともできます。

- 💡 「オンラインショッピング」「電子マネー」といった話題でよく使われる単語はしっかりチェックしておきましょう。

□ cash　現金	□ credit card　クレジットカード
□ digital money　電子マネー	□ electronic payment　電子決済
□ account　アカウント・口座	□ online　オンラインで・オンラインの
※ online は副詞と形容詞の両方の使い方があります。	

▶ 音読の注意点

CD2 51

Helping Tourism

Recently in Japan, / the number of foreign tourists / has been increasing rapidly. As a result, / there is a shortage of hotel rooms / in many places. Now, / some people / who have rooms / that are not being used / are helping to solve this problem. Some homeowners offer reasonable prices for these rooms, / and by doing so / they help travelers and make money.

※「／（スラッシュ）」は区切りの目安です。

🔆 tourist は「ツアリスト」ではなく「**トゥ**アリスト」のように発音します。tour も同様に「ツアー」ではなく「**トゥ**ア」という感じです（イギリス英語だと「トー」に近い場合もあります）。

🔆 homeowner は「ホームオーナー」ではなく「**ホウ**ムオ**ウナ**」のように読みます。

パッセージの和訳

観光事業を助けること

日本では最近、外国人旅行者が急速に増加してきている。結果として、多くの場所でホテルの部屋が不足している。現在、使われていない部屋がある人々の中にはこの問題を解決する手助けをしている人がいる。一部の家主はこれらの部屋を手頃な料金で提供しており、そうすることによって旅行者を助け、お金を稼いでいる。

解答は次の文から始めてください。：ある日、オガワ夫妻は夏休みの間、何をするかについて話し合っていました。

No. 1

CD2 52 - 53

👤 質問

According to the passage, how do some homeowners help travelers and make money?

「パッセージによると、一部の家主はどのようにして旅行者を助け、お金を稼いでいますか？」

👤 解答例 ①

By offering reasonable prices for rooms that are not being used.

「使用されていない部屋を手頃な料金で提供することによって」

> They help travelers and make money by offering reasonable prices for rooms that are not being used.
> 「彼らは使われていない部屋を手頃な料金で提供することによって、旅行者を助けてお金を稼いでいます」

4文目後半に by doing so they help travelers and make money「そうすることによって旅行者を助け、お金を稼いでいる」とあります。by doing so「そうすことによって」の doing so は4文目前半 offer reasonable prices for these rooms「これらの部屋を手頃な料金で提供する」を受けており、この部分が答えになると考えます。さらに、these rooms は3文目の rooms that are not being used「使われていない部屋」を受けているので、これらをまとめて By offering reasonable prices for rooms that are not being used.「使用されていない部屋を手頃な料金で提供することによって」と答えれば OK です。

- 💡 how「どのようにして」と「手段・方法」が問われるのは定番で、by -ing「〜することによって」の形で答えると良いでしょう。
- 💡 解答例②の主語 They は Some homeowners を受けています。このように質問文をもとにした主語・動詞が整った文で答えても OK です。

No. 2 　　　　　　　　　　　CD2 54-55

👤 質問

Now, please look at the picture and describe the situation. You have 20 seconds to prepare. Your story should begin with the sentence on the card.
<20 seconds>
Please begin.
「それでは、イラストを見て状況を説明してください。20秒の準備時間があります。解答はカードに書かれている文から始めてください」
＜20秒＞
「それでは始めてください」

👤 解答例

> **One day, Mr. and Mrs. Ogawa were talking about what to do during summer vacation.** Mr. Ogawa said to his wife, "I'd like to visit this river." On the day of the trip, Mrs. Ogawa was putting a camera into her bag. Mr. Ogawa was looking forward to going fishing. Later that day, Mr. Ogawa was surprised to see garbage by the river. Mrs. Ogawa suggested that they clean it up.

> 「ある日、オガワ夫妻は夏休みの間何をするかについて話し合っていました。オガワさん（夫）は妻に『この川を訪れたい』と言いました。旅行の当日、オガワ夫人はバッグにカメラを入れていました。オガワさん（夫）は釣りに行くのを楽しみにしていました。その日の後になって、オガワさん（夫）は川のそばでゴミを見て驚きました。オガワ夫人はそれをきれいに片付けることを提案しました」

- 発話をそのまま引用するときは、人₁ said to 人₂, "〜 ." の形（直説話法）を用いると、時制の一致などを考えなくてもいいのでミスが減ります。

- 4文目で look forward to -ing「〜するのを楽しみにする」が使われています。今回のように進行形で使うのが一般的です。また、to は前置詞なので、後ろには名詞、または動名詞 (-ing) がきます（今回は動名詞 going）。この吹き出し内容の描写は、Mr. Ogawa was thinking about going fishing. としても OK です。

- 5文目は、when they got to the river, there was a lot of garbage「川に到着すると、ゴミがたくさんありました」と状況を説明するのも良いでしょう。仮に garbage が出てこないときは、when they got to the river, it was dirty「川に到着すると、そこは汚かった」と表現することもできます。

- 最終文は「提案する」の意味で suggest が使われているので、that 節の中は "S (should) 原形" となります（116 ページ）。また、suggest は後ろに -ing をとることもできるので、Mrs. Ogawa suggested cleaning it up. としても OK です。仮に suggest の使い方に不安がある場合は、Mrs. Ogawa said they should clean it up. のように say を使って表現することもできます（この should は「〜するべきだ」の意味）。

No. 3　　　　　　　　　　　　CD2 56-57

👤 質問

Some people say that it is necessary for Japanese students to study abroad if they want to learn a foreign language. What do you think about that?

「もし日本の学生が外国語を学びたいと思うのであれば、外国で勉強する必要があると言う人がいます。それについてあなたはどう思いますか？」

たとえば以下のような理由が考えられます。

I agree.	I disagree.
・日常生活で外国語を使う機会がある	・日本には優秀な語学の先生がいる
・新しい文化を学べる	・オンラインでレッスンを受けられる
・教科書だけでは効果的な学習ができない	・オンラインで外国語に触れることが可能

以上の内容を英文にすると、次のようになります。

👤 解答例 ① (agree の場合)

I agree. Students would have chances to use a foreign language in daily life. Also, they can learn about a new culture.
「私は外国で勉強する必要があると思います。学生は日常生活で外国語を使う機会を持てるようになるでしょう。また、彼らは新しい文化について学ぶことができます」

💡 2文目の to use a foreign language は形容詞的用法の不定詞で、直前の名詞 chances を修飾しています。

👤 解答例 ② (agree の場合)

I agree. Using only textbooks is not effective for learning a language. Going to a place where everyone speaks the language is much better.
「私は外国で勉強する必要があると思います。教科書だけを使うことは言語を学ぶのに効果的ではありません。皆がその言語を話す場所へ行くことのほうがはるかによいです」

👉 解答例②は「外国語を学ぶ」ということについて解答例①よりもさらに踏み込んだ解答になっています。解答例①のように賛成の理由を2つ挙げるのもよいですし、解答例②のように1つの理由を掘り下げていくのもよいでしょう。

💡 最後の better の部分は more effective「より効果的」を使っても OK です。

👤 解答例 ③ (disagree の場合)

I disagree. Schools in Japan have good language teachers. This makes it possible to learn a language without going abroad.
「私は外国で勉強する必要があるとは思いません。日本の学校には優秀な語学の先生がいます。これにより外国へ行かずに言語を学ぶことが可能です」

💡 3文目は、make OC「OをCにする」の形で、Oに it を置いた仮目的語構文が使われています。

   仮O   真O
This makes it possible to learn a language without going abroad.
 make O C

💡 abroad「海外へ」の品詞は「副詞」なので、go abroad で「海外へ行く」という意味になります (to などの前置詞は不要です)。

👤 解答例 ④ (disagree の場合)

I disagree. Using the Internet, we can take lessons online. We can easily watch foreign movies and read foreign websites online, too.
「私は外国で勉強する必要があるとは思いません。インターネットを使って、オンラインでレッスンを受けることができます。また、オンラインで簡単に外国映画を見たり、外国のウェブサイトを読んだりできます」

💡 2文目の Using the Internet は分詞構文です。「〜して」くらいの意味で考えてください。

💡 2・3文目に online が出てきますが、形容詞と副詞の使い方があり、今回は両方とも副詞「オンラインで」の意味で使われています。

No. 4

CD2 58-59

👤-質問

Today, many public places, such as streets and stations, have security cameras. Do you think there will be more security cameras in the future?

Yes. → Why?

No. → Why not?

「今日、通りや駅などの多くの公共の場所に監視カメラがあります。あなたは将来より多くの監視カメラが設置されると思いますか？」

「はい。→なぜ、そう思うのですか？」

「いいえ。→なぜ、そう思わないのですか？」

たとえば以下のような理由が考えられます。

Yes.	No.
・犯罪抑止力になり、安全になる ・犯罪者逮捕に役立つ ・人の捜索に役立つ	・プライバシーの問題 ・日本は安全な国なので、これ以上監視カメラは不要

以上の内容を英文にすると、次のようになります。

👤-解答例 ① (Yes の場合)

There is less crime in places with security cameras. Security cameras help to make people safer.

「監視カメラがある場所では犯罪が少ないです。監視カメラのおかげで人々がより安全でいられるのです」

💡 help は「助ける・手伝う」の意味ですが、「役立つ」と考えると理解しやすくなることがよくあります。

💡 最後の不定詞部分 to make people safer は make OC「O を C にする」が使われています。「人々がより安全でいられるようにする」という意味です。

👤-解答例 ② (Yes の場合)

Security cameras can help police catch criminals. Also, they can help the government find missing people or people in trouble.

「監視カメラは警察が犯罪者を捕まえるのに役立ちます。また、監視カメラは、政府が行方不

明者やトラブルに巻き込まれた人々を見つけることにも役立ちます」

💡 1・2文目の help は、help 人 原形 「人 が～するのに役立つ」の形で使われています。help は help 人 to 原形 の他に help 人 原形 の形でも使えます。

💡 police「警察」は「ポリス」ではなく「パリース」のように発音します。

🔒 解答例 ③（No の場合）

I think most people want to protect their privacy. They don't like being recorded by security cameras.
「ほとんどの人がプライバシーを守りたいと思っていると私は思います。人々は監視カメラによって録画されるのを好みません」

💡 2文目は like の目的語に動名詞句がきています。「人々は監視カメラによって録画される」という「受け身」の意味になるので、being recorded と動名詞の部分が受動態の形になっています。

🔒 解答例 ④（No の場合）

People don't want to be watched all the time. Japan is already a safe country, so we don't need more security cameras.
「人々はずっと見られていたくないと思っています。日本はすでに安全な国なので、これ以上多くの監視カメラは必要ありません」

💡 「～したい」は want to 原形 ですが、今回の「見られたくない」のように、不定詞の部分が受け身の意味のときは、want to be 過去分詞 の形にするので、don't want to be watched となっています。

▶ 音読の注意点　CD2 60

New Technology for the Elderly

In Japan, / there is a need for workers / who provide care for elderly people. However, / it is difficult for nursing homes / to find enough of these workers. Now, / experts have developed machines / that can do tasks such as helping people get out of their beds. Some nursing homes use such machines, / and by doing so / they offer better care without employing more staff.

※「／（スラッシュ）」は区切りの目安です。

- nursing は「ナースィング」のように発音します。
- machine は「マスィーン」ではなく、日本語と同様「マシーン」のように発音します。

パッセージの和訳

高齢者のための新しい技術

日本では、高齢者を介護する働き手の需要がある。しかしながら、介護施設がこれらの働き手を十分に見つけるのは難しい。今では、専門家は人がベッドから出るのを手助けするような仕事ができる機械を開発した。そのような機械を利用している介護施設もあり、そうすることによって、より多くのスタッフを雇用することなく、よりよい介護を提供している。

解答は次の文から始めてください。：ある日、スズキさんは息子のケンの誕生日パーティーについて彼に話をしていました。

No. 1　CD2 61 - 62

質問

According to the passage, how do some nursing homes offer better care without employing more staff?
「パッセージによると、介護施設は、どのようにして、より多くのスタッフを雇用せずによりよい介護を提供していますか？」

解答例 ①

By using machines that can do tasks such as helping people get out of their beds.
「人がベッドから出るのを手助けするような仕事ができる機械を使うことによって」

👤解答例 ②

> They offer better care without employing more staff by using machines that can do tasks such as helping people get out of their beds.
> 「人がベッドから出るのを手助けするような仕事ができる機械を使うことによって、介護施設はより多くのスタッフを雇用せずによりよい介護を提供している」

最終文後半の by doing so they offer better care without employing more staff 「そうすることによって、より多くのスタッフを雇用することなくよりよい介護を提供している」とあります。by doing so「そうすることによって」の doing so は最終文前半 Some nursing homes use such machines「介護施設の中にはそのような機械を利用しているところもある」を受けており、この部分が答えになると考えます。さらに、such machines は 3 文目の machines that can do tasks such as helping people get out of their beds「人がベッドから出るのを手助けするような仕事ができる機械」を指しているので、これらをまとめて By using machines that can do tasks such as helping people get out of their beds. と答えれば OK です。

🔅 how「どのようにして」と「手段・方法」が問われるのは定番で、by -ing「〜することによって」の形で答えると良いでしょう。

🔅 解答例②の主語 They は Some nursing homes を受けています。このように質問文をもとに、主語・動詞が整った文で答えても OK です。

No. 2 　　　　　　　　　　　　　**CD2 63 - 64**

👤質問

Now, please look at the picture and describe the situation. You have 20 seconds to prepare. Your story should begin with the sentence on the card.
< 20 seconds >
Please begin.
「それでは、イラストを見て状況を説明してください。20 秒の準備時間があります。解答はカードに書かれている文から始めてください」
< 20 秒 >
「それでは始めてください」

👤解答例

> **One day, Mrs. Suzuki was talking to her son, Ken, about his birthday party.** Mrs. Suzuki said to Ken, "Let's have your birthday party with Grandma." Later that day, Ken was talking to his grandmother on the computer. Mrs. Suzuki was thinking of buying a cake. On Ken's birthday, Ken was pleased with his birthday present. Mrs. Suzuki was thinking of

serving some drinks.

「ある日、スズキさんは息子のケンの誕生日パーティーについて彼に話をしていました。スズキさんはケンに、『おばあちゃんと一緒に誕生日パーティーをしよう』と言いました。その日の後になって、ケンはコンピューター上でおばあちゃんに話をしていました。スズキさんはケーキを買うことを考えていました。ケンの誕生日に、ケンは誕生日プレゼントに喜んでいました。スズキさんは飲み物を出そうと思っていました」

- 💡 発話をそのまま引用するときは、 人₁ said to 人₂ , "〜 ." の形 (直説話法) を用いると、時制の一致などを考えなくてもいいのでミスが減ります。

- 💡 3文目で talk to 人 「人 に話しかける」 が使われています。with を使い、talk with 人 「人 と話をする」を使って表現することもできます。

- 💡 3文目の on the computer は「コンピューターを使って」という意味です。この部分を副詞 online「オンラインで」に置き換えても OK です。

- 💡 5文目では be pleased with 〜 「〜に喜んでいる」 が使われています。please は本来「喜ばせる」で、受動態 be pleased で「喜ばされる」→「喜ぶ」となりました。

- 💡 5文目は視点を変えて、「祖母がケンにおもちゃを与えた」と考え、Ken's grandmother gave Ken a toy. のように表しても OK です。

No. 3 `CD2 65 – 66`

👤-質問

Some people say that, in the future, more people will use robots for cleaning their homes. What do you think about that?

「将来、家を掃除するロボットを使う人々が増えると言う人がいます。それについてあなたはどう思いますか？」

たとえば以下のような理由が考えられます。

I agree.	I disagree.
・時間を節約することができる	・ロボットは高価すぎる
・価格もより安くなってきている	・人ほど家事が上手ではない
・人々は掃除をするのが好きではない	・自分で掃除する方が簡単
	・掃除は良い運動になる

以上の内容を英文にすると、次のようになります。

👤-解答例 ① (agree の場合)

I agree. Using such robots can help people save time. People's lives are becoming busier and busier.

「私はそういった人々は増えると思います。そのようなロボットを使うことによって、人々は時間

を節約することができます。人々の生活はますます忙しくなっています」

- 💡 robot は「ロボット」ではなく「ロウバット」のように発音します。
- 💡 2文目の help は help 人 原形 「人 が〜するのに役立つ」の形が使われています。
- 💡 3文目の lives は、名詞 life「生活」の複数形で「ライヴズ」と発音します。
- 💡 最後の busier and busier は "比較級 and 比較級"「ますます〜だ」の形が使われています。

👤 解答例 ② (agree の場合)

I agree. Cleaning robots are becoming cheaper and cheaper. Many people do not like cleaning, so they will be happy to have a robot to do it for them.
「私はそういった人々は増えると思います。お掃除ロボットはますます安くなってきています。多くの人々は掃除が好きではないので、ロボットが自分たちの代わりに掃除をしてくれれば喜ぶでしょう」

- 💡 cheaper and cheaper で「ますます安い」という意味です（"比較級 and 比較級"「ますます〜だ」）。
- 💡 3文目の最後にある to do it for them は形容詞的用法の不定詞で、直前の a robot を修飾する関係です。ちなみに to を使わず、have a robot do it for them の場合、have は「使役」の意味で、have O 原形「O に〜してもらう」となります。「ロボットに掃除してもらう」という意味です。

👤 解答例 ③ (disagree の場合)

I disagree. Robots are too expensive for most people to buy. Also, robots are not as good as people at doing housework.
「私はそういった人々は増えると思いません。ロボットは、ほとんどの人が買うのに高価すぎます。また、ロボットは家事をすることが人々ほどうまくありません」

- 💡 most は「モスト」ではなく「モウスト」のように発音します。
- 💡 2文目は too … for 人 to 原形「…すぎて 人 は〜できない」が使われています。

👤 解答例 ④ (disagree の場合)

I disagree. It is easier to clean your home by yourself. Cleaning is good exercise, too.
「私はそういった人々は増えると思いません。自分で家を掃除する方が簡単です。また、掃除は良い運動になります」

- 💡 2文目では、仮主語構文 (It is … to 原形) が使われています。
- 💡 by oneself は「一人で・自分で」という意味です。
- 👍 今回は「反対」の理由を2つ述べている解答なので、3文目の文末で too「〜も」が使われています。

👤 質問

These days, most people use smartphones in their everyday lives. Do you think it is a good idea for elementary school children to have smartphones?

Yes. → Why?

No.　→ Why not?

「最近、日常生活において大半の人がスマートフォンを使っています。小学生の子どもたちがスマートフォンを持つことは良い考えだとあなたは思いますか?」

「はい。→なぜ、そう思うのですか?」

「いいえ。→なぜ、そう思わないのですか?」

たとえば以下のような理由が考えられます。

Yes.	No.
・持つことでいつでも連絡がとれるので安全になる ・早くから科学技術について学ぶべきだ ・学校の課題をこなすのに役立つ	・ゲームをしすぎてしまい、勉強時間が少なくなる ・中毒性があり、やみつきになる ・やり過ぎると目が悪くなる

以上の内容を英文にすると、次のようになります。

👤 解答例 ① (Yes の場合)

> Smartphones can help keep children safe. Parents can contact their children at any time.
>
> 「スマートフォンは子どもたちが安全でいられるのに役立ちます。親はいつでも子どもと連絡をとることができます」

💡 help 原形 で「~するのに役立つ」という意味です。原形 のところに keep OC「O を C にしておく」がきており、keep children safe で、「子どもたちを安全にしておく(直訳)」→「子どもたちが安全でいられる」という意味です。

👤 解答例 ② (Yes の場合)

> Children should learn about technology from an early age. Smartphones can help children with their schoolwork, too.
>
> 「子どもたちは幼い年齢から科学技術について学んだ方が良いです。スマートフォンは子どもたちが学校の課題に取り組むことにも役立ちます」

💡 2 文目では help 人 with ~「人 の~に役立つ・人 の~を手伝う」の形が使われています。help children's schoolwork の形は×です。

👤 解答例 ③ (No の場合)

Children spend too much time playing games with them. As a result, they don't have enough time to study.
「子どもたちはスマートフォンでゲームにあまりにも多くの時間を費やします。結果として、勉強するのに十分な時間がなくなります」

💡 spend 時間 -ing で「〜して 時間 を過ごす」という意味です。

👤 解答例 ④ (No の場合)

Children can become addicted to smartphones. They are also bad for children's eyes.
「子どもたちはスマートフォンに中毒になってしまう可能性があります。また、子どもたちの目にも悪いです」

💡 動詞 addict は「中毒にさせる」で、受動態 be addicted to 〜で「〜の中毒になる・〜にやみつきになる」という意味です。従来、タバコやアルコールなどにばかり使われてきましたが、今回のスマホのように SNS などに関連する話題でもよく使われます。「使う量をどんどん増して (add) 中毒になる」というイメージです。

MEMO

MEMO

MEMO

〔著者紹介〕
関 正生（せき まさお）
　1975年東京生まれ。埼玉県立浦和高校、慶應義塾大学文学部（英米文学専攻）卒業。TOEIC L&Rテスト990点満点。リクルート運営のオンライン予備校「スタディサプリ」講師。スタディサプリでの有料受講者数は年間140万人以上。受験英語から資格試験、ビジネス英語、日常会話までを指導し、英語を学習する全世代に強力な影響を与えている。
　著書は『カラー改訂版　世界一わかりやすい英文法の授業』（KADOKAWA）など累計240万部突破。英語を学習する全世代に強力な影響を与えている。

竹内 健（たけうち けん）
　1981年4月21日大阪生まれ。早稲田大学第二文学部（現・文化構想学部）卒業（文学・言語系専修）。リクルート運営のオンライン予備校「スタディサプリ」で英検対策講座、高校生対象の中学総復習講座、中学生向けの英文法講座、教科書別対策講座、高校受験対策講座などを20講座以上、講義動画を600本以上担当。共著者の関と共に、日本で一番多くの中高生を教える英語講師として活躍中。

執筆協力／Karl Rosvold、渡辺萌香
編集協力／渡辺のぞみ
DTP／河源社
校正／エディット

2021-2022年度用　CD2枚付

世界一わかりやすい 英検2級に合格する過去問題集

2021年10月1日　初版発行
2022年5月20日　再版発行

著者／関 正生・竹内 健

発行者／青柳 昌行

発行／株式会社KADOKAWA
〒102-8177　東京都千代田区富士見2-13-3
電話 0570-002-301(ナビダイヤル)

印刷所／株式会社加藤文明社印刷所

●お問い合わせ
https://www.kadokawa.co.jp/ (「お問い合わせ」へお進みください)
※内容によっては、お答えできない場合があります。
※サポートは日本国内のみとさせていただきます。
※Japanese text only

定価はカバーに表示してあります。

『CD2枚付　世界一わかりやすい英検2級に合格する過去問題集』

2級　解答用紙

【注意事項】
①解答にはHBの黒鉛筆（シャープペンシルも可）を使用し、
　解答を訂正する場合には消しゴムで完全に消してください。
②解答用紙は絶対に汚したり折り曲げたり、所定以外のところ
　への記入はしないでください。

③マーク例

良い例	悪い例
●	◐ ⊗ ◑

これ以下の濃さのマークは読めません。

解　答　欄

問題番号	1 2 3 4
(1)	① ② ③ ④
(2)	① ② ③ ④
(3)	① ② ③ ④
(4)	① ② ③ ④
(5)	① ② ③ ④
(6)	① ② ③ ④
(7)	① ② ③ ④
(8)	① ② ③ ④
(9)	① ② ③ ④
(10)	① ② ③ ④
(11)	① ② ③ ④
(12)	① ② ③ ④
(13)	① ② ③ ④
(14)	① ② ③ ④
(15)	① ② ③ ④
(16)	① ② ③ ④
(17)	① ② ③ ④
(18)	① ② ③ ④
(19)	① ② ③ ④
(20)	① ② ③ ④

（左欄は 1）

解　答　欄

問題番号	1 2 3 4
(21)	① ② ③ ④
(22)	① ② ③ ④
(23)	① ② ③ ④
(24)	① ② ③ ④
(25)	① ② ③ ④
(26)	① ② ③ ④

（左欄は 2）

解　答　欄

問題番号	1 2 3 4
(27)	① ② ③ ④
(28)	① ② ③ ④
(29)	① ② ③ ④
(30)	① ② ③ ④
(31)	① ② ③ ④
(32)	① ② ③ ④
(33)	① ② ③ ④
(34)	① ② ③ ④
(35)	① ② ③ ④
(36)	① ② ③ ④
(37)	① ② ③ ④
(38)	① ② ③ ④

（左欄は 3）

リスニング解答欄

問題番号	1 2 3 4
No.1	① ② ③ ④
No.2	① ② ③ ④
No.3	① ② ③ ④
No.4	① ② ③ ④
No.5	① ② ③ ④
No.6	① ② ③ ④
No.7	① ② ③ ④
No.8	① ② ③ ④
No.9	① ② ③ ④
No.10	① ② ③ ④
No.11	① ② ③ ④
No.12	① ② ③ ④
No.13	① ② ③ ④
No.14	① ② ③ ④
No.15	① ② ③ ④
No.16	① ② ③ ④
No.17	① ② ③ ④
No.18	① ② ③ ④
No.19	① ② ③ ④
No.20	① ② ③ ④
No.21	① ② ③ ④
No.22	① ② ③ ④
No.23	① ② ③ ④
No.24	① ② ③ ④
No.25	① ② ③ ④
No.26	① ② ③ ④
No.27	① ② ③ ④
No.28	① ② ③ ④
No.29	① ② ③ ④
No.30	① ② ③ ④

（No.1～No.15 は第1部、No.16～No.30 は第2部）

4 ライティングの解答欄は裏面にあります。

キリトリ線

4 ライティング解答欄

・指示事項を守り、文字は、はっきりとわかりやすく書いてください。
・太枠に囲まれた部分のみが採点の対象です。

5

10

15

『CD2枚付　世界一わかりやすい英検2級に合格する過去問題集』

2級　解答用紙

【注意事項】
①解答にはHBの黒鉛筆（シャープペンシルも可）を使用し、
　解答を訂正する場合には消しゴムで完全に消してください。
②解答用紙は絶対に汚したり折り曲げたり、所定以外のところ
　への記入はしないでください。

③マーク例

良い例	悪い例
●	◑ ⊗ ◓

◐ これ以下の濃さのマークは
　読めません。

解 答 欄

問題番号	1 2 3 4
(1)	① ② ③ ④
(2)	① ② ③ ④
(3)	① ② ③ ④
(4)	① ② ③ ④
(5)	① ② ③ ④
(6)	① ② ③ ④
(7)	① ② ③ ④
(8)	① ② ③ ④
(9)	① ② ③ ④
(10)	① ② ③ ④
(11)	① ② ③ ④
(12)	① ② ③ ④
(13)	① ② ③ ④
(14)	① ② ③ ④
(15)	① ② ③ ④
(16)	① ② ③ ④
(17)	① ② ③ ④
(18)	① ② ③ ④
(19)	① ② ③ ④
(20)	① ② ③ ④

（左欄は全体で「1」）

解 答 欄

問題番号	1 2 3 4
(21)	① ② ③ ④
(22)	① ② ③ ④
(23)	① ② ③ ④
(24)	① ② ③ ④
(25)	① ② ③ ④
(26)	① ② ③ ④

（2）

解 答 欄

問題番号	1 2 3 4
(27)	① ② ③ ④
(28)	① ② ③ ④
(29)	① ② ③ ④
(30)	① ② ③ ④
(31)	① ② ③ ④
(32)	① ② ③ ④
(33)	① ② ③ ④
(34)	① ② ③ ④
(35)	① ② ③ ④
(36)	① ② ③ ④
(37)	① ② ③ ④
(38)	① ② ③ ④

（3）

リスニング解答欄

問題番号	1 2 3 4
No.1	① ② ③ ④
No.2	① ② ③ ④
No.3	① ② ③ ④
No.4	① ② ③ ④
No.5	① ② ③ ④
No.6	① ② ③ ④
No.7	① ② ③ ④
No.8	① ② ③ ④
No.9	① ② ③ ④
No.10	① ② ③ ④
No.11	① ② ③ ④
No.12	① ② ③ ④
No.13	① ② ③ ④
No.14	① ② ③ ④
No.15	① ② ③ ④
No.16	① ② ③ ④
No.17	① ② ③ ④
No.18	① ② ③ ④
No.19	① ② ③ ④
No.20	① ② ③ ④
No.21	① ② ③ ④
No.22	① ② ③ ④
No.23	① ② ③ ④
No.24	① ② ③ ④
No.25	① ② ③ ④
No.26	① ② ③ ④
No.27	① ② ③ ④
No.28	① ② ③ ④
No.29	① ② ③ ④
No.30	① ② ③ ④

（第1部：No.1〜No.15、第2部：No.16〜No.30）

4 ライティングの解答欄は裏面にあります。

キリトリ線

4 ライティング解答欄

・指示事項を守り、文字は、はっきりとわかりやすく書いてください。
・太枠に囲まれた部分のみが採点の対象です。

5

10

15

2級　解答用紙

【注意事項】

①解答にはHBの黒鉛筆（シャープペンシルも可）を使用し、
　解答を訂正する場合には消しゴムで完全に消してください。

②解答用紙は絶対に汚したり折り曲げたり、所定以外のところ
　への記入はしないでください。

③マーク例

良い例	悪い例
●	◑ ⊗ ◓

◯ これ以下の濃さのマークは読めません。

解　答　欄

問題番号	1 2 3 4
(1)	① ② ③ ④
(2)	① ② ③ ④
(3)	① ② ③ ④
(4)	① ② ③ ④
(5)	① ② ③ ④
(6)	① ② ③ ④
(7)	① ② ③ ④
(8)	① ② ③ ④
(9)	① ② ③ ④
(10)	① ② ③ ④
(11)	① ② ③ ④
(12)	① ② ③ ④
(13)	① ② ③ ④
(14)	① ② ③ ④
(15)	① ② ③ ④
(16)	① ② ③ ④
(17)	① ② ③ ④
(18)	① ② ③ ④
(19)	① ② ③ ④
(20)	① ② ③ ④

(1 は左の縦列全体)

解　答　欄

問題番号	1 2 3 4
(21)	① ② ③ ④
(22)	① ② ③ ④
(23)	① ② ③ ④
(24)	① ② ③ ④
(25)	① ② ③ ④
(26)	① ② ③ ④

(2)

解　答　欄

問題番号	1 2 3 4
(27)	① ② ③ ④
(28)	① ② ③ ④
(29)	① ② ③ ④
(30)	① ② ③ ④
(31)	① ② ③ ④
(32)	① ② ③ ④
(33)	① ② ③ ④
(34)	① ② ③ ④
(35)	① ② ③ ④
(36)	① ② ③ ④
(37)	① ② ③ ④
(38)	① ② ③ ④

(3)

リスニング解答欄

	問題番号	1 2 3 4
	No.1	① ② ③ ④
	No.2	① ② ③ ④
	No.3	① ② ③ ④
	No.4	① ② ③ ④
	No.5	① ② ③ ④
	No.6	① ② ③ ④
第1部	No.7	① ② ③ ④
	No.8	① ② ③ ④
	No.9	① ② ③ ④
	No.10	① ② ③ ④
	No.11	① ② ③ ④
	No.12	① ② ③ ④
	No.13	① ② ③ ④
	No.14	① ② ③ ④
	No.15	① ② ③ ④
	No.16	① ② ③ ④
	No.17	① ② ③ ④
	No.18	① ② ③ ④
	No.19	① ② ③ ④
	No.20	① ② ③ ④
	No.21	① ② ③ ④
第2部	No.22	① ② ③ ④
	No.23	① ② ③ ④
	No.24	① ② ③ ④
	No.25	① ② ③ ④
	No.26	① ② ③ ④
	No.27	① ② ③ ④
	No.28	① ② ③ ④
	No.29	① ② ③ ④
	No.30	① ② ③ ④

4 ライティングの解答欄は裏面にあります。

キリトリ線

4 ライティング解答欄

・指示事項を守り、文字は、はっきりとわかりやすく書いてください。
・太枠に囲まれた部分のみが採点の対象です。

5

10

15

CD2枚付

2021-2022 年度用

世界一わかりやすい

英検 2級

に合格する 過去問題集

別冊| 問 題 編

スタディサプリ講師
関 正生・竹内 健

CD2枚付

2021・2022 年度用

世界一わかりやすい

英検2級

に合格する 過去問題集

別冊 | 問題編

スタディサプリ講師
関 正生・竹内 健

2020-3
Grade 2

2級
問題編

一次試験

2020年度　第3回検定（2021年1月24日実施）

──────── 試験時間 ────────

筆記　　　　　85分

リスニング　　約25分

リスニングテストの CD 音声トラック番号

第1部　　CD1 1 ～ CD1 16

第2部　　CD1 17 ～ CD1 32

■解答・解説は本冊 p.25 ～ 108 にあります。

1 次の (1) から (20) までの (　) に入れるのに最も適切なものを **1, 2, 3, 4** の中から一つ選び、その番号を解答用紙の所定欄にマークしなさい。

(1) *A:* It looked like you were enjoying the party, Don. I saw you laughing a lot.

B: Yeah. Rachel was telling some really (　) stories about her father.

1 marine　　**2** amusing　　**3** native　　**4** silent

(2) *A:* How many people work at your company, Mr. Seward?

B: We (　) have 30 employees, but we plan to hire 5 more at the end of the year.

1 seriously　　**2** instantly　　**3** currently　　**4** especially

(3) The computers in the library should be (　) for school projects or homework. Students are not allowed to use them for playing games or watching videos on the Internet.

1 utilized　　**2** satisfied　　**3** flavored　　**4** reflected

(4) In Franklin City, water (　) has become a big concern. The city is asking people to use as little water as possible.

1 conservation　　　　**2** publication
3 revolution　　　　　**4** ambition

(5) In science class, students learn the names of the (　) that can be found in nature. They have to know that CO_2 is made of carbon and oxygen.

1 duties　　**2** narrations　　**3** witnesses　　**4** elements

(6) After Susan got married, she chose to keep working at the same company, but on a part-time (　) .

1 rating　　**2** sense　　**3** basis　　**4** charge

(7) *A:* Did people at the art show like your paintings?

B: Yes. I got a lot of (　) . One person said they were the most beautiful paintings he had seen in a long time.

1 mysteries　　**2** detectives　　**3** compliments　　**4** structures

(8) **A:** How much does it cost to travel to Dubai?

　　B: Well, the prices (　　　　). They are high over the new year holidays but much lower at other times of the year.

　　1 vary　　　　**2** navigate　　**3** pause　　　**4** struggle

(9) Karen (　　　　) her time between working at a bank and taking care of her children. She would like to spend more time at home, but she also needs to make money.

　　1 publishes　**2** divides　　**3** scratches　**4** attaches

(10) **A:** Kevin, did you call the hotel to (　　　　) my reservation for tomorrow?

　　B: Yes, Ms. Harris. They said you can check in anytime after two o'clock.

　　1 distinguish　**2** confirm　　**3** promote　　**4** govern

(11) **A:** I'm thinking of visiting Kyoto in August.

　　B: Really? You should wait until November. Kyoto is (　　　　) then. The weather is cool and the autumn leaves are beautiful colors.

　　1 behind its back　　　**2** against its will
　　3 at its best　　　　　**4** in its opinion

(12) **A:** When is Uncle Steven going to arrive?

　　B: He could be here (　　　　), so please go and change your clothes.

　　1 in a series　　　　　**2** for a living
　　3 at any moment　　　**4** to some extent

(13) Sarah spent the summer traveling in Europe with her friends. It was a lot of fun, so she was very sad when it (　　　　) an end.

　　1 dug up　　　　　　**2** came to
　　3 took over　　　　　**4** fell on

(14) It is difficult for many students to decide (　　　　) a university to enter after high school.

　　1 under　　　**2** in　　　**3** on　　　　**4** beyond

(15) When Wakako was a young girl, she used to do ballet every day. These days, she only does it (　　　　) because she is very busy.

1 up and down　　　　**2** now and then
3 all the way　　　　　**4** not at all

(16) Victor likes his new job because he is always (　　　　). He uses taxis, trains, and airplanes every day to visit clients all around the country.

1 above all else　　　　**2** out of place
3 at a distance　　　　　**4** on the go

(17) Becky was (　　　　) her low test scores, so she did not want to speak to any of her friends at college on Friday.

1 ashamed of　　　　**2** rid of
3 accustomed to　　　**4** familiar to

(18) Breakfast (　　　　) to be the most important meal of the day. Experts say that it gives people the energy they need to get through the day.

1 has said　　**2** says　　**3** is saying　　**4** is said

(19) It is because the Bluestreet Girls sing and dance so well (　　　　) they are so popular with teenagers.

1 that　　　　**2** if　　　　**3** how　　　　**4** why

(20) *A:* This project is going to be very difficult and expensive, Mr. Ford. (　　　　) cancel it?
B: No. It will make a lot of money for the company later.

1 What about　　　　**2** What for
3 How come　　　　　**4** Why not

筆記試験の問題は次ページに続きます。

2

次の英文**A**, **B**を読み，その文意にそって (21) から (26) までの（　）に入れるのに最も適切なものを **1**, **2**, **3**, **4** の中から一つ選び、その番号を解答用紙の所定欄にマークしなさい。

A

Cycles of Change

The bicycle is an efficient means of transportation. It was invented in the 19th century, and since then, it has been improved many times. Recently, electric bicycles, or "e-bikes," have become widely used. Unlike a regular bicycle, an e-bike has a motor, which allows the rider to go up hills more easily. Some cycling fans think that it is "cheating" to use a bike with a motor. Nevertheless, e-bikes are quickly (**21**). In fact, e-bike sales in the United States were eight times greater in 2018 than in 2014 according to one survey.

Researchers say this is good news. They claim that e-bikes may have a positive effect on people's health and the environment. One major advantage of e-bikes is that older people and those who do not exercise regularly can cycle. This makes it easier for them to commute to work by bike, which is better for the environment than traveling by car. (**22**), e-bikes allow more people to cycle as a hobby. People who could not ride along rough roads or up mountains, for example, can now do so.

Some cycling experts, however, point out problems with the increased use of e-bikes. For one, riders of e-bikes are more likely to be involved in accidents. In response, some people want speed limits to be lowered and other measures to increase safety, such as bike paths. Most importantly, experts say riders of both e-bikes and regular bikes should be careful. It does not matter if a bike has a motor or not. The important thing is to enjoy cycling (**23**).

(21) **1** reducing electricity use **2** causing new problems
      3 growing in popularity   **4** improving the environment

(22) **1** What is more   **2** Therefore
      3 By contrast   **4** Despite this

(23) **1** during the warm months
      2 together with friends
      3 in order to keep fit
      4 while staying safe

A Good Way to Save Space

In recent years, farmers in many countries have been finding it more and more difficult to produce enough food to feed everyone. One reason for this is changes in weather patterns caused by global warming. As global temperatures increase, many places have become too hot and dry to be used for agriculture. (**24**), there is increasing pressure to produce renewable energy, such as solar power. The problem with solar power, though, is that solar panels take up a lot of space. To solve both these problems at once, researchers have recently come up with a way to combine solar power and crop production.

One common challenge in farming is that a lot of direct sunlight (**25**). Not only can it cause the leaves to turn brown and dry, but the heat from the sunlight also quickly dries up the water in the ground. This means that the plants do not get enough water to survive. The researchers decided to set up solar panels at about 2.5 meters above the ground. These created a space with shade for plants and also reduced the amount of water that dried up, which helped to increase crop production.

The solar panels were also able to benefit from the crops. Solar panels do not perform well (**26**). However, crops like lettuce and kale create a cooling effect, which stops the solar panels from overheating and allows them to work more efficiently. The results of this research show that it is possible to produce more food, save space, and enjoy the benefits of solar power.

(24) **1** Without this **2** At the same time
3 After a while **4** Indeed

(25) **1** damages crops **2** is difficult to find
3 attracts more insects **4** makes vegetables taste bad

(26) **1** at high temperatures **2** near cool water
3 under large trees **4** on cloudy days

次の英文 **A**, **B**, **C** の内容に関して、(27) から (38) までの質問に対して最も適切なもの、または文を完成させるのに最も適切なものを **1**, **2**, **3**, **4** の中から一つ選び、その番号を解答用紙の所定欄にマークしなさい。

A

From: Mark Tucker <mtucker@berktonmiddle.edu>
To: Margaret Lawson <margaret-lawson8@umail.com>
Date: January 24
Subject: Sylvia's math grades

Dear Ms. Lawson,

This is Mark Tucker, your daughter's math teacher at Berkton Middle School. I wanted to talk to you a little about Sylvia's math grades. I know Sylvia had a bad cold a couple of weeks ago, so she missed a few classes. Unfortunately, the students learned some very important things during that week.

I sent Sylvia's homework to her while she was absent from school, but she missed some important explanations about triangles during the class. She said she understood the topic, but she did very poorly on yesterday's test. I know that this is not her fault. However, it is very important for her to learn this topic. If she doesn't, she will have trouble in the future because we will use the concepts again in the next chapter.

I am available for half an hour before school begins to help students who are having trouble with their schoolwork. Also, math students from West Bridgeville College come to the school library to give free tutoring every Wednesday after school. Sylvia says that you take her to school and pick her up every day. Which would be more convenient for you? Please send me an e-mail and let me know if you'd like to bring Sylvia in earlier or pick her up later on Wednesdays.

Sincerely,

Mark Tucker

(27) A couple of weeks ago, Sylvia

  1 started going to Berkton Middle School.
  2 received a bad grade in math class.
  3 got a new math teacher at school.
  4 was not well enough to attend classes.

(28) What is it important for Sylvia to do?

  1 Explain about triangles to the class.
  2 Study harder for tests in the future.
  3 Understand a topic from math class.
  4 Read the next chapter carefully.

(29) What does Mark Tucker want Sylvia to do?

  1 Read some books in the school library.
  2 Get some extra help with her math studies.
  3 Ask her mother to help with her homework.
  4 Go to West Bridgeville College for special lessons.

Hagfish

The oceans contain many strange and mysterious creatures. One example is the hagfish. Hagfish look like snakes or eels, but their mouths are a special shape, and they have teeth on their tongues. They live deep in the ocean and eat the bodies of fish that have died and sunk to the ocean floor. A hagfish fossil has been found that is 330 million years old. Scientists who study evolution think hagfish are the ancestors of all creatures with backbones, including human beings.

In most countries, few people have heard of hagfish. In South Korea, however, hagfish are used in a popular dish. Their meat is cooked in oil and then served with salt. In particular, older Korean men enjoy eating hagfish while drinking alcohol. This has led to overfishing in Asia. As a result, other countries, such as the United States, have begun catching hagfish in their seas and exporting them to Korea. Hagfish skin is also used to make bags, boots, and other products.

Hagfish have a special way of protecting themselves from animals that attack them, such as sharks. Hagfish produce a thick liquid which is full of thin fibers. When hagfish are attacked, they shoot out this liquid from small holes in the sides of their bodies. When the liquid mixes with seawater, it rapidly expands, turning into a kind of jelly. This jelly protects the hagfish by making it difficult for the fish that is attacking it to breathe.

Douglas Fudge and a group of scientists at the University of Guelph in Canada have seen a possible use for this hagfish liquid. They say that the fibers in the liquid are like very strong silk. They believe that these could be used to replace artificial fabrics, such as nylon, which are made from fossil fuels. The hagfish fibers would be much more environmentally friendly. These scientists are now trying to create similar fibers in the laboratory in order to make a new fabric that is both very strong and light. Clothing manufacturers would be interested in using such a high-quality fabric for their products.

(30) Which of the following is true about hagfish?

1 Other fish swim to deep areas of the ocean in order to catch them.

2 People and many other animals may actually have evolved from them.

3 They are the ancestors of all modern fish that do not have backbones.

4 They are a type of snake that does not have any teeth or a tongue.

(31) People in the United States have started catching hagfish because

1 their meat has become more and more popular among Americans.

2 Koreans use oil taken from hagfish to make health products.

3 other types of more popular fish have already been overfished.

4 their numbers in Asia have declined since too many were caught.

(32) How do hagfish protect themselves from other fish?

1 By expanding their bodies so that they appear much larger.

2 By shooting out thin fibers that make holes in the bodies of other fish.

3 By releasing a liquid from their bodies that changes in seawater.

4 By covering other fish with a jelly that makes it hard to see.

(33) What benefit might hagfish provide in the future?

1 They could be used to develop a material that is better for the environment.

2 They could break down nylon fibers that are polluting the sea.

3 They could help clean up fossil fuels that spill in laboratories.

4 They could be easily changed to produce very strong silk for the fashion industry.

Recycling Old Ideas

Today, people often recycle items to prevent them from being thrown away in landfills. Recycling metals, in particular, is important because when metals are produced from natural rocks, much harm is caused. Not only is land damaged when taking resources out of the ground, but also many poisons are released into the environment. Furthermore, large amounts of electricity are used. For these reasons, people are looking for ways to recycle metals instead.

Recycling metals actually has a long history. It has always been much easier to reuse metals than to produce them. Metals like iron, copper, and tin are common, but they are difficult to separate from the rocks in which they are found. This is why, in ancient times, Roman armies took metal statues from other countries after wars and melted the statues down to make new weapons. Even as late as the 18th century, Americans were encouraged to donate iron items to be recycled for George Washington's army.

During the 19th century, large companies specializing in recycling were established to meet a higher demand for metals. However, in the 20th century, producing metals became faster and more efficient. Around this time, many product makers began to change the way they increased their profit. Instead of reducing production costs as usual, they started using an approach called "planned obsolescence." This means making products that are designed to break or become unusable after a short period of time, so customers have to buy products more frequently.

These days, such items include devices like smartphones, which must be replaced every few years. They also contain many rare metals. In fact, Americans put around $60 million worth of gold and silver into landfills each year just by throwing away used phones. Although many people already see the importance of recycling large appliances such as refrigerators and washing machines, some do not understand why smaller electronics should be recycled. The amount of metal in the world is limited, so it may be better to learn from old ideas to preserve the world's supply.

(34) What is one way producing metals damages the environment?

1 A lot of living things need metals from the ground in order to survive.

2 A lot of the electricity that is used in the process causes fires.

3 The majority of metals are thrown away and take up space in landfills.

4 The process leads to the release of dangerous substances.

(35) Why did people melt down metal items in the past?

1 Because weapons were needed for wars against the United States.

2 Because it was easier than separating new metals from rock.

3 In order to mix them with rocks to make them stronger.

4 In order to reuse them to make new statues of their war heroes.

(36) During the 20th century,

1 people started to make companies that specialized in recycling.

2 it became faster and more efficient to use metals to make money.

3 product makers made more money by reducing production costs.

4 businesses began to make goods that quickly became useless.

(37) How can people preserve the supply of rare metals?

1 By trying to recycle small electronics instead of throwing them away.

2 By replacing their old phones with ones that run more efficiently.

3 By increasing the number of large appliances used for recycling.

4 By leaving devices that contain gold and silver in landfills.

---

(38) Which of the following statements is true?

1 George Washington introduced the idea of recycling iron to the United States.

2 There was an increase in the need for metals during the 19th century.

3 Metals can reduce the amount of poisons released by electricity production.

4 Companies spend about $60 million each year on gold for new smartphones.

4 ライティング

● 以下の **TOPIC** について，あなたの意見とその<u>理由を２つ</u>書きなさい。

● **POINTS** は理由を書く際の参考となる観点を示したものです。ただし，これ
  ら以外の観点から理由を書いてもかまいません。

● 語数の目安は 80 語～100 語です。

● 解答は，解答用紙のＢ面にあるライティンク解答欄に書きなさい。<u>なお，解答
  欄の外に書かれたものは採点されません。</u>

● 解答が **TOPIC** に示された問いの答えになっていない場合や，**TOPIC** からず
  れていると判断された場合は，<u>０点</u>と採点されることがあります。**TOPIC** の
  内容をよく読んでから答えてくたさい。

TOPIC

*Some people say that more apartment buildings should allow
pets such as dogs and cats. Do you agree with this opinion?*

POINTS

● *Cleanliness*
● *Lifestyles*
● *Neighbors*

❶このリスニングテストには，第1部と第2部があります。

★英文はすべて一度しか読まれません。

第1部……対話を聞き，その質問に対して最も適切なものを **1**，**2**，**3**，**4** の中から
一つ選びなさい。

第2部……英文を聞き，その質問に対して最も適切なものを **1**，**2**，**3**，**4** の中から
一つ選びなさい。

❷ No. 30 のあと，10 秒すると試験終了の合図がありますので，筆記用具を置いてください。

第**1**部

No. 1　**1** He is going to meet his wife's father.
　　　2 He and his wife will visit his grandmother.
　　　3 He and his wife will take her on a trip.
　　　4 His wife is going to have a baby.

No. 2　**1** Getting a job at a restaurant.
　　　2 Lending him some money.
　　　3 Having dinner together.
　　　4 Going on a trip to Peru together.

No. 3　**1** It takes an hour to get there.
　　　2 It has some walking trails.
　　　3 It will not be open today.
　　　4 It is located nearby.

No. 4　**1** It is inexpensive.
　　　2 It is in a good location.
　　　3 It has a pretty garden.
　　　4 It is bigger than the other houses.

No. 5　**1** His teacher announced it in science class.
　　　2 He heard about it from her mother.
　　　3 He asked his mother about it.
　　　4 His school newspaper had a story on it.

No. 6　**1** Return after four o'clock.
　　　2 Drive more slowly.
　　　3 Park in a parking lot.
　　　4 Change her parking sticker.

No. 7　**1** He was looking after his son.
　　　2 He was away on a business trip.
　　　3 He has been feeling ill.
　　　4 He went on a vacation.

No. 8　**1** They have studied German before.
　　　2 They look forward to new adventures.
　　　3 They are not happy about moving to Germany.
　　　4 They do not like food from abroad.

No. 9　**1** Look for recipes.
　　　2 Make spaghetti.
　　　3 Go shopping.
　　　4 Clean the bathroom.

No. 10　**1** She wants to watch them again soon.
　　　2 She wants to find out his opinion of them.
　　　3 She forgot which ones she lent him.
　　　4 She forgot the ending of *Lost in Brazil*.

No. 11　**1** Put them on her desk.
　　　2 Hand them to her.
　　　3 Deliver them to another building.
　　　4 Take them back to his pizza shop.

No. 12　**1** It does not sell video games.
　　　2 It is too violent for children.
　　　3 It only sells new items.
　　　4 It is not on sale yet.

No. 13　**1** It will start at 6:00.
　　　2 It will finish a little early.
　　　3 It will be longer than usual.
　　　4 It will be held at a different field.

No. 14　**1** Sell his hard drive to the woman.
　　　2 Have his computer repaired.
　　　3 Work at Computer Plaza.
　　　4 Get a new computer.

No. 15　**1** Her new teacher is strict.
　　　2 The school offers free classes.
　　　3 She will start studying Chinese.
　　　4 Learning Chinese is easier than she thought.

第**2**部

No. 16　**1** He did not like the food his mother had made.
　　　2 He could not eat all his food.
　　　3 She had left her lunch at home.
　　　4 She had given him a snack from the cafeteria.

No. 17　**1** They are expected to become the champions.
　　　2 They are going to start training next month.
　　　3 They will go to Capton City next week.
　　　4 They have been preparing overseas.

No. 18　**1** To promote a traditional kind of music in Florida.
　　　2 To teach people about new kinds of instruments.
　　　3 To protect people while they are underwater.
　　　4 To help people learn about marine life.

No. 19　**1** He will study only on the weekends.
　　　2 He will study for four hours every day.
　　　3 He will start studying in the mornings.
　　　4 He will start studying earlier in the evenings.

No. 20　**1** People in Egypt cook it in special pots.
　　　2 It can be kept and eaten for a long time.
　　　3 Scientists find new types of it every day.
　　　4 Over 3,000 pots of it were found in pyramids.

No. 21　**1** Make costumes for comic book events.
　　　2 Start a website about comic books.
　　　3 Sell her collection of comic books.
　　　4 Join a comic book fan club.

No. 22　**1**　A $2,000 discount.
　　　　2　A discount on snow tires.
　　　　3　A weekend trip for a family.
　　　　4　A chance to be on a TV show.

No. 23　**1**　He took her on a trip this summer.
　　　　2　He took her to swimming lessons.
　　　　3　He bought her some new toys.
　　　　4　He bought her some summer clothes.

No. 24　**1**　By spending $25 at the gym.
　　　　2　By joining a boxing class.
　　　　3　By introducing two new members.
　　　　4　By coming to the gym every day for a month.

No. 25　**1**　He does not like staying at hotels.
　　　　2　He does not want to go to Thailand.
　　　　3　He likes going to the beach.
　　　　4　He is interested in temples.

No. 26　**1**　Watch many documentaries.
　　　　2　Interview 15 movie directors.
　　　　3　Start writing fantasy stories.
　　　　4　Make a movie about real people.

No. 27　**1**　They live in dangerously high places.
　　　　2　They like to go near people.
　　　　3　They are considered to be dangerous.
　　　　4　They have shorter legs than most birds.

No. 28　**1**　His boss wants him to transfer.
　　　　2　His office in Canada is closing.
　　　　3　He got a new job in an office there.
　　　　4　He wants to be near his mother.

No. 29　**1**　It is a place where people have business meetings.
　　　　2　It is a gift given to friends and co-workers.
　　　　3　It is a time to relax and chat.
　　　　4　It is a type of coffee from Sweden.

No. 30　**1**　Playing for a new soccer team.
　　　　2　Training young soccer players.
　　　　3　Coaching his old teammates.
　　　　4　Managing a new club.

2級
問題編

一次試験

2020 年度　第 2 回検定（2020 年 10 月 11 日実施）

——————— 試験時間 ———————

筆記　　　　　85 分

リスニング　約 25 分

リスニングテストの CD 音声トラック番号

第 1 部　CD1 51 ～ CD1 66

第 2 部　CD1 67 ～ CD1 82

■解答・解説は本冊 p.109 ～ 194 にあります。

1 次の (1) から (20) までの (　) に入れるのに最も適切なものを **1**, **2**, **3**, **4** の中から一つ選び、その番号を解答用紙の所定欄にマークしなさい。

(1) You must understand the basic (　　　) of science in order to know why water becomes steam when it boils.

1 principles　**2** substitutes　**3** decades　**4** critics

(2) Keith was the only person to wear jeans to the formal party, and people were looking at him strangely. He felt (　　　) , so he went home early.

1 intelligent　**2** steady　**3** pleasant　**4** awkward

(3) Nate's parents could not pay for his college education, so he had to get a student (　　　) . After graduating, he will have to pay back $100 every month.

1 tube　**2** loan　**3** unit　**4** pile

(4) Eva is studying French literature in college. For her final project, she is (　　　) a French novel into English.

1 translating　**2** measuring　**3** arresting　**4** greeting

(5) Jason was (　　　) not feeling well today. He kept coughing, and he looked very tired.

1 luckily　**2** obviously　**3** commonly　**4** separately

(6) *A:* Patricia, this salad is delicious! Did you say you grow your own vegetables?
B: Yes. The secret is to mix seashells in the (　　　) in your garden.

1 wound　**2** trap　**3** index　**4** soil

(7) *A:* Who was that on the telephone, Pete?
B: Just someone who was doing a (　　　) . She asked me some questions.

1 label　**2** figure　**3** survey　**4** purpose

(8) Wayne did not want to go to the party, but his friends (　　　　) that he should join them. He finally agreed to go with them and ended up having a great time.

1 proved　　**2** revealed　　**3** insisted　　**4** reported

(9) People used to stop working when they turned 60. Now, however, many people (　　　　) when they are 65 or older.

1 retire　　**2** spoil　　**3** broadcast　　**4** insert

(10) Paul did not have time to send the document to his customer by post, so he (　　　　) it to an e-mail and sent it to her.

1 achieved　　**2** attended　　**3** assumed　　**4** attached

(11) *A:* It looks like Hannah is going to win this tennis match.
B: The match is (　　　　) over. There is still a chance for Isabel to win.

1 by degrees　　　　　　**2** by no means
3 in no time　　　　　　**4** in advance

(12) Scott gave Lisa an engagement ring last week. She could not stop (　　　　) the ring because it was so beautiful.

1 staring at　　　　　　**2** laying off
3 coping with　　　　　　**4** throwing away

(13) In many parts of the world, farming techniques are (　　　　) from parents to children so the children can take over the farm when they grow up.

1 lifted across　　　　　**2** poured over
3 handed down　　　　　**4** used up

(14) Most teenagers want to wear new clothes that are in fashion. They do not want to wear clothes that are (　　　　).

1 out of date　　　　　　**2** under construction
3 on the spot　　　　　　**4** in bloom

(15) *A:* How well does the new member of the school tennis team play?

B: She's (   ) the best player we have ever had. She wins every match she plays.

1 by far   **2** too much

3 over time   **4** for long

(16) *A:* Sally, I told you not to waste your money on any more energy drinks.

B: But Mom, I got them (   ) . A company was giving them away to people on the street to promote its new product.

1 in detail   **2** for nothing

3 on end   **4** at most

(17) Clara's father called her on the phone while she was in the library. She answered it, but then she went outside to (   ) the conversation.

1 come down   **2** bring out

3 go by   **4** carry on

(18) *A:* I don't need this sofa anymore. Do you happen (   ) anyone who would want it?

B: Yes! Actually, I'll take it.

1 to know   **2** knowing

3 being known   **4** having known

(19) Michelle found (   ) surprising that Tom had never seen the movie *The King of Jewels*. The movie was extremely popular, and all of her other friends had already seen it.

1 it   **2** this   **3** what   **4** which

(20) Dan's new house is twice (   ) large as his last one.

1 more   **2** than   **3** as   **4** too

筆記試験の問題は次ページに続きます。

次の英文**A**, **B**を読み，その文意にそって (21) から (26) までの (　) に入れるのに最も適切なものを **1**, **2**, **3**, **4** の中から一つ選び、その番号を解答用紙の所定欄にマークしなさい。

A

A Fresh Idea

The Northwest Territories of Canada are known for their long, cold winters and short summers. In such conditions, growing fruits and vegetables is very difficult. The native Inuit people in those areas traditionally survived by fishing, hunting seals, and gathering small plants to eat. Nowadays, global warming has greatly limited their traditional food supply. Most Inuit communities now (**21**) instead. However, these communities are far from farms and can only be accessed by airplane. This results in high shipping costs, which makes the food in stores very expensive.

Due to these challenges, many Inuit (**22**) that they need for a healthy diet. Many grocery stores offer mostly foods that do not go bad easily, which means people do not have access to a wide range of fresh fruits and vegetables. One solution is to build greenhouses, which are made of glass or plastic, to provide a warm indoor area where plants can grow. The town of Inuvik is one of the few communities in this region to have a greenhouse.

Since it was created about 20 years ago, the greenhouse has helped the Inuvik natives to deal with their shortage of fresh food. Nevertheless, there have been difficulties with starting new greenhouses in other Inuit communities. (**23**), the attitude of the local people towards these greenhouses is not always good. Because gardening has never been a part of Inuit culture, some communities have no interest in greenhouses. Because of this, more needs to be done to help educate Inuit towns about the benefits of greenhouses.

(21) **1** receive support from the government
2 rely on modern grocery stores
3 make donations to their families
4 recognize the difficulty of farming

(22) **1** understand the nutrition
2 increase the number of crops
3 do not get the variety of food
4 cannot cook the fish

(23) **1** For one thing **2** In contrast
3 Similarly **4** Meanwhile

Cleaner Air

Air pollution in urban areas is a big problem, especially since over half of the world's population lives in cities. According to the European Environment Agency, it is one of the (24) for people living in cities. For instance, breathing polluted air on a regular basis can eventually result in lung diseases or cancers. That is why cities around the world are looking for ways to reduce pollution.

One idea that has been popular in countries across the world is planting trees. In particular, many trees have been planted (25). The idea is that chemicals that are released by the cars driving down the roads will be absorbed by the leaves of trees above them. It is believed that this, in turn, will improve the air quality for the people living, walking, and cycling near these streets.

However, research done by scientists at the University of Surrey in England has suggested that trees may not be the best option. The researchers tested how well different kinds of plants affected the air on six different roadways. They discovered that hedges—short, woody plants with many leaves—are more effective at reducing air pollution along narrow, busy roads. This is because hedges stand at the same "breathing height" as pedestrians and cyclists. (26), the leaves on trees are too high to protect people near the road from pollution caused by cars. This evidence shows that, although trees are still a good option along wider roads with few pedestrians, hedges offer a better solution in many city environments.

(24) **1** largest factors in global warming
2 most expensive problems to solve
3 important reasons to move
4 main causes of health problems

(25) **1** near rural neighborhoods
2 in parks and gardens
3 along city streets
4 next to factories

(26) **1** Fortunately   **2** In this way
3 On the other hand   **4** As a result

A

From: Roger Taylor <r-taylor2@westin.edu>
To: All students <allstudents@westin.edu>
Date: October 11
Subject: Student center dining services

Dear students,

As the general manager of student dining services, I have a few announcements to make. There will be a few changes to our dining services this year, and we want to make sure that everyone understands them. Some of these changes will affect rules in all of the dining areas on campus, so please read this message carefully.

First, there will be some changes at the Westin Student Center. It will open an hour earlier on weekdays, so you will be able to use the lounge area from 7 a.m. Please be aware, however, that restaurants inside the building will keep their current hours. A new café will also be opening in the student center, and they are looking for part-time workers. To apply, please contact Jerry Conwell at 1-555-526-6248.

We will also have a new rule on campus regarding peanuts and other nuts. Since many of our students have allergies, restaurants and cafeterias on campus will not be allowed to serve foods containing them. We ask that students do not bring any foods containing nuts into these areas. If you are not sure about an item, please leave it at home. This is to make sure that all students at the university are safe.

Sincerely,
Roger Taylor
Student Dining Services General Manager

(27) Why is Roger Taylor writing this e-mail?

1 Some students have not been following campus rules.
2 He wants to tell students about important changes.
3 The university is not offering some services this year.
4 One of the university's dining areas will be moving.

(28) What does Roger Taylor say about restaurants in the Westin Student Center?

1 Their numbers are decreasing this year.
2 Their opening hours will not change.
3 They are not hiring new workers.
4 They will open earlier on weekdays.

(29) Roger Taylor asks students to

1 leave certain kinds of food at home.
2 tell the restaurants if they have allergies.
3 eat peanuts and other nuts for their health.
4 stay out of certain areas of the campus.

Not Only a Writer

The Tale of Peter Rabbit and other children's books by Beatrix Potter are popular around the world, both for their exciting stories and for their charming illustrations. Potter is also known for her work protecting the English countryside. This love of nature began in her childhood in the Lake District in England, where Potter spent much of her time drawing pictures of plants and animals. What many people do not know, however, is that Potter was also an excellent businesswoman.

In one way, this is not surprising because Potter came from a successful business family. Her grandfather and father were wealthy businessmen, and Potter learned much from them. Her family's wealth also meant that she had much time to observe nature and play with her many pets. Then, as an adult, she began to use these experiences to create illustrated stories about animals for the children of her friends. Her friends suggested to her that she publish these stories as books.

She sent her first book to various publishers, but none of them were interested in publishing it. Unlike the publishers, Potter felt certain that the book would be a success, so in 1901, she paid one publisher to print copies of *The Tale of Peter Rabbit*. Because of costs, this first version was in black and white. The book was quickly sold out, so the publisher decided to publish a color version. This became a bestseller, and the publisher made a lot of money from that book and the other 22 books written later.

Potter's sense of business, though, was shown in the way she created and sold goods related to the books. After publishing the first book, she made a doll of Peter Rabbit and patented* it. This was the first time a character from a book had been patented. She then went on to develop dolls, games, dishes, and other products. Today, we are used to seeing toys and products connected with characters from books for sale. Peter Rabbit, though, was the first of these. The methods Potter developed to make a successful business out of her children's books are the ones that are often used by entertainment businesses today.

*patented: 特許権を取った

(30) Beatrix Potter

1 taught children about the importance of nature through drawing classes.

2 wrote books about children living in the countryside in the Lake District.

3 traveled all over the world encouraging children to read more books.

4 was an author who is also famous for her efforts to protect nature.

(31) When Potter was an adult,

1 she used much of her wealth to purchase a variety of animals to keep as pets.

2 she began to work together with her grandfather and father in the family business.

3 her friends told her that she should publish her stories based on her childhood experiences.

4 her family asked her to take care of her grandfather as he got older.

(32) Why was Potter's first book in black and white?

1 Potter paid for it herself because publishers did not believe that they could make money from it.

2 The first publisher of her book thought that it would be more popular than a color version of the book.

3 Most publishers were not able to create color versions of books during that time period.

4 Potter's friends told her that her pictures looked better in black and white.

(33) What was unique about Peter Rabbit?

1 Children enjoyed the stories about the character so much that it was made into a film.

2 Children could buy the toys and other objects that were used by the character.

3 It was made into a doll at the same time its stories were first published.

4 It was the first character from a book to have many products based on it.

The Impact of the Vikings

The Vikings were a group of people from Scandinavia—the area where Denmark, Norway, and Sweden are now located. They lived around the 9th to 11th centuries. The traditional image of the Vikings is that they were warriors who attacked communities, killed people, and stole their wealth. Although some did such things, modern research has shown that they were much more than just violent robbers. They had a rich culture of their own which had a wide influence in Europe.

Not all Vikings were warriors. Many were actually farmers and traders. They were unusually good at building boats, some of which still exist today, and they could sail long distances at great speed. The Vikings became successful explorers, traveling to North America and establishing villages there. They were also able to create new trade routes, not only throughout Europe and the Middle East, but also as far as India and China. The Vikings were the first Europeans to travel to many of these places.

The Vikings settled down in many of the places they traded with. Large Viking communities were established in Ireland, Britain, and France. Archaeological studies of the towns and villages where they lived have shown their advanced skills in many aspects of civilization. They were skilled architects, for example, and built many large houses. They were also experts at making cloth and weapons. Contrary to their violent image, they actually shared their knowledge with the people already living in those areas.

The Vikings also had a complicated religion and mythology. We know a lot about this from literature telling of their history and the adventures of their heroes. Their religion consisted of many different gods to whom they sacrificed animals. Although the Vikings eventually became Christians, some parts of their religion can still be found in modern cultures. For example, the names for the days of the week Thursday and Friday in English and Swedish come from the names of Viking gods. Also, many scholars believe that Christmas trees were originally trees used in Viking rituals. According to many modern scholars, we should change our image of the Vikings to a more positive one.

(34) According to modern research,

1 the Vikings did not originally come from Scandinavia.
2 the Vikings did not play an important role in world history.
3 people living in Scandinavia now are not related to the Vikings.
4 most people's view of the Vikings is not completely accurate.

(35) Because the Vikings were good boat builders,

1 people today have begun to use their boats to travel great distances.
2 explorers from Europe and the Middle East paid them a lot of money to build boats.
3 they were able to travel to faraway places where they set up villages and traded.
4 they traded with other countries to get the weapons that they needed.

(36) What happened to many towns and villages where the Vikings lived?

1 Local people gained new techniques and information to improve their lives.
2 Many of the large houses were destroyed and rebuilt by Viking architects.
3 They were turned into places where Vikings could make their cloth and weapons.
4 The communities already living there were forced to move to Ireland, Britain, and France.

(37) What is one way the Vikings have influenced the modern world?

1 Many people still believe in their gods and follow their religion.

2 The names of their gods are still used in modern languages.

3 Modern literature is often based on the stories of their heroes.

4 People began using Christmas trees after reading their mythology.

.....

(38) Which of the following statements is true?

1 Much is known about the Vikings' religion because of their literature.

2 The Vikings often settled in new places to get the materials they needed to produce their books.

3 Most Vikings preferred being warriors to being farmers or traders.

4 Viking culture was mostly stolen from countries such as Denmark, Norway, and Sweden.

4 ライティング

- 以下の **TOPIC** について，あなたの意見とその理由を 2 つ書きなさい。
- **POINTS** は理由を書く際の参考となる観点を示したものです。ただし，これら以外の観点から理由を書いてもかまいません。
- 語数の目安は 80 語～100 語です。
- 解答は，解答用紙の B 面にあるライティンク解答欄に書きなさい。なお，解答欄の外に書かれたものは採点されません。
- 解答が **TOPIC** に示された問いの答えになっていない場合や，**TOPIC** からずれていると判断された場合は，0 点と採点されることがあります。**TOPIC** の内容をよく読んでから答えてください。

TOPIC

Some people say that young people should spend more time thinking about their future careers. Do you agree with this opinion?

POINTS

- *Education*
- *Income*
- *Skills*

2級リスニングテストについて

❶このリスニングテストには，第1部と第2部があります。

★英文はすべて一度しか読まれません。

第1部……対話を聞き，その質問に対して最も適切なものを **1**, **2**, **3**, **4** の中から 一つ選びなさい。

第2部……英文を聞き，その質問に対して最も適切なものを **1**, **2**, **3**, **4** の中から 一つ選びなさい。

❷ No. 30 のあと，10秒すると試験終了の合図がありますので，筆記用具を置いてください。

第1部

No. 1　**1** He is going to have twins.
2 He is going to see an old friend.
3 He is going to get married in June.
4 He is going to spend two months abroad.

No. 2　**1** She does not like Japanese tea.
2 She does not know much about tea.
3 She usually buys Chinese tea.
4 She prefers to drink tea with a friend.

No. 3　**1** Where he can buy some software.
2 Where the conference will be held.
3 Whether he can change his room.
4 Whether his room will be on the third floor.

No. 4　**1** Move back to Japan after college.
2 Show the man around her hometown.
3 Bring her parents to New York.
4 Become an English teacher.

No. 5　**1** He will work overtime.
2 He will ask his boss for more time.
3 Julia will get her friend to do it.
4 Julia will help him.

No. 6　**1** The theater is no longer showing *Land's End*.
　　　2 The theater is too expensive.
　　　3 She cannot sit with her friends.
　　　4 She cannot find her movie tickets.

No. 7　**1** It is hard to buy in November.
　　　2 It should be served with wine.
　　　3 It tastes better as it gets older.
　　　4 It needs to be made on Christmas Eve.

No. 8　**1** He wants to see Angie off.
　　　2 He wants Angie to play the violin.
　　　3 He wants to go for a walk.
　　　4 He wants to be fed.

No. 9　**1** To find out what time he is going home.
　　　2 To recommend a good Korean restaurant.
　　　3 To ask him to meet with her today.
　　　4 To ask him to order lunch for them.

No. 10　**1** Check the mailbox.
　　　2 Tell Daniel he received a letter.
　　　3 Send Grandma some photos.
　　　4 Help Daniel finish his class project.

No. 11　**1** To tell the police about an accident.
　　　2 To check what time a road will open.
　　　3 To report a car parked in front of her house.
　　　4 To ask about parking a car on her street.

No. 12　**1** Take a trip to France.
　　　2 Work for a foreign company.
　　　3 Meet the man's boss.
　　　4 Go abroad on business.

No. 13　**1** Learning how to paint.
　　　2 Trying to sell a painting.
　　　3 Talking to a famous artist.
　　　4 Taking a tour of an art museum.

No. 14 **1** He burned the cake he was making.
2 He used up all of the eggs.
3 He forgot to put the cake in the oven.
4 He did not add enough sugar.

No. 15 **1** It is not easy to find on a map.
2 It is not easy to get to work from there.
3 It has pretty apartments.
4 It has three subway stations.

第 2 部

No. 16 **1** Making dance videos.
2 Learning a new dance.
3 Performing in dance shows.
4 Watching videos on the Internet.

No. 17 **1** Play rugby.
2 Watch soccer games.
3 Go running.
4 Take classes.

No. 18 **1** She will visit a friend.
2 She will go on a vacation.
3 She will learn how to surf.
4 She will move to a new city.

No. 19 **1** Her husband started Australia's first charity.
2 Her husband was Australia's most famous politician.
3 She was the first female politician in Australia.
4 She earned a lot of money in Australia.

No. 20 **1** Her medicine did not work.
2 Her doctor was not available.
3 She had trouble sleeping.
4 She forgot to take her medicine.

No. 21 **1** A festival will be held.
2 A new stadium will open.
3 Many hotels will be closed.
4 Trains will be canceled.

No. 22 **1** It belonged to her grandfather.
2 The store did not want it.
3 She wanted to give it to her grandfather.
4 She would not get much money for it.

No. 23 **1** They make dishes with milk.
2 They drink from a special kind of pot.
3 They wear clothes made of metal.
4 They carry pots of milk on their heads.

No. 24 **1** The name of a hospital has been corrected.
2 The time of a speech has been changed.
3 The lunch break has been canceled.
4 The conference has a new speaker.

No. 25 **1** Try a new restaurant.
2 Go to a museum.
3 Cook Italian food.
4 Visit a university.

No. 26 **1** The flight will leave from London.
2 A vegetarian snack will be served.
3 Passengers will be given drinks.
4 Staff will serve vegetables from Frankfurt.

No. 27 **1** It took 40,000 workers to build it.
2 It was destroyed in the year 300 B.C.
3 It was a small library in Egypt.
4 It was made to collect all the world's books.

No. 28 **1** She prepared better materials to use.
2 She asked a student for advice.
3 She bought a new computer.
4 She changed her Internet plan.

No. 29 **1** It was made with words from different languages.
2 It was replaced by French and English.
3 It was invented by Europeans.
4 It was first spoken in Africa.

No. 30 **1** Playing video games.
2 Studying hard.
3 Helping her parents.
4 Taking extra classes.

2020-1
Grade 2

2級
問題編

一次試験

2020 年度　第 1 回検定（2020 年 5 月 31 日実施）

―――――― 試験時間 ――――――

筆記　　　　　85 分

リスニング　約 25 分

―――――――――――――――――――

リスニングテストの CD 音声トラック番号

第 1 部　CD2 19 〜 CD2 34

第 2 部　CD2 35 〜 CD2 50

■解答・解説は本冊 p.195 〜 277 にあります。

1 次の (1) から (20) までの (　) に入れるのに最も適切なものを **1**, **2**, **3**, **4** の中から一つ選び、その番号を解答用紙の所定欄にマークしなさい。

(1) Don asked Kathy to look over his report for him before he handed it in to the teacher. Kathy found several spelling (　　　), so Don fixed them.

1 errors　　**2** symbols　　**3** palaces　　**4** leaves

(2) Roger feels great (　　　) for his cat. He spends a lot of time taking care of it and thinks of it as part of the family.

1 religion　　**2** affection　　**3** wisdom　　**4** justice

(3) At the audition for the dance show, the students first had to perform (　　　). Then, they were asked to dance together as a group.

1 financially　　　　　　**2** individually
3 legally　　　　　　　　**4** magnetically

(4) When the flight was delayed, the airline gave each passenger $20 to (　　　) them for the time that they lost.

1 inherit　　　　　　　　**2** compensate
3 expand　　　　　　　　**4** destroy

(5) The class was preparing for the school festival, and the teacher made each student do a different task. Susie's (　　　) was to make a poster.

1 generation　　　　　　**2** extinction
3 compliment　　　　　　**4** assignment

(6) Hiroshi often reads books about how people lived in ancient (　　　). He likes to learn about the way that societies developed.

1 proportions　　　　　　**2** appointments
3 civilizations　　　　　　**4** supplements

(7) Mr. Brown reminded everyone that he wanted (　　　) silence during the test. He said that any student who talked during it would fail.

1 absolute　　**2** dazzling　　**3** generous　　**4** romantic

(8) The staff members at EZ Bank were (　　　) because their computers were so slow. They could not help their customers quickly enough.

1 forecasting　**2** arresting　　**3** functioning　**4** struggling

(9) While Ryan was making pasta sauce, he (　　　) it with a spoon. He had to watch it carefully to prevent it from burning.

1 amused　　**2** stirred　　**3** resisted　　**4** proved

(10) *A:* Why do you think Anne always asks me about what I'm doing on the weekend?
B: Maybe she is (　　　) that she wants to go on a date with you.

1 sacrificing　　　　　**2** encountering
3 implying　　　　　　**4** forbidding

(11) After their discussion, Nick's boss said she would think (　　　) what he had said and talk to him again about his request later.

1 over　　　**2** up　　　**3** with　　　**4** around

(12) *A:* Excuse me. I want to buy a train ticket, but the ticket machine won't take my money.
B: Oh, sorry. That machine is out of (　　　). I can sell you a ticket here.

1 order　　　**2** shape　　　**3** sight　　　**4** business

(13) Haruka did not make much money when she first started working as a hair stylist, but her salary increased (　　　). She had more and more customers each year.

1 by degrees　　　　　**2** by accident
3 at heart　　　　　　**4** at large

20年度第1回 一次試験 筆記 短文 長文 ライティング リスニング 二次試験 面接

(14) Frank was (　　　) the robbery by the police. However, he knew he had not done it, so he found a good lawyer to help him.

1 kept off　　　　　　**2** admired for
3 charged with　　　　**4** warned of

(15) *A:* Mary does excellent work, but she never believes in herself.
B: You're right. She needs to be more (　　　) her ability.

1 engaged in　　　　**2** confident in
3 specific to　　　　**4** appropriate to

(16) During the meeting yesterday, Alexandra's boss was impressed that she could answer all of his questions (　　　) . She did not need much time to think about her responses.

1 in vain　　　　　**2** by comparison
3 on the spot　　　**4** at the peak

(17) Greenville used to have a problem because its residents produced a lot of garbage. Now, though, the city has a program to make (　　　) of the garbage by burning it to create electricity.

1 use　　**2** sense　　**3** sure　　**4** progress

(18) *A:* Would you mind my (　　　) on the lights? I can't read my book.
B: Not at all. Please go ahead.

1 be turning　**2** turning　**3** be turned　**4** turned

(19) *A:* Wow, you look so happy, Andrea! What's going on?
B: Austin just asked me to marry him. I feel as if I (　　　) in a dream.

1 be　　**2** being　　**3** were　　**4** has been

(20) Lucy Beacher's research has won many awards, and she is known as an expert in her field. Many people treat her as a person (　　　) importance.

1 in　　**2** for　　**3** of　　**4** on

筆記試験の問題は次ページに続きます。

2

次の英文**A**, **B**を読み, その文意にそって (21) から (26) までの ( ) に入れるのに最も適切なものを **1**, **2**, **3**, **4** の中から一つ選び、その番号を解答用紙の所定欄にマークしなさい。

A

Lava Mae

In many cities in the United States, the number of homeless people is increasing because the cost of rent is rising and there are fewer homes that they can afford. One such city is San Francisco, California. It is estimated that over 8,000 people are living on the streets there. With no homes, it is not surprising that these people often do not have (**21**). In fact, the city has only about 20 public showers available for the homeless.

In 2013, businesswoman Doniece Sandoval came up with an interesting project, called Lava Mae, to help the homeless with this problem. Sandoval heard that the city was going to replace many of its public buses, so she raised money to purchase some of them. She then turned them into places where the homeless can shower. Each bus has two large bathing areas, as well as clean toilets. Most homeless people also do not have soap or towels. (**22**), Lava Mae provides such supplies for everyone who comes.

Sandoval's solution has one major advantage. The shower buses can be driven around to different places in the city each day. Also, Sandoval worked with the city to get permission to use water from fire hydrants around the city. In this way, the shower buses can go to the homeless people, so the people themselves (**23**) to a place to wash their bodies. Now, other cities are showing interest in Sandoval's idea of changing buses into mobile showers for the homeless.

(21) **1** the time to pay their rent
2 the chance to wash themselves
3 a place to change their clothes
4 a way to access any services

(22) **1** In rare cases
2 Despite this
3 Even so
4 Because of this

(23) **1** do not have to travel
2 can pay less money
3 are not able to live next
4 provide more water

Go with the Flow

In recent years, climate change has been causing sea levels to rise in many parts of the world. According to scientists, this problem (**24**). They say that, by the end of this century, sea levels are expected to rise by about a meter worldwide. Consequently, major cities like London and New York could end up covered in water due to flooding. In fact, in some cities, flooding is already occurring.

In response to this, city planners and engineers have begun efforts to build barriers, such as dams and large concrete sea walls, to protect cities from water. This has helped a little. Unfortunately, though, these kinds of barriers may not (**25**). This is because scientists believe that powerful storms are likely to increase due to climate change. The high waves produced by such storms could easily reach over the barriers, spilling water into cities that barriers currently protect.

Although this seems like bad news for coastal cities, some architects believe it is a chance to reconsider how water is used. In fact, according to Koen Olthuis, the founder of a Dutch company called Waterstudio, more water is not necessarily a problem, but can actually be a solution to many modern problems. For example, dams that are built to protect cities from water can also be used to produce electricity. (**26**), by creating buildings that float on top of water, the buildings will be able to move with the rising water levels. In this way, cities can work with water, rather than fight against it.

(24)　**1**　is going to get worse
　　　　2　should be solved by experts
　　　　3　has already occurred in the past
　　　　4　can be caused by modern technology

(25)　**1**　stop rain from falling
　　　　2　be as effective in the future
　　　　3　have caused more flooding
　　　　4　have damaged the environment

(26)　**1**　At most
　　　　2　In contrast
　　　　3　Moreover
　　　　4　Otherwise

From: Larry Spears <l-spears3@toosoft.com>
To: Angela Landers <a-landers1@toosoft.com>
Date: May 31
Subject: S7 Software Conference

Dear Ms. Landers,

I'm sending you an e-mail today about the S7 Software Conference that will be held in Los Angeles this summer. Our company has decided to participate in S7 again this year. We plan to use the event as an opportunity to show some of our new ideas to the public. Therefore, we will need some employees to show products from each of our software development teams at S7.

Your team will also need to present one new product. As the team leader, you must select one employee to attend the event and to give a presentation. That person will also have to spend time meeting people and answering questions about our company. Peter Harris from the accounting department will book plane tickets and hotel rooms for the trip.

The product you choose must be something interesting that has not been advertised yet. We want it to be a surprise for the audience. The presentation will be on the main stage at S7, so make sure the employee you select is a good speaker and comfortable in front of a large audience. We will discuss the details of the event at a special managers' meeting next month. Meanwhile, please let me know who will be attending by the end of the day.

Sincerely,
Larry Spears
General Manager, Toosoft

(27) Why will Toosoft participate in S7?

1 It wants to attract new employees to its company.

2 It wants to introduce its new ideas to the public.

3 Some products have been selling poorly this year.

4 Some teams will soon move to Los Angeles.

(28) What is Ms. Landers asked to do?

1 Give a public presentation on software.

2 Choose someone to go on a business trip.

3 Contact Peter Harris in the accounting department.

4 Attend a software conference for the company.

(29) Next month at Toosoft,

1 managers will write e-mails about their projects.

2 people will begin advertising a new product.

3 employees will speak to a large audience.

4 there will be a meeting to prepare for S7.

Opera for Everyone

Opera is a traditional performance that started in Italy in the 16th century and became popular around the world. These classical music performances are now held in theaters known as opera houses. Although going to the opera is usually expensive, recently audiences have been growing in size. This fact, of course, makes opera houses and their performers happy. According to current research, however, these growing audiences also hide a big potential problem—the average age of audiences is high.

The average age at the State Opera in Berlin in Germany, for example, is now 54, while that at the Metropolitan Opera in New York City is 58. In Houston in the United States, the largest age group going to the opera is between 65 and 72 years old. This means that, although opera companies are enjoying a good income now, they are worried about their audiences getting much smaller in the future.

In order to preserve this traditional art form, opera houses have been working to attract more young people to their performances. One of the most successful examples of this is at the Paris Opera. In 2018, the Paris Opera managed to attract 95,000 people under the age of 28 to its performances—30,000 more than the previous year. One way it has done this is by offering special shows for people under 28 at low prices. It has also produced a series of videos about opera aimed at young people that was released on the Internet.

The Royal Opera in London has also seen an increase in young audience members. It says that now 39 percent of people booking tickets for their performances are 40 years old or younger. As the audiences have gotten younger, though, their behavior has begun to change. For example, when evil characters in the operas appear on stage, young audience members often shout or make angry sounds. However, in the past, this only happened when performers sang badly. Some older people were worried that the performers would be upset, but the performers have actually welcomed the reaction. They say that it shows audiences are becoming more relaxed and are enjoying the opera more.

(30) What is one way opera has been changing in recent years?

1 The cost of performances has decreased more and more quickly.

2 It has finally become popular in many countries across Europe.

3 There has been an increase in the number of people who visit opera houses.

4 Opera houses research to learn what makes audiences happy.

(31) Why are opera houses around the world concerned?

1 Many opera singers prefer working in Europe to working in the United States.

2 Opera is no longer popular in large cities such as New York and Berlin.

3 They have begun to lose profits after a number of small opera houses opened.

4 Their income is likely to decrease in the future because their audiences are getting older.

(32) The Paris Opera

1 has begun to offer special services to encourage young people to get interested in opera.

2 gave free tickets to 30,000 young people to increase the number of people in its audience.

3 hired performers who are under 28 years old to attract new audiences.

4 has examined videos of young people on the Internet to make performances that interest them.

(33) What changes have occurred at the Royal Opera?

1 Performers feel more relaxed with more young people in the audience.

2 Audiences have gotten angry that performers are singing badly.

3 The way audiences react to performances is different from in the past.

4 It has become easier for people under 40 years old to purchase tickets.

Knowing Where to Go

Many animals move from one place to another as the seasons change—this is called migration. Usually, they spend the summers in cooler places and the winters in warmer places. Scientific research has shown that some animals are born with the knowledge of when and where they should move. Others, though, do not have such an instinct. In such cases, they must learn from their parents or other members of their group.

A team of scientists at the University of Wyoming studied how animals called moose and bighorn sheep learn to travel. The team chose moose and bighorn sheep living in the mountains in the western United States. This was because, in the 19th century, a disease had caused the death of a large number of these animals. However, in recent years, scientists have brought a number of these animals from other places to restore their populations. Therefore, there were both new and old groups to compare.

The scientists used GPS technology to track the movements of hundreds of moose and bighorn sheep. Some belonged to older groups that had lived in the west for more than 200 years, while others were part of newer groups that had recently been introduced to the area. The result was that almost all the members of older groups migrated at the right time between the higher and the lower parts of the mountains. However, newer groups usually moved at the wrong time or did not move at all. In fact, among animals that arrived within the last 10 years, only 9 percent were able to make the move successfully.

In addition, the scientists recorded how much food was available along the migration routes that each animal took. They found that animals from older groups chose routes that had large amounts of food—sometimes traveling great distances between food sources. However, animals from newer groups only moved to nearby sources of food that they could see. According to the scientists, this shows that moose and bighorn sheep have gained knowledge of the best routes from older members of their groups, but this knowledge did not exist in the newer groups.

(34) What is one thing scientific research has shown?

1 Traveling from one place to another is a recent skill gained by many animals.

2 Most animals rely on their parents to teach them how to do a variety of important tasks.

3 Young animals prefer moving around with their parents to moving with other group members.

4 Moving between warm and cold places in different seasons is an instinct for some animals.

---

(35) What is true about moose and bighorn sheep in the western United States?

1 There was a large decrease in their populations in the past.

2 There are some diseases that both types of animals are safe from.

3 Scientists are looking for a way to teach them how to migrate.

4 Scientists have begun to move them from the west to other areas.

---

(36) Scientists at the University of Wyoming

1 suggested that new animals should be added to older groups.

2 noticed that only 9 percent of moose moved to new mountains.

3 found that older groups were better at migrating than newer ones.

4 worried that it would take new groups at least 10 years to learn to migrate.

---

(37) Based on their study, the scientists believe that

1 older groups have trouble finding sources of food that are nearby.

2 a majority of animals prefer to eat food that they are able to see easily.

3 newer groups are able to smell food in the distance and move toward it.

4 some animals are able to share knowledge of faraway sources of food.

(38) Which of the following statements is true?

1 Some moose and bighorn sheep have been brought to the west in recent years.

2 A group of scientists decided to live in the mountains of the west to study animals.

3 Most animals fail to notice when the temperature or seasons change.

4 GPS technology has allowed scientists to record available food sources.

ライティング

● 以下の TOPIC について，あなたの意見とその理由を2つ書きなさい。
● POINTS は理由を書く際の参考となる観点を示したものです。ただし，これ
　ら以外の観点から理由を書いてもかまいません。
● 語数の目安は 80 語〜100 語です。
● 解答は，解答用紙のB面にあるライティンク解答欄に書きなさい。なお，解答
　欄の外に書かれたものは採点されません。
● 解答が TOPIC に示された問いの答えになっていない場合や，TOPIC からず
　れていると判断された場合は，0点と採点されることがあります。TOPIC の
　内容をよく読んでから答えてください。

TOPIC

People around the world live longer lives than they did in the past. Do you think people will live even longer lives in the future?

POINTS

● *Changing lifestyles*
● *Developing countries*
● *Technology*

2級リスニングテストについて

❶このリスニングテストには，第1部と第2部があります。

★英文はすべて一度しか読まれません。

第1部……対話を聞き，その質問に対して最も適切なものを**1**，**2**，**3**，**4**の中から一つ選びなさい。

第2部……英文を聞き，その質問に対して最も適切なものを**1**，**2**，**3**，**4**の中から一つ選びなさい。

❷ No. 30 のあと，10秒すると試験終了の合図がありますので，筆記用具を置いてください。

第1部

No. 1
1 Buy a new computer.
2 Write an e-mail to the Edisons.
3 Go camping with their children.
4 Order some flowers on the Internet.

No. 2
1 He needs to finish the sales report today.
2 He needs to call his sales manager.
3 He should come to the office as soon as possible.
4 He should take the day off from work.

No. 3
1 The weather was not good.
2 The water was not clean.
3 There were sharks in the area.
4 There were big waves.

No. 4
1 She is the leader of a study group.
2 She is doing poorly in his class.
3 She needs to turn in an assignment.
4 She needs more time to read a book.

No. 5
1 They forgot to clean a blouse.
2 They delivered the wrong blouse.
3 They damaged a blouse.
4 They charged too much for a blouse.

No. 6
1 She walks for an hour every day.
2 She needs to go to Allenton soon.
3 She is thinking of going hiking.
4 She wants to swim in the Royal River.

No. 7 **1** He can only cook one type of dish.
       2 He does not have much money.
       3 He does not enjoy cooking.
       4 He is busy running a business.

No. 8 **1** Most of them did not turn out well.
       2 He printed them out on Thursday.
       3 He could not hand them in on time.
       4 They were the first ones he took this year.

No. 9 **1** He needs more space for his things.
       2 They should check before throwing things away.
       3 Their company is 20 years old.
       4 She needs to write a sales report.

No. 10 **1** He took a taxi home.
       2 He got a ride home.
       3 His bus arrived early.
       4 His practice was canceled.

No. 11 **1** Her son needs help getting home.
       2 Her son has lost his money.
       3 Her son is not feeling well.
       4 Her son cannot find the train station.

No. 12 **1** It is very expensive.
       2 It has a very sweet taste.
       3 It is only sold in restaurants in Spain.
       4 It goes well with the restaurant's food.

No. 13 **1** It is close to her house.
       2 It is not very expensive.
       3 She needs some special ingredients.
       4 She cannot find a normal supermarket.

No. 14　**1** He took the bus.
　　　　2 He went on foot.
　　　　3 He called a taxi.
　　　　4 His wife drove him.

No. 15　**1** Get a library card.
　　　　2 Return the book right now.
　　　　3 Borrow more than two books.
　　　　4 Keep the book longer than two weeks.

第**2**部

No. 16　**1** They could not have a picnic.
　　　　2 They could not find a park.
　　　　3 She forgot to make their sandwiches.
　　　　4 She was late for their date.

No. 17　**1** Start earning more money.
　　　　2 Train new police officers.
　　　　3 Change his office.
　　　　4 Learn about the law.

No. 18　**1** A movie will be shown.
　　　　2 Tammy Parker will give a talk.
　　　　3 Club members will meet some actors.
　　　　4 A tour of Hollywood will begin.

No. 19　**1** They go on holiday in other countries.
　　　　2 They throw water at each other.
　　　　3 They fly in hot-air balloons.
　　　　4 They drink a lot of water.

No. 20　**1** At a store in France.
　　　　2 At a department store.
　　　　3 From an online shop.
　　　　4 From a shop near his home.

No. 21　**1** She enjoys the winter there.
　　　　2 She has to care for her husband.
　　　　3 Her husband will come back from Japan.
　　　　4 Her parents told her to stay there.

No. 22 **1** Help more women to become programmers.
     2 Start a business with other programmers.
     3 Learn more about programming.
     4 Write a new program for her company.

No. 23 **1** Competition winners will get free tickets.
     2 Staff will sell *The Blue Wizard* gift sets.
     3 Another play will be performed.
     4 Winning ticket numbers will be announced.

No. 24 **1** By selling her TV.
     2 By finding a better job.
     3 By writing in her basement.
     4 By working in the living room.

No. 25 **1** People wanted a new snack to eat at home.
     2 George Crum liked thin snacks.
     3 There were many potatoes in 1853.
     4 A customer complained about thick fried potatoes.

No. 26 **1** Travel around the United States.
     2 Ask his company for more money.
     3 Finish his final classes.
     4 Work at a company.

No. 27 **1** It is the name of a famous farmer.
     2 It is often played in the winter.
     3 Players carry heavy cheeses.
     4 Players eat three kinds of cheese.

No. 28 **1** Give Sandra his grandmother's ring.
     2 Save more money for a ring.
     3 Ask his grandmother for money.
     4 Buy a ring with Sandra.

No. 29 **1** By taking a survey.
     2 By joining a yoga class.
     3 By visiting the gym twice a week.
     4 By coming to the gym every weekday.

No. 30 **1** To help workers in other companies.
     2 To get people to work faster.
     3 To let people work at home.
     4 To attract more workers.

二次試験
（面接）

■解答・解説は本冊 p.280 ～ 291 にあります。

Improving safety

Natural disasters such as storms and floods can cause serious damage. To stay safe, people need to get information about disasters. Now, the Japanese government offers such information in different languages, and by doing so it tries to improve the safety of foreign visitors to Japan. With the increase of foreign visitors, it is becoming more important to provide services for them.

Your story should begin with this sentence: **One day, Mr. and Mrs. Okuda were talking in their living room.**

Questions

No. 1 According to the passage, how does the Japanese government try to improve the safety of foreign visitors to Japan?

No. 2 Now, please look at the picture and describe the situation. You have 20 seconds to prepare. Your story should begin with the sentence on the card.
< 20 seconds >
Please begin.

Now, Mr./Ms. _____, please turn over the card and put it down.

No. 3 Some people say that high school students in Japan should learn a foreign language in addition to English. What do you think about that?

No. 4 Nowadays, a lot of people go to gyms to exercise in their free time. Do you think the number of these people will increase in the future?
Yes. → Why?
No. → Why not?

Helping People in Need

Nowadays in Japan, the number of elderly people is increasing every year. For this reason, barrier-free environments are becoming more and more important. The government is creating them in many places, and by doing so it is making society more convenient for people who need assistance. Barrier-free environments are becoming common in Japan and many other countries around the world.

Your story should begin with this sentence: **One day, Taro and his father were talking in their living room.**

Questions

No. 1 According to the passage, how is the government making society more convenient for people who need assistance?

No. 2 Now, please look at the picture and describe the situation. You have 20 seconds to prepare. Your story should begin with the sentence on the card.
< 20 seconds >
Please begin.

Now, Mr./Ms. ＿＿＿＿, please turn over the card and put it down.

No. 3 Some people say that people's manners in public places are getting worse. What do you think about that?

No. 4 Today, computer games are popular with people of all ages. Do you think playing computer games is a waste of time?
Yes. → Why?
No. → Why not?

二次試験
（面接）

■解答・解説は本冊 p.292 〜 303 にあります。

People and Weather

It is often said that weather around the world is changing. For example, there are more violent storms that damage farms. To make better forecasts about weather, data from many different sources is important. Now experts analyze such data with supercomputers, and in this way they improve the quality of weather forecasts. Correct forecasts will allow people to deal with changing weather.

Your story should begin with this sentence: **One day, Mr. and Mrs. Fujita were talking in their living room.**

Questions

No. 1 According to the passage, how do experts improve the quality of weather forecasts?

No. 2 Now, please look at the picture and describe the situation. You have 20 seconds to prepare. Your story should begin with the sentence on the card.

< 20 seconds >

Please begin.

Now, Mr./Ms. _____, please turn over the card and put it down.

No. 3 Some people say that it is good for students to use tablet computers in classes at school. What do you think about that?

No. 4 Nowadays, many TV programs report information about the private lives of famous people. Do you think TV programs should stop reporting such information?

Yes. → Why?

No. → Why not?

Safe Water for Everyone

People cannot live without water. For this reason, countries around the world are trying hard to provide water that is safe to drink. Many people have almost no access to such water, and as a result they face a high risk of getting serious diseases. The supply of safe drinking water is one of the most important issues for many countries.

Your story should begin with this sentence: **One day, Mr. and Mrs. Sano were talking about volunteer work.**

Questions

No. 1 According to the passage, why do many people face a high risk of getting serious diseases?

No. 2 Now, please look at the picture and describe the situation. You have 20 seconds to prepare. Your story should begin with the sentence on the card.
< 20 seconds >
Please begin.

Now, Mr./Ms. _____, please turn over the card and put it down.

No. 3 Some people say that people in Japan use too much water in their daily lives. What do you think about that?

No. 4 These days, many people do not use cash when they buy things. Do you think this is a good idea?
Yes. → Why?
No. → Why not?

2級

問題編

二次試験
（面接）

■解答・解説は本冊 p.304 〜 315 にあります。

Helping Tourism

Recently in Japan, the number of foreign tourists has been increasing rapidly. As a result, there is a shortage of hotel rooms in many places. Now, some people who have rooms that are not being used are helping to solve this problem. Some homeowners offer reasonable prices for these rooms, and by doing so they help travelers and make money.

Your story should begin with this sentence: **One day, Mr. and Mrs. Ogawa were talking about what to do during summer vacation.**

Questions

No. 1 According to the passage, how do some homeowners help travelers and make money?

No. 2 Now, please look at the picture and describe the situation. You have 20 seconds to prepare. Your story should begin with the sentence on the card.
< 20 seconds >
Please begin.

Now, Mr./Ms. _____, please turn over the card and put it down.

No. 3 Some people say that it is necessary for Japanese students to study abroad if they want to learn a foreign language. What do you think about that?

No. 4 Today, many public places, such as streets and stations, have security cameras. Do you think there will be more security cameras in the future?
Yes. → Why?
No. → Why not?

New Technology for the Elderly

In Japan, there is a need for workers who provide care for elderly people. However, it is difficult for nursing homes to find enough of these workers. Now, experts have developed machines that can do tasks such as helping people get out of their beds. Some nursing homes use such machines, and by doing so they offer better care without employing more staff.

Your story should begin with this sentence: **One day, Mrs. Suzuki was talking to her son, Ken, about his birthday party.**

Questions

No. 1 According to the passage, how do some nursing homes offer better care without employing more staff?

No. 2 Now, please look at the picture and describe the situation. You have 20 seconds to prepare. Your story should begin with the sentence on the card.
< 20 seconds >
Please begin.

Now, Mr./Ms. _____, please turn over the card and put it down.

No. 3 Some people say that, in the future, more people will use robots for cleaning their homes. What do you think about that?

No. 4 These days, most people use smartphones in their everyday lives. Do you think it is a good idea for elementary school children to have smartphones?
Yes. → Why?
No. → Why not?

MEMO

MEMO

MEMO

KADOKAWA